마을공동체 운동의 원형을 찾아서

1970~1990년대 민중의 마을 만들기

마을공동체 운동의
원형을 찾아서

빈민지역운동사 발간위원회 엮음

| 1970~1990년대 민중의 마을 만들기 |

차례

2부

지역운동의 발자취

책을 펴내며

　눈앞의 문제로 생각이 복잡할 때 우연히 읽은 옛사람의 경험담이 고민의 빗장을 스르륵 풀어주는 경우가 있다. 역사 속 인물의 언행에서 나의 당면한 문제 해결의 실마리를 발견할 때도 있고, 그 오래전 사람의 고민이 어쩌면 그렇게 내 것과 똑같은지 놀라기도 한다. '내가 가고 있는 방향이 틀린 건 아니구나' 하며 위안을 얻거나 용기백배할 때도 있다. 말하자면 제인 애덤스(Jane Addams)의 자서전 같은 걸 읽을 때 그랬다. 100여 년 전 미국에 살았던 한 여성 사회운동가의 삶은 오늘날 이곳 가난한 이들의 자주적 운동을 궁리하는 우리에게 분명 가슴 뛰는 메시지를 던지고 있었다.

　그런데 생각해보니 후대의 누군가는 지금의 우리와 마찬가지로 가난한 이들과의 유대를 꿈꿀 것이고, 그렇다면 현 세대 운동가들의 이야기도 훗날 그들에게는 더러 쓸모 있는 읽을거리가 될 수 있겠다 싶었다. 1970년대부터 면면히 이어져 오고 있는 저소득층 주거지역에서의 공동체운동은 감히 전통이라 일컬을 수 있을 정도로 고유한 성격과 원칙을 갖추고 있는 게 사실이다. 그리하여 연로한 선배 운동가들의 기억이 사라지기 전에, 눈물과 땀으로 얼룩진 이야기들이 망각의 세월 속으로 떠내려가기 전에 기록을 남겨보자는 데 뜻이 모였다.

2013년 가을, '빈민지역운동사 발간위원회'를 구성했다. 70대 어른이신 선배들부터 현업의 청년 자원 활동가에 이르기까지 참으로 많은 이들이 참여했고 물심양면의 지원을 아끼지 않았다. 더 늦기 전에 이런 책이 나와야 한다는 데 모두가 깊이 공감했던 탓이다. 발간위원회는 단행본의 성격과 내용 등에 관해서 다음과 같이 윤곽을 그려나갔다.

우선 '마을공동체 운동'에 관심 있는 젊은층이 즐겨 읽을 수 있는 책으로 만들자. '마을공동체 운동의 원형을 찾아서'가 일찍부터 임시 제목으로 설정되었던 것은, 1970년대부터 빈민지역에서 벌여왔던 주민운동의 목적과 원리가 실은 오늘날의 '마을공동체 조직하기'와 전혀 다르지 않다는 사실, 오히려 과거 빈민지역 운동의 경험에서 지금의 공동체 운동가들이 배우고 차용할 것이 꽤 많으리라는 판단 때문이었다. 따라서 발간 주체에 "빈민지역운동사"라는 표현을 쓰기는 했지만, 우리의 주된 관심은 과거 빈민운동의 세세한 사실들을 있는 그대로 기록하는 게 아니라, '당시의 운동가들이 어떤 생각으로 무엇을 어떻게 했나'를 생생히 전달하는 것이었다.

그리하여 서술의 초점은 운동적 사건에 관한 사실(fact)이 아니라 조직 활동을 한 사람(person)에 맞추기로 했다. 단순히 언제, 어디서, 무슨 일이 있었는지를 기록한 일지가 모여 역사를 구성하지는 않는다. 설사 역사를 사실의 기록이라 정의한다 하더라도 모든 사실을 기록한다는 것은 애초에 불가능한 일이다. 타인의 경험에서부터 배우기가 우리의 궁극적 의도라면, 활동가 개인의 생각과 고민, 주민과 함께 도모하는 과정 속에서의 성공과 실패, 그러면서 얻은 교훈과 회한 등이 더욱 궁금할 터였다. 그래서 필자들은 활동가를 따라가면서, 그 내면을 포함해 기술한다는 원칙을 상기하며 글을 써 내려갔다.

하지만 이런 원칙이 이 책 전반에 걸쳐 철저히 준수되었는지는 자신하기 어렵다. 전업 활동가들의 수가 그리 많지 않았던 지역에서는 사람에 초점을 맞추기가 비교적 수월했지만, 활동가의 밀도가 높았던 지역(예컨대 서울 관악 지역)의 경우는 누구를 인터뷰해서 기록할 것인지를 결정하는 것부터가 쉽지 않은 일이었다.

더구나 자기 지역 운동의 역사를 다루었다는 책에 본인의 이름이 등장하는지, 얼마만큼 비중 있게 묘사되었는지가 당사자에게 고생의 보람을 안기기는커녕 자칫 서운함을 낳을지도 모른다는 생각에, 기록의 대상이 될 사람을 선정하는 작업은 때로 필자들에게 압박감을 주었다. 그럴 때마다 필자들로 구성된 집필위원회에서는 인물 선정은 전적으로 그 지역을 맡은 필자의 판단에 맡긴다는 원칙을 거듭 확인했다. 또한 사건과 인물의 수가 많고 복잡한 일부 지역의 경우에는 활동가에 대한 서술 비중이 다른 곳과 비교해 작을 수 있음을 인정하기로 했다.

책에서 다룰 시간적·공간적 범주는 1970년대부터 2000년 이전까지의 수도권 일곱 군데로 정했다. 이른바 빈민운동의 유형 가운데 이제까지 많이 다루어졌던 철거 반대 투쟁이나 노점상 권리 투쟁과 같은 이슈 운동을 제외하고는, 그야말로 지역을 기반으로 한 일상적 주민조직 운동이 가장 활발히 일어났던 장소와 시기였기 때문이다. 전국을 포괄하지 못한 것은 우리의 역량상 불가피한 일이었다.

경기도 시흥의 철거민 정착촌, 성남시의 구시가지, 서울의 관악 지역, 노원·도봉 지역, 성북·강북 지역, 성동 지역, 인천 지역 등 일곱 군데를 선정했는데, 이 가운데 사건과 활동가의 수가 다른 지역에 비해 월등히 많았던 관악 지역의 원고 분량은 다른 곳과 동일하게 하는 것이 옳지 않다고 판단해 두 명의 필자가 구역을 나누어 집필했다. 그러다 보니 원고 분량도 자연히 다른 곳의 두 배를 초과했다.

실은 인천도 상대적으로 크고 사건이 많았던 곳이기는 마찬가지여서 처음부터 두 명의 필자(인천 동구와 부평 지역)를 배정했다. 그러나 집필위원회가 전체 원고를 수합할 무렵, 인천 동구 지역의 원고가 완전히 유실되었다는 것을 발견했다. 예기치 못한, 참으로 애석한 사고였다.

이 책은 2부 '지역운동의 발자취'가 본론에 해당한다. 1970년대부터 세기가 바뀌기 전까지 가난한 주민들과 지역공동체를 만들고자 애썼던 사람들은 무슨 생각으로, 어떤 일들을 했는지 보여주고 있다. 그런데 지금과는 30~40년의 세월을 격하고 있는 터라 당시의 시대적 상황을 잘 모르면 이해가 쉽지 않은 대목도 있겠다 싶었다. 그래서 본론의 이야기들을 이해하는 데 도움이 될 사전 지식을 제공한다는 뜻에서 1부 '시대적 배경의 이해'를 앞에 실었다. 당시의 정치적·사회적 상황을 보여주고자 네 가지 주제를 정해 역사적 사실들을 설명했다.

이 작업은 애초에 한두 사람의 힘으로 될 일이 아니었기에 여러 사람으로 필진을 구성했다. 1부는 신명호, 이원호, 최종덕, 최영선 등 네 사람이 주제별로 나누어 쓰고 서로 검토했다. 2부는 신명호(경기도 시흥), 이명애(경기도 성남), 한재랑·박기홍(서울 관악), 우순영(서울 노원·도봉), 임재연(서울 성북·강북), 김준희(서울 성동), 이충현(인천 부평) 등이 각각 한 지역씩 맡아 조사하고 글을 썼다.

이 외에도 일일이 이름을 거론하기 어려울 만큼 많은 분들의 노고가 이책이 세상에 나올 수 있게 했다. 앞서 말했듯이 발간위원회에 참여해주신 선배와 후배 조직가들의 극진한 정성과 응원이 무엇보다 큰 힘이 되었다.

표지에 쓰인 판화는 1990년대 중반 서울의 달동네인 신림동 낙골교회의 김기돈 목사가 인터넷에서 내려받아 교회 주보에 사용했던 그림이다. 가난한 민중의 삶의 애틋한 상징과도 같았던 이 그림은 저작권 개념이 약했던 당시에 무단으로 애용되던 작자 미상의 작품이다. 빈민지역운동사 발간위원회는 이 판화의 원작자를 찾기 위해 민예총 소속 미술인들에게 의견을 구하는 등 여러 가지로 노력했으나 찾을 수 없었다. 발간위원회는 지금도 원저작권자의 연락을 기다리고 있다.

3년이라는 긴 시간이 소요된 것만큼이나 그 과정 또한 순탄하지 않았다. 오랜 작업의 결실을 기다리는 이 순간, 그동안 받았던 많은 기대와 관심에 부응하는 결과물이 되었는지 무척 걱정스럽다. 최대한 오류를 줄이기 위해 증언자들의 검독 과정을 거치긴 했지만, 어떤 사람의 입장에서는 미진하고 불만스러운 구석도 있으리라 생각한다. 이에 관해서는 필자들의 판단만을 최후의 기준으로 삼기로 거듭 결의했던 터라, 관점의 차이에 따른 질책과 비판은 우리 필진이 오롯이 감수해야 할 몫이 아닐까 한다.

부디 여러 사람의 노력으로 완성된 이 책이 우리나라 공동체운동의 발전에 기여했으면 하는 바람이다. 앞서 간 사람들의 피땀 어린 경험이 오늘날 새로운 운동을 조직하는 데 활력소가 되리라 믿는다.

2017년 4월
빈민지역운동사 발간위원회

1부

◇◇◇

시대적 배경의 이해

와우아파트 붕괴와 광주대단지 사건

도시화의 바람이 불기까지

1960년에 일어난 4·19 혁명은 이른바 미완의 혁명이었다. 58일 동안 이어진 시위는 사망자 187명, 부상자 6000여 명을 내고 독재자 이승만을 권좌에서 끌어내는 데 성공했다. 그러나 이후 정권을 잡은 민주당은 친일파와 극우 반공 세력의 청산을 등한시해 결과적으로 4·19 혁명의 정신을 배반했다.

국민은 새 정권이 4·19 혁명의 도화선이었던 3·15 부정선거의 주범을 처벌하고 부정 축재자를 숙청하기를 바랐지만, 이러한 기대는 서서히 무너졌다. 시위대를 향한 발포 명령과 부정선거 및 정치 깡패 사건의 책임을 가리기 위해 열린 재판에서는 피고 48명 가운데 전 서울시경국장 한 명에게만 사형이 선고되었고, 나머지에게는 가벼운 징역형이 내려졌으며 그나마도 이듬해 일어난 5·16 쿠데타로 대부분 흐지부지되었다.

일제강점기의 판사 출신이자 혁명 당시 내무부 장관이었던 홍진기는 발포 지시를 내린 자로 알려졌는데, 앞서 말한 재판에서는 무죄를, 5·16 쿠데타 이후에 설치된 군사 법정에서는 무기징역을 선고받았다가 1963년 8월, 광복절 특사로 풀려났다. 이승만 정권에 비판적이었던 《경향신문》을 폐간하는 데도 앞장섰던 그는 이후 삼성그룹 이병철 회장과 손을 잡고 《중앙일보》를 운영하면서 정경 유착, 권언 유착 사례의 본보기가 되었다. 이렇듯 오늘날 재벌 권력의 뿌리는 바로잡지 못한 친일의 역사에 닿아 있으며, 청산되지 못한 과거는 반드시 돌아온다는 교훈을 일깨워준다.

정치가 이러했으므로 부정 축재자를 처벌하기는 더욱더 어려웠다. 전국경제인연합회의 전신인 한국경제협의회와 대한상공회의소 등에서는 부정 축재자의 처벌은 공산화의 길을 닦아준다며 연일 색깔론 공세를 폈고, "3·15 부정선거를 위해 자진 3000만 환 이상을 제공한 자"를 처벌하게 되어 있던 법은 시행조차 되지 못한 채 쿠데타를 맞았다.[1]

박정희 쿠데타 세력은 자신들이 4·19 혁명 정신의 계승자이며 미완의 혁명을 완성하는 것이 목적이라고 주장했지만, 이들의 행동은 4·19 혁명 정신에 전혀 부합하지 않았으며 오히려 국민적 합의와 참여를 배제하려 들었다.[2] 이들에게는 뚜렷한 국정 비전이나 정치 이념이 없었으므로 반공주의와 산업 발전이 유일한 존재 이유이자 국가정책이었다.[3] 하지만 반공과 경제 발전을 두 가지 축으로 하는 전략은 1960년대 미국의 대외 정책과 잘 맞아떨어지는 것이어서 때마침 한국의 군사정권은 절호의 조건을 누릴 수 있었다. 당시 미국은 무력뿐 아니라 자본주의적 성장 모델을 확산시켜 사회주의 국가 소련과 중국에 대항하려 했기 때문에 반공과 경제 발전을 국시로 내건 후진국의 정권이 비록 자국의 민주주의를 파괴했을지라도 마냥 기특했던 것이다.

1   서중석, 『사진과 그림으로 보는 한국 현대사』(웅진지식하우스, 2005), 195~196쪽.
2   심재택, 「4월 혁명의 전개 과정」, 한완상·이우재·심재택 외, 『4·19 혁명론』(일월서각, 1983).
3   이우영, 「박정희 민족주의의 반민족성」, 《역사비평》, 제12호(1990).

미국은 각종 차관을 제공하고 한국의 무역 시장이 되어줌으로써 경제 도약의 토대를 마련하는 데 도움을 주었다. 여기에 일본과의 국교 정상화로 받은 청구권과 베트남 파병으로 유입된 자금 역시 중요한 역할을 했다.[4]

두 차례의 경제개발 5개년계획(1967~1971)을 거치는 동안 한국 경제는 괄목할 만한 성장을 이룩했다. 제2차 계획 기간에는 연평균 9.7퍼센트로 경제가 성장했고, 주로 섬유·신발·합판·가발 등을 수출하던 경공업 위주의 산업에서 중화학공업으로 눈을 돌리기 시작했다. 재벌 기업들은 값싼 해외 자본을 정부가 짜준 계획에 따라 알차게 이익을 불려나갔다. 정부는 1973년부터 중화학 공업화 정책을 본격적으로 실시했다. 특별법을 제정하고 차관을 들여와 제공하는 등 자본 조성부터 세제 혜택에 이르기까지 재벌 기업에 대한 온갖 지원책으로 일관했다.

당시 경제개발 5개년계획에는 누가, 어느 지역에, 어떤 규모의 공장을 건설하고, 이에 필요한 내·외자는 어디에서 조달하며, 생산 제품은 어떤 경로로 판매한다는 것까지 상세히 기술되어 있었다. 그러니 어떤 기업주든 일단 권력자에게 낙점만 받으면 거대한 기업집단을 이끌며 승승장구할 수 있었다. 그러나 이때 무리하게 진행된 중화학공업에 대한 과잉투자는 1980년대부터 중복 투자에 따른 경기 침체와 성장률 저하를 가져오는 부메랑이 되어 돌아왔다.

대기업이 어려움에 처할 때마다 정부는 긴급명령 등을 발동하며 그들의 숨통을 틔워주었다. 일례로 1972년에 모든 사채를 동결하고 금리를 대폭 인하하며 장기간 저리 자금을 융자해주는 긴급조치가 내려졌는데, 이에 따라 "중소 재산가들은 망하고 더욱더 재벌 중심으로 경제가 편성되었다".[5]

오늘날 한국 경제의 고질적 문제로 지적되는 지나치게 높은 수출의존도

4   서중석, 『사진과 그림으로 보는 한국 현대사』, 263쪽.
5   서중석, 같은 책, 267쪽.

와 내수 부진, 재벌 기업의 과도한 지배력과 문어발식 경영, 중소기업의 취약성 등은 1970~1980년대의 재벌 편향적 공업화 정책이 뿌린 씨앗이다. 정치권력과 대기업이 중심이 된 부도덕한 결탁이라는 뜻의 '정경유착'이 한국 경제의 특징 가운데 하나로 자리 잡은 것은, 산업화 과정에서 시장경제의 기본 규칙조차 무시한 탈법적 특혜와 정치자금의 은밀한 거래가 지속적으로 이루어져 왔기 때문이다.

해외 자본을 빌려 수출에 집중하는 이러한 성장 정책은 필연적으로 외채 상환 등의 부담을 누군가에게 전가해야 했으므로 노동자와 농민의 몫을 제한하는 정책으로 이어졌다. 값싼 노동력을 이용하기 위해서는 저임금 정책이, 이를 계속 재생산하기 위해서는 농산물 가격을 낮게 유지하는 정책이 필요했다. 노동자가 이제까지보다 더 많은 몫을 주장한다거나 하는 일을 박정희 정권은 추호도 용납하지 않았다. 박정희는 1970년 '외국인 투자기업의 노동조합 및 노동쟁의의 조정에 관한 임시조치법'과 '국가보위에 관한 특별법(국가보위법)'의 제정을 시작으로 집권 내내 노동운동을 금지하고 탄압했다.

한편 토지, 임야, 주택에 대한 투기는 1970년대 초부터 극성을 부렸다. 이미 전국 땅의 소유권은 소수의 사람(법인 포함)에게 집중되는 경향이 나타나고 있었다. 산업화와 맞물린 도시화 바람, 이에 따른 도시재개발의 움직임은 개발 후 땅값 상승이 가져다주는 투기 이익에 대한 욕망을 한껏 부추겼다. 부동산 투기 바람의 부작용이 워낙 컸던지라 박정희 정권도 조세제도를 통해 이를 억제하려는 정책을 펴기는 했으나, 그것이 과연 서민의 편에 선 공명정대한 정책이었는지에 대한 의문의 여지가 많았다. 1970년, 한 일간지에는 다음과 같은 기사가 실렸다.

부동산투기억제세법이 개악되었다. 연말 국회 무더기 안건 처리 속에 묻혀 어물쩍 통과된 부동산투기세법 개정안은 진짜 부동산 투기의 노른자를 차지

할 숱한 재벌들이 세금의 그물에서 빠져나갈 구멍을 뚫어주었다. 무슨 기준
에서인지 63년 이전에 사둔 땅에 대해서는 투기세를 매기지 않게 했다. 60년
도 아니고 65년도 아닌 63년이라는 데 의혹이 있다. 어느 재계 중진은 63년
이전이 면세된다면 남서울 땅을 평당 몇십 원씩에 사둔 아무아무개는 떼부자
가 되게 되었다고 말했다. 그는 왜 하필 63년에 금을 그었는지 설득력이 없다
고 의아해했다. …… 사실 투기억제세법 개정안은 기업들의 부동산 이익 의
존 경향을 막고 서민 주택지 분배 효과를 박탈하는 투기의 악순환을 제거하
자는 의도에서 재무부가 마련했던 것이다. …… 그러나 개정안이 강화되기
는커녕 오히려 약화 내지 특혜의 소지 형성이라는 결과로 후퇴해버렸다.[6]

와우아파트의 붕괴

1960년대에 한국의 대도시, 그중에서도 수도 서울의 인구는 급속도로
팽창했다. 한국전쟁이 일어나기 전부터 북한을 떠난 월남민들이 꾸준히 내
려오기도 했거니와 1960년대에 들어서면서 앞서 언급한 저농산물 가격 정
책으로 농촌 경제가 더욱 망가져서 서울로 향하는 이농민들의 발길이 줄을
이었다. 서울 인구의 연평균 증가율은 1960년대 전반기에 6.5퍼센트, 후반
기에 9.4퍼센트를 기록했다. 1960년 245만 명이었던 서울 인구는 1975년
688만 명으로 거의 세 배 가까이 늘어났다. 이를 잘 나타내는 이호철의 소
설 『서울은 만원(滿員)이다』가 ≪동아일보≫에 연재되었던 것이 1966년이다.
　이처럼 쏟아지는 유입 인구를 감당할 만큼의 주택이나 생활 기반 시설이
있었을 리 만무하므로 신규 이농민들은 서울의 강변이나 산등성이의 빈 곳
에 판잣집을 짓고 살았다. 정부는 이런 집을 "무허가 불량 주택"이라 불렀

6　"재벌들에 뚫어준 투망 부동산투기억제세법", ≪동아일보≫, 1970년 12월 26일 자.

는데, 1960년대 중반 서울 무허가 주택의 수는 이미 13만 동을 넘어섰다.

가난한 이들 이농민은 초기에 얼마간의 실업을 겪은 후에는 금세 일감을 찾아 경제활동을 시작했던 것으로 보인다. 1960년대에는 서울의 산업기반 역시 급속히 확대되어서 2·3차 산업의 취업자가 빠르게 늘어났던 것으로 미루어보아[7] 하층 노동자에 대한 수요도 넉넉했던 것으로 짐작된다. 도시빈민으로 살아가게 된 이들에게 절박했던 문제는 단순히 취업 여부가 아니라, 주거 공간의 확보와 저임금 및 열악한 노동조건이었다.[8]

정부는 1950년대부터 무허가 정착 거주민을 대상으로 아무런 대책도 세워주지 않고 무조건 주택을 철거하는 '무대책 철거' 정책으로 일관했다. 단지 이재민의 경우에 한해서만 빈민 구호의 차원에서 서울시 외곽의 공유지에 이주시키는 정책이 있었다. 대책 없이 쫓아내는 데 주민의 이반과 저항이 없을 리 만무했다. 하지만 1966년, 박정희는 군 출신의 김현옥을 서울특별시장에 앉히면서 '무허가 불량 주택'의 정리를 지시했고, 군사작전식 개발 의욕에 불타 있던 김현옥은 그야말로 불도저처럼 밀어붙이며 도로, 건물 할 것 없이 부수고 새로 지었다. 그러나 무허가 주택에 살던 철거민을 무작정 거리로 내몰 수만은 없었던 탓에 이들을 이주시킬 대안으로 고안된 것이 시민아파트였다.

1968년, 향후 3년 동안 2000동의 시민아파트를 짓는다는 계획이 발표되었고, 1970년 건립 계획이 전면 중단될 때까지 모두 447동의 시민아파트가 실제로 지어졌다. 그러나 이 아파트는 한 건물당 책정된 예산이 너무 적었고 공사 기간도 6개월 정도로 짧았다. 애초부터 싸게 빨리 짓도록 계획된 건물이었다. 게다가 자금력과 기술력이 떨어지는 중소업체들이 공사를 맡

---

7   최진호, 1986, 「한국 도시화의 전개와 정책 대응」, 현대사회연구소 엮음, ≪현대 사회≫, 제6권 제3호, 158쪽.

8   장세훈, 1988, 「도시화, 국가 그리고 도시빈민: 서울시의 무허가 정착지 철거 정비 정책을 중심으로」, 한국사회학회 엮음, ≪사회와 역사≫, 제14권, 125쪽.

고 또다시 하청을 주니 날림·부실 공사가 되는 것은 당연한 결과였다.

마침내 시민아파트 한 동이 폭삭 무너져 내리는 어처구니없는 참사가 일어났다. 1970년 4월 8일 오전 6시 45분, 서울시 마포구 창전동 산1번지의 와우(臥牛)아파트 15동 5층 건물이 형체도 없이 무너져 내려 33명이 사망하고 40여 명이 부상당했다. 소가 엎드려 있는 듯한 형상의 산등성이 위에 세워진, 입주한 지 채 한 달도 안 된 시민아파트였다. 주민들은 겨울철에도 공사를 강행해 날림을 면치 못한다고 말했지만, 서울시 당국은 준공검사 때부터 "완전 합격된 이상이 없는 건물"이라고 장담했다고 한다.[9] 이는 24년 후의 성수대교 붕괴(1994년)와 이듬해의 삼풍백화점 붕괴로 이어진 '한국 부실공사 잔혹사'의 서막과도 같은 사건이었다.

와우아파트 붕괴 사고를 보면서 서울의 시영 아파트 주민들은 언제든 자기네 집도 무너질지 모른다는 두려움에 사로잡혔다. 이를 계기로 그해 4월 29일, 시영 아파트 주민 대표 240명이 참석한 가운데 기독교회관에서 '서울시민아파트 자치운영회연합회'가 결성되었다. 이들은 입주자의 안전보장 등을 요구하며 네 차례 시위를 하고 여덟 번 이상 진정서를 제출했다.

이듬해인 1971년, 서울시는 시민아파트 건축 당시에 철거민이 아니었던 전매(轉買) 입주자는 그해 6월 말까지 공사비 전액을 한 번에 납부하라고 고지했다. 당시 서울의 시민아파트는 서울시가 아파트의 골조만 세워주고 나머지 내부 공사는 입주민이 자기 부담으로 하는 조건으로 공급되고 있었다. 그리고 입주 자격을 얻은 철거민들은 골조 공사비를 15년에 걸쳐 매달 나누어 상환하게 되어 있었다.

내부 공사를 위해 빌린 사채와 월 상환금의 부담이 상당했기 때문에 철거민 출신 원입주자의 거의 70퍼센트가 아파트를 다른 사람에게 팔고 나가는 게 상례였다. 서울시의 고지는 이렇게 원입주자가 되판 아파트를 사

---

9   "와우시민아파트 1동 도괴", ≪매일경제≫, 1970년 4월 8일 자.

서 들어온 주민에게는 집값을 15년간 빌려주는 혜택을 줄 수 없으니 한 번에 갚으라는 통고였던 셈이다.

간신히 입주할 권리를 사긴 했지만 전매 입주자라 하더라도 한 번에 거금 20만 원을 상환하는 것은 불가능했기 때문에 통보를 접한 이들의 반발이 상당히 거셌다. 전매 입주자들은 6월 30일 오전 9시, 서울시청 근처 골목골목에 흩어져 있다가 한 번에 쏟아져 나와 시위를 벌였다. 경찰은 매우 당황했고 출근길의 시민들은 걸음을 멈추고 구경했다. 결국 서울시장은 대표에게 면담을 요청했고, 주민들이 내건 일시불 조기 상환 요구의 백지화와 부실 아파트 수리 요구를 받아들였다.[10]

경기도 광주에서의 주민 항쟁

와우시민아파트의 붕괴는 가능한 한 빨리 서울 곳곳의 무허가 정착지를 헐고 재개발하겠다는 정부 당국의 과욕이 불러온 예고된 참사였다. 김현옥 서울시장은 서울시 내 13만 6650동의 무허가 건물 가운데 9만 동을 철거해서 시민아파트와 경기도 광주대단지로 이주시키고, 나머지 4만 6650동은 그 자리에 둔 채 양성화하겠다는 계획을 세웠다.[11] 그리하여 철거민 이주용 시민아파트 건립을 미친 듯이 몰아붙인 결과, 무고한 시민들의 어처구니없는 죽음을 불러온 것이다.

또 한편에서는 철거민을 서울시 외곽으로 이주시키기 위한 주택지 개발 계획이 진행되고 있었다. 경기도 광주군 중부면(현재의 성남시)의 300만 평을 택지 등으로 바꾸는 사업이었다. 그런데 놀라운 점은 가난한 철거민들

---

10 한국기독교사회문제연구원, 『민중의 힘, 민중의 교회』(민중사, 1987).
11 손정목, 『서울 도시계획 이야기 2』(한울, 2003), 128쪽.

을 이주시키기 위한 사업에 정부의 재정을 투입한 게 아니라, 서울시가 오히려 개발이익을 남기고 민간에는 사업 수익을 보장하면서 자본을 끌어들이는 민영화 방식을 취했다는 것이다.

우선 서울시는 경기도 광주군 중부면의 토지를 수용한 후 다시 매각하는 과정에서 45억 원의 차익을 남겨 개발 비용으로 충당한다는 계획을 세웠다. 평당 400원 선에 토지를 매입한 후 철거민을 내보내서 도시를 만들면, 결과적으로 땅값이 상승해서 유보지만 팔더라도 애초의 토지 매입비, 시설 투자비, 행정 지원비를 뽑을 수 있다고 계산했다.[12]

도심의 무허가 건물 정비 사업이 과열되면서 철거민을 주체할 수 없게 되자 서울시는 1969년 초부터 한창 토지 매수와 택지조성 공사가 진행 중인 경기도 광주로 사람들을 실어 나르기 시작했다. 용두동, 마장동, 청계천 변, 봉천동, 숭인동, 창신동, 왕십리 일대의 철거민과 전매 입주자들이 광주대단지로 밀려들었다. '선입주 후개발'이라는 그럴싸한 구실이었지만, 약 15만 명의 사람들이 이른바 '입주'한 곳은 허허벌판인 천막촌이었다. 상하수도 시설은 고사하고 공중화장실조차 변변하게 없는 '참으로 사람 못 살' 곳이었다.

광주에서 일감을 찾을 수 없었던 철거민 가운데 일부는 이른바 '딱지'라 불리던 입주권(광주군의 대지를 불하받을 수 있는 권리증)을 팔고 서울의 무허가 지역으로 되돌아가는가 하면, 6300여 가구 1만 4000명이 넘는 전매 입주자들이 이 '딱지'를 사서 들어오기도 했다. 부동산 투기 바람이 일면서 천막 복덕방들은 딱지를 매매하려는 브로커와 투기꾼으로 문전성시를 이루었고, 심지어 입주권을 위조하는 등의 사기 사건까지 속출했다.

이 같은 무분별한 전매 행위를 방관하던 정부와 서울시는 1971년 대통

---

12   김동춘, 「1971년 8·10 광주대단지 주민항거의 배경과 성격」, 《공간과 사회》, 통권 38호 (2011), 10쪽.

령 선거와 국회의원 선거가 끝나자 일체의 입주권 전매 행위를 금지시켰고 토지의 분양가도 두 배로 인상했다. 또한 매각된 토지에 1만 원 이상의 취득세를 부과하는가 하면, 만약 전매 입주자들이 각자의 땅에 6월 10일까지 집을 짓지 않으면 매각을 무효화하겠다고 발표했다.

철거민에게 입주권을 사서 들어온 전매 입주자들은 정부의 발표에 극도로 반발하면서 토지 매각 가격의 인하 등을 요구하는 진정서를 서울시와 경기도에 제출했으나, 정부 측이 냉담한 반응을 보이자 대책위원회를 투쟁위원회로 전환하고 양택식 서울시장에게 면담을 요청했다.

1971년 8월 10일 오전부터 서울시장을 기다리며 성남 출장소 뒷산에 모여들기 시작한 군중은 빗길에 막혀 시장의 도착이 늦어지자 "우리를 사람으로 보지 않는다", "또 속았다. 내려가자"라고 외치면서 출장소로 몰려가 "허울 좋은 선전 말고 실업 군중 구제하라", "살인적 불하 가격 절대 반대" 등의 구호를 내걸었다. 광주대단지 인구의 거의 5분의 1에 해당하는 3만여 명의 군중은 광주대단지 사업소로 몰려가 집기를 부수며 방화를 시도했고, 시영 버스와 트럭을 탈취해 플래카드를 차에 달고 대단지를 누비고 다니는가 하면, 일부는 서울로 진출을 시도하기도 했다.

주민과 경찰 간의 공방이 벌어지는 현장에서 우연히 참외를 실은 삼륜차가 지나가다 넘어지자 군중은 남녀노소 할 것 없이 달려들어 진흙탕에 떨어진 참외까지 모두 주워 먹었다고 한다. 이날 시위대가 공식 요구한 사항에는 주로 전매 입주자들의 목소리가 담겨 있었지만, 실제로 시위에 참여한 군중 속에는 철거민 입주자들이 훨씬 많았던 것으로 추정된다.

시위의 규모와 격렬함에 놀란 정부는 토지의 매각 가격 인하와 취득세 면제 등을 전면 수용하는 등 발 빠르게 진화에 나섰다. 대단지에 대한 구호 사업이 신속하게 진행되면서 주민들의 생계 문제와 주거 환경도 조금씩 호전되었다.

그러나 그곳 주민들은 한동안 외부 세계로부터 폭도 취급을 받으면서 보이지 않는 차별을 겪어야 했다. 이력서에 주소지를 성남시로 쓰면 취업이 되지 않았고, 외부 사람들이 아예 성남에 가기를 꺼리던 시절도 있었다.

45여 년 전의 이 사건은 지금까지 주로 '폭동' 또는 '난동'으로, 거기에 참여했던 주민들은 '폭도'로 묘사되어왔다. 최근 들어서는 이러한 부정적 평가에 대해 당사자들이 겪은 삶의 절박성을 무시한 강자 및 타자의 관점이라고 비판하면서 반대하는 학자들이 등장하고 있지만, 역시 그들 사이에서도 당시 주민들의 행위를 '항거'와 '항쟁' 가운데 어떤 단어로 불러야 할지를 두고 학술적 견해의 차이가 있는 게 사실이다.

이 책에서는 용어 사용에 관해 시비를 가리는 대신, 사건의 명확한 원인 규명을 통해 그 성격을 설명하고 있는 한 학자의 견해를 소개하는 것으로 갈음하려 한다. "국가 행위, 즉 군사정권하의 공권력에 의해 추진된 무모한 도시 개발이 원인이 되어 사회적으로 배제된 약자들이 생존권을 박탈당하는 결과가 초래되었고 이러한 박탈에 대해 거주자들이 일치단결해 일으킨 민권운동"[13]이 광주대단지 사건이다.

13 김준기, 「8·10 민중항쟁과 성남의 정체」, 8·10 30주년기념사업추진위원회 주최 8·10 사건(광주대단지 사건) 30주년 기념 심포지엄 발표 논문(2001).

민중 담론의 등장

　일제강점기부터 1980년대까지 한국 근현대사는 어느 한순간도 '격동의 세월'이 아닌 때가 없었다고 할 만큼 파란만장하게 흘러왔다. 이처럼 급격하게 소용돌이치는 역사가 백성 대다수에게 가져다준 것은 핍박과 고난이었다. 인간으로서 누려야 할 최소한의 것들이 보장되지 않았고 그것을 찾으려는 백성의 안간힘은 때로는 식민 지배 세력에 의해서, 때로는 전쟁의 화마와 개발독재 정권의 독선에 의해서 좌절을 겪었다.

　그러나 무릇 세상사에서 '작용'은 필연적으로 '반작용'을 잉태하듯이 이 격동의 역사의 또 다른 페이지는 백성들이 핍박과 고난에 맞서 저항하는 과정으로 구성되어 있다. 2부에서 다룰 빈민지역에서의 공동체운동은 이름 없는 백성이 자신의 권익을 찾아나가는 한국 민중운동사의 일부분이다. "1960년대부터 1980년대까지 …… 지속적으로 진행된 이 사회운동은 한국의 권위주의적 정권을 무너뜨렸을 뿐만 아니라 그 과정에서 '민중'이라는 개념을 만들어내고 엄혹한 억압 속에서도 그 개념을 둘러싼 다양한 실천 행위를 전개했다."[1]

그리하여 이 장에서는 1970년대를 전후해 우리나라 사회운동의 지적 기반인 민중 담론이 어떻게, 어떤 내용으로 형성되었는지를 살펴보고자 한다.

민중에 담긴 의미의 변천

사전상으로 "국가나 사회를 구성하는 일반 국민. 피지배 계급으로서의 일반 대중"을 뜻하는 '민중(民衆)'에 상응하는 영어 단어는 'people'일 것이다. 영어로 새겨보면 참으로 평범한 낱말이다.

'민중'은 역시 같은 의미의 '인민(人民)'이라는 단어와 함께 1920년대부터 우리 사회에서 널리 쓰여왔는데,[2] 해방 직후 좌우가 대립하는 초기 구도에서는 '인민'이 '민중'을 압도하는 양상이었다. '인민당', '인민위원회', '인민공화국'에서 보듯이 좌익 진영에서는 '인민'이라는 단어를 집중적으로 사용하면서 정국을 주도했다.[3]

이후 좌익 세력이 패퇴하면서 우익 세력과 미 군정이 선호하는 '민중'이라는 용어가 그 자리를 대신했고, '인민'이라는 표현은 좌파가 즐겨 쓰는 불온한 단어로 인식되면서 아예 남한 사회에서 자취를 감추게 되었다. 1960년대 이전까지만 해도 '민중'이라는 낱말에는 역사의 주체라거나 저항 세력이라는 이미지가 담겨 있지 않았다. 경찰이 스스로를 '민중의 지팡이'라고 불렀던 것을 보면, 민중은 저항의 주체라기보다는 오히려 국가 권력의 보호를 받

---

1 이남희, 『민중 만들기: 한국의 민주화운동과 재현의 정치학』(후마니타스, 2015), 9쪽.
2 예컨대 1923년 1월 22일 자 ≪동아일보≫ 사설에는 "지도자의 필요, 민중시대의 일경향"이라는 제목 아래 '민중'이라는 단어가 십수 번 등장했다.
3 황병주, 「1960년대 비판적 지식인 사회의 민중인식」, ≪기억과 전망≫, 제21호(2010), 116쪽.

아야 하는 수동적 대중으로 이해되는 경향이 있었던 것 같다.[4]

심지어 군사 쿠데타로 집권한 박정희도 1960년대 중반까지는 연설할 때 민중이라는 단어를 더러 사용했다. "예술은 어떤 특수 계급의 독점물이 아니며 민중 속에서 민중 생활과 더불어 호흡하는 가운데 ……" 등의 용례를 보면, 민중이라는 말을 특권층에 대비되는 개념으로 썼다는 걸 알 수 있다. 하지만 1965년 이후부터는 이 단어가 더 이상 그의 연설문에 등장하지 않는다.[5]

요약하면 한국전쟁 이후부터 1960년대까지는 '민중'이 지배층과 대비되는 피지배층, 특권층과 구별되는 서민 대중을 지칭하는 의미로 사용되었지만, 저항 주체의 핵심을 가리키는 정도로까지는 나아가지 않았다. 그러다가 1960년대 중반을 넘어서면서 민중이 역사의 중심 주체이자 역사를 추동하는 힘이라는 주장이 등장하기 시작했다. "지식인의 존재 근거는 민중에게서 나온다"라고 믿었던 한 민족주의자의 다음과 같은 글은 새로운 민중론의 신호탄과도 같았다. 그는 미국의 식민지와도 같은 남한 사회가 소수의 기생 특권 상층과 다수의 빈곤한 민중으로 이루어져 있다고 보았다.

우리의 과제인 자유와 평등, 진보와 번영, 그리고 민주주의의 모든 요구는 우선 민중의 빈곤을 극복하고 대중의 생활을 근저에서부터 개선하려는 의지와 결합할 때 가장 거대한 민족사의 추동력을 민중으로부터 창출해낼 수 있으며 또한 민중의 근대적 의식도 자각·성장시킬 수 있을 것이다. …… 인텔리겐챠란 민중에 앞장서서 그들의 시중을 들면서 민중의 복지를 위해 전위가 된다는 점과 민족사의 방향을 암중모색하는 기수가 된다는 점에서 역사적인 존재 가치가 있는 것이다. …… 이리하여 민중으로서의 의식을 체현하

<hr>

4   황병주, 같은 글, 113쪽.
5   황병주, 같은 글, 126쪽.

는 지식인임과 동시에 지식인으로서의 민중이 되고자 하는 지식인은 대중의 민주주의적인 혁명 투쟁 속에서 자기의 역사적 사명의 중대함을 자각하지 않을 수 없게 된다.[6]

'민중을 올바로 지도하는 지식인의 역사의식'을 강조해 계몽주의적 엘리트주의의 단면을 보이고는 있으나, 지식인 스스로가 민중으로 재구성되어야 한다고 말함으로써 역사의 주체가 민중이라는 점을 분명히 하고 있다.

1970년대 민중의 개념

민중을 역사의 주체로 보는 담론이 등장하게 된 배경에 관해서는 한국 근대사를 실패라고 규정하는 인식론과 산업화를 원인으로 보는 측면이 있다. 1945년 해방 후의 역사에 대해서는 평가자의 이념적 성향과 상관없이 실패와 왜곡이 있었다고 보는 해석이 지배적이었다.[7] 이러한 해석의 논거는 한국인이 자기 역사의 주인이 되지 못했다는, 강대국 간 전쟁의 그늘에 가려 자신을 해방하는 데 실패했다는 것에 있다.

남한의 청소년은 "미국은 무조건 우방이고 소련과 중국은 철저히 적국이며 북한은 사람도 아닌 '빨갱이'의 나라"라는 식의 정치 선전의 세례를 받으면서, "자유를 얻어주신 '우리 아버지 이승만 대통령'"의 생신 축하 시를 쓰고 '5·16 혁명' 공약을 외우면서 자랐다. 그리하여 당시를 살았던 한 지식인은 "내 정신에 박힌 냉전의 파편이 내 몸 전체를 쓰라리게 하고

---

6   이진영, 「지식인과 역사의식」, ≪청맥≫, 3월 호(1966), 38~39쪽.
7   대표적 보수 논객 중 한 명인 소설가 복거일도 "일본이라는 식민 통치자와 미국이라는 신식민 초강대국으로부터 한국이 식민지 고리를 끊지 못하고 스스로를 해방시키는 데 실패했다"라고 목청을 높인 바 있다(이남희, 『민중 만들기: 한국의 민주화운동과 재현의 정치학』, 77쪽).

아직도 도처에서 우리 시대를 짓누르고 있으며, 내가 16년간 교육받았던 분단 시대의 허위의식이 내 눈을 사팔뜨기로 만들어놓고 아직도 더 많은 사팔뜨기를 만들기 위해 논리적인 허위 무장을 일삼는 시대"[8]라며 탄식하곤 했다.

박정희 군사정권은 집권 후 국가 주도의 산업화 정책과 반공주의를 국시로 삼고 통치 기반을 다져나갔다. 급격한 공업화 바람은 정부의 의도적인 저곡가 정책과 맞물려 농촌 경제의 피폐와 대규모의 이촌향도(離村向都) 현상을 불러왔고, 도시의 무일푼 노동자들은 법의 보호도 제대로 받지 못한 채 자본의 횡포에 시달려야만 했다.

당시 시대상을 잘 보여주는 소설이 조세희의 『난장이가 쏘아올린 작은 공』이다. 1976년에 발표된 이 중편소설은 난쟁이 가족의 삶을 통해 한국 사회가 산업화 과정에서 겪은 계층적 갈등과 모순, 사회적 부조리 등을 표현했다.

하지만 현실의 상황은 이보다 더 처절하고 절박했다. 그 단적인 예가 1970년 11월에 발생했던 노동자 전태일의 분신자살 사건이다. 한자투성이의 어려운 근로기준법을 이해하기 위해 "대학생 친구가 한 명이라도 있었으면 좋겠다"라고 했던 그의 충격적인 죽음은 당시 지식인 사회에 엄청난 반향을 일으켰다. 그가 죽은 지 5일 후 노동자와의 연대 활동을 다짐하는 서울상대 학생 200여 명이 노동조건 개선을 요구하며 무기한 단식투쟁에 들어갔고, 뒤이어 다른 대학 학생들의 추모 행사도 줄을 이었다. 그들은 "회개하는 마음으로 단식기도 모임"을 열고 노동자와 판자촌 주민의 삶에 대한 실태 조사를 요구했다.[9]

일부 지식인은 그의 죽음을 애도하는 데 그치지 않고 스스로 노동자의

8   성래운·이오덕·김인회·이시영·김윤수, 「분단 현실과 민족 교육」, ≪창작과 비평≫, 제48호(1978).
9   이남희, 『민중 만들기: 한국의 민주화운동과 재현의 정치학』, 347쪽.

삶을 살면서 노동자를 조직하기 위해 현장으로 들어갔다. 그들은 전태일의 죽음을 계기로 그 전까지의 사회운동이 지나치게 정치적인 이슈에 집중되어 있었던 점을 반성하고, 좀 더 구조적인 변화를 위한 준비가 필요하다고 생각했다. 그것은 사회 밑바닥으로 내려가 기층 민중을 만나고 그들을 조직하는 것이었다.

한편 육체노동의 길을 택하는 대신 그들을 지원하고 간접적으로 조직하는 데 투신하는 지식인도 있었다. 도시산업선교회, 가톨릭농민회, 크리스천아카데미 같은 기독교운동 조직에서 일하는 활동가들이었다.

1970년 무렵부터 '민중'이라는 용어는 학생운동, 기독교운동, 노동자·농민운동과 같은 사회운동의 중심 개념으로 자리 잡히기 시작했다. 민중 담론은 특히 문학과 신학의 영역에서 풍성하게 자라나 다른 운동론에도 영향을 미쳤다.

이때 민중 담론의 핵심은 역시 '민중이 역사의 주체'라는 명제였는데, 이는 민중이 항상 역사의 주인 노릇을 성공적으로 해왔다는 의미가 아니라 "민중이 역사의 올바른 주인 노릇을 못하는 시대에도 엄연히 역사의 주체로서 활약한다"[10]라는 주장에 가까웠다. 그러니까 민중은 현실 세계에서는 여전히 억압받고 착취받는 자이며 소외된 자로서 이 잘못된 세상의 질서에 저항할 역사적 사명을 가진 자이기도 했다.

그리하여 민중신학에서는 예수 자신이 민중이며 또한 민중의 해방자다. 민중신학은 고난받고 수난당하는 한국 현대사의 민중의 모습을 예수의 모습과 동일시했다. 민중신학자 중 한 사람인 안병무는 "민중신학은 어떤 의미에서 전태일 사건에 자극되어 생겨난 것"이라며 이 사건을 계기로 한국기독교교회협의회(NCCK)가 '눈을 떠서' 서울을 중심으로 도시산업선교회가 생겨났고 인권위원회가 발족되어 이후 인권 투쟁이 계속 일어난 것이

---

10 백낙청, 「민족문학과 민중문학」, 백낙청, 『민족문학과 세계문학 2』(창비, 1985), 336~354쪽.

라고 말했다.[11]

역시 민중신학자 서남동은 민중은 노동자나 농민처럼 육체노동을 통해 가치를 직접 생산하는 계층이지만, 성서적으로 더욱 중요한 것은 정의롭지 못한 사회질서 때문에 억압받고 착취당하고 있다는 점이라고 역설했다. 그에 따르면 민중은 "자신이 주체로서 행동해야 하는 역사적 소명을 깨달은 자"로서 이러한 자각 없이 그저 복종하기만 하는 백성과는 구분되어야 마땅한 존재였다.

1970년대 사회과학계에서도 민중의 개념과 성격에 대한 논의가 진전되었다. 민족경제론을 주창했던 박현채는 민중을 "정치권력의 관점에서는 피지배 상태에 있는 사람들, 경제활동의 관점에서는 사회적 생산의 직접 담당자로서 노동 생산물의 소유자가 되지 못하고 소외된 사람들, 사회적 지위의 관점에서는 저변에 있는 피동적 성격의 사람들"이라고 설명하면서 "역사에 있어서 부나 권력, 그리고 명성이나 특권적 지위에 가깝지 않은 생활을 하는 사람들의 총칭"[12]이라고 정의했다.

이렇게 민중에 대해서는 단일 계층이라기보다 자연히 여러 계층의 사람으로 구성된다고 보는 편이 우세했고, 심지어 '중산층'까지도 포함된다고 보는 견해도 있었다.

지식인에게 부끄러운 실패의 역사가 안긴 상처를 극복하는 길은 지난날의 역사에서 철저히 무시당해왔던 민중의 자리를 되돌려주는 것, 그들이 진정한 주체임을 인정하고 그들의 편에 서는 것이었다. 따라서 이러한 반성 없이 친일 잔재 세력이 추진하는 근대화 프로젝트에 대해서는 언제나 대립각을 세울 수밖에 없다는 것이 반정부 지식인 그룹의 입장이었다. 국

11 안병무, 『민중신학 이야기』(한국신학연구원, 1990), 257~258쪽; 장상철, 「1970년대 '민중' 개념의 재등장: 사회과학계와 민중문학, 민중신학에서의 논의」, ≪경제와 사회≫, 통권 제74호(2007년 여름 호), 125쪽에서 재인용.

12 장상철, 같은 글, 129쪽에서 재인용.

가 주도의 산업화 정책에 매진하는 독재 정권이 '국가와 민족', '국민'의 도리를 강조할 때, 역사의 모순을 자각한 지식인들은 무리한 산업화의 희생양이 되고 있는 '민중'의 존재를 부각하고 그들을 섬길 것을 요구했다.

전태일의 죽음 앞에서 그러했듯이 학생과 지식인들이 민중의 현실에 책임을 통감했던 것은 우리 사회에서 특권을 누리고 있는 이들로서 본연의 책무를 다하지 못했다는 부끄러움 때문이었다. 그동안 사회 문제에 무지했거나 구조적 문제를 개인 차원에서 해결하려 들었던 것은 "사회가 잘못된 길로 빠지면 바로 세우고 도탄에 빠지면 복원"해야 하는, "지식과 행동은 일치"해야 하는 전통적인 지식인상(像)에 배치되는 것이었다.[13]

지식인과 민중운동

이러한 민중 담론은 지난날의 역사에 대한 새로운 해석 또는 재해석에 머무르지 않고 눈앞의 현실을 바꾸기 위한 실천적 운동의 원동력이 되었다. 지식인, 특히 대학생과 진보적 종교인들은 급격한 산업화의 희생양이 되고 있는 민중의 현실에 주목하고 그들 곁으로 다가가 동고동락하고자 했다.

일련의 민중 담론에서 원래의 '민중'은 역사의 주인임에도 자신의 그러한 존재 가치를 깨닫지 못하고, 권력에 의해 부당하게 조종당하고 있음을 자각하지 못하는 '잠자는 대중'의 상태로 그려졌다. 그리하여 무의식 상태의 민중은 잠에서 깨어나 자의식을 가지고 지배 집단을 비판할 줄 알며, 기존의 질서를 바꾸기 위해 행동에 나서는 '능동적 민중'으로 거듭나야 한다고 주창되었다. '민중을 올바로 이끌어야 할 사명'을 지닌 지식인은 민중에

---

13   이남희, 『민중 만들기: 한국의 민주화운동과 재현의 정치학』, 248, 256쪽.

게 이러한 변화가 일어나도록 돕고 방향을 제시하는 존재로 상정되었다.

민중 담론에 입각한 사회운동에서는 민중이 겪고 있는 온갖 고초가 각 개인의 잘못에서 비롯된 것이 아니라 왜곡된 사회구조와 권력층의 반민주적 행태에서 비롯된 것임을 인식하는 것, 그리하여 부당한 구조와 질서를 바로 세우기 위해 스스로 행동해야 함을 깨닫는 것을 민중의 의식 변화, 즉 '의식화'라고 부르기 시작했다. 의식화라는 말에는 시간이 흐르면서 저절로 변화가 나타나기를 기다린다기보다는 대중의 변화를 촉진하고 유도하기 위해 지식인이 의도적으로 개입하고 움직인다는 의미가 깃들어 있다.

이와 같이 민중의 의식 변화를 돕고 조직을 건설하기 위해 지식인 출신의 청장년들은 스스로 공장으로, 농촌으로, 또는 도시의 산동네로 들어가 이른바 사회운동가가 되었다. 이들은 때에 따라서 활동가, 조직가 또는 (운동 조직의) 실무자 등으로 불렸고, 이들을 백안시하는 세간의 여론으로부터는 '운동권'으로 낙인찍혔다.

도시의 저소득층 주민을 주체로 세우려는 사회운동에서는 일찍이 1970년대부터 '운동가는 운동가이기 전에 한 사람의 주민이 되어야 한다'는 원칙을 수립했다. 주민의 삶 속에서 이슈가 될 문제를 발견하고 주민에게 신뢰와 인정을 받으려면 이들과 함께 사는 것 말고는 다른 방법이 없었다. 아마 오늘날에도 가난한 지역에서의 공동체운동을 꿈꾸는 사람이 있다면 '그 지역에서 주민으로 살아가기'는 어떠한 경우에도 양보할 수 없는 금과옥조와 같은 원칙이 될 것이다.

저소득층 지역에서의 사회운동, 즉 지역 주민을 조직하는 운동은 철저히 주민의 이해(利害)와 욕구에 기반을 두어야 했기 때문에 주민의 생활상의 문제를 세심히 관찰하고 살피는 데서 시작되었다. 1970~1980년대에는 국가가 기본적인 생활 기반 시설이나 최소한의 사회 서비스도 제대로 제공하지 못했기 때문에 주민의 입장에서는 필요한 것이 한두 가지가 아니었다.

맞벌이를 위해 아이를 맡길 만한 탁아소나 유아원, 낮에 방치되어 있는 학생들을 돌봐줄 오늘날의 공부방과 같은 공간과 프로그램, 문턱이 높은 병원을 대신할 진료소, 긴급 생활 자금을 융통할 만한 서민금고, 청소년 노동자를 위한 교육의 기회 등이 절실히 필요했지만, 어떤 정치인이나 관료도 이에 무관심했다.

제 발로 산동네를 찾아 들어온 활동가들은 주민이 필요로 하는 공간을 만들고 프로그램을 운영했다. 아이들을 맡아 탁아소를 운영하면서 엄마들의 모임을 조직했고 '어머니학교'를 개설하기도 했다. 노동자 야학을 여는가 하면 청소년 독서 클럽을 만들었고, 때로는 지역청년회를 조직하기도 했다. 외부의 의대생 봉사자를 모아 주말 진료소를 운영하기도 하고 신용협동조합을 설립하기도 했다. 이러한 과정에서 이른바 '민중교회'는 주민을 위한 공간과 프로그램을 만드는 데 많은 기여를 했다. 저소득층 지역운동의 일반적 경향은 2부의 지역운동의 각 사례를 통해 더 구체적이고 소상하게 소개할 것이다.

🏠 수도권도시선교회 이야기

1960년대 후반부터 가속적으로 진행된 한국의 근대화, 산업화, 도시화는 많은 농촌 주민의 도시로의 탈출을 조장했다. 도시에 아무런 생활 기반을 가지고 있지 못한 이농민들은 도시빈민 지대를 형성했다. …… 도시빈민들의 말로는 너무나 비참했다. 중노동, 질병, 좌절, 무기력, 불평불만, 불화, 퇴폐, 그리고 한 맺힌 죽음 — 이것이 그들의 삶이었다. 절망과 비인간화의 생지옥 — 이곳이 바로 도시빈민 지역이었다.[1]

1970년 서울시 마포구 창전동 와우시민아파트 붕괴와 경기도 광주대단지 주민의 항거는 1960~1970년대의 사회 모순과 도시 개발사의 폭력성의 한 단면을 드러낸 사건이었다. 또한 엄혹했던 박정희 독재 정권 시절이었

---

1   한국기독교사회문제연구원, 『민중의 힘, 민중의 교회: 도시빈민의 인간다운 삶을 위하여』(민중사, 1987), 6쪽.

음에도 불구하고 도시빈민의 저항이 세간의 주목을 받은 사건이었다. 이 사건들은 경제성장이 중심인 사회구조적 모순과 폭발적으로 늘어난 도시 빈민의 문제를 드러냈다. 이러한 상황에서 당시 도시빈민과 이들의 열악한 생활에 주목하면서, 빈민지역 주민을 조직하기 위한 운동을 체계적으로 전개한 조직이 바로 '수도권도시선교위원회'다.[2]

도시문제연구소

수도권도시선교위원회가 처음 싹튼 못자리는 1968년에 설립된 연세대학교 부설 도시문제연구소다. 당시 도시빈민의 처절한 상황에 관심을 기울이던 사람은 별로 없었다. 지식인, 언론인, 법조인, 종교인 중에는 박정희 독재 정권의 경제개발 논리에 동조하는 사람이 많았다. 간혹 비판적인 입장을 취하는 사람들이 있긴 했으나, 비판은 말로 그쳤고 행동으로 이어지지 않았다. 도시빈민의 존재에 관심을 기울이고 이들의 고통에 동참하고자 처음으로 행동에 나선 사람들은 기독교인(가톨릭교회와 개신교회)이었다.

1968년 한국을 방문한 미국 연합장로교 도시산업선교 총무 조지 토드 (George Todd) 목사가 북장로교 교단으로부터의 3년에 걸친 10만 달러 및 훈련 담당자 지원을 주선했다. 이를 기초로 해서 1968년 9월, 신·구교가 연합해 연세대 도시문제연구소를 설립했다.[3] 토드 목사는 10만 달러를 주면서 "이 돈을 교회에 주면 예배당을 짓는 데 쓸 테니 절반은 연구소를 만들어 조사연구 활동에 쓰고 나머지는 현장 조직을 만드는 데 쓰면 어떻겠

---

2 수도권도시선교위원회는 이후 수도권특수지역선교위원회(1973년), 한국특수지역선교위원회(1976년)로 명칭을 바꿔 활동했다.

3 한국기독교교회협의회 인권위원회 엮음, 『1970년대 민주화운동: 기독교 인권운동을 중심으로 1』 (한국기독교교회협의회, 1987), 133쪽.

느냐"라고 제안했다.[4]

도시문제연구소는 조사연구 분야와 도시선교[5] 분야로 나뉘어 있었는데, 실제로는 조사연구를 위한 활동보다 빈민지역의 주민 조직가를 키우는 실무자 양성 훈련에 더 큰 비중을 두고 있었다. 도시선교 분야의 활동을 위해 박형규 목사를 위원장으로 하는 '도시선교위원회(Urban Ministry Committee)'[6]를 설치하고 1968년부터 1971년까지 빈민 선교자(주민조직 활동에 헌신할 젊은 성직자와 평신도)를 선발해 훈련시켰다. 훈련 담당자였던 허버트 화이트(Herbert White, 백호진) 목사는 솔 알린스키(Saul D. Alinsky)[7]의 주민조직(CO: Community Organization) 방법론을 훈련생들에게 전수했다.

1969년 초부터 도시선교위원회가 주관하는 최초의 훈련이 진행되었다. 강의로 이론을 배우는 것이 아니라 직접 현장에서 주민조직 활동을 실천하는 방식으로 진행된 '행동훈련 프로그램(Action Training Program)'이었다. 훈련생들은 두 명씩 짝을 이루어 각기 다른 판자촌에 배치되었다. '제1차 행동훈련 프로그램'이 1969년 1월부터 6월까지 창신동 판자촌과 러시아 대사관 자리에 있는 판자촌에서 진행되었고, '제2차 행동훈련 프로그램'이 7월부터 12월까지 청계천 변의 대규모 판자촌 지역인 용두동, 답십리 등에서 진행되었다.

도시선교위원회는 1970년 1월부터 첨예해진 시민아파트 문제에 착안해

---

4 신홍범, 『나의 믿음은 길 위에 있다: 박형규 회고록』(창비, 2010), 166쪽.
5 당시 기독교인(가톨릭, 개신교)들이 조직을 설립하고 활동했기 때문에 '도시선교'라는 말이 보편적으로 쓰였으나, 이를 빈민지역 주민조직 운동으로 이해해도 무방하다.
6 도시문제연구소는 박대선 연세대 총장을 운영위원장으로, 노정현 박사를 소장으로 임명하고, 미국 연합장로교회에서 파송한 허버트 화이트 목사를 부소장 겸 훈련 담당자로 임명하는 한편, 도시선교위원회 위원장에 박형규 목사를 선임했다. 또한 도시선교위원회에는 박종선 신부, 마가렛 수녀, 현영학 교수, 오재식 선생 등 신·구교 성직자와 평신도가 포함되어 있었다(한국기독교교회협의회 인권위원회 엮음, 『1970년대 민주화운동: 기독교 인권운동을 중심으로 1』, 133쪽).
7 솔 알린스키는 조직의 사도(使徒)로 불리는 미국의 민권운동가다. 다음 장에 실린 「알린스키와 프레이리」에서 자세히 소개했다.

서 서대문의 금화아파트, 창신동의 낙산아파트, 연희동의 시민아파트 등
에서 3차 훈련을 진행했다.[8] 이들의 훈련은 지역에 살면서 주민이 피부로
느끼는 상수도 문제나 쓰레기·분뇨 처리 문제 등을 찾아내 주민 스스로 해
결하도록 유도하는 내용으로 이루어졌다.

당시 1기 훈련생 김혜경이 지역사회와 가까워지는 과정을 기술한 다음
의 기록을 보면, 지역에 파견된 조직가들이 어떻게 주민 속에 들어가고자
했는지를 알 수 있다.

> 내가 맨 먼저 해야 되는 일은 그 지역 안에 거처를 잡는 일이었다. 사정에 익
> 숙해지기 위해 나는 방을 구한다는 구실로 가가호호 둘러보았다. …… 나는
> 주민들과 대화를 나누는 것이 주민의 실제적 문제들을 발굴하는 데 가장 좋
> 은 방법이라고 생각했다. 그래서 나는 많은 사람들이 모이는 미장원, 이발관,
> 급수대, 공터 등에 자주 갔다. …… 여기서는 문제를 찾아내기 위해서 거의
> 매일 미장원에 갔다. 나는 동네 부인들과 더 오래 이야기를 나누기 위해 다
> 른 사람에게 차례를 양보하기가 일쑤였다. 운 좋게도 나는 일단의 부인네들
> 이 매일 밤 6시부터 10시 30분까지 댄스홀에 간다는 것을 알아냈다. 나는 그
> 녀들에게 끼워주도록 부탁했다. 처음에는 허락하지 않았으나 나는 그녀들을
> 설득했다. 어느 날 밤 나는 그녀들과 함께 댄스홀과 술집에 가게 되었다. 그
> 후 나는 그녀들을 일주일 동안 따라다녔다. 그들은 나를 믿게 되었고 ……
> 나는 그들을 더 잘 이해하기 위해서 개별적으로 만나기 시작했다.[9]

이처럼 초기 도시선교위원회의 훈련은 알린스키의 주민조직 운동론을
한국 상황에 적용시키기 위한 실험적 과정으로, 종합적이고 장기적인 계

---

8   한국기독교교회협의회 인권위원회 엮음, 『1970년대 민주화운동: 기독교 인권운동을 중심으로 1』,
      134쪽.
9   한국기독교사회문제연구원, 『민중의 힘, 민중의 교회』, 18~19쪽.

획이 아니라 주로 6개월의 단기 과정으로 진행되었다.[10]

수도권도시선교위원회

1970년 4월 마포구 창전동의 와우시민아파트가 붕괴되어 주민 수십 명이 사망했다. 이 사건에 분노한 시민아파트 주민들이 서울시 시민아파트 자치운영회연합회를 조직해 저항했다. 1971년 6월 서울시가 시민아파트 전매 입주자에게 일시불 상환 독촉 공문을 보내자 주민들은 서울시청 앞 광장에 모여 대규모 시위를 벌였다. 그리고 그해 8월, 같은 문제로 일어난 경기도 광주대단지 주민들의 저항이 군중 봉기로 이어졌다. 훈련 단계에 머물러 있던 빈민선교를 적극적인 주민조직 활동으로 전환할 필요성이 제기되었다. 도시문제연구소 산하에 있는 예비적·실험적 성격의 조직으로는 빈민 문제에 능동적·효과적으로 대응하기 어렵다고 판단한 것이다. 따라서 1971년 9월 1일, 주민조직 활동을 지속하기 위해 본격적인 빈민선교 조직으로서 초교파적 기구인 '수도권도시선교위원회'[11]를 새로 조직하게 되었다.[12]

이들은 가난한 주민들과 함께 생활하고 활동하면서 실질적인 주민 조직

---

10 이경자, 「한국적 지역사회조직의 사회행동 모델 사례연구: 수도권도시선교위원회를 중심으로」 (신라대학교 석사 학위논문, 2000), 40쪽.

11 초기 위원회의 조직 구성은 다음과 같다. 위원장(박형규 목사), 부위원장(김동수 목사), 총무 (조승혁 목사), 주무 간사(권호경 전도사), 위원(이성걸·현영학·신익호·김정국·박봉배·최종철· 한철하·임인봉·도건일), 협력 실무자(김동완·전용환) (한국기독교사회문제연구원, 『민중의 힘, 민중의 교회』, 48쪽).

12 도시문제연구소는 훈련 차원에서 시민아파트 조직을 만드는 데까지는 개입했으나, 정부 당국과 대결하는 주민이 조직적·집단적인 시위를 벌일 때부터는 제대로 관여하지 못했다. "시민아파트 주민들의 시청 앞 시위가 '수도권도시선교위원회'를 조직하는 결정적인 계기가 되었다"라고 당시의 조직가 권호경 목사는 증언했다.

화에 헌신했다. 당시 수도권도시선교위원회가 작성한 미간행 보고서에는 다음과 같이 사업의 취지가 기록되어 있다.

우리나라의 급격한 산업화에 의한 서울의 이상비대(異常肥大) 도시화 현상은 전 국가적 문제다. 조국 근대화, 공업 입국 등의 구호 밑에 새롭게 건설되는 도시화 계획은 고층 빌딩과 고가도로의 문제만이 아니라 힘없고 가난한 소시민의 주택, 생활 등의 문제를 동시에 안고 있다 하겠다. 이러한 상황에서 근대화, 도시화 과정에 인간의 존엄이 무시당하는 서울의 한구석에서 교회의 선교적 사명을 감당함으로써 이들이 하나님의 형상대로 지음받은 인간으로서 스스로 움직이고 살아갈 수 있게 하고자 한다.[13]

이는 기존의 교회가 보여온 자선적이고 구호 중심적인 구제 활동이 빈민을 의존적으로 만들었으며 이들이 자주적으로 삶을 영위할 인간으로 성장하는 걸 저해했다는 반성을 깔고 있다. 현장 활동가들의 목표는 지역사회의 주민이 자신들의 문제를 인식하고 힘을 모아 지역사회의 환경을 개선해나가도록 하는 것이었다. 즉 가난한 주민들이 자주적이고 자율적인 힘을 갖게끔 공동체를 조직하는 것이다. 박형규 목사의 다음 증언에서 수도권도시선교위원회의 조직 전략 및 방향, 조직가의 역할 등을 엿볼 수 있다.

조직가는 그 지역에 같이 살면서 지역을 이해하고 분석하고 문제를 끄집어낸다. 이러한 과정에서 제일 중요한 것은 주민들의 인정을 받는 것이다. 그리고 주민들 스스로 문제를 발견하게 하고 스스로의 힘으로 해결하려는 의지를 갖게 만든다. 결코 조직가는 지도자로서의 역할을 하는 것이 아니고 주

---

13 「지역사회 조직 및 주민환경 개선을 위한 선교사업」(수도권도시선교위원회 미간행 보고서, 1972); 박정세, 「1970년대 도시빈민 선교의 유형과 특성」, 연세대학교 엮음, ≪신학논단≫, 제24호(1996), 206쪽에서 재인용.

민 중에 지도자를 발굴해서, 발굴된 그 지역의 지도자가 지도력을 발휘하도록 도와주는 역할을 해야 한다. 가장 쉽고 성취가 쉬운 절실한 문제부터 시작해야 하며 주민들이 성취감을 맛보도록 해야 한다. 그리고 난 뒤에 다음 단계로 올라갈 수 있다. 주민들의 가능성을 테스트하고 성취 만족을 통해서 주민조직을 확대하는 방법이다.[14]

1971년 9월부터 12월까지를 1972년의 활동을 위한 준비 기간으로 정하고, 선교 대상, 지역, 조직가[15] 선정 및 재정 확보를 위해 노력했다. 다른 한편으로는 청계천 주변 신설동 4번지 철거에 주민과 함께 대응하고, 불공정한 과세에 대한 영세 상인들의 불만을 모으려고 노력했다. 1972년 10월 계엄령이 선포되기까지 광주대단지, 남대문시장, 송정동 뚝방, 도봉동, 인천 화수동, 신정동, 금화 시민아파트 등에 조직가들이 배치되어 활동했다. 남대문시장을 제외하고는 모두 판자촌 지역이거나 정부의 철거 정책으로 판자촌 주민이 이주한 지역이다.

조직가들은 주로 주민이 마주하는 문제가 무엇인지를 파악하는 데 역점을 두었다. 이들의 지역 실태 조사는 단순한 사회과학적인 현장 조사가 아니었다. 조직가가 주민의 한 사람이 되어 살면서 주민으로서 느끼고 겪는 문제를 분석하는 것이었다. 개별적 문제 사이의 연관을 파악하고, 주민이 당면한 과제를 찾아내는 일이었다. 조직가들은 주 1회 모임(매주 금요일 오후 4~12시) 자리를 마련했다. 육하원칙에 따라 활동 상황과 제반 문제를 보고하고 이에 대해 비판하고 토론했다. 또 다음 주간의 활동 계획을 수립해서 다시 주민 속에 들어가 조직 사업을 전개했다. 주민조직의 이론과 실제

---

14 이경자, 「한국적 지역사회조직의 사회행동 모델 사례연구: 수도권도시선교위원회를 중심으로」, 51쪽.
15 당시에는 조직가를 주로 실무자라 불렀다. 그러나 이 장에서는 본래의 의미를 살려 조직가로 썼다.

에 대한 이해를 심화하기 위해 세미나도 했다. 한편 주민 지도자 훈련도
했는데, 이 훈련에는 금화 지역, 송정동, 낙산, 성남, 인천 등지의 주민 지
도자들이 참가했다.[16]

새로운 전략, 답십리센터

1972년 10월 유신으로 모든 사회운동이 위축되면서 정치적·사회적 상
황이 크게 악화되었다. 수도권도시선교위원회는 기존의 분산된 활동 방식
으로는 악화된 정치 상황에 대처할 수 없다고 판단했다. 이에 대한 일종의
타개책으로 청계천 지역에 역량을 집중하기로 했다. 조직가들은 동대문구
답십리의 판잣집을 전세 내어 합숙했으며, 이를 '답십리센터'라고 불렀다.
답십리센터는 활동가들의 합숙소이자 모든 계획이 수립되고 평가되는 선
교 활동의 통제부, 활동가들의 훈련소였다. 요컨대 빈민선교의 근거지였
다. 답십리센터는 목회자, 신학생, 일반 학생 등과 빈민지역을 연결하는
다리 역할도 했다. 1973년 4월 남산 야외음악당에서 열린 부활절 연합예
배에서 뿌려진 전단과 관련해 그해 6월 말 무렵에 위원회의 위원장과 실무
자들이 구속될 때까지 답십리센터는 문자 그대로 '중심'으로 기능했다.
답십리센터의 개소(開所)를 계기로 활동가들은 기존 지역에서의 활동을
계속하는 것 외에도 청계천 일대를 네 개 권역으로 나눠[17] '빈민지역 건강
문제', '빈민지역 아동 실태' 등을 조사하는가 하면, 송정동 철거 반대 투쟁
과 이주민 재정착 활동을 벌여나가며 주민 조직화를 꾀했다.[18] 답십리센터
는 조직가를 훈련하는 동시에 주민 실태 조사, 아동교육 실태 조사 등을

---

16 한국기독교사회문제연구원, 『민중의 힘, 민중의 교회: 도시빈민의 인간다운 삶을 위하여』, 55~56쪽.
17 청계천 1지구는 이규상, 2지구는 송창영, 3지구는 이규상·김혜경, 4지구는 손학규가 맡았고,
    지역 전체를 김동완 목사가 총괄했다.
18 민주화운동기념사업회 연구소 엮음, 『한국민주화운동사 2: 유신체제기』(돌베개, 2009), 672쪽.

통해 육성회비대책위원회·철거대책주민회 조직, 주민 질병 대책 활동, 주민교회 활동, 의료협동조합 조직 활동 등을 전개했다.

또한 지역 조사를 위해 생필품 행상을 하며 집집마다 방문하기도 하고 주민을 따라 막노동판에 나가는가 하면, 주민 사이의 인간관계를 파악하려고 애를 쓰기도 했다. 또 마을 지도를 만들어 지도 위에 사람이 많이 모이는 곳, 각 세대주의 생업·학력·성격, 주민 개개인의 특성 등을 그려 넣으며 정보를 축적했다. 이러한 활동은 "주민 조직가 훈련의 교과서는 판자촌 그 자체"라는 신념에 따라 판자촌을 배워가는 과정이기도 했다.[19]

수도권특수지역선교위원회

이러한 가운데 1973년 1월 총회에서 조직의 명칭을 '수도권특수지역선교위원회'로 바꾸었는데, 이는 이들의 활동 대상이 판자촌과 같은 특수 지역, 즉 도시빈민 거주지임을 더욱 명확히 천명하기 위한 것이었다.

그러나 청계천 일대에서의 활동은 1973년 4월 '남산 야외음악당 부활절 연합예배 사건'[20]으로 수도권특수지역선교위원회 위원장 박형규 목사와 조직가들이 구속되면서 어려움에 봉착했다. 이어서 1974년 1월 조직가 이규상과 이해학 전도사가 입건되었고, 2월 권호경, 김동완 목사와 조직가들이 긴급조치 위반으로 구속되면서 1973년과 1974년에는 정상적으로 활동하기가 어려워졌다. 그럼에도 1974년 6월에 새로운 위원들과 조직가들을

19 한국기독교사회문제연구원, 『민중의 힘, 민중의 교회』, 68~69쪽.
20 1973년 4월 기독 학생들과 몇몇 수도권 실무자들이 신도들을 대상으로 민주주의와 언론 자유를 촉구하는 전단 수백 장을 배포했는데, 별 주목도 받지 못했던 이 사건이 두 달 뒤에 '성직자와 기독 학생에 의한 내란 예비 음모 사건'이라는 죄목으로 둔갑되어 수도권 위원장이던 박형규 목사와 김동완 목사, 권호경 전도사, 손학규 등의 실무자들이 구속되는 정치 사건이 되었다.

받아들여 주민조직 활동을 계속해나갔다.[21]

1974년 허병섭 목사는 서울 동대문구 신설동 15~17통 일대의 판자촌에서 넝마주이, 깡패들을 우연히 만난다. 이곳에서 동네 건달 이철용을 만났는데, 그를 따라 구두닦이 소년들의 합숙소인 '은성학원'에 갔던 경험을 허 목사는 이렇게 회고했다.

나는 구두닦이 소년들의 합숙소인 은성학원으로 갔다. 나는 합숙소의 규칙에 따라 '신고식'을 거쳐야 했다. 나는 자라온 과정과 나의 비행들, 그리고 희망 등을 적나라하게 소개했다. 나에 대한 모든 것을, 꾸미지도 않고 감추지도 않고 다 털어놓았다. 신고식이 끝나자 이철용 씨는 나를 '니나노집(작부가 있는 술집)'으로 데리고 갔다. 마시지 못하는 술이었지만 열심히 마시고 노래도 따라 부르고 장단도 맞추었다. 이철용 씨는 나에 대한 '시험'을 그만두었다. 그는 내가 '인품' ─ 돈 깨나 있고 말 깨나 하는 위선자 ─ 이 아님을 파악했던 것이다. 그 후 나와 이철용은 형제처럼 지내게 되었다.[22]

이 '꼬방동네'에서 허 목사는 주민 지도자 이철용을 중심에 세워 의료협동조합과 공동주택조합을 설립하려 했고 어느 정도 조직적 성과가 나타나는 듯도 했다. 그러나 1975년 2월, 유신헌법 찬반 투표와 관련해 주민 지도자 이철용이 부정 투표를 폭로해 구속되었고, 동네에도 철거 계고장이 날아와 주민들은 흩어지게 되었다.

---

21 구속 중인 위원장을 대리해 위원장 서리로 문동환 박사를 선임하고, 주무 간사 대리로 모갑경 목사를, 실무자로 김영일 목사, 허병섭 목사, 신동욱 전도사, 그리고 석방된 손학규 씨가 활동을 이어갔다(한국기독교사회문제연구원, 『민중의 힘, 민중의 교회』, 82~83쪽).

22 한국기독교사회문제연구원, 같은 책, 84쪽.

중랑천센터

1975년 2월부터 긴급조치 위반으로 구속되었던 실무자들이 형 집행정지로 석방되자 선교 전략을 다시 세우고 중랑천 변 일대의 판자촌에서 집중적으로 활동을 펴기로 했다. 부활절 연합예배 사건으로 '답십리센터'에서 더 이상 활동하기가 어려워졌기 때문에 동대문구 이문 3동 소재의 집을 새로 구입해서 '중랑천센터'로 삼고, 실무자들을 다시 배치했다.[23] 조직가들은 자기 지역에 방을 하나씩 얻어 상주하면서 활동했다. 서울시가 청계천 변과 중랑천 변의 판자촌을 강제로 철거하려는 계획을 강행했기 때문에 조직가들은 철거 대책 활동을 중점적으로 펼쳤다.

1975년 4월 정부 수사기관은 '수도권특수지역위원회'가 서독의 선교회에서 자금을 지원받아 활동한 것을 '선교 자금 횡령 사건'으로 둔갑시켜 조직을 와해하려 들었다. 특히 당시 정권의 철거 정책이 더욱 폭력적으로 진행되면서 조직가들과 주민의 연결 고리를 끊으려는 의도로 정치적 탄압의 강도가 높아졌다.[24]

1975년 5월 박정희 군사정권은 긴급조치 9호를 선포했다. 유신 정권에 대한 일체의 반대를 금지했고 국민의 기본권을 완전히 박탈했다. 위원장을 비롯한 다수의 조직가들은 수배와 연행, 고문 수사, 구속 등을 당했고, 중랑천센터도 수색과 감시의 대상이 되었다. 그러나 이러한 악랄한 탄압에도 수도권특수지역선교위원회의 조직가들은 각자의 지역 현장에서 주민조직 운동을 멈추지 않았다.

---

23 당시 지역 실무자들의 담당은 이규상(중화 1동), 신동욱(중화 2동), 허병섭(이문 1동), 손학규(이문 2·3동), 이상윤(석관동)이었다. 이 밖에도 이해학 목사는 성남 주민교회를 거점으로, 모갑경 목사는 뚝방교회(실로암교회)를 거점으로 삼고 지역사회에서 활동했다.

24 이경자, 「한국적 지역사회조직의 사회행동 모델 사례연구: 수도권도시선교위원회를 중심으로」, 64~65쪽.

한국특수지역선교위원회

수도권특수지역선교위원회는 유신 정권의 지속적인 탄압과 3·1 민주구국선언[25]에서 비롯된 정치적 파문에도 조직을 재정비해 새로운 활동을 준비했다. 1976년 5월 초에 '한국특수지역선교위원회'로 명칭을 바꾸고, 지방으로도 활동을 확산시킨다는 계획을 세웠다. 주무 간사 대신 총무와 훈련 담당 총무를 두기로 하고 새로운 위원도 맞아들였다. 이어 '선교 자금 횡령 사건'이 수도권특수지역선교위원회의 도덕적 순수성과 주민조직 운동의 정당성을 훼손시키려는 유신 정권의 음모임을 간파하고 빈민선교에 임하는 '신조'를 발표하기에 이른다.

우리는 하나님의 뜻을 이 땅에 이루기 위하여 하나님과 함께 일하는 선교자이다(마태 4 : 23; 고후 6 : 1). 우리는 이 사회의 소외 지역에서 가난과 질병에 시달리고 절망의 수렁에서 몸부림치는 민중의 신음 소리를 듣는다(출 3 : 7). 우리는 오늘날 정치적·경제적·사회적 부조리가 하나님의 사랑의 도리를 저버린 부한 자와 특권자 그리고 지식인들의 부정과 부패, 수탈과 억압에서 기인한다고 본다(암 5 : 10~13). 우리는 가난한 백성에게 그리스도의 은혜의 해(눅 4 : 13~18)를 선포하고, 그리스도의 몸이 되어 그들 속에서 하나님의 해방 사업에 참여하는 것이 오늘의 교회에 주어진 근본적인 선교 사명이라고 믿는다(마태 25장).[26]

---

25 신·구교 성직자들과 재야 정치인들이 서명한 이 선언은 1976년 3월 1일, 명동성당에서 열린 삼일절 기념미사에서 윤보선, 김대중, 함석헌, 함세웅 등에 의해 발표되었다. 이 선언에는 긴급조치 9호 철폐, 구속 인사 석방, 언론·출판·집회의 자유, 국회 기능의 회복, 사법부의 독립과 박정희 정권의 퇴진에 대한 요구가 포함되어 있었다. 수도권특수지역선교위원회 위원장이었던 박형규 목사가 수감 중일 때 위원장 대리직을 맡아 수고한 문동환 목사와 빈민선교를 적극적으로 지원한 서남동 목사와 이문영 장로가 선언에 서명했다는 이유로 구속되었다.

26 한국기독교사회문제연구원, 『민중의 힘, 민중의 교회』, 110쪽.

이와 같은 성서적 근거를 밝히고 열 가지 신조를 제정했다. 네 번째 신조는 선교자에 대한 내용이다. "선교자는 하나님과 그리스도와 그의 몸 된 교회의 보내심을 받아, 백성들과 더불어 생활하면서 그들과 함께 생각하고 행동하여 그들을 가난과 질병과 절망에서 해방시키는 하나님의 해방 사업에 동참한다"라고 조직가로서 선교자의 역할을 분명히 했다.

그러나 유신 정권은 한국특수지역위원회의 활동을 와해시키기 위한 공작을 전개했다. 1976년 5월 25일 중랑천센터를 급습해 모든 자료를 압수하고 이후 실무자 대부분을 연행해갔다. 위원회 활동을 공산주의 운동으로 몰아가기 위한 공작이었다. 연행된 사람들은 자신들이 공산주의자가 아님을 입증하기 위해 한 달가량 사투를 벌여야 했다. 이것이 이른바 '반공법 사건'이다. 이 반공법 사건으로 현장 조직 활동을 정상적으로 이어갈 수 없었다. 한국특수지역선교위원회는 그해 9월에 임시총회를 열고 전열을 재정비했다. 위원회는 빈민선교의 기치를 더 분명하게 내세우고 새로운 전략을 수립했다.

선교 전략은 크게 '교회 중심의 선교 전략', '주민조직 중심의 선교 전략', '빈민선교를 위한 지원 지역의 역량을 조직하는 전략'으로 나뉘었다. 비록 빈민선교의 이념을 바탕으로 하고 있었지만, 초기에는 교회에 대해서 거의 아무런 언급도 하지 않았다. 유례를 찾기 힘든 독재 정권하에서 조직가들은 교회를 새롭게 평가했다. '교회 중심의 선교 전략'은 교회를 주민조직 운동의 근거지 또는 매개로 삼고자 한 것이다. 이 전략에는 반공법 사건과 주민 통제 시스템으로서의 반상회가 큰 영향을 끼쳤다. 반공 이데올로기의 장벽을 뚫기 위해서는 신앙과 교회를 드러내는 것이 더 중요해졌고, 관이 주도하는 주민조직 반상회가 생겨나 주민 통제가 철저하게 이루어지는 상황에서 자율적인 주민조직이 생겨날 가능성이 축소되었기 때문이다.

교회를 중심으로 활동하더라도 조직가들은 여전히 지역에서 주민을 만나고 조직하는 일을 전개했다. '주민조직 중심의 선교 전략'[27]에 조직가가 지역에서 어떻게 일해야 하는지를 밝혀놓았다.

1. 조직가는 자기의 신분을 은폐하고 주민의 한 사람이 되어 산다.
2. 조직가는 지역 상황과 주민의 특성을 조사한다.
3. 조직가는 주민 접촉, 대화, 친교 등을 통해서 주민의 욕구를 알아낸다.
4. 조직가는 욕구에 따라 적당한 주민 지도자를 발굴하고 그와 함께 주민을 조직한다.
5. 조직가와 주민 지도자는 조직된 주민 간의 친교와 유대를 강화시킨다.
6. 조직된 주민은 그들의 욕구를 충족시키기 위한 일을 스스로 계획하고 스스로 실천한다.
7. 조직된 주민의 행동 과정에서 욕구가 충족되지 않더라도 실패라고 단정할 필요는 없다. 비록 완전한 성공을 못 거두거나 실패하더라도 민주적 문제 해결 과정을 통해서 주민의 권위주의나 개인주의가 깨부수어진다면 그것은 소중한 성과다.
8. 조직가는 주민의 관심을 계속 확장시켜나간다.

농촌과 지방으로

산업화의 물결이 지방까지 퍼져나가면서 서울에서 나타났던 현상이 지방 도시에서도 비슷하게 재현되기 시작했다. 최저 수준의 생활을 벗어나지 못하는 농촌 출신 노동자들은 지방 도시 외곽에 빈민지역을 형성했다. 지방 도시 행정 당국은 빈민지역에 관심을 보이지도, 대책을 세우지도 않았다. 한국특수지역선교위원회는 지방 도시에서 활동할 만한 여력이 없었으나, 우선 지방 도시 한두 곳을 선정해 활동하기로 했다. 주민조직의 이

---

27 한국기독교사회문제연구원, 『민중의 힘, 민중의 교회』, 115쪽.

론과 방법은 원래 도시빈민 운동 경험에서 나온 것이지만, 억압받고 가난한 사람 모두에게 적용할 수 있으므로 농촌 지역에서도 유용할 것이라고 판단했다. 그리하여 농촌 지역의 유망한 젊은 목회자와 지도자 후보를 주민 조직가로 훈련할 계획을 세웠다.

1979년부터 새로운 전략에 따라 수도권뿐만 아니라 지방 도시, 농촌에서도 활동을 펼쳐나갔다. 조직가들은 지역 조건에 따라서 어떤 곳에서는 주민교회를 중심으로 주민을 엮어내기도 하고, 또 어떤 곳에서는 교회를 통하지 않고 직접 다양한 방법으로 주민조직을 만들기도 했다. 서울 동월교회, 성남 주민교회의 활동은 지속되었고, 서울 거여동, 오장동, 삼양동 등에서 주민조직 활동을 전개했다. 광주 광천동, 부산, 제주, 강원도 삼척, 경북 영주, 충북 제천, 전남 해남 등에서도 조직 활동이 전개되었다.[28] 제주, 광주, 부산 등의 지방에서는 성직자들이 주민조직 활동을 돕기 위해 지방위원회 또는 후원회를 조직했다.

1997년 한국특수지역선교위원회 조직가들은 '실무자 강령'[29]을 작성했다. 실무자 강령은 좌절과 성공, 패배와 승리에 구애되지 않고 묵묵히 자기 길을 걸어가고자 했던 조직가들의 신념을 밝히는 것이었고, 나아가 주민조직 활동에 동참하는 길을 제시하는 것이기도 했다. 요약하면 다음과 같다.

1. 우리는 우리가 사랑하는 주민을 안다.
2. 우리는 우리가 사랑하는 주민이 살고 있는 현장을 안다.
3. 우리는 지역의 문화를 안다.[30]

---

28 1978년에 최종진 전도사와 정광훈 씨가 농촌선교에 가담했다. 최종진 전도사는 제천군 금성면에서, 정광훈 씨는 전남 해남군에서 농민 조직화를 시도했다. 이들의 활동은 '기독교농민회'의 밑거름이 되었다(한국기독교사회문제연구원, 『민중의 힘, 민중의 교회』, 119~127, 130~133쪽).
29 한국기독교사회문제연구원, 같은 책, 127~129쪽.
30 여기서 '안다'는 표현은 이미 '알고 있다'라기보다 '알아야 한다'는 의미를 담고 있다.

4. 우리는 주민 간의 인간관계를 알아야 한다.

5. 우리는 현장의 주민을 통해서 자신의 모습을 정직하게 파악해야 한다.

6. 우리는 주민을 사랑하기 위해 사랑의 기술을 익혀야 한다.

7. 우리는 주민의 역사가 어떤 시점에 와 있고 세계의 어떤 지점에 놓여 있는지 알아야 한다.

8. 우리는 하나님의 일을 맡은 청지기임을 명심해야 한다.

한국특수지역선교위원회의 활동은 이전보다 상대적으로 침체되었다. 첫째, 사회통제의 강화로 주민조직의 가능성이 줄었고, 둘째, 1970년대 말 도심의 판자촌이 거의 철거되었으며, 셋째, 경제개발이 도시빈민의 삶의 질을 향상시키지는 못했지만 삶의 외양은 바뀌놓았기 때문이다. 한국특수지역선교위원회의 조직가들은 변화한 상황에 능동적으로 대처하기 위해 종래의 조직과 전략을 전면적으로 혁신할 필요가 있다는 결론을 내렸다. 그 결과, 1979년 2월 한국특수지역선교위위원회는 해체되었다.

수도권도시선교 운동이 남긴 것

1968년 처음 실시된 주민조직 운동 교육 훈련의 연장선에서 1971년에 조직된 '수도권도시선교위원회'는 '수도권특수지역선교위원회'(1973년), '한국특수지역선교위원회'(1975년)로 명칭을 바꾸며 활동했다. 많은 어려움이 있었지만, 정치적·사회적 조건과 상황에 따라 전략을 수정하며 주민조직 활동을 멈추지 않았다. 1979년 2월, 훈련받은 조직가들은 조직이 해체된 이후에도 빈민지역 현장에서 주민조직 운동을 계속했다.

1970년대를 관통해온 이들의 활동은 민중과 유리된 종교인·지식인의 민주화운동에 민중지향성을 부여했고, 동시에 빈민지역 주민과 지식인을 연결하는 다리 역할을 했다. 특히 이들이 보인 민중지향성은 민중을 '위하는' 것이라는 관념을 넘어서, 민중이 '주인'이 되지 않는 한 민중지향성은 공허한 수사에 불과하다는 입장을 일관되게 견지했다. 이들은 주민 속에 들어가 주민의 주체의식을 높이고, 이들의 욕구뿐 아니라 사회적 모순을 드러내며 극복해나가는 사회운동의 모범을 보여주었다.

교회 중심의 선교 전략에 따라 전개된 주민조직 운동의 경험은 '민중교회', '주민교회', '노동자교회' 등 새로운 교회의 형태를 정착시키는 데 기여했다. 이 경험이 1980~1990년대 빈민지역에 세워진 많은 교회에 이어졌으며 지역의 교회가 어떻게 주민과 함께 일해야 하는지를 보여주었다.

무엇보다도 1970년대 빈민지역에서 세워진 주민조직 운동의 원칙과 방법들을 지금도 여전히 배우고 실천하고 있다는 점이 중요하다. 현재의 조직가들이 열정과 헌신으로 활동했던 1970년대 조직가의 삶을 본보기로 삼고 있다. 수도권도시선교위원회, 수도권특수지역선교위원회, 한국특수지역선교위원회로 이어지는 주민조직 운동은 지금도 살아 있는 역사다.

알린스키와 프레이리

솔 알린스키(Saul Alinsky, 1909~1972)는 20세기 중반 활동한 미국의 조직운동가이며, 파울루 프레이리(Paulo Freire, 1921~1997)는 『페다고지(Pedagogia do Oprimido)』라는 역작을 남긴 브라질의 민중교육학자이다. 두 사람은 한국의 주민운동에 직간접적인 영향을 미친 인물로 가난한 사람들의 운동과 떼려야 뗄 수 없는 인물이다. 이 둘의 사상이 한국의 주민운동에 어떻게 유입되었고, 이들이 강조한 조직화·의식화의 개념은 무엇인지, 또 한국의 사회운동에 어떤 영향을 미쳤는지 살펴보기로 하자.

솔 알린스키

"다시 돌아오겠다(I will be back)." 1971년 청계천을 다녀간 알린스키는 이 말을 남기고 떠난 다음 해에 생을 마감했다. 그러나 그의 사상은 지금도 한국 빈민지역 주민운동의 철학과 원칙, 주민 조직화 방법론이 되어 살아 숨 쉬고 있다.

조성주 전 정치발전소 공동 대표는 이태 전에 알린스키의 『급진주의자를 위한 규칙(Rules for Radicals)』을 재조명한 지상 강의록 『알린스키, 변화의 정치학』을 펴냈다. 빈민운동 현장을 넘어 우리 사회의 민주주의를 고민하는 사람들이 다시 알린스키의 사상을 소환하는 이유는 무엇일까.

한국 주민운동이 알린스키의 주민조직론과 처음 인연을 맺은 때는 1968년으로 거슬러 올라간다. 한국 최초의 주민 조직가 훈련 프로그램은 알린스키의 제자 허버트 화이트(Herbert White) 목사가 맡았다. 그는 젊은 훈련생들로 하여금 청계천 등지의 가난한 지역에 들어가 살게 하면서 지역 주민을 만나게 했다.

1970년대 초 수도권도시선교위원회의 총무를 맡았던 조승혁 목사가 뉴욕 주에 있는 로체스터(Rochester) 내의 주민조직을 방문했을 때, 그 조직의 책임자는 "알린스키는 위대한 조직운동가다. 그렇기에 그 무서운 힘을 가진 로체스터의 이스트먼 코닥(Eastman Kodak Company)과 싸워 이길 수 있었다. 알린스키는 돈을 가지고 있지는 않지만 많은 사람들의 마음을 움직이게 하는 기술, 즉 사람을 한곳에 모으는 조직 기술을 가지고 있다"는 말을 들려주었다고 한다. 20세기가 저물기 전까지 세계 필름 시장을 주름잡았던 코닥은 로체스터의 터줏대감 같은 기업으로, 알린스키는 회사의 부당한 인종차별과 노동 착취 관행을 바로잡기 위해 '파이트(FIGHT)'[1]라는 조직을 만들어 대항해 성공을 거둔 바 있다.

마찬가지로 인종차별이 심했던 시카고의 우들론(Woodlawn)에서 차별과 착취, 악덕 집주인의 횡포, 과밀 학급 문제 등을 바로잡고자 전개했던

---

1 파이트라는 단체명은 자유(Freedom), 통합(Integration, 1967년 이후에는 Independence), 신(God), 명예(Honor), 오늘(Today)을 뜻하는 영어 단어의 머리글자를 따서 합친 것이다.

주민운동의 사례는 알린스키 전술의 특징을 잘 보여준다.

우들론에서 한번은 시카고의 큰 백화점에서 흑인을 고용하도록 요구하는 운동을 했어요. 몇몇은 응했지만 전국적으로 가장 큰 백화점 중 하나는 고용은 커녕 우리를 상대조차 안 하려 들었어요. 집단 피케팅도 생각해봤지만 진부하고 낡은 전술이라 그 백화점에는 통하지 않을 것 같았어요. 내 전술의 기본 원칙 가운데 하나는, 우리가 힘을 가지고 있고 그것을 행사할 의지가 있다는 사실을 권력자가 아는 한, '위협(threat)'이 전술보다 더 효과적일 때가 있다는 거죠. 엄포를 놓는다고 모든 게 해결되는 건 아니지만 적절한 전략을 써서 상대방을 심리적으로 압도할 수는 있거든요. 아무튼 그 특정 백화점을 상대로 전술을 고안했어요. 일주일 가운데 쇼핑객이 제일 붐비는 토요일마다 버스를 대절해서 우들론에서 시내의 그 백화점까지 한 3000명의 흑인들을 실어 나르기로 했어요. 주일날 입는 가장 좋은 옷을 입혀서 말이죠. 제 아무리 큰 가게라도 모든 매장에 흑인 3000명이 깔리고 나면 전체 분위기가 확 바뀌기 마련이죠. 어떤 백인이라도 회전문을 통과해 들어서는 순간 자신이 아프리카에 와 있다는 착각이 들 거예요. 자연히 백인 손님이 줄어들기 마련이지요. 이건 겨우 시작에 불과해요. 가난한 사람들에겐 쇼핑이 시간 보내기 좋은 일이잖아요. 무엇보다 주머니 사정이 뻔하니까 가격과 물건의 질을 끊임없이 비교하고 평가하는 거예요. 결국은 카운터마다 흑인들이 한 패씩 서서 물건들을 조목조목 살펴보고 지겨울 정도로 점원에게 계속 질문을 해대는 광경이 벌어지는 거죠. 말할 것도 없이, 이 사람들은 단 한 개의 물건도 사지 않지요. 한 패가 셔츠 매장에 와서 미주알고주알 캐묻다가 내복 매장으로 옮겨가면, 그 전에 내복 매장에 있던 다른 패가 셔츠 매장으로 이동하는 식이죠. 하지만 모두 상냥하고 예의 바른데, 누구라서 그들이 진짜 잠재 고객이 아니라고 말할 수 있겠어요? 이런 식으로 문 닫기 한 시간 전까지 계속하다가 갑자기 눈앞에 보이는 물건들을 닥치는 대로 사서 '배달 후 현금결제'

하는 방식으로 배달시키는 거예요. 이렇게 하면 관리 문제가 생기고 추가 비용이 엄청나게 들어가서 적어도 이틀 동안은 배달 서비스가 마비되어버리죠. 왜냐하면 물건이 배달되는 즉시, 구매를 취소해버릴 테니까요. 이렇게 계획을 세우고 나서 저쪽 끄나풀 한 명에게 이 계획을 슬쩍 흘려보냈어요. 어떤 진보운동 조직에서든 엄선한 정보를 상대방에게 전달하려면 이런 게 필요한 법인데, 결과는 즉각 나타나더군요. 버스 대절 비용을 지불한 다음 날, 백화점 주인이 우리를 불러서 우리 요구를 무조건 다 들어주겠다는 거예요. 하룻밤 새에 판매와 사무직 일자리 200개를 흑인에게 개방하겠다고 했고, 지금까지 버티던 다른 백화점들도 이 선례를 따르게 되었죠.[2]

알린스키 인터뷰 기사 내용의 일부다. 이 외에도 주민을 모아서 '연주회장에서 방귀 뀌기', '국제공항의 화장실 차지하기', '은행 계좌 개설했다 해지하기' 등의 전술을 구사했다. 그는 합법적이면서도 효과적인 전술에 대한 상상력이 풍부한 조직가였다.

그는 그 전술들의 윤리성에 시비를 거는 견해를 의식한 듯 수단과 목적의 관계를 자세히 언급했다. 알린스키는 "레지스탕스의 테러를 보는 입장이 다른 것처럼 수단의 윤리적 판단은 판단을 내리는 사람의 정치적 입장에 좌우되기 마련이며, 모든 효과적인 수단은 반대 세력에 의해서는 당연히 비윤리적이라고 평가된다"라고 말했다. 그리고 "판단은 행동이 일어난 바로 그 시점의 맥락에서 이루어져야 하며 그 앞뒤의 다른 유리한 시점을 기준으로 해서는 안 된다"라고 강조했다.

알린스키는 개인이나 조직도 교섭할 수 있는 힘이 있어야 한다고 믿었고, '어떻게 하면 힘없고 가난하고 변화에 무관심한 시민이 힘을 가질 수

---

2   The Progress Report, Playboy Magazine Interview with Saul Alinsky (1972), Retrieved January 4, 2008. 1972년 알린스키는 오늘날 성인 잡지로 알려져 있는 ≪플레이보이(Playboy)≫와 아주 긴 인터뷰를 한 적이 있다. 그는 이 인터뷰를 하고 몇 달 후에 심장마비로 서거했다.

있는지'에 가장 깊은 관심을 기울였다. 그는 조직한 집단이 자신들의 목소리를 얼마나 크게 낼 수 있는지, 자신들의 이해관계와 관련된 갈등을 얼마나 표출해낼 수 있는지에 따라 주민의 처지가 달라진다고 생각했다.

알린스키는 민주주의야말로 사회적 약자의 힘을 효율적으로 모으고 이들의 권력을 쟁취할 수 있는 체제라고 여겼다. 그가 보기에 민주주의를 위한 바른 정치에는 갈등을 어떻게 조정하는지가 관건이었는데, 여기에서 그는 의사소통과 타협을 매우 중시했다. 그는 "조직가에게 타협은 가장 핵심적이고 아름다운 단어"라고 했다. 추상적인 가치를 실현하고자 할 때 타협은 배반의 단어로 인식될 수도 있으나 이해관계를 조정할 때 타협은 보통의 승리를 의미한다. 해방과 자유는 한순간에 덜컥 찾아오는 게 아니라 한 발짝씩 서서히 다가오는 것이기에 타협할 줄 알아야 민주주의를 향한 한 걸음을 내디딜 수 있다는 뜻이다.

그렇다면 알린스키가 말하는 진보주의자,[3] 즉 조직운동가는 민주화운동을 했던 한국 사회의 사회운동가와는 어떻게 다를까. 알린스키는 1968년 미국 민주당 전당대회의 폭력 사태를 경험하면서 학생들이 "과연 체제 안에서 활동해야 하는가?"라고 힐난조로 물어왔을 때, 그 참담한 현실과 젊은 친구들의 절망 앞에서 이렇게 대답했다. "첫째, 통곡의 벽을 쌓고 너 자신을 위로하라. 둘째, 미쳐버린 후에 폭탄 투척을 시작하라. 하지만 그 방

---

3 'radical'은 한국어판의 표현처럼 '급진주의자'로 번역되기 마련인데, 보통 우리말에서 급진주의자라는 단어는 현실을 무시하고 급격한 변화만을 추구하는 성급한 과격주의자로 인식되는 경향이 있어서 오해의 소지가 있다. 한국어 번역본에 실린 오재식 선생의 추천사를 보면, 왜 알린스키가 'progressive(진보주의자)' 대신 'radical'을 택했는지 짐작할 수 있다. "사회적 행동의 급진주의는 보수와 진보로 구분되는 것은 아니다. 많은 경우에 보수주의자들은 자기들이 믿는 것을 실천하는 데 더 철저하고 진보주의자들은 행동보다는 생각하고 논쟁하는 데 더 많은 시간을 보낸다. 급진주의야말로 사물을 있는 그대로 판단할 수 있는 능력을 갖는 것이다. 또 행동이란 주어진 시간과 상황 안에서 시작해야지 절대로 낭만적인 기대나 이상적인 그림을 그리고 시작해서는 안 된다. 그래서 그(알린스키)는 주어진 체제와 조건 안에서 사회 활동 조직을 시작해야 한다고 역설했다"[솔 알린스키, 『급진주의자를 위한 규칙: 현실적 급진주의자를 위한 실천적 입문서』, 박순성·박지우 옮김(아르케, 2008), 11쪽].

법은 단지 사람들을 우파로 돌아서게 만들 뿐이다. 셋째, 교훈을 얻으라. 고향으로 가서 조직화하고 힘을 모아서 다음 전당대회에서는 너희 자신이 대의원이 되라." 체제 안에서 조직된 힘으로 맞서 싸우라는 충고는 체제 전복과 혁명이 세상을 구할 거라는 낭만적 믿음을 가진 이들에게는 불편하고 비위에 거슬리는 말이었다.

알린스키가 말하는 조직의 개념은 '힘없는 사람들의 힘을 키워주는 것'이다. 자포자기해버린 사람에게 생기를 불어넣어 삶의 의욕을 북돋우고, 이들이 스스로 일어서서 걸을 수 있는 힘과 이에 대한 확신을 갖게 하는 것이다. 가난한 사람들은 개인의 힘으로 절망을 딛고 일어서기 힘들기 때문에 지레 포기하려는 경우가 많다. 조직가는 이런 주민에게 가능성을 품을 수 있도록 다리를 놓아줄 뿐 아니라 스스로 바꿔나가도록 안내하고 돕는 역할을 한다. 주민이 스스로 가능성을 발견하고 조직화할 때 조직가는 자칫 우쭐해질 수 있다. 그 때문에 알린스키는 조직가에게 역할뿐 아니라 품성을 강조하기도 했다. 조직가는 주인 행세를 해서는 안 되며 조직화된 곳을 미련 없이 떠날 수 있어야 한다. 주연이 되기보다는 조연으로 머무를 수 있는 조직가로서의 인성이 중요하다는 뜻이다.

알린스키는 변화에 무관심했던 사람들이 현실을 자각하고 또 해낼 수 있다는 의욕으로 사회변혁 운동에 동참하는 것이야말로 혁명의 시작이라고 믿었다.

조직가가 원하는 모습의 세상이 아니라, 있는 그대로의 세상에서부터 시작해 우리가 바람직하다고 생각하는 모습으로 바꿔나가는 것이며, 그것은 바로 체제 내부에서 일해나가는 것을 의미한다. 사람들은 익숙한 경험이 주는 안전으로부터 갑작스레 밖으로 뛰쳐나가고 싶어 하지 않는다. 그들은 스스로의 경험에서부터 새로운 방식으로 나아가기 위한 다리를 필요로 한다. 혁명적 조직가는 그들의 인생을 지배하고 있는 정형화된 행동 양식들을 흔들어놓아야 한다. 그들을 동요시키고 현재의 가치들에 대한 환상을 깨고 불만을 갖도록 하며, 변화에 대한 열정까지는 아니더라도 적어도 수동적으로나마 수용하고 거부하지 않는 분위기를 만들어내야 한다.[4]

이러한 알린스키의 조직론이 완성되기까지 그는 어떤 삶을 살아왔을까. 알린스키는 1909년 1월, 시카고 남부 빈민가의 러시아계 유대인 가정에서 태어났다. 유년 시절에 그는 별로 사교성이 없었고, 무슨 일에든 열중하면 미친 사람처럼 정열을 쏟았다고 한다. 12개 고등학교를 다닐 정도로 시카고에서는 이름난 문제아였다.

시카고대학 4학년 때는 남부 일리노이 주 광부들의 파업을 지원하는 데 참여했다가 경찰에 체포되었는데, 이때 광산노동자연합의 지도자 존 루이스(John Lewis)를 만나 많은 영향을 받게 된다. 존 루이스의 전기를 쓰기도 했던 알린스키는 자신의 조직 이론과 전략이 상당 부분 루이스에게 배운 것임을 밝힌 바 있다.

대학원에서 범죄학을 공부한 그는 알 카포네(Al Capone) 갱단을 드나들며 조사하는 과정에서 갱단원들이 한결같이 착하다는 사실을 알게 되었다. 알린스키는 일리노이 주 소속의 범죄전문직을 맡기도 하고 전국 산업별노동조합회의(Congress of Industrial Organizations)의 시간제 활동가로도 일했는데, 1939년 무렵부터는 노동운동에서 멀어져 지역사회 조직운동(community organizing)에 더 깊이 빠져들었다. 시카고의 백오브더야즈(Back of the Yards) 지구에서는 주민조직을 건설하는가 하면, 우들론에서는 전국 주민운동 네트워크 '산업사회재단(IAF: Industrial Areas Foundation)'[5]을 설립하기도 했다.

---

4 솔 알린스키, 같은 책, 28쪽.
5 솔 알린스키, 가톨릭의 버나드 제임스 셰일(Bernard James Sheil) 주교, ≪시카고 선타임스(Chicago Sun-Times)≫의 창업자 마셜 필드 3세(Marshall Field III) 등이 1940년에 설립한 전국 커뮤니티 조직 네트워크(community organizing network)다.

그는 재단 안에 '급진주의 전문가 학교(School for Professional Radical)'라는 부설 학교를 만들어 전업 조직운동가를 훈련하는 데 몰두했다. 이 학교의 목적은 매년 직업적인 조직운동가 25명을 훈련시켜서 전국에 흩어져 있는 흑인 및 백인의 빈민가를 조직하는 것이었다.[6]

또한 미국 민주주의의 운명은 중산층에 달려 있다고 생각해 1960년대 중반부터 중산층을 조직하기 시작했다. ≪타임(Time)≫이 "미국의 민주주의는 알린스키의 아이디어에 따라 변화했다"라고 평할 정도로 그의 조직운동은 미국 민주주의에 지대한 영향을 끼쳤다. 또한 버락 오바마나 힐러리 클린턴과 같은 주요 정치인들에게도 영향을 주었다.

알린스키는 1972년 6월, 캘리포니아 카멜(Carmel)에 위치한 집 근처에서 심장마비로 서거했다. 길에서 살다가 길에서 생을 마감한 그의 나이는 63세였다. 그는 죽기 몇 달 전에 ≪플레이보이(Playboy)≫와 인터뷰 했는데, 그 기사는 다음과 같이 끝을 맺는다.

알린스키: 만약 사후 세계가 있고 내게 발언권이 주어진다면 나는 기꺼이 지옥행을 택할 거다.

기자: 어째서인가?

알린스키: 지옥이 내게는 천국이 될 테니까. 나는 평생을 '못 가진 자'들과 지내왔다. 이 세상에서 '못 가진 자'는 빵이 부족한 사람이다. 지옥에서 '못 가진 자'란 미덕(美德)이 부족한 사람이겠지. 내가 일단 지옥에 가면 거기서 못 가진 자들을 조직하는 일부터 시작하겠다.

기자: 왜 하필 그들인가?

알린스키: 그들이야말로 내 취향의 사람이거든.

6 솔 알린스키, 『S.D. 알린스키 생애와 사상』, 조승혁 옮김(현대사상사, 1983), 13~21쪽.

그는 생전에 지옥 같은 빈민가일지라도 조직가 네다섯 명이 활동하기 시작하면 환경을 완전히 변화시켜 살기 좋은 곳으로 만들 수 있다는 견해를 피력하곤 했다. 이러한 그의 평소 소신을 생각해보면 유언과도 같은 인터뷰의 의미를 금세 깨닫게 된다.

파울루 프레이리

알린스키가 주민 조직화 실천에 영향을 미쳤다면, 프레이리는 민중의 의식화 교육에 기여했다. 야학운동은 물론 노동교육 운동, 도시빈민 운동에서 프레이리의 교육 이론은 중요한 이론적 기반이 되었다. 한국에서 프레이리의 교육 사상은 1970년대 초에 유입되기 시작해 1979년을 기점으로 대중에게 소개되어 1980년대 후반까지 민중운동, 민중교육 운동의 주요 텍스트로 사용되었다.

문맹자에게 글을 가르치는 "문해(文解)운동의 위대한 전문가이자 세계적인 급진적 교육자"[7]라고 불린 프레이리는 한마디로 '해방의 교육학자'라 할 수 있다. 그의 문해 교육은 민주적인 사회 또는 '열린사회'를 건설하는 과정으로, 단지 지식을 전달하는 데 그치지 않았다. 그는 정치적 개혁과 변화는 지식인에 의해 만들어지는 게 아니라 오직 대중의 노력에 따른 결과로 말미암아 이루어진다고 믿었다.

프레이리 교육론의 핵심은 '대화의 교육학'이다. 이는 지식을 가지고 있는 사람(더 정확하게는 지식을 가지고 있다고 여겨지는 사람), 즉 교사에게 학습 과정을 전적으로 맡기는 '은행예금식 교육'과 반대되는 개념이다.

---

7   Larry Rohter, "Education; Radical theorist takes his message to the world," *New York Times*, August 19, 1986.

은행예금식 교육은 교사는 알고 있는 사람이고, 학생은 알고 있지 못하다는 전제에서 시작한다. 생각하는 사람은 교사이고 학생은 "생각하도록 만들어지"며, 말하는 쪽은 교사이고 학생은 조용히 들어야 한다. 또한 교육 프로그램의 내용을 선택하는 것도 교사이고, 프로그램에 대한 학생의 생각은 누구도 궁금해하지 않으며, 학생들은 이런 방식에 익숙해져야 한다. 교사는 교사의 기능이라는 권위를 스스로에게 부여하며 학생을 순응하게 하는데, 이러한 지식의 권위는 결국 학생의 자유와 대척적인 관계에 서게 된다. 이처럼 지식인 교사가 학생에게 일방적으로 전달하고 주는 것이 교육이라 믿는 은행예금식 교육은 기존의 억압적인 사회 논리에 학생들을 적응하게 한다.

반면 대화는 세계가 매개체가 되어 세계를 '이름 짓기' 위해서 이루어지는 사람 사이의 만남이다. 사람들이 자기네 말을 하는 가운데 세계를 '이름 지음'으로써 변혁하게 된다면, 대화는 '사람이 사람으로서의 의미를 찾는 길'이고 '실존을 확인하는' 방법이다.

대화는 소통을 가능하게 하고 눈앞에 존재하는 것(상황적 한계)을 뛰어넘을 수 있게 해준다. 은행예금식 교육과는 달리 대화의 교육학에서는 교사가 더 이상 '가르치는 자'가 아니라 학생들과의 대화 속에서 자신도 '배우는 자'가 된다. 교사는 자신이 모든 것을 다 알지는 못한다는 태도를 취해야 하며, 글을 모르는 사람(또는 피교육자)도 자기 나름의 인생 경험에서 얻은 지식을 가지고 있는 사람이라고 인식해야 한다. 따라서 대화의 교육학에서 교사는 피교육자에 대해 인간으로서, 그리고 사회적 실천의 주체로서 존중하는 마음을 갖는 것이 가장 중요하다.

은행예금식 교육이 설교식·암기식 교육이라면 프레이리의 교육학은 피교육자가 자신이 처한 상황을 올바로 인식하도록 현실을 벗겨내고 문제를 제기하는 교육이다. 억눌린 자들은 흔히 자신을 옭아매고 있는 모순을 깨닫지 못하는 경우가 많은데, 문제 제기식 교육은 억압된 상황과 그 원인을 들여다보게 해서 자신을 해방시키는 투쟁에 나서게 한다. 이는 자신의 처지가 불공정한 구조의 산물임을 간파하고 침묵의 상태를 깨고 나오도록 한다는 점에서 '분노의 교육학'이기도 하다.

> 희망은 인간의 불완전함에 뿌리를 두고 있으며 인간은 희망을 바탕으로 끊임없는 모색에 뛰어든다. 이 모색은 다른 사람들과의 친교 속에서만 가능하다. 침묵에는 희망이 없다. 그것은 세계를 부정하고 세계로부터 도피하려 하기 때문이다. 불의의 질서에서 비롯되는 비인간화는 좌절이 아니라 희망을 낳으며 불의가 거부한 인간성을 줄기차게 추구하게 만든다. 하지만 희망은 단지 팔짱을 끼고 기다리는 데서 나오지 않는다. 인간은 싸움을 계속하는 한 희망을 유지할 수 있으며 희망을 가지고 싸우는 한 기다릴 수 있다. 사람들의 만남은 더 완전한 인간성을 추구하므로 희망이 없는 분위기에서는 대화가 있을 수 없다.[8]

프레이리는 교육자들이 분노할 권리를 강력히 요구했다. 이는 단지 교육자들만을 위해서가 아니라 피억압자를 해방시키기 위해, 더 나아가 착취와 권력 서열이 없는 사회, 힘없는 이들의 세계 읽기를 방해하지 않는 사회를 만들기 위해 필요하다.

그는 주민의 일상생활과 관련된 단어를 사용해서 이로부터 생겨난 주제들을 뽑고, 그것에 관해 질문하고 토론함으로써 의식화하는 문해 교육의 탁월한 전범(典範)을 완성했다. 예를 들어 처음에 '정부(government)'라는 단어를 생성어로 삼았다면, 이로부터 '정치적 계획', '정치력', '정부의 역할', '민중의 참여' 등과 같은 생성된 주제들이 딸려 나와 토론할 수 있다.

이러한 방법론은 흔히 ① 조사 → ② 주제화 → ③ 문제화의 세 단계를

---

8   파울루 프레이리, 『페다고지』, 남경태 옮김(그린비, 2002), 117쪽.

거친다. 조사 단계는 글을 배우려는 학생과 이들이 속한 사회계층이 일상 생활에서 사용하는 단어들, 그리고 생성된 주제들이 속해 있는 어휘 세계를 발견하는 과정이다. 주제화 단계는 처음의 인식 단계에서 도출한 주제들이 사회 비판적 시각에서 정리되고 일정한 맥락을 띠게 되면서 해독·교체되는 과정이다. 마지막으로 문제화 단계는 상황의 제약을 규명했던 앞에서의 추상적 수준으로부터 그 제약들을 극복하기 위한 구체적 방법, 즉 행동을 논하는 단계로 내려오는 것이다. 이때 글을 읽고 쓸 줄 아는 능력은 정치적·사회적 활동이라 할 수 있는 투쟁의 도구가 된다.

프레이리 방법론의 최종 목표는 대중을 의식화하는 것이다. 의식화란 개인을 둘러싼 정치적·사회적·문화적 현실을 비판적으로 인식해서 현실을 변화시키는 주체적 능력과 자각을 성취해나가는 과정을 뜻한다. 해방을 위한 의식화 교육은 결국 변혁적 실천으로 이어져서 마침내 억압적인 현실을 극복하는 방향으로 나아간다고 보았다.

그렇다면 프레이리는 어떤 삶을 살아왔을까. 프레이리는 1921년 9월 브라질 북동부 헤시피(Recife)의 중산층 가정에서 태어났다. 그러나 1930년대 대공황을 겪으면서 가난과 굶주림을 톡톡히 경험했고, 빈민가 친구들과의 어린 시절 경험은 이후 그가 가난한 사람들의 문제에 몰두하게 하는 계기가 되었다. 헤시피대학 법과대 학창 시절에는 당시 남미에서 점차 확산되고 있던 가톨릭 사회운동, 해방신학 운동에서 많은 영향을 받았다. 이후 잠깐의 변호사 생활을 접고, 1946년 노동자의 삶의 질을 높이기 위한 사회단체 '산업사회사업단(SESI: Serviço Social da Indústria)'의 교육문화 분과 위원장을 맡으면서 농촌 빈민과 도시의 공장노동자를 위해 교육 프로그램을 만들고 운영하는 일을 시작했다.

1961년에는 헤시피대학 문화보급과를 담당하게 되면서 이듬해 자신의 문해 교육 이론을 적용해볼 수 있는 기회를 얻는다. 약 300명의 사탕수수 농장 노동자들이 45일에 걸쳐 프레이리의 이론대로 읽기와 쓰기를 배운 것이다. 이 실험이 있고 나서 브라질 정부는 전국에 문화 동아리(cultural circles) 활동을 장려해 수천 개의 동아리가 생겨났다. 좌파 정권인 주앙 굴라르(João Goulart) 대통령 시절에는 국가 차원에서 500만 명의 문맹자를 대상으로 문해 교육을 실시하기도 했다.

1964년 군사 쿠데타로 굴라르 정권이 무너지자 프레이리는 반역자로 몰려 70일간 구금된 끝에 국외로 추방되었다. 망명 생활을 하면서는 1967년부터 1968년 사이에『자유의 실천으로서의 교육(Educação como Prática da Liberdade)』,『페다고지』등을 집필해 세계적으로 유명해졌다. 특히 1970년,『페다고지』영문판(Pedagogy of the Oppressed)이 출간되면서 그의 사상은 프랑스 68혁명 이후의 새로운 사상이자 실천 흐름의 상징이 되었다.

1979년 군사정권의 사면 조치에 의해 이듬해 브라질로 돌아와, 빈민지역에서 성인 문해 교육 프로그램을 진행하면서 자본주의적 질서에 대항하고 민주주의를 지향하는 새로운 학교 546개를 설립하는 등 활동을 이어온 그는 1997년 상파울루(São Paulo)에서 심부전증으로 별세했다.

프레이리는 사상적으로 해방신학과 휴머니즘적 마르크스주의의 영향을 받았지만, 교조적 마르크스주의와 전위주의에 대해서는 철저히 비판적인 태도를 취했다. 대개 마르크스주의 교육사회학이 지배적인 교육 체제의 재생산 과정에 대한 비판적 분석에 머무르는 데 비해, 프레이리는 이러한 비판을 넘어 진보적 교육의 목적과 과정, 내용과 방법을 새롭게 주장[9]하고 보여줌으로써 실천가로서도 위대한 족적을 남겼다.

----

9   홍은광,『파울로 프레이리, 한국 교육을 만나다』(학이시습, 2010), 1~13쪽.

2부

◈◈◈

 지역운동의 발자취

경기도 시흥

철거민 정착마을 복음자리

1977년부터 경기도 시흥군 소래읍 일대에는 새로운 마을들이 생겨나기 시작했다. 서울 집이 강제로 철거된 사람들이 세운 마을은 하나의 공동체를 지향했다. 그리고 그 과정에는 가난한 주민과 함께 살고자 스스로 그들 속으로 들어간 한 무리의 사람들이 있다. 이 장에서는 이들을 '작은공동체'로 부르기로 한다.

제정구와 정일우 등으로 구성된 작은공동체는 이주민들과 함께 세 개의 정착촌으로 이루어진 '큰공동체'를 일구었다. 이들이 낯선 땅에 보금자리를 꾸미게 된 과정을 소상히 이해하려면 집단 이주 이전의 역사를 먼저 살펴볼 필요가 있다. 작은공동체 사람들은 왜 주민 속으로 들어갔을까? 이들이 처음 만난 청계천 시절의 이야기부터 풀어가 보자.

1965년 무렵 복개되기 전의 청계천   청계천 변 끝자락(송정동)에 있었던 땅굴마을

청계천에서 양평동까지: 청계천에서 만난 사람들

제정구와 정일우

반정부 학생운동을 하다가 대학에서 제적당한 제정구는 1972년, 서울 청계천 변의 판자촌을 처음 목격하게 된다. 판자촌 끝자락(송정동)에 있는 활빈교회에서 야학(배달학당) 교사를 해보지 않겠느냐는 제안을 받고서였다. 청계천 둑 위에서 내려다본 판자촌의 모습은 머리를 거세게 얻어맞은 것 같은 충격 그 자체였다. 가마니를 둘러친 이른바 '하꼬방'들이 끝도 없이 펼쳐져 있었다.

'어떻게 이런 데서 …… 이렇게 사는 사람들이 저토록 많이 있었다니 …….' 그는 입으로 민주화를 외치며 싸워온 자신의 운동이 민중의 삶과 유리되어 있다는 것을 깨달았다. 저들의 존재조차 모르면서 정의를 부르짖었던 자신이 부끄러웠고 그들에게 미안했다. 이날 그는 일기에 이렇게 썼다. "판자촌을 나 몰라라 하며 진리, 정의, 민주주의를 외치는 것은 공허한 외침에 불과하다. 판자촌 사람들이 자기 목소리를 낼 수 있을 때 진정한 민주주의가 오는 것이다. 나는 끝까지 그들과 함께하겠다." 충격적인 경험은 이후 제정구가 철저히 밑바닥을 지향해 운동하기로 결심하는 계기가 되었다.

야학 교사를 하면서 그는 그곳의 청년자립단과 함께 넝마주이를 하기도
했고, 1973년 완전히 짐을 싸들고 청계천으로 이사한 후에는 단무지 행상
이나 구두닦이 등을 하기도 했다.

에피소드

청계천에서 제정구는 활빈교회의 김종길 집사와 단무지 행상을 시작했다. 새벽에 청량리에 있는
단무지 공장에 가서 떼어온 20~25관의 단무지를 리어카에 싣고 다니면서 저녁때까지 팔았다. 그
러려면 "단무지 사이소" 하는 소리를 외쳐야 하는데, 처음에는 이 말이 입 밖으로 떨어지지 않았다.
아직도 남아 있는 자의식 때문이었다. 머리로는 판자촌 주민이 되겠다고 생각했으나 여전히 그것
을 가로막고 있는 무언가가 자신 안에 있음을 깨달았다. 움츠러드는 자신과 싸우면서 마침내 "단
무지 사이소"를 힘차게 외치는 데 나흘이 걸렸다. 후련했다.

제정구는 연세대 부설 도시문제연구소에서 주관하는 공동체 조직(com-
munity organizing) 전문가 훈련 프로그램에 참여했다. 이 프로그램은 가난
한 주민 속에 들어가 지역 조직을 만드는 법을 공부하고 훈련하는 것으로,
박형규 목사가 지도책임자로 있었다. 그러던 중 1974년 민청학련 사건[1]이

---

1 박정희 정권은 학생과 종교인 등이 민주화와 인권의 보장을 요구하며 반정부운동을 전개하자
1974년 4월, 긴급조치 4호를 선포해 학생들의 집단행동을 봉쇄하고, '민청학련(민주청년학생총
연맹)'이라는 단체가 불온 세력의 조종을 받아 반체제운동을 했다고 발표했다. 이에 따라 1024명
이 조사를 받았고, 180여 명이 "인민혁명당(인혁당)과 조총련, 일본공산당, 혁신계 좌파의 배후

야학인 배달학당 입구. 문 옆에 걸린 간판은 활빈교회에
기거하던 김영준이 직접 만들었다.

터지면서 제정구는 이 조직의 관련자라는 이유로 15년 형을 선고받고 투옥되었다. 그러나 이듬해 2월, 다른 관련자들처럼 집행정지로 풀려났고 다시 청계천으로 돌아오게 되었다.

당시 청계천 판자촌에는 제정구와 비슷한 시기에 그곳에 들어와 살고 있던 파란 눈의 천주교 신부가 있었다. 미국 태생의 존 데일리(John V. Daly), 한국 이름으로는 정일우였다. 예수회 소속인 그는 1960년 9월, 한국에 도착했다. 4·19 혁명의 여운이 가시지 않은 어수선한 때였다. 서강대학교에서 신학을 가르치며 복음을 입으로만 떠든 게 아닌지 회의가 들 무렵, 판자촌 이야기를 들었다. 처음에는 가난을 몸으로 체험해야겠다는 생각에 한 달을 지낼 요량으로 1973년 가을에 청계천으로 들어갔다. 그러나 거기에서 본 가난한 사람들의 충격적인 삶의 모습은 이후 그를 영원히 붙들고 만다.

....

조종을 받아 전국적 민중 봉기를 통해 정부를 전복하고 남한에 공산 정권 수립을 기도했다"라는 혐의로 구속·기소되었다. 사형이 선고된 인혁당 관련자 여덟 명에게 대법원 상고가 기각된 지 20여 시간 만에 전격적으로 형이 집행되었고, 나머지는 1975년 2월 대통령 특별조치로 전원 석방되었다. 여론이 독재 정권이 조작한 각본을 잘 믿지 않았기 때문이다.

배달학당 교장이던 제정구와의 만남은 참으로 놀랍고 짜릿했다. 둘은 걸핏하면 밤을 새우며 새벽까지 이야기를 나누었는데, 신기할 정도로 두 사람은 생각이 잘 통했다. 주민들의 삶이 망치로 머리를 내리치며 '삶이란 이런 것'이라고 일갈하는 것 같더라는 고백을, 두 사람은 누가 먼저랄 것도 없이 털어놓았다. 정일우는 자기의 소망은 죽기 전에 '참사람'이 되는 것이라고 했다. 그는 "사람이 되어가는 길의 핵심은 가난"이라며, 이 길은 "이 세상의 힘을 빌리지 않고 빈손으로, 맨발로, 알몸으로 뛰기를 선택했던 예수가 갔던 길"이라고 했다. "사람의 생명이 흘러가는 강물이라면 가난한 사람들은 그 강물 옆에 심어진 나무와도 같다"며 빈민들의 생명력에 감탄하는 정일우를 보면서, 제정구는 드디어 진짜배기 신앙인을 만났다고 생각했다. 38살인 미국인 신부와 29살인 한국 청년은 국경과 나이를 초월해서, 그냥 가난한 이들 속에 살고자 하는 인간으로서 그렇게 친해지며 의기투합하게 되었다.

이후 청계천이 철거되고 옮겨간 양평동 판자촌에서 극도로 가난한 생활을 하는 제정구에게 중앙정보부(국가정보원의 전신)가 두 가지 조건을 내걸며 취직을 도와주겠다고 제안한 적이 있었다. 첫째, 판자촌에서 살지 말라는 것, 둘째, 정일우 신부와 같이 살지 말라는 것이었다. 그 제안을 듣고 제정구는 이렇게 생각했다. '나의 길은 하느님의 뜻을 따르는 것이고, 하느님의 뜻을 따르는 것은 중정(중앙정보부)의 뜻을 거스르는 것이다. 그러니까 하느님의 뜻은 판자촌에서 정일우 신부님과 함께 살라는 것이구나!'

제정구를 만난 김영준과 박재천

김영준은 제정구보다 먼저 청계천에 들어와 살고 있었다. 고등학교 시절부터 이어져 오던 김진홍 목사와의 인연으로, 그가 운영하는 활빈교회에서 1970년 무렵부터 기거하게 되었다. 청계천으로 오기 전까지 술집 웨

이터, 구리무(화장 크림) 장사, 호떡 장사 등을 경험했던 그는 교회에 살면서 넝마주이 일을 시작했다. '애기통'이라고 부르는 망태기를 지고 집집마다 쓰레기통을 뒤져서 쓸 만한 물건을 건져와 고물상에 넘기는 일이었다. 그때 제정구가 활빈교회를 찾아왔고 마침내 두 사람은 같은 방을 쓰게 되었다.

나중에 청계천 일대가 철거되자 김영준은 김진홍 목사를 따라 남양만으로 이사를 갔다. 그리고 5년 후인 1980년, 뒤에서 이야기할 경기도 시흥군의 복음자리 마을로 이사하면서 '작은공동체'에 합류하게 된다.

한편 운동권 신학생이던 박재천은 1974년부터 청계천 생활을 시작했다. 제정구가 있던 성동구 송정동과는 거리가 떨어진 동대문구 답십리 쪽에 살았으나 청계천 변은 모두 뚝방으로 길게 연결되어 있었다. 같은 해 겨울부터는 답십리 판자촌이 먼저 철거되기 시작해 이듬해 3월에 완전히 헐렸다. 끝까지 버티던 박재천은 제정구가 있는 송정동으로 건너와 그가 추진하는 집단 이주 계획을 돕기 시작했다. 답십리 철거가 마무리될 무렵, 제정구가 석방되어 청계천으로 돌아왔을 때 두 사람은 처음 대면하고는 뜻을 같이하는 사이가 되었다.

송정동 일대에 철거가 닥치자 제정구는 남양만으로 가는 대신 철거민을 규합해 서울 변두리로 함께 이주하려는 계획을 세웠다. 활빈교회가 추진한 남양만으로의 이주에 대해서는 주민의 자금 부담이 너무 컸을 뿐만 아니라 그곳에서 농사를 짓겠다는 계획도 성공 가능성이 낮아 보였기 때문이다. 마침내 54세대를 모아 방이동(지금의 송파구)에 2000여 평의 땅을 구입했는데, 박재천은 이 과정에서 소소한 실무들을 처리하느라 바쁘게 뛰어다녔다.

그러나 방이동으로의 이주 계획은 끝내 좌절되었다. 정권 안보에 위협이 된다고 판단해 이 계획 자체를 불온하게 여긴 중앙정보부가 나서서 방해했기 때문이다. 결국 주민총회를 열어 철거민들에게 돈을 전부 돌려주고 해산했다.

계획이 무산된 후 박재천과 제정구, 그리고 또 한 명이 치악산으로 2주간 캠핑을 간 적이 있었다. 그때 박재천은 제정구와 속 깊은 대화를 나누었다. 세계관부터 연애담에 이르기까지 진솔한 이야기를 들으면서 박재천은 제정구를 신뢰하게 되었고, 어렴풋이 '앞으로 이 사람하고 살아야겠다'는 생각을 했다.

그 후 박재천은 입대해 군 생활을 하면서 두 가지를 고민했다. 첫째는 제대 후의 삶이었는데, '평생 노동하면서 살겠다. 그것이 진짜 삶이다'라는 결론에 도달했다. 둘째는 '어디 가서 누구와 살아야 할까?'였다. 제정구에 대한 믿음이 컸음에도 이런저런 생각이 들었던 것은 자신의 기반이 기독교장로회라는 개신교라서 종교의 차이가 마음에 걸렸기 때문이다. 하지만 결국 '노동하면서 살려면 정구 형한테 가야겠다'고 결심했다.

서울 양평동, 그리고 경기도 시흥으로

청계천이 철거된 1975년 제정구는 잠시 서울 형님 집에 기거하다가, 그해 11월 안양천 뚝방길에 있는 양평동 판자촌으로 들어갔다. 그곳을 택한 건 동네의 모습이나 규모가 철거된 청계천과 흡사했기 때문이다. 길쭉한 모양의 동네 한가운데에 4평짜리와 7평짜리 집을 샀다. 집값은 정일우 신부가 예수회에서 지원받은 50만 원으로 치렀다. 전세나 월세를 얻을 경우 계속 감시하고 있던 정보기관이 집주인을 괴롭힐 것이 틀림없기 때문에 무리해서 집을 산 것이었다.

이어서 정일우 신부도 이사를 왔고, 7평짜리 집을 개조해 동네 사랑방을 만들기로 했다. 부엌과 방으로 사용할 2평만 남기고 나머지 5평 공간을 사랑방으로 꾸몄다. 공간이 생기고 주민이 하나둘 드나들기 시작하면서 사랑방은 활기를 띠었다. 그야말로 다목적 공간이었다. 오전에는 일 없는 사람들이 장기를 두었고, 오후에는 학교에서 돌아온 아이들이 배를 깔고 숙제를 했다. 또 미취학 꼬마들을 모아 노래를 가르쳤고, 그림도 그리는 놀이 공간이 되는가 하면 저녁에는 거의 매일 미사를 드리는 성당으로 바뀌었다. 정일우 신부가 집전하는 사랑방 미사에서는 신자와 비신자를 구분하지 않을 뿐 아니라 군이 신자가 되는 것을 강요하지도 않았다. 거기에 모인 주민이 그저 하루의 이야기를 나누는 시간이었다. 미사 후에는 으레 술판이 벌어졌고 와자지껄한 여흥이 뒤따를 때도 있었다.

한번은 동네 아이 하나가 암에 걸려 사랑방에서 아이의 쾌유를 비는 기도 모임이 지속적으로 열리기 시작했다. 주민들이 모여 한 아픈 아이의 건강을 비는 기도를 함께 바침으로써 사람들의 마음이 하나가 되는 경험을 했다.

평소 정일우와 제정구를 아꼈던 김수환 추기경은 이 동네를 방문해 사랑방에 '복음자리'라는 이름을 붙여주었다. 이 사랑방의 이름은 훗날 이곳이 철거되어 옮겨가 세운 새로운 공동체마을의 이름이 된다.

정일우와 제정구는 늘 동네 여기저기를 돌아다니며 주민을 만나고 이야기를 들었다. 예전부터 요가에 조예가 깊었던 제정구는 사랑방에서 동네 사람들에게 요가를 가르치기도 했다. 하지만 홍보를 해서 사람을 모은 것은 아니었다. 제정구가 사랑방에서 혼자 요가를 하는 모습을 보고 주민들이 그게 뭐하는 거냐고 관심을 나타내면서 자연스레 요가교실이 생겨났다. 그중에서 특히 건강이 좋지 않았던 몇몇 주민은 요가를 통해 효험을 보았는데, 자연히 이들은 제정구에게 고마움과 신뢰를 느꼈고, 이후 경기도로 이주한 후에도 동네일에 적극 협력하며 우호적인 관계를 유지했다.

양평동에는 외부 사람들도 드나들었다. 청계천에서 제정구를 만나 연인 사이가 된 신명자도 그중 하나였다. 김진홍 전도사에 의해 청계천에 발을 들인 그녀는 시국 사건으로 배달학당의 대학생 선생들이 몸을 피하면서 야학이 마비되었을 때 친구들과 함께 선생으로 나섰던 인물이다. 제정구와 신명자는 양평동에 들어간 다음 해 4월 결혼해 그곳에 신접살림을 차렸다.

제정구와 정일우 신부는 양평동에 살기 시작하면서 다음과 같은 다짐을 했다. 첫째, 외부 프로젝트는 하지 않는다. 둘째, 그냥 산다. 셋째, 주민이 우리를 필요로 할 때 앞장선다. 넷째, 그들 스스로 하는 일을 함께하고 거든다.

에피소드

신명자는 양평동 판자촌에 살면서 잠을 깊이 잘 수 없었던 것이 가장 힘들었다고 한다. 그들의 살림집은 동네 골목길 모퉁이 집으로, 방이 길가에 면해 있었다. 벽 하나 너머가 사람이 다니는 골목길인 탓에 새벽 4시부터 출근하는 사람들의 부산한 움직임과 소음이 고스란히 들렸다. 시끄럽고 어수선한 분위기 때문에 밤새 길바닥에 누워 자는 기분이었다. 낮에는 끊임없이 드나드는 외부 손님들이 있어 휴식을 취할 수도 없었다. 얼마 후 그런 생활에는 적응되었으나 또 다른 어려움은 처녀 때처럼 커피나 과일을 먹을 수 없다는 점이었다. 이 동네에서는 그런 음식은 사치였다. 시간이 필요했음에도 제정구는 예전 입맛을 한 번에 버리지 못하는 그녀를 나무랐다. 주민이 된다는 것, 그것은 머리로 생각해서 되는 일이 아니었다.

당시 한국에는 가난한 사람을 돕는 해외 기관들이 지원 프로젝트들을 전개하고 있었다. 대개는 프로그램의 사업비와 국내 활동가의 인건비를 무상으로 원조하는 형식이었다. 주민들로서는 (물질이든 프로그램이든) 무상으로 무언가를 받을 수 있었고, 프로젝트 기간 동안 활동가의 생활도 안정되는 이점이 있었다. 하지만 정일우와 제정구는 이런 방식의 사업은 절대 하지 말자고 약속했다. 주민들에게 대가 없이 거저 주는 것, 그리고 주민을 위한다는 명목으로 자신들의 생활비를 챙기는 것을 그들 스스로 용인하지 않았다.

이후 양평동이 철거되어 경기도 시흥으로 집단 이주할 때 독일의 미제레오르(Misereor)라는 천주교 단체에서 자금을 지원받았다. 토지 구입과 건축 비용으로 지원받아 집이 완성된 뒤 주민들이 돈을 모두 상환했다. 주민에게 무상으로 제공된 돈은 한 푼도 없었다. 또한 이 사업과 관련해 독일 자금이 활동가들에게 급여로 나간 적도 없었다. 프로젝트를 하지 않겠다는 약속에 담긴 핵심 원칙은 이렇게 지켜졌다.

'그냥 산다'는 말은 나중에 '복음자리'로까지 이어지는, 작은공동체 사람들이 자신들의 삶을 이야기할 때 가장 자주 쓰는 표현이다. 작은공동체 사람들은 주민 속에서 살아가는 데 무슨 목적이나 이유가 있는 게 아니라고 말한다. 무엇을 목적으로, 무엇을 이루기 위해 주민과 사는 게 아니라 '그냥 산다'는 것이다. 흔히 사회운동 담론에 등장하는 대중의 의식화니 조직화니 하는 표현도 사용하는 법이 없었다. 또한 이들은 자신을 '활동가'나 '조직가'라고 인식하지도 않았다. 그저 자신은 주민이고, 주민의 일원이 되어야 한다고 생각했다.

"사람들에게 무언가를 공짜로 나눠줘 환심을 사는 일(그럼으로써 이들을 비굴하고 의존적인 존재로 만드는 일)은 결코 하지 않는다. 먼저 나서서 그들을 이끌어가려고 하지 않는다. 주민이 자신들에게 어떤 역할을 요구할 때까지 이들과 함께 '그냥 산다'." 이것이 양평동 시절부터 세워진 작은공동체 사람들의 삶과 운동에 대한 원칙이었다.

양평동 뚝방동네의 평화는 오래가지 못했다. 남부순환도로 건설 계획으로 안양천 변 판자촌 2만 세대가 철거될 위기에 놓였다. 1977년 3월까지 철거하라는 계고장이 나오자 동네가 술렁거렸고, 사랑방기도회에 참석했던 주민들은 철거 대책을 의논하기 시작했다. 주민들 안에서 "뿔뿔이 흩어지지 말고 같이 살 땅을 마련해서 함께 이주하자"라는 의견들이 나왔다. 50여 세대로부터 100~200원씩을 갹출해 제정구와 정일우 신부는 몇몇 주민과 함께 사방팔방으로 땅을 보러 다녔다. 하지만 서울시 내 땅값은 천정부지로 치솟았고, 변두리 지역이라 해도 웬만한 곳은 그들이 살 수 있는 능력 밖에 있었다. 마침내 경기도 부천에서 고개를 넘어 당시에는 오지였던 시흥군 신천리에 이르러 과수원 터 3만 2000평을 찾아냈다. 토지 매입과 주택 건축을 위한 자금은 김수환 추기경의 주선으로 독일 천주교 단체에서 빌렸다.

이주 희망자를 모집한다는 소식은 그들이 살던 양평동뿐 아니라 인근의 문래동까지 전해져서, 한 평 남짓한 정일우 신부의 방은 신청자들로 북새통을 이루었다. 그러나 서울 생활에 익숙한 주민들은 낯선 곳으로의 집단 이주가 마냥 불안했다. 일단 이주를 신청해놓고 달리 이사 갈 곳을 구해보다가 용케 방을 얻으면 신청을 해지했다가 다시 곰곰이 생각해보고는 결정을 번복해 도로 이주를 신청하는 경우가 비일비재했다. 더구나 평소 제정구와 정일우를 몰랐던 먼 동네 사람들 사이에 반신반의하는 분위기마저 있었다. 결국 우여곡절 끝에 1977년 4월 9일 170세대가 이주를 확정지었고, 다음 날인 부활절에 양평동 시절을 마감하는 고별 미사를 드렸다.

복음자리, 한독주택, 그리고 목화마을

경기도 시흥에 일군 공동체마을

서울 집을 철거당한 사람들이 시흥군 신천리에 도착한 직후의 상황은 "마치 출애굽 같다"라고 할 정도로 힘들고 위태로웠다. 서울에서 전체 설명회를 할 겨를도 없이 이주는 급박하게 이루어졌다. 사람들은 삼삼오오 무리를 지어 트럭에 이삿짐을 싣고 신천리에 당도했다. 원래 과수원으로 사용되던 땅이므로 나무를 베고 표면을 골라 이사 오는 순서대로 천막을 쳤다. 남보다 나무가 많거나 표면이 더 울퉁불퉁한 땅을 배정받은 사람들은 여지없이 불만을 터뜨리며 대들기 일쑤였다. 이삿짐 정리가 되기도 전에 싸움부터 한판 뜨는 일이 심심찮게 벌어졌다.

이주한 이후에도 얼마 동안은 계약과 해약의 악순환이 계속되었다. 막

상 도착해 물과 전기도 없는 벌판에 천막을 치고 살자니 기가 막혀 서울로
돌아가겠다는 사람들도 생겨났다. 당시 총무 일을 맡았던 제정구의 동생
제정원의 기록에는 다음과 같은 대목이 나온다. "11일 밤 9시경 2세대 도
착. …… 16일, 이날 이후는 해약이 안 된다고 공고를 함. …… 18일, 17일
계약자가 해약해달라고 소동을 벌임. …… 버스 엔진 소리엔 귀가 번쩍,
타이탄 트럭 엔진 소리엔 가슴이 철렁." 타이탄 엔진 소리가 들리면 누군
가 새로 이사 오는 것이었다.

제정구와 제정원 형제는 이주 가족이 새로 도착할 때마다 향후 건축 계
획과 조건에 관해 일일이 설명해주었다. 땅값이 지금은 평당 6000원이지
만 대지로 바뀌면 도로가 나고 자투리땅이 생기므로 평당 7000원 정도 되
리라는 것, 건축은 이러저러하게 하는데 골조 건축비만 평당 5만 원 정도
들 것이라는 것, 기술 없이 할 수 있는 막일은 본인이 직접 해서 건축비를
최대한 절약해야 한다는 것, 회계장부는 언제든지 주민이 열람할 수 있게
비치하겠으며 경우에 따라 건축비가 초과되면 돈을 더 부담해야 한다는
것, 현장 소장인 제정구와 총무 제정원, 정일우 신부의 생활비는 주민이
내는 돈에서 한 푼도 나가지 않는다는 것 등등을 알려주었다.

모든 세대가 다 도착한 후에는 며칠에 한 번꼴로 주민총회를 열었다. 제
정구는 건축 계획을 설명하고 주민의 의견을 수렴했다. 알기 쉽게 설명해
도 개중에는 자신이 원하는 답변을 들을 때까지 끈질기게 물고 늘어지며
진을 빼는 사람들이 있었다. 또 오랜 세파에 불신이 몸에 밴 주민 중에는
건축 과정에 비리가 있다며 뒤에서 헛소문을 퍼뜨리는 사람도 있었다. 낮
에 설명을 들을 때는 납득하는 듯하다가도 저녁때면 술에 취해 "도둑놈들,
내 돈 내놓아라"며 제정구의 멱살을 잡기도 했다. 당시를 회고하는 제정구
의 수기에는 다음과 같은 대목이 나온다.

집을 다 지은 후에 이사를 오는 사람들까지도 이삿짐을 옮긴 후에는 반드시

우리를 찾아와 별별 이유를 달아서 시비를 걸었다. 그럴 때마다 나는 사양치 않고 응해주었다. 떳떳한 상대 한번 제대로 해본 적이 없는 그들로서는 계약을 통해 모처럼, 아니 어쩌면 처음으로 힘이 있어 보이는 우리와 한판 함으로써 자신의 존재를 확인하려 했는지 모른다. 아니 어쩌면 우리는 그들이 한 번쯤 툭툭 차볼 수 있는 그럴듯한 호구였는지도 모른다.[2]

천막 입주가 시작된 지 9일 만에 전기가 들어왔다. 주민총회에서 추진위원회를 구성하고 식수와 화장실 문제 해결에 나섰다. 지하수 개발 전문업자를 불러 공동 우물을 파고 반을 편성해 동네 곳곳에 공동 화장실 다섯 개를 만들었다. 학생들의 전학 문제도 순조롭게 풀려 아이들 130여 명이 인근 학교로 등교하게 되었다.

5월 13일 드디어 기공식을 하고 영등포구청에서 빌려온 리어카 서른 대로 논을 메우는 작업에 들어갔다. 과수원의 흙을 파서 논을 메우는 작업에는 모든 주민이 함께 나섰다. 직장 때문에 작업에 참여하지 못하는 세대에는 얼마간의 돈을 내게 했다. 그 돈으로 작업 참여자들에게 소정의 일당을 주고 새참으로 먹는 국숫값에 충당했다.

대지 조성이 끝나자 본격적으로 건축 채비에 들어갔다. 두 달간을 주민들과 싸우고 씨름하다 보니 개개인의 특성을 알게 되었고, 기술이나 재주가 있는 사람이 누구인지도 파악되었다. 몇 차례의 주민총회를 거쳐 주민 중에서 총감독, 노무 감독, 자재 감독과 야간 경비를 각각 뽑았다. 이들에게는 전체 건축비에서 월급을 주되 현장 소장인 제정구, 총무 제정원, 대외 협력 및 회계를 맡은 정일우 신부는 무급 봉사직으로 결정했다. 기초적인 터 파기와 콘크리트 작업에는 일한 만큼 평당 얼마씩 값을 쳐서 주민에

2   제정구, 「'복음자리' 일군 청계천 사람들: 시흥군 소래읍 신천리 집단이주기」, ≪정경문화≫, 5월 호(1982).

복음자리 건축 현장에서 시멘트벽돌을
찍어내는 제정원(맨 왼쪽부터), 제정구,
마을 주민들과 정일우(맨 오른쪽)

게 임금을 주었고, 목공과 조적 일은 주민 중에 책임질 만한 적임자가 없
어서 외부에 도급을 주었다.

그러나 건축 과정에는 위기와 고비가 수차례 있었다. 가장 중요한 시멘
트벽돌 수급에 차질이 생겨 이를 해결하기 위해 백방으로 뛰어야 했다. 천
신만고 끝에 벽돌을 실은 트럭들이 들어오기 시작했는데, 바쁠 때는 새벽
한두 시에 도착하기 일쑤여서 차가 도착했다는 안내 방송이 나오면 주민
들은 잠자다 뛰어나와 벽돌 내리는 일에 매달렸다.

조적 공사 계약을 지인이 낙찰받도록 하려다가 뜻대로 되지 않자 앙심
을 품은 한 주민의 방해로 벽돌 쌓는 작업이 한동안 중단된 적도 있었다.
조적공 문제를 해결하고 나니 이번에는 벽돌 물량이 모자라 말썽이었다.
의논 끝에 시멘트벽돌 찍는 기계를 가져다가 현장에서 직접 벽돌을 찍어
내기로 했는데, 그렇게 시작한 지 며칠 지나지 않아 기술자가 사고를 치고
사라져버렸다. 결국 제정구가 기계를 잡았고 정일우 신부가 나르는 일을
맡았다. 벽돌 찍는 일은 워낙 고되고 힘든 작업이어서 선뜻 나서는 이가
없었는데, 두 사람이 목장갑에 피가 배도록 일하는 걸 보면서 나중에는 주
민 중에서 자청하는 사람들도 생겨났다.

집을 짓는 동안에는 일을 도우려고 외부에서 찾아오는 사람들도 있었다.

한창 공사 중인 복음자리 마을의 건축 현장.
기계로 시멘트벽돌을 찍어내는 일은 엄청 고된 작업이어서 쉴 없이 하다 보면 목장갑에 피가 배어나곤 했다.

정일우 신부가 속한 예수회의 신부와 수사, 여러 수녀회의 수녀[3] 등 종교인들도 있었고, 제정구를 아는 지인과 후배도 있었다. 이 자원봉사자들은 공사 일을 거들기도 했고, 의료인인 경우에는 진료하고 약을 주기도 했는데, 환자 수가 많은 날에는 수십 명에 이를 때도 있었다. 신명자 등은 자원봉사자들의 밥을 해대느라 항상 맨발로 다녀야 할 만큼 분주했다.

3개월 만에 골조 공사가 마무리되자 주민들은 천막 친 자리를 비우기 위해 벽체와 지붕만 완성된 집으로 임시 이사를 했다. 임시방편이라고는 하지만 지붕이 있는 집은 찌는 듯한 천막에 비하면 천국과 같아서 서로 먼저 들어가려고 아우성이었다. 아직 천막을 헐지 않아도 되는 위치에 있는 사람들까지 이사를 시켜주지 않는다고 항의하는 바람에 한바탕 난리가 났다. 골조가 끝난 건물의 수가 아직 절대적으로 부족해 천막을 이리저리 몇 번씩 옮겨야 하는 경우도 많았다. 하지만 주민 중에는 불평 없이 묵묵히 따라주는 이들도 있었다.

드디어 1977년 9월 24일 집의 위치를 정하기 위해 추첨을 실시했다. 전체 60동인 단층 건물은 6평, 9평, 12평, 15평의 네 가지 평형으로 나뉘어

---

3   양평동 거주지가 철거되기 전부터 복음자리 건설 시기에 이르기까지, 천주교의 샬트르성바오로회, 영원한도움의성모회, 한국복자회, 성가소비녀회, 작은자매회 등 수도회의 수녀들이 꾸준히 찾아와 도움을 주었다.

있었다. 주민들은 이 중 처음 신청한 평수의 집을 추첨을 통해 배정받아 입주를 시작했다. 입주라고는 하지만, 아직 내부 공사가 끝난 건 아니어서 각자 살림살이를 몇 차례씩 끌어내며 내부 건축까지 마무리 지은 것은 그해 12월이었다. 함께 사용할 마을회관도 조그맣게 지었다. 마을회관 완공식이 열린 1978년 1월 2일, 주민들은 제정구와 제정원, 정일우 신부에게 감사패를 주었다.

에피소드

마을회관 완공식에서 제정구는 주민들에게 감사패를 받고 이렇게 인사말을 했다. "이주하고 집을 짓는 동안 여러분 중에 저하고 싸움이든 실랑이든 안 해본 분 계십니까? 이제 모든 일이 무사히 끝났으니 저를 용서해주십시오." 주민들은 뜨거운 박수로 화답했다.

이렇게 지어진 마을의 이름은 양평동 시절의 사랑방 이름을 따서 '복음자리'가 되었다. 인근 원주민은 눈 깜짝할 새에 생겨난 이방인 마을을 경계의 눈초리로 바라보면서 "보금자리인지 새 둥지인지 하는 철거민 동네"가 들어섰다며 수군거렸다.

군 복무 중 휴가를 나올 때마다 복음자리에 들리곤 했던 박재천은 제대 후 아예 이곳에 정착했다. 그는 일용 건설 노동자들을 따라다니면서 노동을 하기도 했고, 나중에는 주민들의 주택 융자금을 관리하는 주택사무소의 업무를 맡기도 했다.

복음자리 주민들은 1977년 각자의 집에 입주하면서 독일 미제레오르에서 빌린 건축 자금을 관리하는 주택사무소와 융자 계약을 체결했다. 6평짜리 집주인의 경우, 평당 5만 원씩 약 30만 원 정도의 융자금을 안고 이를 수년에 걸쳐 다달이 갚아나갔다. 매달 갚지 못해 연체되는 사람도 있었지만, 어쨌든 개인별 융자 내역은 주택사무소 장부에 정확히 기록되어 있었으므로 자기 집으로 등기하려면 자금을 모두 상환해야 했다. 5년 후 1982년, 준공 허가[4]를 받고 세대별로 소유권 이전등기를 마쳤는데, 이 시점에는 복음자리 주민 대부분이 융자금 전액을 상환한 상태였다.

복음자리 주택사무소는 돈을 빌려준 독일 미제레오르 측에 주민들이 갚고 있는 융자금을 모아 언제까지 상환하겠다는 계획을 보고했다. 그런데 미제레오르는 회수된 자금을 자신들에게 보내지 말고, 한국에서 제2·제3의 철거민 정착촌을 세우는 데 사용해도 좋다는 답신을 보내왔다.

사실 제정구와 정일우 신부는 복음자리 건축을 마치고 나서 "다시는 이런 일을 하지 않겠다"라고 하며 이를 악물었다. 그 과정이 지옥의 터널을 지나는 것처럼 너무나 힘들고 험난했기 때문이다. 하지만 서울에서의 강제 철거는 그칠 줄을 몰랐고, 하루아침에 살던 집이 헐린 철거민은 계속해서 생겨났다. 마침내 1979년 서울 신림동(난곡), 당산동, 시흥동 일대에서 강제 철거된 주민을 위한 두 번째 정착촌이 건설되기 시작했다.

정일우와 제정구는 이주를 신청한 600여 세대를 집집이 찾아다니면서 가정 형편을 조사했다. 그 가운데 식구가 많거나 경제 사정이 특히 어려운 164세대를 최종 선발했다. 이번에는 이주가 확정된 사람을 대상으로 일주일에 한 번꼴로 교육을 실시했다. 집을 마련하는 데 그치지 말고 공동체를 이루어 살자는 것, 되도록 공사에 직접 참여해 내 집을 스스로 짓는 경험

---

4   애초 정착촌 건설을 위해 사들인 토지에는 국가 소유의 구거(溝渠: 용수 또는 배수를 위해 설치된 4~5미터 폭의 인공 수로) 부지가 포함되어 있어서 준공 허가가 나지 않다가, 1982년 그 구거 부지를 매입한 후에 준공 허가를 받게 되었다.

을 하자는 것 등의 내용이었다. 이들은 복음자리에서 약 1킬로미터쯤 떨어진 곳에 부지를 마련하고 연립주택 형태의 집 여섯 동을 지었다. 그리고 그 집을 한국과 독일의 우정으로 지었다는 뜻에서 '한독주택'이라 이름 붙였다.

이 같은 집단 이주 사업은 서울시 목동의 신시가지 개발계획으로 대대적으로 철거가 일어나면서 또 한 차례 반복될 수밖에 없었다. 한독주택 입주가 끝난 1980년으로부터 5년이 흐른 1985년의 일이었다. 서울에서 한독주택 인근 은행동으로 이주를 결정한 105세대의 입주 예정자들 역시 매주 토요일마다 준비 모임을 가졌다. 특히 이 자리에서는 새로 지어질 공동주택의 설계에 관해 주민의 의견을 받았는데, 최종적으로는 세 개 동마다 가운데 마당을 두고 각 동의 마당을 통로로 연결해 주민 간의 소통을 중시하는 설계로 확정했다.

이렇게 복음자리, 한독주택, 목화마을 세 동네는 각각이 모듬살이의 터전인 동시에 전체로서 하나의 커다란 공동체를 지향한 곳이었다. 설립 배경과 과정이 모두 '함께 더불어 살자'는 정신에 입각해 있었다.

신협과 장학회를 만들다

복음자리 입주가 끝난 다음 해인 1978년 4월, 제정구는 신용협동조합 설립을 준비하기 위해 협동교육연구원[5]으로 1개월 과정의 교육을 받으러 갔다. 사실 그는 청계천에서 살던 시절부터 신협을 만들 생각을 했었다. 가난한 주민들은 급히 목돈이 필요할 때마다 고리의 사채를 쓸 수밖에 없

---

[5] 신용협동조합을 전국으로 보급하기 위해 1962년 메리놀수녀회가 설립한 신협 교육 전문 기관으로, 한국 신협운동의 초석을 놓았던 메리 가브리엘라 수녀가 초대 원장을 맡았다. 이듬해에 서울시 마포구 동교동 158-2번지로 자리를 옮기고 영국의 옥스팜 재단, 독일의 미제레오르 재단, 로마의 교황청 포교성성 등의 후원을 받아 숙박하면서 교육받을 수 있는 시설을 갖추었다.

었다. 이들에게 돈을 빌려주는 금융기관은 없었다. 양평동에서도 주민을 상대로 사채놀이를 하는 사람들이 있어서 항상 신협을 구상했었는데, 번번이 급박하게 철거가 닥치는 바람에 실현할 수 없었다.

그해 5월에 복음신용협동조합이 설립되었고 제정구가 초대 이사장을 맡았다. 처음에는 54명의 조합원으로 시작했다. 사무실도 없어 제정구의 살림집 한 귀퉁이에 나무 궤짝으로 짠 앉은뱅이책상을 놓고 업무를 보았다. 제정구는 낮에는 마을의 수도관 공사 일을 하고 저녁에는 출자금을 걷으러 다녔다. 초기에는 신협에 돈 맡기기를 꺼리는 주민들도 있었다. 당장갈 데가 없어 복음자리에 살고는 있지만 언젠가는 이곳을 떠나리라고 생각하는 일부 사람들에게 신협은 미더운 존재가 아니었다. 그러나 해를 거듭하면서 복음신협의 조합원 수와 자산 규모는 꾸준히 늘어났다. 4년이 지난 1981년, 조합원 수는 처음의 열 배가 되었고, 총자산도 4000만 원을 넘어섰다.

군에서 제대한 후 복음자리 주민이 된 박재천은 1979년부터 복음신협의 전무를 맡아 실무를 총괄했다. 신협의 실무 책임자로 일하면서 독일에서 빌려온 건축 융자금을 관리하는 주택사무소 업무도 겸했다. 신협은 반별 사랑방 모임의 형태로 교육을 지속했다. 무엇보다 교육을 중시하는 협동조합 운동의 원칙을 열심히 따르고자 했다. 사랑방 모임은 신협의 정신과 원리를 이해시키는 교육, 주택사무소의 융자금 상환 업무에 대한 질의와 응답, 그리고 음식을 나눠 먹고 노는 여흥이 동시에 이루어지는 자리였다. 그러니까 교육의 공간이자 소통과 친교의 자리였던 셈이다.

사랑방 모임은 신협의 활성화에 크게 기여했을 뿐 아니라 이후에 만들어진 복음장학회의 산실이기도 했다. 사랑방 모임을 통해 신협에 대한 이해가 깊어졌고, 협조적인 인물들이 발굴되면서 주부 가운데 출자금을 걷어다 주는 자원봉사자들이 생겨났다. 당시 신협은 50원, 100원 정도의 푼돈이라도 일상적으로 수시 출자하도록 권장하고 있었는데, 부족한 실무

인력을 대신해 동네 사람들의 출자금을 수금해 사무실에 전달하는 열성적인 조합원들이 생겨난 것이다.

복음신협의 운영은 철저히 교과서적이었다. 제도권의 금융기관으로 변한 오늘날의 신용협동조합들과는 달리, 당시 신협은 '사회를 밝히는 교육운동', '더불어 사는 윤리운동'이라는 지향을 실천하고 있었다. 따라서 제정구와 박재천 등에게 신협은 저축과 신용 대출을 가능케 하는 금융사업체인 동시에 민주주의 원리가 구현되는 생활공동체의 씨앗이기도 했다.

그들은 협동조합의 철학이 요구하는 조직 운영의 기본 원칙들을 충실히 지키고자 했다. 가장 두드러진 특징은 각종 교육 및 모임의 지속적 운영, 그리고 지역개발 사업에 대한 관심에 있었다. 복음신협에서는 신규·기존 조합원과 임원 및 각 위원회의 위원들을 위한 교육, 연수회, 야유회 등 다양한 모임이 쉴 새 없이 이루어졌다. 때로는 다른 지역의 선진 조합을 견학하거나 그곳의 임직원들을 초청해 앞선 경험을 듣고 배우는 자리를 만들기도 했다. 복음신협은 금융 업무뿐 아니라 지역사회의 문제를 살피고 공동체의 분위기를 조성하기 위한 사업들(예컨대 청소년 축구대회, 단오제 행사, 경로잔치, 지역 청년 초청 간담회, 주부 모임 등)도 꾸준히 개발해 운영했다. 훗날 복음신협은 신협 관계자들에게 "신협의 이념과 정통성이 잘 보존되고 실현되는 조합"이라는 평가를 받는다.[6]

한편 입주가 끝난 후 복음자리 주민의 삶은 빠르게 안정되었다. 다툼도 눈에 띄게 줄었고, 집 담벼락 옆에 화단을 만들어 꽃을 기르는 이들도 생겨났다. 어른들도 어른들이지만 아이들에게 복음자리는 장차 어린 시절의 고향으로 기억될 새로운 삶의 터전이 될 터였다. 주민들은 어린 자녀들이 척박한 환경에 주눅 들지 않고 구김살 없이 자라기를 소망했다.

1979년, 집단 이주 이야기를 전해들은 서강대의 한 교수(김어상)가 얼마

---

6   ≪복음신협≫, 제30호(1992년 12월 12일 자), 10면.

간의 후원금을 보내왔다. 이 돈을 학생 두 명에게 장학금으로 전달한 것이 계기가 되어 장학 사업을 하자는 움직임이 싹텄다. 처음에는 제정구와 정일우 신부가 중심이 되어서 스무 명 남짓한 학생들에게 장학금을 지급하다가 1983년에 이르러서는 정식으로 복음장학회를 설립했다. '동네 아이들은 우리 모두의 아이들이다. 부자들이 이름을 드러내기 위해 하는 자선 사업으로 할 것이 아니라 가난하고 힘없는 우리들이 십시일반으로 더욱 어려운 처지의 아이들을 함께 기르자'라는 취지였다.[7] 사실 모두가 어려운 형편이었지만 그중에서도 유독 가난한 가정의 아이들이 있었다.

초대 장학회장은 서울 양평동 시절 제정구에게 요가를 배워 허리가 나았던 주민 지도자 김만호가 맡았다. 또 실무는 청계천 변이 철거된 후 남양만으로 갔다가 1980년에 복음자리로 이사 온 김영준이 챙겼다. 장학회의 재원은 주로 주민 회원들이 내는 회비와 단오제 행사 때 여는 바자회의 수익금이었지만, 또 하나 무시할 수 없는 수입원은 고스톱 화투판에서의 '고리 뜯기'였다.

장학회 총무로서 김영준의 일과는 주로 동네 여기저기를 다니며 주민들을 만나 장학회 가입을 권유하고 회원들에게 소정의 회비를 걷는 것이었는데, 간혹 주민들이 재미 삼아 화투판을 벌이는 곳이 있으면 그곳에 눌러앉아 어김없이 판돈의 일부를 장학 기금으로 "뜯어냈다".

장학회 일을 명분으로 사람들을 자연스럽게 만나고 후원을 권하고 그랬는데 …… 주로 한독주택의 ○○○, ○○○, 복음자리의 ○○○, ○○○(주민 지

---

7 당시 복음장학회의 공식적인 목적과 정신은 다음과 같았다. ① 서로 믿고 서로 나누고 서로 섬기는 공동체 정신을 후세에게 물려준다. ② 청소년 선도에 앞장서며 이들에게 배움의 기회를 넓혀줌으로써 참된 인간으로서의 성장을 돕는다. ③ 우리가 이룩한 삶의 터전이 더욱 굳건한 사회적·경제적 공동체로서 다음 세대들에 이어지기를 희망한다. 장학생의 선발 기준은 ① 부모가 없거나 재난을 당한 자, ② 가난해 생활이 어려운 자, ③ 학교 성적이 우수하고 타의 모범이 되는 자, ④ 장래성이 있으며 이사회가 인정하는 자 등이었다.

도자들 이름)과 어울렸는데, 그 사람들이 보기에 나는 어려운 말 쓰지 않고 자기네 생활 용어로 서로 대화가 되는 사람이었지. 놀다 보면 새벽까지 고스톱도 치고 그랬는데 그렇게 같이 어울리는 게 중요한 거야. 같이 어울리면 모든 이야기가 거기서 다 쏟아져 나와. 가정사부터 지역 돌아가는 이야기까지 별별 이야기가 다. 술 사다 먹고 뭐 사다 먹고 하면서 새벽까지 고스톱 치다 보면 정작 돈을 딴 사람은 별로 없어. 그런 만남이 관계를 깊게 만드는 거지. _김영준

김영준은 늘 그런 놀이판에 어울리면서 몇 푼의 돈을 장학 기금으로 거두었지만, 아무도 거기에 이의를 달지 않았고 오히려 기꺼이 동참하는 분위기였다. 김영준의 말대로 "주민과의 관계를 성숙시키는 것은 신뢰와 신용이고, 그것은 그냥 만들어지는 것이 아니라 그들과 같이 살아가면서 쌓이는 것"이기 때문이다. "주민들의 마음의 문은 물질적 이해관계를 넘어설 수 있는 관계가 형성되었을 때 열리는데, 이러한 관계가 형성되지 않으면 조직을 만들더라도 금세 깨져 버린다"라고 그는 강조했다. 그리하여 "주민들과 서로 믿는 관계가 형성되려면 그들이 이해할 수 있는 말로 소통하면서 같이 놀고 어울려야 하며 이는 필히 시간이 걸리기 마련"이다.

복음장학회는 회비를 거두는 것 외에도 한때는 생활용품 바자회, 젓갈 장터, 문방구 운영 등을 통해서 기금 확대를 꾀하기도 했다. 제정구가 유명을 달리한 후 2002년 제정구장학회로 개칭한 이 조직은 현재까지 가정 형편이 어려운 학생에게 장학금을 지급하는 사업을 이어가고 있다. 이 외에도 공부방과 지역아동센터를 운영해오고 있으며, 별도로 청소년꿈터 설립을 추진하고 있다.

복음단오제와 지역공동체

서울에서 집을 철거당한 사람들이 처음 시흥군 소래읍 신천리로 옮겨왔

을 때는 토박이들과의 사이에 긴장과 갈등이 있었다. 소래읍 원주민들은 어느 날 느닷없이 몰려온 서울 철거민들에게 "거지새끼들"이라며 눈을 흘 겼고 위험한 존재라도 되는 듯 경계했다. 인근의 포도밭이 서리를 맞기라 도 하면 영락없이 "철거민 놈들 짓"으로 치부되었다. 실제로 과수원에서의 서리가 복음자리 아이들의 소행인 경우도 없지는 않았을 터이지만 터무니 없이 누명을 쓰는 일도 있었다.

복음자리를 업신여기는 분위기가 강할수록 자연히 복음자리 청소년들 은 이에 강력히 맞섰다. 누군가가 토박이한테 맞을라치면 다른 청년들이 나서서 우르르 달려갔고, '복음자리를 우습게 보면 가만 안 둔다'는 저항 의식이 매사에 승부욕을 부채질했다.

복음자리 안에서는 예전 서울살이하던 시절의 동네별로 파벌도 있었고 서로 힘겨루기를 하느라 더러 알력도 있었지만, 바깥의 토박이 청년들과 갈등이 생기면 복음자리 사람이라는 정체성이 그들을 하나로 묶었다. 그 런 와중에 양평동 출신의 20대 초반 청년 몇몇을 중심으로 복음청년회가 결성되었다. 청년회는 동네 젊은이들이 서로 안면을 트고 알고 지내는 계 기가 되었으나, 공식적인 활동을 오래 지속하지는 못했다.

복음자리와 시흥 토박이 청년들을 이어주는 다리 역할을 한 것은 오히 려 비공식적인 친교 모임이었다. 신천리에는 오래전부터 천주교 공소[8]가 자리 잡고 있었고, 이곳에 다니는 원주민인 청년 신자들이 있었다. 정일우 신부 일행이 천막을 구하지 못한 채 처음 당도했을 때 잘 곳 없는 철거민 들이 며칠간 신천리공소에서 잔 적도 있었다. 그 후 복음자리 집들이 들어 서고 나서 정일우 신부가 속한 예수회의 신부들이나 수사들이 복음자리 마을을 방문하거나 한두 달씩 묵어가는 일이 잦아졌다. 그들은 지역 청년

---

8   공소는 천주교에서 성당(본당)보다 규모가 작은 예배소를 말하며, 성당과 달리 사제(신부)가 상주하지 않고 신자들이 모여서 기도하는 곳이다. 신천리공소는 1979년 2월 신천성당으로 승 격되었다.

들과 프로그램도 함께하며 어울려 놀았다. 이때 정기적인 방문객들에게 제정구가 강조한 것은 청년들에게 무얼 가르치려 들지 말고, 그냥 같이 놀면서 본인들이 변화하도록 기다리라는 것이었다.

자연스럽게 일주일에 한 번씩 모이는 '목요 모임'이 만들어졌는데, 이 모임의 주요 구성원은 복음자리 청년들과 신천리공소의 청년 회원들이었다. 모임에 나오는 복음자리 청년들은 비교적 온순한 젊은이들이었는데, 신앙이 없는 비신자들이었지만 이를 문제 삼는 이는 아무도 없었다. 주로 모이는 장소는 제정구나 정일우 신부의 집이었고, 이 집은 만남의 공간으로서 언제나 열려 있었다. 모임에는 늘 다과가 제공되었고 식사 때가 되면 자연스레 모두가 둘러앉아 같이 밥을 먹었다.

청년들은 생전 처음 주제를 정해 토론하고 발표하는 경험도 해보고, 기타를 배우고 노래도 했으며, 탁구도 함께 쳤다. 예수회 수사들이 가져온 외제 보드게임 놀이는 참으로 신기했고 재미있었다. 시간이 지나 어느덧 청년들 사이에는 우정이 쌓여갔다. 신천리공소 청년들을 중심으로 점차 토박이 젊은이들도 복음자리를 드나들기 시작했고, 지역을 불문한 형·아우 관계가 형성되었다. 훗날 박재천과 결혼한 이현옥은 당시 신천리공소의 청년 회원이었다.

복음자리, 한독주택, 목화마을의 경계를 넘어서, 그리고 철거민 공동체나 원주민이라는 구분 없이 생각과 마음의 결을 따라 청년들의 만남이 점차 이루어졌다. 또 한편에는 청년들의 모임과 활동을 늘 격려하고 지원하는 사람들이 있었다. 제정구와 정일우 신부를 비롯한 작은공동체 성원들이 청년들의 정신적 울타리가 되어주었다면, 오랜 세월을 거쳐 복음자리에 들어와 살다 간 외부 활동가들의 보이지 않는 역할도 있었다.

철거민들의 공동체마을이라는 소문에 이끌려 복음자리로 들어온 젊은이 중에는 운동권 학생, 노동운동가, 문화운동가 등이 있었고, 이들은 때로 지역의 노동자로 또는 풍물 강사나 야학 교사로 활동했다. 하지만 이들

각자의 처음 목적이 무엇이었든지 간에 복음자리는 삶의 자리이고 공간이었으므로 먼저 주민이 되어야만 했다. 무엇을 가르치거나 조직하는 사람이기에 앞서, 동네 청년들과 생활 대부분을 나누는 친구, 아우, 또는 형이나 누나가 될 수밖에 없었다.

1977년 복음자리 건축이 한창일 때는 공사의 한 단계가 끝날 때마다 마을 잔치를 벌였는데, 서울에서 대학생 탈춤반 등이 내려와 흥을 돋우어주곤 했다. 이를 계기로 동네 청년들은 풍물 연주를 배우기 시작했고, 사물놀이는 이곳 젊은이들의 주요한 여가 활동 가운데 하나가 되었다. 이렇게 싹튼 전통은 오늘날 시흥 지역 전문 연희패 '꼭두쇠'의 탄생으로 이어진다.

생각의 변화는 누군가가 다른 사람의 머릿속에 이념을 주입함으로써 일어나는 게 아니라 함께 살고 놀고 동화되는 가운데 저절로 일어나는 것이라고 제정구는 믿었다. 복음자리를 중심으로 해서 지역으로 확산된 청년 모임의 젊은이들은 점차 뚜렷한 반독재·민주화 의식을 갖게 되었다. 이는 제정구·정일우와의 인간관계에서 비롯된 신념의 영향이기도 하고, 새로 우정을 나누게 된 외부인들과 상호작용하면서 자신들의 세계관이 옳다는 걸 함께 확인한 결과이기도 했다.

특히 정일우 신부는 청년들에게 친구 같은 존재였다. 그는 찾아오는 청년들의 말을 진지하게 들어주고 때로는 위로해주었으며 이들의 활동에 칭찬과 격려를 아끼지 않았다. 종교나 신앙 이야기를 결코 먼저 꺼내는 법이 없었다. 청년들은 정 신부가 정태춘의 노래에 심취하고 밤새 컴퓨터 게임에 몰입하는 모습을 보면서 그가 자신들과 같은 세계에 살고 있음을 실감했다. 누구도 시키지 않았지만 청년 중에는 제 발로 성당에 나가 신자가 되는 경우도 더러 있었다. 결국 청년들은 정일우와 작은공동체 사람들을 보면서 올바른 삶이 신앙의 요체라는 생각을 갖게 되었다.

복음자리 마을이 완성되고 신협이 설립되고 나서 이를 기념하는 동네잔치가 매년 열리곤 했다. 복음신협의 창립일이 절기상 단오쯤이어서 '복음단오제'라 명명한 공동체 행사가 마을 가운데의 공터에서 해마다 개최되었다. 복음신협과 복음장학회가 공동 주최했고, 장학회 기금 모금을 위한 바자회를 겸해서 열렸다. 다음은 신협 소식지에 실린 어느 해의 단오제 풍경이다.

지난 6월 15~16일 양일에 걸쳐 복음자리 마을 공터에서는 조합 창립 13주년을 기념하는 '신미년 복음단오제'가 열렸다. 첫날인 6월 15일 저녁 무렵, 본 행사의 전야제로 '어린이 동요 부르기 대회'가 열렸는데 …… 뜨거운 열기 속에 알찬 행사로 치러졌다. 다음 날인 6월 16일 오전 10시, 오랜 연습을 해왔던 청년 및 신일국교 어린이 풍물패들이 두 패로 나뉘어 지역 곳곳을 돌면서 길놀이를 벌였고, 행사장에는 각종 바자회 장이 들어서느라 분주한 모습이었다. 오전 12시경, 20여 명으로 구성된 풍물패들이 멋들어진 판굿 공연을 벌였고 이어서 조합 창립 13주년 및 복음장학회 발족 8주년을 기념하는 고사가 있었다. …… 제주인 심병현 신협 이사장과 제정구 장학회 회장이 공동으로 고사문을 낭독한 후 참석한 내빈과 주민들이 헌주를 올렸다. 기념고사가 끝나고 각종 체육대회가 열렸는데 할아버지, 할머니들이 참가한 '바구니에 콩주머니 넣기'와 줄다리기, 기와밟기의 공동체 경기가 치러졌고, 개인의 기량을 다투는 그네뛰기, 널뛰기, 팔씨름 대회와 단오 장사를 뽑는 씨름대회 등이 진행되었다. 이어서 마지막 경기인 '민족통일염원 마라톤대회'를 끝으로 체육대회를 마치고 시상식과 행운권 추첨이 있었다. 모든 공식 행사가 끝난 밤 9시경, 본 행사의 슬로건인 '함께 나누는 기쁨과 슬픔'이라는 불꽃 점화식이 거행되었다. 대회장 양쪽에서 심 이사장과 제 회장이 횃불을 들고 점화를 해 어두운 밤하늘에 불꽃이 타오르며 폭죽이 터졌고, 이어 대회장 한가운데 놓인 장작더미에 불이 붙으면서 대기 중이던 풍물패가 신명나는 가락과 함께 원을 돌자, 참석자 전원이 함께 뛰어노는 등 흥겨운 뒤풀이를 끝으로 행사를 마쳤다.[9]

| 복음단오제에서 풍물 공연을 하는 동네 청소년들 | 복음단오제 행사의 하나로 고사를 지내는 모습 |

『시흥시사(始興市史)』에서는 당시의 단오제 성격을 다음과 같이 묘사했다.

복음자리 마을의 잔치는 대학가나 의식화된 노동자들의 그것과도 분명히 결을 달리한다. "시큰둥하던 사람들, 술만 마시던 사람들, 어린아이들, 아주머니들, 마을 어른들, 구경하던 손님들, 파란 눈의 신부"까지 포함되어 한바탕 노는 모습은 분명 복음자리 마을만의 독특한 풍경이었을 것이다. 여기에서 보이는 모습은 말 그대로 난장에 가까운 모습이었다. 특정한 목적의식하에 분명한 지향을 내포한 채 이루어지는 질서 정연한 행사가 아니라 무질서하고 심지어 혼란스럽기까지 한, 이 한판의 난장은 다른 그 어느 것보다 복음자리 마을 잔치의 특성을 잘 보여주는 것이다. …… 바로 이 무질서가 복음자리 마을의 질서였다. 특히 이주 초기에 이러한 '무질서의 질서'는 확연하게 나타났다. 제정구도 처음에 이주해 왔을 때는 "무질서와 혼란 그 자체였다" 라고 토로할 정도였다. …… 이제 막 새로운 삶이 시작되려고 한, 마치 태초의 순간과도 같은 무질서의 마을이었기에 기존의 가치나 생활양식·윤리로부터 일정하게 자유로울 수 있었는지도 모른다. 마을 잔치는 그러한 자유로움의 표현으로서 나타난 것일 수도 있었다.[10]

9   ≪복음신협≫, 제26호(1991년 7월 22일 자), 4면.

초창기 복음자리 마을은 공동 지하수와 공동 화장실을 사용하는 등 주민들이 함께 해결해야 할 문제가 많았다. 그러나 시간이 흐르면서 집집마다 수도가 들어오고 가구별로 수세식 화장실이 설치되면서 주민총회에서 다루어야 할 사안이 점차 줄어들었다. 또한 한독주택과 목화마을이 들어서자 공동체의 범주는 넓어졌고, 주민들은 자신이 사는 동네에 대한 정체성을 우선시하면서 다른 동네에 대해서는 다소 경쟁의식도 갖게 되었다. 예컨대 한독주택 주민들은 자기 동네를 "제2의 복음자리"로 부르거나 "복음자리를 형님으로 여겨야 하는 동생" 격이라는 농담조의 이야기도 못마땅하게 여겼다. 그리하여 신협이나 장학회의 대표도 되도록 세 마을에서 돌아가며 맡는다는 불문율이 차츰 생겨났다.

이런 분위기 속에 매년 열렸던 복음단오제는 한때 집단 이주를 결행했던 동고동락의 역사를 상기시키고 세 동네가 하나의 공동체임을 확인하는 상징적인 행사였다. 단오제를 주최하는 신협과 장학회는 회원 자격을 세 동네의 주민으로 한정하지는 않았지만, 실질적으로는 이 지역들을 공동 유대[11]로 삼고 있었다.

세 번째 집단 정착지인 목화마을이 들어서기 1년여 전에 제정구와 정일우 신부는 평소 주민들이 만나 대화를 나누고 모임을 할 수 있는 공간이 필요하다고 생각했다. 그리하여 주택사업을 지원했던 독일 천주교 재단 미제레오르의 동의를 얻어 주민회관 성격의 건물을 짓기로 하고, 복음자리와 한독주택의 중간 지점에 3층 규모의 건물을 마련했다. 1985년 2월 김수환 추기경 등을 초청해 낙성식을 진행하고, 그곳을 '작은 이들이 함께 하는 자리'라는 뜻으로 '작은자리'라고 명명했다. 목동 철거민들은 주로 이

---

10 시흥시사편찬위원회, 『시흥시사 8: 시흥의 도시공간, 도시민의 체험과 기억』(시흥시사편찬위원회, 2007), 365~366쪽.
11 공동 유대란 신용협동조합의 설립과 구성원의 자격을 결정하는 기본 단위를 말하는 것으로 일종의 사업 구역을 가리킨다.

곳 작은자리 회관에서 교육 모임을 열면서 목화마을 입주를 준비했다.

에피소드

작은자리 회관에서 어울려 놀던 청년들은 1987년 대통령 선거운동 기간 동안 노태우 낙선운동을
전개했다. 공개적인 낙선운동은 법에 저촉되었으므로 주로 밤 시간을 이용해 은밀히 활동했다. 청
년들은 매일 밤 20여 명씩 작은자리에 모여 작업 계획을 짜고 새벽까지 소래읍 일대를 돌면서 노
태우 선거 벽보 훼손과 낙서, 스티커 부착, 집집마다 유인물 투입 등을 하고 다녔다. 투표일에 임박
해서는 뜻을 같이하는 40~50대 주민까지 포함해서 공정선거감시단을 조직해 활동했다. 또 '소래
민주화 대회'라는 정치 집회도 개최했는데, 당일 참여한 주민보다 많은 수의 전경과 백골단이 투입
되어 순식간에 진압되어버렸다. 이 사건 후 주민들은 경찰에게 손해배상과 폭력에 대한 사과를 요
구했고, 마침내 배상과 사과를 받아냈다.

작은자리 회관에서는 근로 청소년을 위한 노동야학, 부녀자 한글반과
한문반 등의 강좌, 지역 청년 및 노동자를 위한 기타반, 풍물반, 독서토론
반 등의 취미 모임을 운영했다. 모임의 강사나 실무자 중에는 집단 이주해
온 주민도 있었고, 활동을 목적으로 외부에서 들어온 운동권 출신도 있었
다. 활동과 휴식기를 간헐적으로 반복해오던 복음자리청년회는 작은자리
가 개관하면서 동네 청년회라는 폐쇄적인 성격을 벗고, 인근의 청년들을
대상으로 한 공개적인 조직 '한울림청년회'로 변모했다.

정일우 신부(앞줄 맨 왼쪽)의 환갑을
축하하는 마을 잔치에 참석한 김수환
추기경(가운데). 그 오른쪽이 제정구(1995.10)

　20대 청년들만큼 활발하지는 않았지만 세 동네의 30~40대 장년의 남성
들도 '소래장년회'를 구성해 서로 친목을 다지는 한편, 복음단오제 등 공동
체 행사가 있을 때도 앞장서서 거들었다. 또 작은자리를 드나들며 모이던
주부 그룹 가운데에는 '올바른삶을추구하는주민모임'(일명 올삶추)이라는
이름의 단체도 있었다.

　이 모임이 만들어진 직접적 계기가 된 것은 교통사고가 빈번한 39번 국
도(수원-인천 간 산업도로)를 아이들이 건너지 않고도 통학할 수 있게 새로
학교를 지어달라고 요구한 투쟁이었다. 학교를 신축한다는 소문만 무성할
뿐, 사업이 진전되지 않고 몇 년간 제자리걸음이었다. '문턱 낮은 병원'을
지향하는 지역 의료 모임의 멤버였던 간호사 최수자(당시 48세)가 평소 이
문제에 관심이 있던 주부 네 명과 함께 교육청을 방문해서 알아본 결과,
학교가 언제 지어질지 모른다는 답변을 들었다. 각자 설득할 수 있는 이웃
과 인근 여덟 개 아파트의 부녀 회원을 모아 보고회를 열고 토의를 거듭했
다. 토론 끝에 국토관리청, 시흥시청, 교육청의 주장이 어디까지 사실이고
소관 업무를 얼마나 충실히 이행하고 있는지 알아보기로 하고, 방문 조사
역할을 나눠 맡았다. 이렇게 알아온 사실을 보고하고 토의하는 과정을 세

차례 거듭한 끝에 '우리가 싸워야 할 상대는 시흥시청과 교육청이며 서명운동을 전개하자'는 결론을 내렸다. 마침내 서명운동으로 1000여 명의 서명을 받아냈고 각 아파트별로 자금을 걷어 현수막을 내걸었다.

얼마 후 시청의 약속대로 학교가 지어졌고, 참여 주민들은 보람과 자신감을 얻은 듯했다. 하지만 새로 지어진 학교에 이르는 길에는 인도가 따로 설치되지 않아 여전히 작은 규모의 교통사고가 일어났다. 학교 설립 캠페인에 나섰던 주부들은 다시금 "안전한 통학로 확보"라는 구호를 내걸고 인도 설치 요구 운동을 벌였다. 이전과 마찬가지로 시흥시청 항의 방문, 서명운동 등을 벌였고, 마침내 두 번째 요구도 실현되었다.

이제 더 이상 모일 이유가 없어졌지만 운동 내내 주민들과 함께했던 최수자는 "뿔뿔이 흩어졌다가 다시 어떤 문제가 생겼을 때 모이기보다는 평상시에도 만나는 관계를 유지하는 게 좋지 않겠냐"라고 제의했고, 참여한 주부들도 "이대로 헤어지기는 뭔가 아쉽다"라며 화답했다.

그리하여 1989년 가을 '올바른삶을추구하는주민모임'이라는 새로운 모임이 출발했다. 주부 30여 명으로 구성된 이 모임에는 한 달에 한 번 전체 회원을 대상으로 월례 강좌가 열렸고, 소모임 형식으로 '생활나눔'과 노래를 배우는 '노래나눔' 등이 진행되었다.

활동가들의 작은공동체

세 동네의 주민들이 '큰공동체'를 지향하고 있었다면, 그 가운데 집단 이주와 지역 사업에 주요한 역할을 했던 정일우, 제정구 등은 '작은공동체'를 구성해 살았다. 정일우와 제정구는 일찍이 청계천에 살던 시절부터 의기투합해서 같이 살기로 작정한 바 있었는데, 이후 제정구가 신명자와 결혼하면서 가정을 이룬 후에도 이들은 식사를 비롯한 모든 일상을 같이하는

한솥밥 식구로 지냈다. 복음자리가 세워진 후에는 정일우 신부의 요청으로 샬트르성바오로 수녀회가 수녀원 설치를 결정해 이곳에 파견된 2~4명의 수녀가 자연스레 작은공동체의 구성원이 되었다.

1978년 겨울 군에서 제대한 박재천이 공동체의 일원으로 합류했고, 4년 후 박재천과 신천리 토박이 이현옥이 결혼하면서 공동체 식구는 더 늘어났다. 1980~1981년에는 청계천에서 남양만으로 갔던 김영준과 윤동하의 가족이 그곳 생활에 회의를 느껴 복음자리로 왔고, 1983년에는 조사차 마을에 왔던 대학원생 신명호가 정착을 결심하면서 공동체의 일원이 되었다.

그러니까 1980년대 초반에 작은공동체는 정일우 신부와 수녀들, 제정구의 동생 제정원(그는 이후 천주교 신부가 되기 위해 떠난다), 그리고 가정을 꾸린 제정구·김영준·박재천의 가족들, 미혼의 신명호 등으로 이루어져 있었다. 이러한 구성은 '바람직한 공동체는 평신도, 성직자, 수도자가 같이 어우러져 사는 것'이라는 제정구의 평소 생각과도 일치하는 것이었다.

그리하여 이들은 수녀들을 제외하고는 한집에서 저마다 다른 방을 사용하면서, 또는 가까운 곳에 집을 얻어서 모여 살았다. 특히 평신도들의 공동체 생활이 본격적으로 시작된 1982년부터는 실평수 30평 정도의 공간

1986년 정일우(왼쪽)와
제정구(오른쪽)가 막사이사이상을 공동
수상하자 동네주민들이 잔치를 벌였다.

에서 제정구, 김영준, 박재천의 세 가구가 각기 한두 개의 방을 차지한 채
함께 살았다.

작은공동체는 다만 주거 공간을 공유하는 것에 그치지 않고 모든 경제
생활을 같이하는 원시공동체적 성격을 띠고 있었다. 얼마가 되었든 각 개
인의 수입은 한데 모아 공동생활 자금으로 삼았고, 돈이 필요한 사람은 언
제든 그 자금을 가져다 쓰기로 합의했다. 부엌의 찬장에는 항상 양철로 된
'돈통'과 금전출납부가 비치되어 공동체 식구는 누구나 필요한 돈을 통에
서 스스로 꺼내가고 장부에 금액과 용처를 기록했다. 그야말로 각자가 능
력껏 벌어오고 필요에 따라 쓰는 공동체였던 셈이다. 그러니 원칙상으로
는 수입이 적은 가구가 돈을 더 많이 쓸 수도 있고, 반대로 수입이 많은 가
구가 돈을 더 적게 쓸 수도 있는 구조였다.

하지만 공동체 구성원들의 수입이라고 해야 빤한 것이어서 전체 생활비
를 마련하려면 돈벌이에 나서지 않으면 안 되었다. 공동체원의 수입이라
고 해봐야 신협에 근무하는 사람이 받는 월급과 외부에서 벌어온 불규칙
한 강연료·원고료 수입이 고작이었기 때문이다.

그리하여 신명자와 수녀들이 중심이 되어 1980년에는 들깨강정을 만들
어 팔았다. 제조법도 모르는 상태에서 기초부터 만드는 방법을 배웠고, 들
깨와 물엿을 서울 방산시장에서 대량으로 사다가 강정을 만들었다. 공동
체 식구만으로는 일손이 부족해서 동네 아주머니들과 할머니들에게 소정

의 인건비를 주고 생산에 참여시켰다.

들깨강정 사업에서는 수익이 제법 크게 남아서 그 돈으로 시흥군 대쟁이라는 곳에 포도밭을 구입했다. 이듬해부터는 모두가 포도 농사에 매달렸다. 김영준과 박재천의 가족이 합류하면서 공동체원의 수가 늘어난 이후였다. 그러나 농약을 치지 않다 보니 상품성이 있는 포도를 양껏 내놓지 못했다. 포도나무를 베어내고 심은 딸기의 경우도 마찬가지였다. 시장에서 헐값에 팔 수밖에 없는 포도와 딸기를 놓고 고민하다가 마침내 과일 잼을 만들어 팔기로 했다.

과일과 설탕 외에는 첨가물이 일절 들어가지 않은 '복음자리잼'을 생산하기 시작했다. 생산 시설을 체계적으로 갖추지 않은 살림집에서의 공정은 참으로 힘들고 번잡했다. 여러 대의 석유곤로 위에 과일즙과 설탕이 담긴 솥을 올려놓고 타지 않게끔 사람이 일일이 큰 주걱으로 저어주어야 했다. 물론 그 이전 단계인 포도나 딸기를 씻고 빨래판에 치대서 즙으로 만드는 일과 잼을 담을 빈 병을 영등포시장에서 구해다가 하나하나 닦고 뜨거운 물에 삶아서 소독하는 일 등도 상상을 초월하는 고된 노동이었다.

이러한 모든 일을 작은공동체 식구와 수녀들, 일당을 받고 참여한 주민들이 해냈지만, 그중에서도 가장 강도 높게 오랜 시간 일한 사람은 공동체의 여성들이었다. 이들은 생산 활동을 하는 틈틈이 공동체원들의 식사를 준비했고, 아이들을 챙기는 가사 노동의 짐도 지고 있었다. 초창기부터 복음자리에는 워낙 많은 방문객이 드나들었던 탓에 매끼 준비해야 하는 식사의 양은 언제나 작은공동체 식구들이 먹는 것보다 훨씬 많았다. 끼니때가 되었을 때 공동체 집에 와 있는 사람은 그가 서울 손님이든 동네 주민이든 밥상에 같이 둘러앉는 게 자연스러운 관례였다. 이렇듯 공동체 여성들의 헌신적인 노력과 인내는 이들의 공동체 경제를 지탱하는 가장 큰 힘이었다.

다행히 복음자리잼은 좋은 반응을 얻으면서 순조롭게 팔려나갔다. 인천 가톨릭회관 바자회에서 처음으로 선보인 복음자리잼은 점차 천주교회와 수도회를 통해 판매망을 넓혀나가, 작은공동체 경제의 주요 수입원이 되었다. 복음자리잼 사업이 성공을 거둘 수 있었던 것은 작은공동체가 천주교계에 형성하고 있던 인맥과 이를 바탕으로 한 성실한 홍보 덕분이기도 했지만, 한편으로는 품질 자체에 만전을 기하는 관리와 탁월한 생산기술이 있었기 때문이기도 했다. 잼을 생산하는 과정에서 중책을 맡았던 작은공동체의 여성들은 첨가물 없이 맛있는 과일 잼을 만들기 위해 끊임없이 연구·개발하고 소비자의 만족도를 높이기 위해 고심했다. 새로운 종류의 잼이 하나의 제품이 되어 나오기까지, 그 뒤에는 무수한 실험과 실패로 얼룩진 나날들이 있었다. 그리하여 소비자 입장에서 복음자리잼을 구입하는 것이 '좋은 일을 하는 사람들을 돕는다'는 의미보다 맛있고 건강에 좋은 잼을 즐긴다는 것을 뜻했다.

이후 복음자리잼의 생산 규모는 점차 늘어나 한때는 일부 마을 주민에게 일용직 일자리를 제공하는 역할도 톡톡히 했다. 하지만 1980년대 후반, 작은공동체가 '흩어지는 공동체'로 재편된 이후에는 공동체원들이 잼 사업을 접기로 하고 이 사업체를 다른 기업에 매각했다.

주민들과 시도한 생산공동체

과일 잼 사업이 작은공동체 구성원의 생계를 위한 사업이었다면, 이들이 일부 주민과 함께 시도했던 다른 생산공동체 사업도 있었다. 복음자리 주민들은 서울을 떠나와서 철거 위협에서는 한숨을 돌렸지만, 생계의 터전을 뒤로한 탓에 경제활동의 여건은 더욱 나빠졌다. 가장들은 여전히 연고가 있는 서울 등지로 일을 다니기도 했고, 복음자리 인근 공장에 취업하기도 했으며, 살림집 한쪽에 구멍가게를 내는 이들도 있었다. 부녀자들은 적은 수입이나마 벌기 위해 공동 부업(수출용 인형에 눈 붙이기, 가죽 조각 붙이기, 전자 부품 조립하기 등)에 매달리기도 했다. 비록 일당이 박하고 일이 부정기적으로 들어왔지만, 주부들은 반찬값이라도 번다며 부지런히 일했고 생활비를 아끼기 위해 김장철에는 산지에서 고추를 공동으로 구매하는 사업도 벌였다.

그런 중에 제정구는 우연히 렉스토끼 사육 사업이 유망하다는 신문기사를 읽고, 동네 주민 몇몇과 함께 렉스토끼를 길러 털가죽을 팔 요량으로 생산공동체를 시작했다. 1979년 마을 주변 귀퉁이에 토끼장을 짓고 사업을 시작했지만 오래가지 못했다. 치밀한 조사와 계획 없이 뛰어든 토끼 사업은 막상 시작해보니 소문과는 달리 그리 녹록하지 않았다.

렉스토끼 사업이 실패로 끝났지만 작은공동체 사람들은 주민들과 함께하는 생산공동체에 대한 꿈을 접지 않았다. 이번에는 참여 주민의 수를 10여 명으로 늘려 한우를 사육하는 협동조합을 만들었다. 조합원은 작은공동체 식구들을 비롯해 그들과 신뢰 관계가 형성된 복음자리 및 한독주택의 지도자급 주민 10여 명이었다. 한 사람당 100~300만 원씩 출자해 총 2000만 원의 자본금으로 사업을 시작했다. 작은공동체가 소유한 포도 농장 한편에 축사를 마련했고, 소를 돌보는 전담 직원도 한 명 두었다. 이 조합원들은 사업에 관한 회의를 위해서가 아니더라도 수시로 밥 먹고 술 마시며 노는 사이가 되었다.

하지만 한우조합은 몇 해 지나 갑자기 솟값이 폭락하자 크게 타격을 입었다. 형편없이 떨어진 소의 시세를 감당하며 조합을 유지할 수는 없었다. 그러나 참여자들은 해산하는 대신 업종을 변경하기로 뜻을 모았다. 건축용 패널[12] 임대 사업이었다. 소를 처분하고 남은 자본금으로 건물을 신축할 때 사용하는 패널을 대량으로 제작했고, 이 패널을 시공업자에게 임대하는 협동조합으로 사업을 전환했다. 이 패널 임대 협동조합은 얼마 동안

---

12 외래어가 된 '패널(panel)'은 사각형 판이라는 뜻으로, 주민들은 보통 '반넬' 또는 일본어식 발음을 따라 '반네루'로 일컫곤 했다. 건축 공사 시 콘크리트 타설을 위해 거푸집을 만들거나 작업 발판을 만드는 데 사용되었다.

운영되다가 역시 적자를 이기지 못하고 결국 문을 닫게 되었다.

어설픈 시장조사와 철저하지 못한 준비에 불운까지 겹치면서 이상의 모든 생산공동체 실험들은 실패로 끝났다. 돌이켜보면 참여자들의 한결같은 결의로 시작한 사업들이었지만, 모든 사람이 사업에 노동력을 투입하는 노동자협동조합은 아니었다. 한두 명의 조합원만이 사업에 집중했고 나머지 사람들은 투자만 한 상태에서 생업을 따로 가지고 있었다.

자본주의 시장에서 활동하는 모든 사업체는 생물처럼 생존 기간의 길이가 다를 뿐 어떤 사업체도 영원한 것은 없다. 복음자리의 생산공동체들은 그 존속 기간이 유독 짧았던 탓에 '실패했다'는 평가를 면할 길이 없지만, 그것이 곧 무의미했음을 뜻하지는 않는다. 세계 최초로 성공한 협동조합이 출현하기까지 로버트 오언(Robert Owen)과 그를 추종하는 이들의 실패한 실험들이 수십 년간 줄기차게 이어졌음을 상기해보면 더욱 그러하다.

목동 철거 반대 투쟁과 빈민운동

두 번째 공동체마을 한독주택의 입주가 끝나 한숨을 돌린 지 서너 해가 지났을 무렵, 서울시 강서구 목동에서 새로운 빈민운동의 개막을 알리는 대대적인 철거 반대 투쟁이 일어나고 있었다. 1983년 서울시의 목동 신시가지 개발계획이 발표되자 이 지역의 세입자와 영세 가옥주들은 인간답게 살 권리를 주장하며 약 2년에 걸쳐 처절한 싸움을 전개한다.

목동 싸움을 계기로 재개발 예정지에 사는 가난한 주민들의 자구적 운동이 본격화되었고, 여기에는 종교인을 비롯한 지식인들과 대학생들의 동참과 연대가 큰 힘이 되었다. 그동안 복음자리에서만 머무르던 제정구와 김영준 등은 서울 각 지역에서 벌어지는 철거 반대 싸움을 지원하기 위해 동분서주했다. 또한 정일우 신부는 1985년부터 시작된 서울 노원구 상계

천주교서울대교구 빈민사목위원회가
주관한 '집 없는 이들을 위한 청빈선언
대행진'에 참석해서 함께 걷고 있는
제정구 의원(앞줄 왼쪽에서 세 번째)과
김수환 추기경(네 번째)(1997.4)

동에서의 강제 철거에 맞서 그곳 주민들과 함께 천막생활을 이어갔다. 이
들은 천주교도시빈민회(이하 천도빈)를 결성하는 등 가난한 철거민에 대한
사회의 관심과 지원을 촉구하기 위해 다양한 노력을 기울였다.

그런 가운데 복음자리는 빈민운동을 하는 젊은 활동가들과 주민 지도자
들이 수시로 드나들며 모임을 여는 장소가 되곤 했다. 재개발사업이 서울
곳곳으로 확산되었을 즈음에는 각 철거 지역에서 활동하는 천도빈 소속
조직가들이 일주일에 한 번씩 복음자리에 모여 전략을 숙의하는 정례 회
의를 열기도 했다. 대개 복음자리에서의 1박 2일 일정은 밤늦게까지 전략
회의를 한 후 먹고 마시며 동지애를 다지는 것이 보통이었다. 이처럼 복음
자리는 천주교 빈민운동 그룹의 후방 전략 사령부이자 병참기지와 같은
역할을 했다고 할 수 있다.

흩어지는 공동체, 그 이후

성직자를 제외한 평신도들의 공동체는 1987~1988년 사이에 박재천과
김영준의 가정이 새로운 역할을 찾아 서울로 이주한 것을 계기로 '흩어지
는 공동체'를 선언하게 된다. 그동안 지켜온 정신적 동지애와 형제자매와
같은 관계는 유지해나가되 삶의 무대는 각자 달리하자는 의미였다.

이현옥(박재천의 아내)은 과거를 회상하면서 "복음자리에서처럼 지금 살라고 하면 그렇게 살 수 있을지 자신이 없다"라며 복음자리에서는 "그냥 살아냈다"라고 표현했다. 돌이켜보면 공동체 생활은 굉장히 힘들고 고단했지만, 한편으로는 자신이 강하게 단련된 값진 경험이었다고도 했다. 서울 행당동으로 이사 온 후 철거 반대 싸움을 하는 과정에서 주민들에게 오해도 사고 때로는 모진 소리도 들었지만, 이런 일들을 이겨낼 수 있었던 밑거름은 역시 복음자리에서의 공동체 경험이었다.

복음자리는 한 공간 안에서 그야말로 모든 것을 함께하는 전면적 공동체였다. 사실상 자기 가족만의 사생활이란 게 거의 없었고 각자 자신을 돌아볼 수 있는 개인 시간도 부족했다. 그렇다고 늘 집에 공동체 식구들끼리만 있는 것도 아니었다. 빈민운동을 하는 외부 활동가들이 수시로 찾아와 함께 밥을 먹고 술판을 벌이는 일이 다반사였다.

정보기관의 감시를 피해 한 달이 멀다 하고 복음자리 공동체 집에서 모임을 가졌던 외부 활동가들은 밤새도록 이야기하다가 새벽녘에 사라지고는 했다. 토론을 벌였던 마루방은 공동체 식구들의 살림방과 얇은 벽 하나를 사이에 두고 있어서 모임이 있는 날이면 집주인들은 잠을 설치기 일쑤였다. 아침에 방문을 열고 나와 보면 마루방 여기저기에서 자고 있는 사람들이 눈에 띄었고, 어떤 날은 담뱃재가 수북한 재떨이와 빈 술병만 나뒹굴었다. 찾아오는 이들에게 밥과 술안주를 차려내는 일은 여성 공동체 식구들의 몫이었다.

수입과 지출을 함께 관리하는 것도 이상적인 원칙이다 싶어 합의하에 시작했지만, 막상 살아보니 예상치 못한 불편함이 따랐다. 자기 아이에게 새 옷 한 벌, 장난감 한 개 사주고 싶어도 이런 일에 공동체의 돈을 축내도 좋을까 하는 자기 검열 때문에 차마 용기를 낼 수 없었다.

이토록 힘든 생활이었지만, 이현옥의 기억으로는 여성 공동체 식구들이 불평불만을 늘어놓거나 얼굴을 붉히며 다투었던 적은 한 번도 없었던 것 같다고 한다. 지금 돌이켜봐도 "정말 대단한 일"이었고, 모두가 "가난한 사람 속에서 같이 사는 것을 성소(聖召)라고 여겨서 어려움을 묵묵히 받아들였던 것 같다"라고 회고했다. 그는 특히 다른 식구들을 잘 이해해주는 김경자(김영준의 아내)의 온화한 성품에서 많은 것을 배웠고, 친언니 이상으로 정을 느꼈다. 그리고 정일우 신부와 함께 드렸던 공동체 식구들의 미사는 언제나 크나큰 힘과 위로가 되었다. 미사 후에 각자의 생각을 교환하는 '생활나눔'은 공동체 식구들 사이에 쌓인 미운 정, 고운 정을 확인하는 소통의 시간이었다.

이후 공동체는 흩어졌고, 그중 어떤 이들은 이승마저 떠났다. 그리고 살아남은 이들은 처음 선언했던 것처럼 여전히 자신들을 공동체라고 부른다. 복음자리를 통해서 이들은 가난한 사람과 함께 사는 법을 배웠고, 공동체의 의미를 깨달았다. 오늘날 자기를 키운 지난날의 기쁨과 슬픔, 아픔과 회한이 응결된 곳을 고향이라 한다면, 이들에게 복음자리는 영원히 다시 돌아갈 수 없는 고향이다.

경기도 성남

🏠

빈민지역 운동이 뿌린 씨앗이 자라

계획되지 않은 계획도시 성남

성남의 역사를 이야기할 때 그 시작점이 되는 것은 광주대단지 사건이다. 누군가는 이 사건을 권위주의 정부에 대한 민중의 저항으로 규정짓기도 하고, 또 누군가는 비인간적이고 열악한 환경에서 자신의 생존권을 지키기 위해 자연 발생한 투쟁으로 규정짓기도 한다. 그러나 그 의미를 무엇이라 이름하든 분명한 건 우리나라 최초의 계획도시 성남은 아무것도 계획되지 않은 채 그저 서울 도심의 판자촌을 철거하기 위한 정부 계획의 일환으로 이루어졌다는 사실이다. 정부의 발표만을 믿고 장밋빛 꿈을 안고 달려온 사람들이 최소한의 생활과 생존조차 보장받지 못하는 허허벌판에서 느꼈을 배신감과 허탈함, 모멸감이 도화선이 되어 광주대단지 사건이라는 초유의 사건이 일어났다.

이처럼 성남은 기존의 농촌 질서를 허물어뜨릴 정도로 폭발적으로 이주한 서울 도심 철거민들과, 이후 서울에 둥지를 틀지 못하고 외곽으로 밀려난 이농민들, 1980년대를 거치면서는 일자리를 찾아 공단으로 몰려든 노동자와 외국인 노동자 등과 같이 원래 살던 삶의 터전으로부터 강제로 밀려난 사람들이 모여 만든 도시라 해도 과언이 아니다. 그런 만큼 성남은 여전히 농촌과 도시, 공단이 어우러진 복합도시의 성격을 가지고 있고, 빈민지역 운동의 역사도 이런 지역의 특성을 그대로 반영하고 있다고 할 수 있다.

이 장에서는 광주대단지 사건이 발생한 이후 성남에 주목한 빈민운동 그룹들이 어떻게 지역에서 활동을 시작하게 되었고 어떻게 이어져 왔는지를, 주로 2000년 이전까지를 중심으로 기술하고자 한다. 특히 도시빈민을 중심으로 '빈민지역 운동이 어떻게 가난한 사람들을 만나고 조직화했는가?', 1970년대 이후 빈민지역 운동에 열정을 불살랐던 활동가들은 '어떤 생각으로 어떻게 활동했는가?', 이런 활동이 '주민들의 삶에 어떤 영향을 끼쳤으며 주민의 의식을 성장시키는 데 어떻게 기여했는가?' 등을 살펴보고, 빈민지역 운동이 한국 사회의 변화와 함께 어떻게 발전하고 성장했는지를 기술할 것이다.

지난 30년의 역사를 되돌아보면, 성남의 빈민지역 운동은 전통적으로 지역을 기반으로 하는 운동이었을 뿐만 아니라 계층별·직업별·사안별 조직화로서 탁아소운동, 공부방운동, 노점상운동, 일용 건설 노동자 운동, 철거민운동 등으로 확장되었다. 나아가 민주화운동과 노동운동으로, 또 이주노동자 운동, 교육운동, 통일운동 등 다른 부문의 운동으로 확장되면서 서로를 잇고, 넘나들고, 만나게 되는 역사이기도 했다.

1970년대: 시련 속에서 씨앗을 뿌리다

권호경과 지역사회의학

1971년 광주대단지 사건은 당시 우리 사회를 흔들 만큼 큰 충격을 던져 주었다. 성남 출장소로 몰려든 가난한 주민 수만 명의 분노가 공권력을 해체했고, 주민들이 도시를 점령한 채 무력시위를 벌였다. 이는 전태일 분신 사건과 더불어 1970년대를 대표하는 민중의 저항이자 지식인의 각성을 촉구하는 하나의 사건이었다.

수도권특수지역선교위원회는 1972년에 처음으로 성남 지역에 권호경 목사(당시 전도사)를 파견했다. 주민을 조직하기 위해 수진동에 3평 남짓의 작은 집을 얻어놓고 이곳을 '월요교회'¹라고 불렀다. 주민들을 만나면서 권호경이 가장 먼저 주목한 것은 의료 문제였다. 당시 성남 지역은 식수나 화장실 문제를 비롯해 최소한의 생활 기반 시설(상하수도 시설조차 제대로 정비되어 있지 않았다)조차 제대로 마련되어 있지 않은 상황이어서 주민들은 열악하고 비위생적인 주거환경 속에서 고통받고 있었다. 전국민의료보험이 적용되지 않던 때라서 직장의료보험의 혜택을 받지 못하는 경우 의료비가 매우 비쌌는데, 대부분 일용직이거나 반실업 상태인 주민들에게 의료비 부담은 엄청난 것이어서 아파도 제대로 치료를 받을 수가 없었다.

권호경은 '지역사회의학(Community Medicine)'을 전략으로 삼아 성남에 주민병원을 설립하려는 계획을 세웠다. 이를 구체적으로 추진하기 위해 1972년 9월부터 독지가와 의사, 목사를 중심으로 해서 '성남주민보건원 설

---

1   이 집은 한국기독교교회협의회(KNCC)에서 5만 원을 빌려 얻은 곳이다. 당시 권호경은 서울제일교회에서 전도사로 일하면서 광주대단지에서 주민을 조직하기 위해 왔다 갔다 하고 있는 상황이었다. 주로 월요일에만 광주대단지를 방문했기에 붙여진 이름으로, 정식 교회를 일컫는 것이 아니라 일종의 별칭으로 생각된다.

립위원회'를 조직했다. 설립위원회는 세계교회협의회(WCC: World Council of Churches)에 도움을 요청했는데, WCC는 이 프로젝트에 깊은 관심을 보여 조사관을 파견해 실태를 조사했고, 주민들이 스스로 움직여 최소한의 준비를 할 수 있다면 적극적으로 지원을 하겠다는 의사를 밝혔다. 그래서 주민들은 땅을, 설립위원회에서는 건물을, WCC에서는 의료 시설과 장비를 마련하기로 약속했다. 주민들은 성남시로부터 병원을 세울 땅을 제공받기 위해 5000여 명에 달하는 주민들에게 서명을 받아 병원을 세우려는 계획을 본격적으로 펼쳐나갔다. 하지만 주민병원을 세운다는 계획에 수익 악화를 우려한 지역 의료인들이 거세게 반발했고, 성남시는 의료인들의 눈치를 보면서 비협조적인 태도를 보였다. 정작 부지를 확보하는 것이 쉽지 않아진 상황에서 10·17 비상계엄이 선포되었고, 주민병원 설립을 위한 계획은 교착 상태에 빠졌다.

수도권특수지역선교위원회, 이해학을 파송하다

수도권특수지역선교위원회(이하 수도권)에서는 새로운 실무자를 파견해 그동안의 계획을 계속 추진시킬 필요성을 느꼈다. 이해학 목사(당시 전도사)는 1972년 말 한신대 졸업을 앞두고 있었는데, 어느 날 김동완 목사가 찾아와 수도권특수지역선교위원회에서 일을 같이 하자고 권유해 수도권에서 일을 시작하게 되었다. 그는 이듬해인 1973년 1월 12일에 바로 성남 지역 실무자로 파송되어 활동을 시작했다.

이해학이 지역에 들어가 가장 먼저 한 일은 동네 아이들과 온종일 이야기하고 노는 것이었다. 학교에 가지 못하는 아이들이 태반이었는데, 그런 아이들은 골목에 삼삼오오 모여 그저 시간을 낭비하고 있었다. 아이들이 딱히 할 일도 없었다. 주일학교를 시작한 지 채 열흘이 되지 않아서 나오는 아이들이 5명에서 62명으로 늘어났다.

이해학이 동네 아이들과 어울리면서 이야기를 나누다 보니 아이들이 "좋은 사람이 되려면 책을 많이 읽어야 하는데 가난해서 책을 살 수가 없다"라고 말했다. 그러면 책을 살 수 있는 방법을 이야기해보자고 하니까 폐품을 팔아서 책을 사자는 제안이 나왔다. 그래서 아이들 스스로 빈 병을 모아 팔기 시작했다. 당시 소주병이 2원이었다. 처음으로 소주병 100개를 팔아서 책 네 권을 샀다. 그렇게 아이들과 폐품을 팔아 돈을 모으고, 모금운동도 전개하고, 각자 집에서 한 권씩 가져오는 등 해서 책 30권을 모아 작은 문고를 만들었고, 문고는 아이들이 스스로 운영하도록 해서 '주민어린이자치회'를 만들었다. 주민어린이자치회에서는 아이들이 스스로 구역을 나눠 책을 관리하고 운영했다. 그리고 책을 빌려 가면 아이들에게 꼭 독후감을 쓰도록 했다. 책을 아무리 많이 읽어도 그 책을 자기 것으로 만들지 않으면 아무 소용이 없고, 책을 자기 것으로 만드는 가장 확실한 방법은 '쓰기'였기 때문이다.

아이들과 이런 활동을 벌이자 자연스럽게 아이들의 부모와 만나게 되었다. 지역에 들어간 지 두 달 만인 3월 1일, "주민과 함께 사는 주민공동체"를 선교 표어로 삼아 주민교회 창립예배를 하게 되었다. 또 그동안 교착상태에 빠져 있던 주민병원 설립 계획에 대한 돌파구로 한의사를 초청해 무료 진료를 실시하고, '지역사회의학' 전략을 계속 펼쳐나가고자 했다.

1973년 주민교회에서 첫 번째로 맞이하는 크리스마스 날, 이해학은 크리스마스의 유래와 의미에 대해 설교하다가 예수가 가장 낮은 곳에서 온 것처럼 우리 사회에서 가장 그늘진 곳이 어디일까라는 주제로 청년들과 함께 이야기를 나누었다. 청년들은 김포공항이 우리 사회에서 가장 어둡고 그늘진 곳이기 때문에 그곳에서 성탄예배를 보는 것이 좋겠다는 결론을 내렸다. 당시 김포공항은 일본 관광객이 매매춘을 위해 우리나라에 처음 발을 딛는 곳이었는데, 청년들은 이곳을 외국(일본) 자본이 우리의 고혈을 빨아가는 통로이자 대일 굴욕 외교(당시 김종필이 김대중 납치 사건을 사과하기 위해 김포공항을 통해 출국했기 때문에)의 상징이라고 생각했기 때문이다.

크리스마스 당일 아침, 택시 두 대에 각각 나눠 타고 김포공항에 가서 성탄예배를 드리다가 전원이 영등포경찰서로 연행되었다. 이 사건은 어쩌면 이후 주민교회가 걷게 되는 험난한 길을 알리는 신호탄이었는지도 모른다. 이때 청년들과 이해학은 연행되어 며칠간 갖은 고문을 당하는 등 고초를 겪다가 석방되었다.

1974년 1월 8일 긴급조치 1호가 발표되자 수도권특수지역선교위원회에서는 독재 정권이 민간의 자율적인 활동을 방해하고 활동가들을 공산주의자(빨갱이)로 매도하는 현실에서 더 이상 빈민운동을 계속할 수 없다고 판단해 긴급조치 1·2호 반대, 유신헌법 폐기를 위한 서명 작업을 벌였다. 그리고 성명서를 만들어 1월 18일에 외신 기자들을 모아 기자회견을 하다가 이해학과 더불어 많은 민주 인사들이 체포되었고, 이해학은 긴급조치 1호 위반으로 구속되어 징역 15년형을 선고받았다.

교회 전도사가 빨갱이로 구속까지 되었다는 소문이 나자 건물 주인은 강제로 교회를 내쫓았고, 임시로 이해학의 사택으로 교회를 옮길 수밖에 없게 되었다. 남은 신도들은 이해학 구명운동을 계속하는 한편, 이해학의 아내와 어머니는 사택에 아이들을 모아 탁아소를 운영하는 등 활동을 이어나가고자 했다. 그러던 중 주민교회의 이런 어려운 사정을 알게 된 경기노회에서 100만 원을 모아 신흥동에 40여 평의 건물을 임대해 교회를 계속할 수 있도록 해주었다.

1974년 민청학련 사건, 인혁당 사건 등 대규모의 시국 사건과 육영수 여사 암살 사건 등 정치적 격랑을 겪으면서 정부는 1년 후인 1975년 2월 15일, 긴급조치 위반으로 수감된 사람들을 석방했다. 이때 이해학도 형 집행정지로 석방되어 주민교회로 돌아올 수 있었다.

실업자대책위원회와 의료협동회를 조직하다

이해학은 출소 이후에 가난한 주민들과 함께하는 활동을 본격적으로 펼쳐 나갔다. 경기노회의 도움으로 마련한 공간을 지역사회를 위해 개방하기로 하고, 어떻게 활용할 것인지 생각한 끝에 낮에는 어르신들을 위한 공간(현재로 말하면 경로당)으로, 밤에는 학생들을 위한 공부방으로 개방하기로 했다.

그런데 이렇게 교회 공간을 주민에게 개방하는 것은 녹록한 일이 아니었다. 전혀 예상치 못한 문제들이 생겨난 것이다. 당시에는 대부분의 가정이 2~3평짜리 단칸방에서 7~8명의 식구가 끼어 살아야 하는 상황이라 아이들이 공부하고 싶어도 공부할 수 있는 여건이 전혀 마련되지 않았었다. 밤에라도 편히 공부할 수 있는 공부방이 꼭 필요하겠다는 생각에 공부방(지금의 독서실과 같은 기능으로 관리자를 두지 않고 자유롭게 공부할 수 있도록 개방하는 공간)을 열었다. 처음에는 공부하려는 아이들이 좀 찾는가 싶더니 시간이 지나면서 동네에서 껄렁거리고 다니는 이른바 왈패들이 슬슬 공부방으로 모여들기 시작했다. 그러다 보니 정작 공부를 하려는 아이들은 점점 밀려났고, 밤이면 술판이나 싸움판이 벌어지기 일쑤였다. 이런 일이 반복되자 교회에서 술판이 벌어진다는 주변의 따가운 시선을 받게 되었고, 이를 더 이상 방관할 수 없어 결국 공부방을 접을 수밖에 없었다.

낮에 어르신들을 위한 경로당으로 교회를 개방하는 일 역시 그리 간단하지 않았다. 처음에는 갈 곳 없는 어르신들이 찾아와 소일을 하곤 했는데, 이 역시 시간이 지나면서 일을 구하지 못해 동네에서 어슬렁거리는 중장년 남성들이 찾아와 바둑이나 장기, 고스톱을 치는 판국이 되어 어르신들이 밀려나게 되었다. 그러던 어느 날, 이해학은 교회를 찾아온 남성들과 이야기를 나누게 되었다. 어르신들을 위해 만든 공간인데 왜 일은 하지 않고 이런 데 와서 놀고 있느냐고 따지자 남자들은 일하고 싶어도 할 일이 없다고 했고, 그럼 취로사업[2]이라도 나가라고 하니까 3일만 할 수 있는 취

로사업은 어차피 하나 마나라고 하면서 어려움을 이야기했다. 이런 이야기를 들은 이해학은 "그렇다면 이 문제를 함께 해결하기 위해 조직을 만들자"라고 제안했고, 주민들과 실업자대책위원회를 만들게 되었다.

이렇게 해서 4월 10일, 18명을 모아 실업자대책위원회(회장 이윤재)를 만들어 취로사업에 참여했다. 그런데 약속한 3일이 지나자 감독관이 모두 카드를 반납하라고 했다. 실업자대책위원회 회원들은 취로사업에라도 참여하지 않으면 생계를 이을 수 없다며 카드를 반납하지 않고 계속 일할 수 있게 해달라고 감독관에게 항의했으나, 그런 결정은 감독관의 권한 밖이며 자신도 시키는 대로 할 뿐이라는 대답만 들었다.

결국 취로사업의 결정 권한은 시장에게 있다고 생각하고 성남시청을 찾아가 시장 면담을 요청했는데, 주민이 몰려오자 시장은 면담을 거부하고 외출했다고 거짓말을 했다. 실업자대책위원회 회원들은 시장이 들어올 때까지 기다리겠다고 하면서 시장실 입구를 막고 기다렸다. 아무리 기다려도 시장이 돌아오지 않자 이해학과 주민 몇 명이 결국 강제로 문을 따고 시장실에 들어갔다. 주민들은 시장에게 지속적으로 일할 수 있도록 일거

---

2   당시는 정부에서 취로사업을 막 시작한 때였다. 취로사업은 한 사람이 무조건 3일만 사업에 참여할 수 있는 일회성의 선심용 사업이었다. 누구나 3일만 일하고 나면 다른 사람에게 카드를 넘겨주어야 했다고 한다. 하루에 여성은 1000원, 남성은 1200원 정도를 받았다.

리를 달라고 요청했고, 결국 시장은 실업자대책위원회 사람들만은 취로사업에 계속 참여할 수 있게 해주겠다고 약속했다.

이후 실업자대책위원회에 소속되어 있는 사람들은 계속 취로사업에 참여할 수 있다는 사실을 알게 된 주민들이 실업자대책위원회에 가입하게 되면서 56명까지 회원이 늘어났다. 이 사람들만은 겨울이 될 때까지 계속 취로사업에 참여할 수 있었다. 게다가 겨울이 되어 취로사업이 종료될 무렵 시청에서 실업자대책위원회에 하대원동 하천정비 공사를 맡겨 겨울에도 계속 취로사업에 나갈 수 있는 특혜를 받았다. 이때는 별도로 감독관도 파견되지 않아 실업자대책위원회에서 자율적으로 감독까지 하면서 일을 했다.

에피소드

이해학과 주민들이 시장실 문을 열고 들어서자 주민들이 쳐들어온 것에 깜짝 놀란 시장은 비상 연락을 통해 경찰서에 협조 요청을 했다. 그러자 바로 경찰서장과 경찰들이 달려왔다. 시장실로 들어온 경찰서장이 뭐라고 큰소리를 치려는 순간, 그는 주민들 틈에 이해학이 끼어 있는 것을 발견했다. 경찰서장은 이해학을 잘 알고 있었고, 이미 대통령의 명령도 듣지 않아 긴급조치 위반으로 징역까지 살고 나온 사람이니 건드려서 좋을 것이 하나도 없다고 판단했다. 경찰서장은 시장에게 중재를 요청했다. 주민들은 시장과 실랑이하는 도중에 "일을 주지 않으면 가족들을 다 데리고 와서 여기 시청에서 다 굶어 죽을 때까지 싸우겠다"라는 말을 했는데, 시장은 이를 실제로 큰 위협으로 받아들였다. 몇 년 전 광주대단지 사건처럼 실제로 그런 일이 다시 벌어질지도 모른다는 두려움을 느낀 동시에 다시는 그런 일이 되풀이되어서는 안 된다는 위기의식을 느꼈다. 결국 시장은 실업자대책위원회 사람들에게는 계속 일거리를 주겠다고 약속할 수밖에 없었다.

실업자대책위원회의 경험을 통해 주민들은 "혼자 힘으로 해결할 수 없는 일을 조직을 만들어서 했더니 되더라"라는 조직운동에 대한 가능성을 보았다. 다만 이해학의 두 번째 구속으로 이런 활동을 계속 이어가지 못한 점은 큰 아쉬움으로 남았다.

5월에는 그동안 계속 과제로 삼아왔던 지역사회의학 전략을 실현할 수

있도록 '주민의료협동회'(회장 송기인)를 만들었다. 여기에 주민들이 500원
을 내고 가입하면 식구들까지 모두 무료 진료를 받을 수 있었다. 이 사업
에는 서울대 사회의학연구회(회장 양요환)가 참여했다. 주민의료협동회에
는 방문(home-visiting) 간호사를 두었는데, 이 간호사는 회원들의 집에 방
문해 환자의 상태를 살피고, 만약 환자가 중간에 약이 떨어지거나 상태가
악화되면 (무료 진료는 일주일에 한 번이었기 때문에) 의사에게 연락해 처방전
을 받을 수 있도록 의료인과 환자를 연결하는 중간 역할을 했다. 동시에
주민들을 조직하는 조직가의 역할도 수행했는데, 주민의료협동회에 대해
궁금해하는 사람이 있으면 가입을 권유하고 안내하기도 했다. 또 주민을
대상으로 산아제한[3]을 위한 피임 교육을 하고, 젊은 여성을 간호보조사로
양성하는 교육을 실시하는 등 활발한 활동을 펼쳐나갔다.

이 외에도 '직업 상담실'을 열어 일손을 필요로 하는 삼영전자 등의 지역
공장에 취업을 연계하는 사업을 추진해 노동자 84명을 취업시켰고, 여신
도회를 결성해 소비자보호운동의 하나로 '공동구판 사업'을 실시했다. 또
한 노동자를 위한 야간학교를 개설해 공부하고 싶어도 하지 못했던 청소

---

3   현재 우리나라는 출산율이 1.3명에도 미치지 못하는 초저출산 국가이지만, 1970년대에는 "둘
     만 낳아 잘 기르자", "잘 키운 딸 하나 열 아들 안 부럽다" 등의 표어를 통해 알 수 있듯이 산아
     제한이 국가적인 캠페인으로 시행되었다.

년들과 청년들에게 배움의 기회를 열어주고자 했다. 이렇게 탁아·교육·실업·의료 등의 각 분야에서 주민의 삶의 문제를 함께 해결하기 위해 열정적으로 노력을 기울였다.

외면할 수 없는 현실, 시련은 끝나지 않았다

이해학의 두 번째 시련은 이듬해인 1976년 3월 1일, 명동성당에서 있었던 '민주구국선언 사건'[4]으로 촉발되었다. 3월 10일 선언문 관련자 20여 명이 국가내란예비음모 혐의로 체포되자 이해학은 교회 청년 김금용을 시켜 '민주구국선언문'을 복사해 배포하게 했는데, 3월 17일에 김금용이 구속되자 이해학은 극적으로 피신해 도피 생활을 시작하게 되었다.

그때 내가 정치투쟁을 하게 되면서 조직운동은 끝나게 되었어. 실업자대책위원회도, 의료협동회도, 야학도 모두 강제로 폐쇄되었지. 그러나 그때는 안할 수 없는 일이었어. 서울지검 서정각이 텔레비전에 나와서 국가내란예비음모로 관련자들을 사형시킬 수도 있다고 발표하는데 거기에 연루된 분들이 윤보선, 김대중, 문익환, 함석헌 등 다 존경하는 선배이자 스승들이었어. 그런데 김동완 목사가 전해준 민주구국선언문을 읽어보고 나서 인간적 의리로 '이건 아니다. 이것은 정의가 아니고, 독재 권력의 만행이다'라는 판단을 했고, 존경하는 교수들, 선배들이 사형을 당한다는데 내가 아무것도 안 하는

---

4 1976년 3월 1일 명동성당 삼일절 기념미사에서 함석헌, 윤보선, 김대중, 문동환, 함세웅 등 17명의 이름으로 선언문이 발표되었다. 독재 정권하에서 인권이 유린되고 자유는 박탈당하는 현실을 비판하면서 정치·경제·통일 등의 분야에서 한국 사회가 나아갈 방향을 피력했다. 이 선언문은 발표될 당시에는 언론에 알려지지도 못하다가, 3월 10일 서울지검이 이 선언을 "일부 재야인사들의 정부 전복 선동 사건"으로 발표하고 관련자 20여 명을 긴급조치 9호 위반으로 체포하면서 알려졌다. 2013년 긴급조치 9호 위반 사건 재심에서 김대중, 윤보선, 함석헌, 문정현 등 당시 유죄를 받았던 16명에게 무죄가 선고되었다.

것은 사람으로서 도리가 아니라고 생각했지. 그런데 사실 정말로 바란 것은 아무 일도 터지지 않았으면 하는 거였어. 걸리지만 않고 끝났으면 그냥 조용히 지나갈 수 있는 일이었으니까. 그런데 김금용이 왔다 간 다음에 선언문이 나왔으니까 피할 수 없는 일이었지. 어쩔 수 없는 일이었어. _이해학

이해학이 도피 생활을 하는 동안 거처를 알아내기 위한 목적으로 모든 신도의 집이 압수 수색당했고, 박점동 등 몇몇 교인은 수차례나 경찰서와 중앙정보부 등에 끌려가 구타당하며 조사받기도 했다. 주민교회에는 경찰관들이 상주해 있었다. 경찰들은 "많은 교회 중 왜 공산주의 교육만 하는 주민교회에 나가느냐? 공무원 입시 준비해봐야 주민교회에 나가면 신원조회에서 걸리니 소용없다. 교회에 나가지 마라. 이해학은 빨갱이다"라며 신도들을 위협했다. 또 주민의료협동회는 당국의 폐쇄 명령을 받았으며, 야학 교사들도 뒷조사와 미행에 시달리자 활동을 중단하고 야학을 폐쇄할 수밖에 없었다.

도피 생활은 생각보다 길게 이어졌고, 그러는 동안 민주구국선언 사건 1심 재판이 끝났다. 도피 중이던 이해학은 민주구국선언 사건 관련자들이 실형을 선고받은 상태에서 더 이상 도피 생활을 이어갈 수는 없다고 판단해 9월 7일 중앙정보부에 자수했고, 1심 재판에서 징역 3년을 선고받고 다시 징역살이를 하게 되었다.

1978년 8월 15일 광복절 특사(형 집행정지)로 풀려난 이해학 목사는 다시 주민교회로 돌아왔고, 주민교회는 활기를 띠기 시작했다. 그러나 이미 주민교회에는 신자가 3분의 1도 남아 있지 않았다. 수도권에서 파견한 보조실무자 임광영의 노력에도 불구하고 경찰과 정보기관의 감시와 위협, 회유에 조금이라도 먹고살 만한 여유가 있는 사람은 하나둘 교회를 떠났다. 결국 남은 사람은 노동자와 노인, 학생, 그리고 의식 있는 청년 몇 명이 전부였고, 이들은 평생을 가난하게 살아왔기에 잃을 것도 두려울 것도

주민협동마라톤

없는 사람들이었다.

이들이 중심이 되어 개최한 행사가 1979년 3월 1일, 주민교회 창립 6주년을 맞아 열린 '주민협동마라톤'(일명 꼴찌마라톤)이다. 이 마라톤은 여느 마라톤과는 달리 어린이, 노약자, 몸이 불편한 장애인 등의 다섯 명이 한 모둠이 되어 손잡고 함께 뛰는 마라톤으로, 혼자서만 잘 뛰면 이기는 마라톤이 아니라 약자나 몸이 불편한 사람과 함께 보조를 맞춰 뛴 사람들이 이기는 마라톤이었고, 가장 빠른 사람에게 맞추는 것이 아니라 가장 느린 사람에게 맞추어야 하는 마라톤이었다. 가장 늦은 마지막 한 모둠이 다 들어올 때까지 마라톤은 계속되었고, 꼴찌가 가장 많은 박수와 응원을 받으면서 막을 내리는 '꼴찌마라톤'이었다. 이처럼 주민협동마라톤은 주민교회의 정신을 그대로 잘 보여주는 상징적인 행사였다.

문학·연극·음악이 융합되어 하나의 문화가 사람을 바꾼다

주민교회에 1980년대의 시작을 알린 건 성남에서 야학운동을 펼치던 교회 청년 김종태가 분신한 사건이었다. 1980년 6월 9일 교회 청년 김종태가 신촌 로터리에서 "광주학살 책임지고 전두환은 물러가라", "노동삼권 보장하라"를 외치며 분신자살하는 사건이 벌어졌다. 김종태 열사의 분신

김종태 1주기 추도예배

은 1970년대 이해학에 대한 탄압과 함께 주민교회가 한국 민주화운동에 깊이 연관되게 하는 상징적 사건이었다.

김종태 열사의 분신 이후 주민교회는 매년 추도예배와 시국기도회, 개헌 서명운동을 펼치는 등 군사정권에 대한 저항을 계속했다. 주민협동마라톤에서도 독재 타도를 외치고, 독재 정권 물러가라는 현수막을 펼친 채 거리를 돌았다. 삼일절 창립예배, 김종태 열사 추도예배, 해방절(광복절) 기념예배, 주민연극제 등 주민교회에서 만드는 행사는 노동자, 학생, 도시빈민이 함께 모일 수 있는 자리가 되었다. 그러다 보니 어떤 현장이라도 문제만 생겼다 하면 예배를 보다가도 달려가 지지하고 돕는 것이 신도들에게도 자연스러운 일이 되었다.

1984년 6월 9일 김종태 열사 4주기 추모예배가 끝난 후 집회에 참석한 노동자, 청년, 학생 200여 명이 "임금동결 폐지하고, 최저임금제 실시하라", "노점단속 중단하고 서민생계 보장하라" 등의 유인물을 뿌리며 평화 행진을 했다. 이 과정에서 노동자 20여 명과 학생들이 연행되어 조사를 받았고, 그중 세 명은 즉결심판으로 넘어가 구류되기도 했다. 이 사건 이후 경찰은 교인들의 가정에 연락해 불안감을 조성했고, 예배에 참석한 청년들의 가정과 공장 등을 찾아가 협박했다. 실제로 집회에 참석했다는 이유로 부당하게 대우받거나 해고당하는 사례가 속출하기도 했다.

그러나 이러한 외적인 탄압은 신자들을 더욱 단단하게 엮어주기도 했고 (고난을 함께 이겨낸다는 동지 의식을 갖도록), 주민교회가 지역사회 안으로 들어가 주민들과 함께하는 활동 영역을 더욱 탄탄하게 만들어가는 계기가 되기도 했다.

이해학은 예배에도 새로운 형식을 도입해 연극제·문학제·음악제·민속제 등 다양한 형식을 결합한 '민속예배'를 실험적으로 시도했다. 주민이 스스로 만드는 연극을 통해 주민의 삶의 애환과 우리 사회의 부조리를 그대로 보여줌으로써 사회적·정치적 의식을 높이는 계기로 만들고자 했다.

그 최초의 시도로 1980년 청년회와 학생회가 추수감사절 예배를 연극으로 준비했고, 이를 기반으로 제1회 주민연극제를 개최했다. 연극으로 예배를 드리는 것은 이해학이 오랫동안 꿈꾸어오던 일 중 하나였고, 이런 꿈은 연극하는 감방 동기를 만나면서 그 꿈에 조금 더 다가갈 수 있었다.

매년 열린 학생회 수련회에서는 모둠별로 함께 연극을 준비해 발표하는 게 중요한 프로그램 중 하나였다. 이렇게 발표된 연극 중에서 좋은 작품들을 선발해 갈릴리잔치에서 발표할 수 있도록 했다. 갈릴리잔치는 1981년부터 시작되었는데, 그 해에 중·고등부 학생들이 김지하의 〈금관의 예수〉를 연극으로 만들어 올렸다. 1982년부터는 더욱 본격적으로 주민연극제를 마련해 중등부·고등부·청년회·남신도회·여신도회 등 교회 조직이 모두 참여했다. 이런 활동은 단순히 작품을 만드는 것이 아니라 하나의 연극을 만들기 위해 두세 달을 함께 준비하면서 토론하고, 대본을 쓰고, 소품을 만들고, 배역을 정하고, 연습하고, 무대를 준비하는 모든 과정에 '함께한다'는 가치를 우선으로 한 것이었다. 1982년 청년회에서 준비했던 〈어디로 갈거나〉는 극적인 완성도 면에서도 떨어지지 않는 우수한 작품이었다.

주민교회신용협동조합, '신용'이 아니라 '믿음'이다

이해학이 처음으로 주민교회신용협동조합(이하 주민교회신협)을 만들어야겠다고 생각한 건 하나의 사건으로부터 비롯되었다. 어느 추운 겨울날, 이해학은 동네를 돌아다니다가 어느 집 앞에 이런저런 가재도구가 널브러져 있고 그 담장 옆에 아이와 엄마가 껴안고 앉아 있는 광경을 목격했다. 무슨 일인가 궁금해서 다가가 물어보니 월세를 내지 못해서 집주인한테 쫓겨났다는 것이다. 이 말에 화가 난 이해학은 집주인을 찾아가 항의했고, 월세를 대신 내줘서 이 가족이 다시 집으로 들어갈 수 있도록 했다. 그러나 이런 지원에는 한계가 있을 수밖에 없었다. 다시 또 월세를 못 내는 일이 생기면 그때는 어떻게 할 것인가? 이 사건을 계기로 당장 돈을 빌리고 싶어도 빌릴 수 없는 사람들을 위해 신용협동조합을 만들어야겠다고 생각했다. 교인 47명에게 1000원씩을 걷어 출자금 4만 7800원으로 1979년 12월 2일, 주민교회신용협동조합(이사장 김금용) 창립총회를 열었다.

감옥에 있으면서 생각을 많이 했지. 이런 투쟁이 가능한가? 정치투쟁을 정말 해야 하는가? 투쟁만 가지고 우리가 될까? 물론 수도권이 같이하는 것이지만 그때는 이미 수도권도 다 흩어졌을 때였어. 정치권력과의 전면 투쟁은 무모할 수 있다. 조직적인 투쟁을 해야 하는데 조직적인 투쟁은 나 혼자가 아니라 여러 사람과 더불어 살아가면서 공감대를 이루면서 해야 힘을 가질 수 있고, 지속 가능성이 있다고 생각했지. 그래서 뭘 할 것인가는 생각하지 못했지만 그런 생각을 하고 나왔어. 그런데 집에서 쫓겨나서 어려움을 겪는 그 사람을 보면서 눈이 번쩍 뜨였지. 처음에 신협을 만든다고 하니까 교회에서 많은 사람이 반대했어. 어려운 사람들이 돈을 빌려 쓰고 못 갚으면 어떻게 하냐는 것이었어. 그때는 모두들 너무도 형편이 열악한 상황이었으니까 그런 열악한 사람들의 정신까지도 쉽게 본 거지. 만약 돈을 떼이면 내가 책임지겠다고 하면서 강행을 했어. 그런데 신협을 해보니 우려했듯이 가난한 사람들이 돈을 떼어먹는 경우는 거의 없고, 자기 욕심에 더 큰 돈을 빌려 간 사람들이 더 많이 돈을 떼먹고 그러더라고. _이해학

이현배(현재 주민신협 전무)는 군대를 제대한 이후에 지인의 소개로 이해학을 알게 되었다. 이때 이현배는 주민교회신협 일을 해볼 것을 제안받았는데, 신협중앙회에서 주최한 교육을 받고 나서 신용협동조합이 해볼 만한 일이라고 확신하게 되었다. 1982년 4월 19일부터 본격적으로 주민교회신협 활동을 시작했고, 1984년 도시빈민 조직가 훈련(사선 훈련)을 1년간 받으면서 도시빈민 운동에 대한 확신과 조직가로서의 정체성도 갖게 되었다.

처음에는 주민교회 한편에 작은 책상 하나만 갖다 놓고 조합원을 조직하는 활동을 시작했다. 그러나 사무실 책상에 앉아 있는 시간보다 동네를 돌아다니며 교인들을 일일이 방문하는 일이 더 잦았다. 이현배는 무조건 교인들의 집을 돌아다니면서 신협의 필요성을 설명했다. 점심, 저녁을 얻어먹으며 종일 돌아다녀 출자금을 받아냈다. 처음에는 출자금과 예금의 차이를 설명하는 일부터가 난관이 아닐 수 없었다. 주민교회신협은 무엇보다 교인들이 출자금에 대해 정확하게 이해해야(출자금은 찾을 수 없는 돈이고, 자본금이 되는 돈이다.) 지속적으로 운영할 수 있는데, 교인들은 출자금을 여느 예금과 같은 것으로 이해하고 있었고, 자신이 맡긴 돈을 자기 마음대로 찾을 수 없다는 것을 이해하지 못하는 경우가 많았다. 그러다 보

니 교인이라 해도 조합원으로 가입시켜 출자금을 내도록 설득하는 것이 결코 쉬운 일이 아니었다. 그저 많이 찾아가고 많이 이야기하는 것 외에는 다른 방법이 없었다.

초기에는 교인들을 찾아다니며 조합원으로 가입하라고 아무리 사정을 해도 가입하지 않던 사람들도 있었다. 그런데 어느 날, 어떤 사람이 급한 돈이 필요하다며 찾아와서는 대출을 받고 싶다고 했다. 이현배는 기회가 왔다고 생각했다. 그래서 그 사람을 붙들고 차근차근 사정을 설명했다. 만약 당신이 조합원으로 가입해 출자금을 차곡차곡 모아두었다면 얼마든지 대출받을 수 있었을 테지만 출자금이 없으니 대출받을 수 없다는 사실을 말했다. 그때야 그 사람은 출자금과 예금이 어떻게 다른지를 이해했고, 이후 조합원으로 가입해 출자금을 내게 되었다. 이 일을 계기로 사람들은 출자금과 예금의 차이를 조금씩 이해하게 되었다.

1983년 신협중앙회에서 자산이 너무 적은 불량 신협을 정리하고자 출자금 1000만 원을 만들지 못하면 신협을 해산하라고 종용했다. 이때 주민교회신협을 계속 유지하는 것이 현실적으로 어려운 상황이었음에도 뜻을 같이하는 교인 10명이 은행에서 100만 원씩 대출받아 이 돈을 출자금으로 내서 간신히 1000만 원을 만들어 주민교회신협을 유지할 수 있었다. 이현배는 활동비도 제대로 받지 못하는 상황이었으나 신념과 열정 하나로 신협 일을 계속해나갔다.

1980년대: 씨앗이 자라 널리 퍼져나가다

운동의 활력을 만드는 새로운 활동가의 재생산과 충원

1980년대는 민중의 에너지가 폭발적으로 성장하는 시기였다. 성남 지역에서도 빈민운동·노동운동·민주화운동이 서로 만나고 이어지면서 사회운동이 폭발적으로 확장되었다. 동시에 저소득층 밀집 지역인 달동네를 중심으로 하는 빈민지역 운동에서, 가난한 사람들의 생존권 문제에 관심을 기울이면서 부문별 운동(노점상과 일용 건설 노동자들의 조직화)과 철거 반대 투쟁 지원 등의 사안별 조직화를 통해 빈민운동을 확장해나간 시기이기도 했다. 이런 활발한 확장의 배경에는 활동가들의 재생산과 충원이 큰 역할을 했다. 주민교회 등에서도 새로운 활동가들이 빠르게 재생산되었다. 또한 상대원동의 공단 지역을 중심으로 노동사목과 빈민사목을 하는 '만남의집'과 은행동을 중심으로 활동하는 '메리놀의집' 등과 같은 새로운 활동 공간이 생겨났을 뿐만 아니라 새롭게 활동 무대를 옮긴 젊은 활동가들이 성남 지역으로 들어왔다.

만남의집은 1970년대에 "여성 노동자의 대모"로 불린 이영숙(소피아) 수녀가 1978년에 성남 지역에 들어오면서 성베네딕도수녀회의 부설 기관으로 설립한 곳으로, 이곳에서 활동가들은 노동사목·빈민사목·의료사목, 탁아소 활동 등을 활발하게 펼쳤다. 만남의집은 "노동자에게 필요한 것은 인간으로서 스스로의 존엄성을 느끼게 하고, 노동자로서의 긍지를 갖게 하고, 동료와 가족을 사랑하고, 그런 사랑하는 마음으로 열악한 노동조건을 개선하는 데 스스로 나서도록 도와주는 것이 주님의 은총을 선포하는 것"이라는 믿음으로 '인간 계발 교육' 프로그램을 운영했다. 이 프로그램은 노동자들을 의식화하는 데 중요한 방법이 되었고, 이후 노동운동을 활성화하는 데 큰 기여를 했다.

1981년에는 메리놀회 특수사목 사제인 하요셉 신부, 민요한 신부, 왕마리아 수녀, 고마가렛 수녀, 평신도 선교사 엘리 등 다섯 명이 중심이 되어 은행동 지역에 메리놀의집을 설립했다. 메리놀의집은 노동자의 권익을 지키는 노동사목과 열린터 야학, 빈민들을 대상으로 하는 영적 사목과 무료 진료 의료봉사, 상담 등의 활동을 펼쳤고, 특히 가난한 주민의 자녀를 돌보는 하늘어린이집, 달동네어린이집, 공부방 등을 만들어 지역의 아동을 보호하고 교육하는 데 힘을 쏟았다.

주민교회에서는 이해학과 더불어 활발한 활동을 펼쳐나가는 청년들이 성장했는데, 그들이 바로 최민경, 한숙자,[5] 이현배, 이상락 등의 젊은 활동가 그룹이었다.

최민경(전 주민생협 상무)은 중학교 2학년 때인 1975년에 성남으로 이사 왔는데 우연히 이해학과 같은 집에 살게 되면서 인연을 맺었다. 이해학과 함께 성서와 사회과학 공부를 하면서 세상에 점점 눈을 떠, 고등학교를 중퇴하고 검정고시를 통해 1984년 한신대에 입학했다. 처음에는 신학을 전공하려고 했으나 이해학의 권유로 경영학을 전공했다. 졸업 후 대중운동을 배우라는 이해학의 권유에 따라 경제정의실천국민연합에서 1년 정도 일했고, 이후 본격적으로 주민생활협동조합을 만드는 일을 시작했다.

한숙자의 고향은 원래 충청북도 연풍이었는데, 1978년에 고등학교에 진학하겠다는 희망을 품고 성남에 살고 있는 삼촌을 찾아왔다. 성남으로 떠날 때 꼭 기독교장로회 소속의 교회를 다니라며 목사님이 전해준 목록에 주민교회가 있어서 교회를 찾게 되었는데, 처음에는 교회 같은 느낌이 들지 않아 망설였다고 한다. 그런데 삼일절 기념예배에 설교하러 온 허병섭이 경찰에게 끌려 나가는 모습을 목격하면서 왜 그럴까 하는 의문이 생겼고, 여름 성경학교를 준비하면서는 본격적으로 주민교회에서 활동을 시작하게 되었다. 그해 8월 광복절 특사로 출옥한 이해학이 카랑카랑한 목소리로 설교하는 것을 들으면서 '이런 교회도 있구나!' 깨닫게 되었다. 이후 맞벌이 부부를 위한 탁아소 활동을 비롯해 교회에서 필요로 하는 여러 가지 실무를 도맡아 하다시피 하면서 열정적으로 활동했다. 특히 한숙자

---

5   한숙자는 현재 성남사회복지관협의회 회장, 태평 제4복지회관 관장으로 일하고 있으며, 복지관을 중심으로 마을기업 만들기, 마을공동체 만들기를 활발하게 펼치고 있다.

는 기독교 청년 조직을 육성하는 활동을 펼쳐 성남 YMCA, 성남 EYC 등을 조직하는 데 결정적인 기여를 했다.

이상락은 1980년대 초반에 이해학과 만났는데, 1984년에 전국교회협의회(NCC: National Council of Churches) 사회선교위원회에서 주최한 도시빈민 조직가 훈련에 이현배와 함께 참여했다. 이 훈련에서는 허병섭과 제정구가 1년 동안 교육과정을 맡았다. 일주일에 한 번씩은 1박을 하면서 현장 중심으로 훈련을 진행했고, 이때 박재천, 김광수 등도 함께 교육받았다.

1984년 이해학은 조직활동에 전념할 수 있는 활동가를 만들기 위해 모금을 진행했고, 한숙자와 이상락은 이 모금으로 본격적인 조직운동을 펼칠 수 있었다. 한숙자는 기독교 청년들을 조직하는 역할을 맡아 성남에서 한국기독청년협의회(EYC: Ecumenical Youth Council in Korea)를 조직해 청년들이 민주화운동과 평화통일 운동에 앞장설 수 있도록 기반을 마련했다. 교회 청년들을 조직하는 일은 첩보 작전을 방불케 했다. 성남 지역의 교단마다 찾아다녀도 교회 청년 회장의 명단을 얻지 못하자 직접 교회에 전화를 걸어 친구라고 하며 연락처를 알아내는 등 갖가지 방법을 동원했다. 이처럼 청년들을 꾸준히 만나고 설득하면서 관계를 만들어나갔다. 이상락은 이후 주민어린이선교원(탁아소) 부원장을 맡아 탁아소운동과 노점상을 조직하는 활동에 주력했고, 1987년에는 성남국본에서 활발한 활동을 펼쳤다.

정채진은 1985년부터 메리놀의집에서 맞벌이 가정의 자녀를 돌보는 하늘어린이집 활동을 시작했다. 1984년 주민교회에서 어린이선교원(탁아소)을 만들었고, 1985년 3월에는 만남의집(분도탁아소 담당 김경옥)과 메리놀의집(하늘어린이집 담당 정채진)에서 거의 동시에 탁아소를 설립했다. 이에 성남 지역 내 세 개 탁아소가 함께 연대할 필요를 느껴 연대 모임을 만들었고, 중앙 단위에서는 지역사회탁아소연합회를 만들 준비를 했다.

이때 이상락은 주민어린이선교원의 부원장을 맡고 있어서 정채진, 김경

옥 등과 교류하고 있었고, 동시에 1985년에 창립한 기독교도시빈민선교협의회의 초대 회장을 맡아 서울 변두리의 철거 현장을 뛰어다니고 있었는데, 그를 도운 이가 초대 사무국장 김광수 목사였다.

이상락의 소개로 만난 정채진과 김광수는 1987년에 결혼해 신혼살림의 터전을 성남에 잡았다. 이를 계기로 김광수는 성남 빈민지역 운동에 합류하게 되었고, 1988년부터는 기독교도시빈민선교협의회 차원에서 본격적으로 성남 지역에서 빈민운동을 펼치기로 결의해 지관근, 임승철, 김영흡 등 후배들과 함께 성남 지역으로 거점을 옮겨 본격적으로 조직 활동을 펼쳤다.

성남을 활동 근거지로 삼은 김광수와 후배들은 지역에서 가난한 사람들의 대중조직을 건설하기 위한 다양한 연대 활동에 매진했다. 이들은 1980년대 후반의 빈민지역 주민운동론에 기반해 도시빈민 대중조직을 건설하고자 했다. 이를 위해 성남 빈민지역 운동의 전략으로 하대원동 철거 반대 투쟁 지원과 의료보험 투쟁과 같은 '사안별 조직화 전략'과 건설일용노동조합 결성, 노점상대책위 등과 같은 '직업별 조직화 전략', 그리고 은행동을 중심으로 탁아소와 공부방을 조직하는 '지역별 조직화 전략'으로 나눠 각자 역할을 맡아 활동을 펼쳐나갔다.

노점상과 일용 노동자를 조직하다

이상락이 사선 훈련을 받을 때 원칙 중 하나가 "모든 교육생은 자기 현장에서 생계를 해결해야만 한다"라는 것이었다. 이상락은 무엇을 할까 고심하다가 노점상을 하기로 했다. 하루에 400원을 주면 노점 리어카를 임대할 수 있었다. 당시 성남은 전국의 모든 기초자치단체 중에서도 노점상이 많은[6] 도시로 손꼽혔다.

1984년 성남 YMCA는 노점상에 대한 실태 조사를 진행했는데, 그 결과를 보면 생계유지를 위해 노점상을 한다고 대답한 비율이 68.7퍼센트, 월수입은 10만 원 이하가 12.9퍼센트, 10~20만 원이 59.2퍼센트로 대부분이 20만 원 이하인 것으로 조사되었다. 또한 노점상들을 가장 힘들게 한 것은 단속 과정에서 강제로 물건을 차에 싣고 가거나 발로 걷어차 망가뜨리고, 저항하는 상인들에게 반말과 욕설을 하는 등 시청 단속반들의 무자비한 태도였다. 노점상들은 시청 단속반에 비인간적이고 비인격적인 대우를 받아도 하소연할 곳조차 없었다. 단속을 당하면 물건을 빼앗기는 것은 기본이고 시청에 가서 다시는 노점을 차리지 않겠다는 각서를 써야 했고, 또 파출소에 가서 벌금을 내야 했는데, 이 과정에서 겪어야 하는 인간적인 모멸감은 말로 할 수 없을 지경이었다.

사선 훈련을 받으면서 이상락은 이런 문제를 개선하려면 조직을 만들어서 함께 대응해야 한다고 생각했고, 이후 노점상 조직을 만들기 시작했다. 그런데 조직을 만들려면 먼저 노점상들과 신뢰를 쌓아야 했다. 신뢰가 기반이 되지 않은 조직화는 개인적 이익에 안주하게 되고, 일시적·일회적 성

---

6   지금도 성남의 거리를 걷다 보면 노점상을 흔히 발견할 수 있다. 중심로인 태평로를 지나다 보면 인도를 따라 길게 늘어선 노점상들을 어디서나 만날 수 있다. 대부분이 거리에 좌판을 깔고 식물이나 액세서리, 식료품, 생활용품 등의 다양한 물건을 팔고 있다. 노점상에 대한 양성화 작업이 이루어진 서울에서는 재래시장이 아니면 좀처럼 찾아보기 어려운 광경이다.

과는 있을지 몰라도 안정된 조직으로는 나아갈 수 없기 때문이다. 노점상들에게 가장 필요한 것이 무엇인지를 조사한 결과, 건강이 가장 큰 문제라는 것을 알게 되었다. 노점상들은 하루 벌어 하루 먹고살다 보니 돈도 없고 시간도 없어서 아파도 치료를 받지 못해 병을 키울 수밖에 없는 상황이었다. 그래서 1986년 5월부터 한의사들을 모아 주 1회씩 한방 진료를 실시했고, 특히 치과 질환은 한번 문제가 생기면 돈과 시간이 많이 드는 심각한 문제였기에 치과 진료도 시작하게 되었다. 이렇게 노점상들에게 직접적인 도움을 줄 수 있는 방법을 찾아 접근하면서, 서로 신뢰를 쌓는 것을 시작으로 서서히 조직을 만들어 노점상 단속 문제에 공동으로 대응해보자고 의견을 모아나갔다.

노점상 조직 활동은 김광수가 후배인 지관근, 임승철, 모동희 등과 함께 성남으로 내려와 조직적으로 활동하기 시작하면서부터 탄력을 받기 시작했고, 그때부터 본격적으로 진행되었다고 할 수 있다. 1986년 서울 아시안게임을 앞두고, 개고기 판매로 외국인들에게 혐오감을 준다는 이유로 모란시장을 일시적으로 폐쇄하라는 행정 지시가 내려지면서 본격적으로 노점상 조직화가 시작되었다. 특히 노점상이 많은 단대시장, 성남시청, 종합시장, 상대원시장 등이 중심이 되어 1987년 4월에 정식으로 성남지역노점상연합회를 결성했다. 이런 과정이 있었기에 뒤이어 일어난 1987년 6월민주항쟁 때 성남 노점상들이 함께 나올 수 있었고, 이들은 하대원동 철거투쟁 현장을 지원하기도 했다.

1990년에는 그간 와해되었던 노점상 조직 작업이 다시 이루어졌다. 8월26일 강제 단속에 대항하기 위해 임용재, 서영석 등이 중심이 되어 시청앞, 종합시장, 모란시장, 은행시장 지부 등 10여 개 지부 회원 2000여 명이 모여성남노점상연합회(회장 임용재)를 재건하고 노점상들의 생존권 보장을 위해투쟁했으며, 지관근과 임승철, 김영흡 등의 활동가들이 노점상 조직 활동을지원했다.

노점상에 대한 조직화와 더불어 일용 건설 노동자를 조직하는 작업은 가장 큰 인력시장인 복정동 사거리를 중심으로 이루어졌다. 복정동은 서울과 성남의 경계이자 성남시의 첫 관문으로, 1985년부터 대규모 인력시장이 형성된 것으로 알려져 있다. 당시 복정동은 새벽 5~6시 사이에 일자리를 구하는 일용 노동자들이 많게는 1000여 명에 이를 정도로 국내에서 가장 규모가 큰 인력시장이었다. 철근공, 조적공, 목수를 중심으로 잡역부에 이르는 모든 건설 관련 노동자뿐만 아니라 주변의 논밭 등에서 필요로 하는 인력에 이르기까지 매우 광범위한 업종의 구인·구직이 날마다 이루어졌다. 당시는 국내 건설 경기가 최대 호황을 누리고 있을 때여서 특히 건설 기능공의 수급이 어려워 건설 관련 일당도 상당히 셌다.

1986년 이상락, 일루미나 수녀, 장현자, 정채진, 정테레사, 이현배 등으로 구성된 성남지역민주발전연구회 주민분과위원회에서는 '성남 일용 노동자 실태 조사' 작업을 진행했다. 이 작업을 통해 일용 노동자를 발굴하여 교육하고 조직하고자 수진동에 작은 공간을 얻어 '성남인력센터'를 운영했다. 여기에서는 일용 노동자들을 교육하고 일자리를 연계하는 등의 활동을 전개했다. 이런 가운데 1987년 6월 민주항쟁, 이후 7~8월에 계속된 노동자대투쟁부터 1989년까지 이어진 노동조합을 중심으로 한 노동운동의 성장은 일용 건설 노동자들이 노동조합 운동에 관심을 가지고 나아가는 데 상당한 영향을 미쳤다.

1988년 2월에는 성남일용노동조합추진위원회가 결성되었고, 이에 일용 건설 노동자들도 '당당하게 일하고, 떳떳하게 현실 임금을 받기 위해 노동조합을 만들자'는 뜻을 모았다. 1988년 12월 20일 이광일, 이태영, 이승우, 권혁식, 장일영, 정우식 등이 중심이 되어 준비를 했고, 이듬해인 1989년 2월 조합원 250여 명이 참여하는 '성남복정일용노동조합'을 창립했다. 이 조합은 이후 전국건설일용노동조합을 만드는 데 큰 역할을 했다.

한편 일용 노동자들에게 가장 힘겨운 날은 눈이나 비가 오는 날이었다.

특히 IMF를 겪으면서 건설 경기가 급격히 냉각되어 일자리를 구하기 힘들어졌다. 게다가 일당도 예전만 못한 상황에서 어떻게든 일을 구해보려고 몇 시간씩 대기해야 하는 일용 노동자에게 눈비는 원망의 대상일 수밖에 없었다. 성남복정일용노동조합에서는 복정동 사거리의 인력시장이 형성되는 곳에 눈비만이라도 피할 수 있는 임시 건물을 지어달라고 성남시에 건의했다. 성남시는 이런 건의를 받아들여 인력시장 근처에 버스 정류장을 설치해주었고, 임시 컨테이너를 마련해주었다. 성남복정일용노동조합은 이를 보강해 벽돌을 쌓고, 바닥을 바르고, 건물 전면에 '성남복정일용노동조합'이라는 현판까지 달아 사무실을 만들고, 방송 시설도 설치했다.

성남복정일용노동조합은 건설 노동자의 특성별로 목수, 철근공, 미장공, 조적공, 일반공으로 나눠 각 대표를 대의원으로 임명했고, 부문별로 월례회의, 간부 수련회, 야유회를 마련하는 등 일반 노조로도 활동했다. 또한 커피와 컵라면 같은 음료와 간단한 대용식을 조합원에게 원가에 공급했으며, 이태영, 권혁식, 정인택 등 자원 활동가 10여 명을 모아 일용 노동자를 대상으로 조직 활동을 활발히 전개했다. 이런 과정을 거쳐 1990년 말에는 조합원이 700여 명에 달하는 큰 조직으로 성장했다. 매달 조합비를 꼬박꼬박 내는 조합원도 100여 명이나 되었다.

민주화운동으로 함께 나아가다

1980년대 중반에 들어서면서 성남 지역에서는 철거 반대 투쟁, 노점상운동, 노동운동 등의 민중운동의 열기가 높아졌고, 독재 정권에 반대하는 민주화운동의 열기 역시 서서히 달아오르고 있었다. 이러한 일련의 과정에 이해학을 비롯해 수진동과 태평동을 중심으로 활동하던 주민교회 활동가들과 상대원동을 중심으로 활동하던 만남의집과 노동사목 그룹들, 은행동을 중심으로 활동하던 메리놀의집과 빈민지역 운동 활동가들이 성남 지역 사회운동(민주화운동)에서 큰 역할을 했다.

그 토대는 1980년대 중반에 이해학과 김규식을 중심으로 소피아 수녀, 일루미나 수녀, 김준기, 이상락 등이 함께 만든 이른바 '남한산성모임'이었다. 남한산성모임은 성남 지역에서 활동하는 대표자들의 협의체인 모임으로 연대 활동의 초기 형태로 볼 수 있다. 1985년 재야인사들이 중심이되어 '성남민주사회발전연구회'를 구성했고, 1986년에는 빈민지역 운동그룹들을 중심으로 성남민주사회발전연구회 안에 주민분과위원회를 별도로 조직해, 도시빈민 운동 연대와 함께 지역 문제에 공동으로 대응했다. 그해 12월에는 성남지역 해고노동자를 불법으로 연행하고 고문 수사한 것에 대한 성명서를 발표했고, 고문폭력대책위원회를 구성해 진상 조사 활동과 규탄 집회를 개최하는 등 연대 활동을 펼치기도 했다. 이처럼 성남민주사회발전연구회는 빈민운동·노동운동·사회운동이 서로 만나고 협력하는 토대를 만들었다.

1987년 3월 17일, 성남 지역에서 민주화운동을 이끌던 성남민주사회발전연구회는 그동안 축적해온 경험과 활동을 평가했다. 그 결과로 지역의 민주 인사와 더불어 학생, 노동자, 빈민 등이 모인 각 조직을 근간으로 해서 '성남민주화운동연합'으로 조직을 개편했다. 성남민주화운동연합은 명실상부한 민주화운동 단체들의 연합체로서 활동을 이어오다가 이후에 중앙 단위에서 '민주헌법쟁취국민운동본부'가 결성되자 성남 지역의 민주화투쟁을 주도하기 위해 5월에 '민주헌법쟁취국민운동 성남지역본부'(이하 성남국본)로 새롭게 개편되어, 1987년 6월 민주항쟁을 주도했다. 성남국본에는 이해학(의장), 이상락(집행위원장), 한숙자(사무국장) 등 주민교회 활동가들이 주도적으로 참여했다.

성남국본은 전국적 흐름에 맞춰 6월 10일, 경찰의 삼엄한 봉쇄에도 중앙시장 사거리를 시작으로 '고문살인 은폐 규탄 및 호헌철폐 시민대회'를 개최했다. 종합시장, 성호시장 등지에서 3000여 명이 모여 시위대를 조직했고, 그 이후에도 매일 성남시청과 종합시장, 중앙시장, 상대원시장, 상대원 공단 등을 오가면서 시위를 이어나갔다. 주민교회, 개신교 신자들의 기도 회를 비롯해 많은 성남 시민들이 6월 항쟁에 참여했고, 6월 18일 최루탄 추방대회에 이어 6월 항쟁 중 가장 많은 5만여 명의 시민이 참여했던 6월 26일 민주헌법쟁취대행진에 이르기까지 15일 넘도록 시위가 계속되었다. 시위대는 4·13 호헌 조치 철폐, 직선제 개헌 쟁취, 독재 정권 타도 등을 외 치며 민주화를 요구했다. 서울 같은 대도시가 아닌 성남에서 5만여 명의 시민이 참여한 것도 놀라운 일이지만, 특히 이날 집회에는 서울의 넥타이 부대와는 달리 학생, 노점상, 철거민, 노동자, 다방 종업원, 구두닦이 등 기 층 민중들이 대거 참여했다는 매우 특별한 의미가 있다.

1987년 이상락이 성남국본 일을 맡아서 할 때의 일이다. 6월 민주항쟁을 주도하면서는 회의 장소 로 주로 주민교회를 이용했는데, 가끔은 근처 다방에서 모임을 할 때도 있었다. 공동 대표단들의 회의는 대부분 교회나 성당 등에서 이루어졌는데, 집행위원회 회의는 성남시청 앞 다방에서 하는 경우도 많았다. 하루는 다방에서 회의를 하고 있는데 다방 종업원 중 가장 나이가 들어 보이는 한 여성이 다가와 말을 걸었다. "자주 오셔서 관심을 가지게 되었는데 나쁜 짓을 하는 사람들 같지는 않고, 도대체 뭐 하시는 분들이냐?"라고 물었다. 그래서 이러저러한 일을 하는 사람들이라고 상황 을 말했더니 그러면 자신이 혹시 도울 수 있는 방법은 없느냐고 물어보는 것이었다. 한 달에 받는 월급 중에 1퍼센트만이라도 후원을 하면 큰 도움이 되겠다고 했더니 알았다고 하고 돌아갔다. 다 음 모임에서는 그 여종업원이 흔쾌히 후원을 하겠다고 약속을 했다. 그 주변이 다 유흥가였는데, 이 여성의 말을 듣고 다방 종업원, 구두닦이, 노점상, 식당 종업원, 술집 종업원 등 많은 사람들이 십시일반으로 후원에 참여했다.

6월 민주화운동의 열기는 고스란히 노동계로 뻗어나가 7~8월 노동자대 투쟁으로 연결되었다. 민주노조를 건설하기 위한 노동자들의 투쟁이 계속 되면서 노동자들이 분신하는 사건이 많이 일어났는데, 성남에서도 노조

위원장이 분신하는 사건이 발생했다. 이때 시신이 안치된 성남병원에서부터 시청까지 매일 2킬로미터에 달하는 거리를 행진하며 집회가 이어졌다. 이후 민주노조를 건설하려는 활발한 움직임이 있었고, 그동안 지역에서 활동해온 노동야학, 노동선교, 노동사목 등은 이런 운동의 기반을 다지는 데 크게 영향을 끼쳤다.

엄마로, 여성으로: 엄마들의 꿈을 조직하다

하늘어린이집에서 활동을 시작한 정채진은 당시 탁아소를 운영하면서 자모회를 결성해 자모들의 교육[7]에도 열정을 쏟았다. 탁아소 자모들은 대부분 20대인 젊은 엄마였고, 지역 상황이 열악하다 보니 제대로 결혼식도 올리지 못한 채 사는 여성들이 많았다. 하늘어린이집에는 아동 30여 명이 있었는데, 그중 25명의 부모가 결혼식도 올리지 못한 채 젊은 나이에 육아 부담과 경제적인 어려움 등 삶의 짐을 힘겹게 지며 살아가고 있었다. 여성 대부분은 파출부로 일하거나 미싱 일을 받아다가 집에서 하거나 몇 원짜리 부업을 하는 것이 고작이었다.

이런 젊은 엄마들에게 탁아소는 새로운 경험이자 새로운 세상이었다. 듣고 보는 모든 게 새롭고 신기했고, 이들 자신이 제대로 누려보지 못한 학창 시절의 결핍을 채워주는 시간이 되기도 했다. 비슷한 또래다 보니 서로 뜻이 맞아 잘 어울렸고 차츰 세상에 눈을 뜨게 되었다. 이 엄마들이 후일 은행골여성모임의 주축으로 성장한다.

---

7   1986년 지역사회탁아소연합회가 창립되었고, 탁아운동에 대해 다양한 논의가 이루어졌다. 지역사회탁아소연합회는 탁아운동을 여성운동·노동운동·빈민운동·교육운동 등의 다양한 운동이 서로 결합된 복합적 운동이라고 규정했다. 초기에 지역사회에서 탁아와 관련된 활동을 벌였던 활동가들은 탁아에 대한 전문성을 갖추고 있었다기보다는 노동 모임·빈민 여성 모임을 조직하는 것을 더 우선적으로 생각하기도 했다. 이후 영유아보육법이 제정되고 탁아소가 어린이집으로 법제화되면서 전문적인 영역으로서의 보육운동이 본격적으로 이루어졌다고 할 수 있다.

김광수는 1989년 은행동에 '은행골교회'를 만들어 지역 활동의 터전을 마련했고, 성남시 마을문고 1호가 되는 '은행골마을도서관'을 정채진과 함께 만들기도 했다. 1990년에는 '은행골공부방'을 열었다. 탁아소 아이들이 성장하면서 초등학생이 되었는데, 여전히 먹고살기에 바빠 아이를 제대로 돌보지 못하는 엄마들은 초등학생을 위한 공부방을 만들어달라고 요구했다. 주민들의 이런 요구에 응해 공부방을 만들게 되었다.

공부방에서는 매해 여름방학에 진안 지역으로 캠프를 갔는데 시골 체험을 떠날 때는 아이들이 모두 고무신을 신고 가기도 했고, 폐교를 빌려 1박 2일 또는 2박 3일 일정으로 캠프를 진행하기도 했다. 캠프를 다녀오면 한 뼘쯤 성장한 아이들의 모습을 보면서 부모들은 대견해했고, 아이들이 성장한 만큼 부모, 특히 엄마들도 함께 성장해갔다. 그러다 보니 하늘어린이집을 졸업한 아이들이 자연스럽게 공부방 아이들이 되었다. 또 어린이집 자모회를 기반으로 이어진 공부방 자모회 역시 활발한 활동을 펼치는 데 기반이 되어주었다. 정채진은 은행골공부방을 중심으로 해서 교육 문제, 환경 문제 등에 관심을 기울이며 계속해서 활동을 만들어나갔다.

공부방 자모회 교육에는 최열, 김준기 등 유명 인사들이 강사로 초대받기도 했고, 교육 문제뿐 아니라 환경 문제, 소비자 문제 등 다양한 영역에 걸쳐 교육이 이루어졌다. 이런 교육의 성과로 재활용 비누를 만들어 나눠

주기도 하고, 우유곽을 모아 재활용하기도 하는 등의 활동을 펼쳤고, 이 과정에서 1986년 성남 최초의 소비자협동조합 '큰우리소비자협동조합'이 만들어졌는데, 김준기와 그의 아내 김영자의 도움이 매우 컸다. 그들은 은행골공부방 자모들을 중심으로 장기적으로는 생활협동조합을 만들려는 꿈을 키우기도 했다.

주민 후보로 주민들의 정치세력화를 꿈꾸다

은행동은 1990년대에 들어서면서 지역 활동에 있어 격동의 시기를 맞이한다. 이곳에서 활동하는 활동가들도 다양한 변화를 맞이한다. 은행동을 기반으로 빈민지역 운동을 펼치고 있던 김광수, 정채진, 임승철, 지관근, 최영호, 정연수, 곽삼화, 모동희, 김광란 등의 활동가들은 1988년 '은행골지역모임'을 만들어 지역 문제에 공동으로 대응하려 했다.

그러던 중 지방자치제 도입과 관련해 본격적으로 논의가 진행되자 은행동에서는 일찌감치 의회에 주민 대표를 진출시키겠다는 목표를 세웠고, 1990년부터 '은행동지자체대책모임'을 만들어 차근차근 활동을 준비해나갔다. 지방선거와 관련한 주민 교육을 했고, 바자회를 열어 손뜨개 스웨터를 만들어 파는 등 선거 자금도 조금씩 모으기 시작했다.

그러나 그때까지만 하더라도 누가 출마할 것인지 구체적으로 논의되지는 않았다. 그런데 1990년 이상락이 은행동으로 이사 오면서 활동가보다는 대중 지도자를 세워야 한다고 생각해 이상락이 유력한 주민 후보로 거론되었다. 이상락은 그때 은행동으로 이사 온 지 1년 남짓 되었기 때문에 지역에서 인지도가 전혀 없는 상황이었다. 시의원 선거에는 총 아홉 명이 후보로 등록했는데, 이상락은 인지도 면에서 단연 꼴찌였다. 이런 열악한 상황을 딛고 지방선거에서 이상락이 당선된 것은 무엇보다 탁아소 자모들의 조직력이 결정적인 영향을 끼쳤다.

선거에 나갈 때 아마도 이상락을 아는 사람이 10명도 채 되지 않을 정도였어. 아무도 몰랐지. 그런 상황에서도 이상락이 당선된 것은 몇 가지 요인이 있는데, 첫 번째는 뭐니 뭐니 해도 탁아소 자모들의 조직력이었어. 두 번째는 일찌감치 선거에 대해 공부하고 대비한 거지. 세 번째는 조직적이고 체계적인 선거 전략이었고, 네 번째는 활동가들과 주민들의 그야말로 헌신적인 활동의 결과였지. 조직적이고 체계적인 전략은 뭐냐 하면 어느 정도 민주당 후보의 발목을 묶어놓을 수 있었다는 거야. 우리가 후보를 낸다고 하니까 민주당 쪽에서는 후보가 민주당으로 나오면 자기들은 후보를 내지 않겠다고 제안을 해왔는데 우리 쪽에서 수용을 안 했어. 그건 쉬운 길이었지. 그런데 당시에 빈민운동 진영에서 무소속 주민 후보[8]로 지방선거에 대응하자는 결의가 있었거든. 우리는 지역 위원장을 만나 담판을 지었지. 선거 이후를 생각해서라도 우호적인 관계를 갖는 것이 좋지 않겠느냐고 하면서 아래에서는 민주당 후보랑 다니더라도 위쪽에서는 같이 나타나지 못하도록 설득을 한 거야. 그러니까 아래에서야 '민주당 후보가 누구다' 하고 다 알지만, 위쪽에서는 잘 알지 못했지.[9] 마을버스와 목욕탕을 집중적으로 공략했고, 동네를 샅샅이 누비고 다니는 탁아소 자모들과 활동가들이 있으니 인지도를 높이는 것도 한순간이더라고. 물론 교회 등 종교계의 도움도 컸어. _김광수

이상락이 당선되자 은행골지역모임은 은행동 지역의 가난한 주민들이

---

8   1991년 지방선거를 맞이해 도시빈민 운동의 연합체였던 전국도시빈민협의회에서는 독자 후보 전술을 선택하고 지역에 무소속 주민 후보를 최대한 많이 내기로 결의했다. 그 결과 성남 은행동에 이상락, 서울 난곡동에 김혜경, 삼양동(미아 1·6·7동)에 정구호, 양평동에 김성규 등 주민 후보들이 출마했다.

9   1991년에 실시된 제1회 지방의원 선거에서는 후보들이 소속 정당을 밝힐 수 없었다. 각 정당마다 내부적으로 공천은 있었으나 공개적으로 밝힐 수 없었고, 후보들의 번호도 추첨을 통해 정해졌다. 그렇기 때문에 은행동에서 아홉 명이나 출마한 상황에서 정당과 가까운 사람이 아니면 민주당 후보가 정확히 누군지 알기 어려웠을 수 있고, 이것이 이상락 후보의 당선에 어느 정도 기여한 것으로 보인다.

자신들을 둘러싼 여러 문제에 공동 대응하면서 스스로 문제를 해결하는 주체로 설 수 있도록 주민조직을 만들기로 하고, '은행동 민주시민회추진위원회'를 만들어 함께 활동했다. 그런데 이상락의 의정 활동을 놓고 활동가들 사이에 예기치 않은 갈등과 알력이 발생했고, 엎친 데 덮친 격으로 이상락이 성남시장의 비리와 시의회의 파행적 운영을 비판하는 글을 ≪말≫에 실으면서 의원이 된 지 6개월 만에 의회에서 제명되는 사건이 벌어졌다. 주민들은 이에 반발해 청원운동 등을 벌였지만 상황을 다시 돌릴 수는 없었다.

당시 시의원은 무보수 명예직이었는데 이상락이 시의원에 당선되고 나서 후배들은 이상락에게 그때까지 하던 노가다 일을 계속하면서 의원 활동을 하라고 요구했어. 지역운동 차원에서 출마한 것이기 때문에 처음 마음을 지켜야 한다는 것이었지. 그런데 지방의회에서 하는 일이라는 것이 처음부터 저절로 잘할 수 있는 것이 아니라서 공부를 많이 해야 하는 거야. 그리고 여기저기 가야 하는 곳도 많았지. 그러니 이상락이 예전처럼 노가다를 나간다는 것이 그리 만만한 상황은 아니었어. 그게 후배들의 눈에는 의원이 되었다고 거들먹거리는 것으로 보였나 봐. 그런데 선배들은 좀 다른 생각을 가지고 있었거든. 당장 일을 나가는 것보다 중요한 것이 제대로 시의원 역할을 할 수 있도록 하는 것이라고 생각했지. 서로 이런 의견의 차이가 쌓이면서 그것이 선후배로 나뉘어 갈등하게 되는 시발점이 되었어. 나는 중간에서 중재를 하려고 했는데, 그게 또 후배들에게 비난을 받게 되는 이유가 되었지. 처음에 같이 빈민운동을 하자고 들어온 후배들이었는데 말이야. 이렇게 갈등이 생기게 되니까 내부 동력에도 심각한 타격을 받게 되었어. 거기다가 후배 활동가들의 생계 문제도 점점 심각해지기 시작했지. 어떻게 해결해줄 수 있는 방법이 없었어. 활동을 하려면 생계를 해결하기 힘들고, 생계를 해결하려면 활동을 하기 어려운 그런, 이러지도 저러지도 못하는 상황이 계속되면서 후배

들도 하나둘 떠나가거나 처음의 이상에서 멀어지기 시작했어. _김광수

　이런 어수선한 분위기 속에 은행동은 새로운 변화를 맞이하게 된다. 정부에서는 그동안의 대규모 합동 재개발사업의 대안으로 주거환경개선사업을 추진했고, 바로 은행동이 주거환경개선사업 지역으로 지정되어 가옥주들이 개별적으로 집을 짓게 되면서, 은행동은 대규모 빌라 단지로 서서히 탈바꿈하기 시작했다. 상대원동·하대원동 철거 투쟁에서 세입자를 지원하는 활동을 열정적으로 펼쳤던 김광수와 후배들은 정작 자신들이 살고 활동하는 은행동에서는 주거환경개선사업과 관련해 별다른 대응을 할 수가 없었다.

　주거환경개선사업에 따라 은행동을 대규모 빌라 단지로 만들 것이 아니라 지역 주민들이 재정착해 살 수 있도록 영구 임대아파트를 지어야 한다는 전단을 한두 번 돌리는 것이 그들이 할 수 있는 전부였다.

　하루가 다르게 집값이 오르자 가옥주들은 주거환경개선사업을 대환영했다. 주거환경개선사업 자체가 전체적으로 사업이 진행되는 것이 아니라 개별적으로 이루어지다 보니 세입자들 역시 세입자대책위원회를 만들어도 공동으로 대응할 수 없었다. 이런 상황을 겪으면서 김광수와 함께 활동을 시작했던 지관근, 모동희 등 후배 활동가들이 서서히 흩어져 활동은 동

력을 잃게 되었다.

한편 1991년 성남에서는 빈민지역 운동이 사회복지 운동과 만나는 하나의 계기가 생겼다. 바로 1991년 8월 이상락과 지관근을 중심으로 '성남빈민복지상담소'가 설립된 것이다. 성남빈민복지상담소는 지역 실태 조사 작업과 무허가 지역의 변상금 문제 등에 공동 대응했고, '명복의 전화'를 개설해 저소득층의 장례를 지원하는 역할을 하기도 했다. 성남빈민복지상담소는 1993년 2월 '성남주민복지회'로 이름을 바꿔 활동을 이어나가다가 1996년 '사단법인 한국참사랑복지회'로 발전했다. 어르신 일자리 사업, 방문 보건 사업, 어르신 돌봄 사업 등을 실시해 지역사회에서 노인복지 활동의 선구자적인 역할을 수행했다.

1990년대: 주민 곁으로 더 깊이, 더 가까이

주민생활협동조합, 공동체반 모임의 강력한 힘

1970년대부터 소비자보호운동의 하나로 소비자의 권익을 높이고 우리 농산물 애용을 촉진하기 위해 주민교회에서 공동판매 사업을 시행했다. 이 사업은 1990년대를 맞으면서 새로운 가치와 변화를 모색하는 생명운동의 일환으로 발전했고, 나아가 환경오염, 생태계 파괴, 먹거리 안전에 대한 각성을 촉구하는 생활협동조합운동으로 발전했다.

1989년 12월 여신도회가 중심이 되어 도농직거래 사업을 시작했다. 초기에는 이천 애농회의 유정란과 김장 배추, 두레방(의정부 기지촌 여성 공동체)의 빵, 여신도회가 만든 참기름, 여주 지역 교회의 쌀, 홍성 풀무협동조합의 장류 등을 공동 구매해 직거래하는 형태였는데, 점차 조합원이 늘어나면서 전문적인 경영의 필요성이 제기되었다.

이때 이해학은 최민경에게 주민생활협동조합(이하 주민생협)을 만들어 보자고 제안했고, 최민경은 교회청년회 후배와 둘이 공부하기 시작하면서 직거래 사업을 맡아 진행했다. 그리고 1990년 12월부터 10개월간 일본에서 생활협동조합 연수 프로그램에 참여했다. 일본어를 한마디도 할 줄 몰라 사전을 세 개씩 가지고 다니며 공부했고, 처음 6개월 동안은 오로지 배달만 했다고 한다. 일본 생협은 공동체반(班)을 중심으로 반-지구-지부가 조직적으로 짜여 있었는데, 그 체계가 가장 배울 만한 점이었다. 최민경은 생협운동의 성공을 확신하게 되자 "돌아가면 생협을 할 수 있도록 차량을 준비해놓아라"라고 이해학에게 편지를 보냈다.

최민경이 일본에서 돌아오자 역사학교 회원 50여 명이 중심이 되어 본격적으로 생협을 준비하기 시작했다. 1993년 1월 정식으로 주민생활협동조합(이사장 장건)을 창립했다. 창립 초기 주민생협은 일본생활클럽생협의 운영 시스템인 무점포(예약 주문생산) 방식과 공동체반 공급 시스템을 도입했다. 공동체반을 통해 한 달에 한 번씩 함께 주문을 받고, 주문받은 물건들이 공동체반의 담당자 집으로 배달되면 담당자는 주문자별로 물건을 나눠놓고, 이후 조합원들이 직접 담당자의 집을 방문해 가져가는 형태로 운영되었다.

에피소드

생협에 참여하는 한 젊은 조합원은 어느 날 시어머니의 친구들이 집에 놀러 와서 "며느리가 수완이 좋아서 참 좋으시겠다. 저렇게 많은 물건을 하루 이틀 만에 다 팔아치우니 며느리가 돈을 얼마나 잘 버느냐. 부럽다"라고 이야기하는 것을 들었다. 시어머니는 딱히 뭐라 말도 못 하고 그저 헛웃음만 지었다고 한다. 그때 집에는 생협에서 주문한 물건들이 배달되어 있었는데, 하루 이틀 만에 조합원들이 방문해서 물건들을 가져가니까 생협을 모르는 시어머니 친구의 눈에는 그 집 며느리가 장사 수완이 좋아 돈을 많이 버는 것으로 비쳤던 것이다.

초기에는 생산자 그룹이 얼마 되지 않았기 때문에 품목이 50여 가지에

불과했다. 출자금도 계속 정기적으로 걷었다. 한 달에 한 번씩 주문할 때마다 3000원을 받았다. 조합원들과의 소통은 주로 반장을 통해 이루어졌고, 주민생협은 반 모임과 반장 모임을 적극적으로 지원하고 조직했다.

한 달에 한 번씩 회보를 내고 매주 한 번씩은 소식지를 냈는데, 소식지에는 한 달 동안 조합을 운영하려면 조합원이 얼마나 물건을 사야 하는지, 어떤 물건을 사면 좋은지 등을 자세히 소개해 초기에 조합 운영이 안정되는 데 큰 도움이 되었고, 조합원의 관심과 참여도 모을 수 있었다.

조합이 점차 안정되고 반 모임도 활성화되자 창조학교를 시작했다. 먹거리에 대한 관심이 아이들 교육 문제로까지 확장된 것이다. 창조학교는 엄마들이 직접 선생님이 되어 아이들을 가르치는 것이었는데, 3~4년 정도 운영되다가 방과후학교로 자리 잡게 되었다.

하지만 점차 조합원이 늘어나고 공급 지역이 확대되면서 무점포·공동체반 형식으로 운영하는 데 한계가 드러났고, 결국은 조합원의 요구에 따라 공급 권역(수정구·중원구·분당구)마다 거점 매장을 열게 되었다. 사실 주민생협이 처음부터 매장을 열 계획을 세운 것은 아니었다. 원래 계획은 건물을 하나 사서 유치원과 치과를 협동조합 방식으로 운영하는 것이었다. 이를 위해 3억 7000만 원 정도의 돈을 모았는데, 건물 주인이 갑자기 마음을 바꿔 건물을 팔지 않겠다고 하는 바람에 모아둔 돈이 있으니 매장이라도 만들자는 의견에 따라 2000년에 처음으로 매장을 열게 된 것이다. 그러나 매장을 내자 주변에서 주민교회가 돈장사(신협)를 하더니 이제는 먹거리 장사(생협)도 한다는 좋지 않은 소리를 듣기도 했다. 실제로 주민교회가 생협을 운영한다는 이유로 탈퇴하는 조합원이 생기기도 했다.

또한 기존의 생협들조차 운영에 어려움을 겪고 있는 상황에서 매장을 내는 것 자체가 일종의 모험이기도 했다. 공동체반을 중심으로 배달 주문하는 방식에서 개인 배달·매장 판매 방식으로 바뀌면서 주민생협의 강점이 점점 약해지고, 관리·운영 비용이 증가하기도 했다. 그런데 이런 어려움을 겪고 있을 때 때마침 먹거리 파동이 일어났다. 안전·안심 친환경 먹거리와 건강 등에 대한 관심이 높아지고 웰빙 바람이 불면서 주민생협은 조합원 수가 급격히 증가하는 성장기를 맞이했다.

1995년 지방자치가 본격적으로 실시되자 주민생협은 생활 정치 문제에도 관심을 쏟게 되었다. 일본과 계속 교류를 하고 있던 주민신협의 소개로 생활 의제를 중심으로 대리인운동을 활발히 펼치던 도쿄생활클럽생협[10]과 교류를 시작했다. 지역에서 일어나는 문제를 여성의 눈과 어머니의 마음으로 바라보며 지역사회를 안전하고 따뜻하게 보살피는 것이야말로 생협운동에서 중요한 '지역사회에 기여'라고 생각했기 때문이다.

그래서 처음에는 주민생협 조합원을 대상으로 하던 마을모임을 확대해 지역 주민과 함께 마을 계획을 세웠다. 이 과정에서 다양한 협동조합과 함께 지역사회를 살기 좋게 만들자는 비전이 세워졌다. 2006년 생협총회에서는 대리인운동을 하겠다고 공식적으로 천명했고, 2006년 지방선거에 김해숙 전 이사장이 시민 후보로 출마해 시의원으로 당선되었다. 그러나 생협의 이런 결정을 모든 조합원이 적극적으로 지지한 것만은 아니어서 최민경은 징계도 받고 감봉을 당하기도 했다. 김해숙은 시의원으로서 학교급식 조례를 제정하는 등 여성·복지 분야에서 두드러지게 활동해 2010년 재선에 성공했다.

---

10 도쿄생활클럽생협은 합성세제를 추방하고 비누 사용 운동을 벌이는 동안 시민의 소리를 정치에 반영하기 위해서는 주민들이 직접 정치에 참여할 수 있는 수단이 필요하다는 것을 절감했다. 생협 조합원이 중심이 되어 지역마다 자립적인 네트워크 형태의 정치단체를 결성했고, 이들은 지방의원 선거에 적극적으로 출마했다. 1993년에는 전국적으로 75명의 지방의회 의원을 당선시키기도 했다. 특히 도쿄 도의 가나가와 네트워크는 1990년대 말부터 2000년대 초반에 우리나라에 널리 알려졌는데, 이들은 '생활자 정치'를 표방했다. 네트워크를 통해 당선된 지방의원들은 철저히 네트워크의 의제와 정책을 지방 정치에 반영하는 대리인으로서 '대리인 운동'을 하는 사람으로 소개되었다. 당선된 지방의회 의원들은 자신이 받은 월급을 네트워크에 모두 내고, 그중 일부를 활동비로 받아 사용했으며 이를 철저히 공개했다. 또 더 많은 사람들에게 정치 참여의 기회를 제공하고, 당선된 의원들은 직업 정치인이 되지 않도록 재선 이상은 당선될 수 없도록 했다.

여성의 힘: 은행골여성모임과 동화읽는어른모임

은행동이 주거환경개선사업으로 변화하는 동안에도 주민들은 꾸준히 성장해 지역 활동의 전성기를 맞이했다. 김광수와 정채진은 1990년에 만든 은행골공부방을 1991년에 후배들에게 운영하도록 넘겨주고, 지역에서 여성 모임을 조직하는 데 전력해 탁아소 자모와 공부방 자모를 중심으로 '함께사는은행골여성모임'을 만들었다. 은행골지역모임처럼 활동가와 주민이 결합한 모임이 아닌 자모들을 중심으로 주민 스스로 움직이는 대중 조직을 만들고자 했다.

처음에는 그저 엄마들이 모여 지역을 위해 뭔가 좋은 일을 해보자는 데 의견을 모았고, 제일 먼저 시작한 일이 동사무소 마당에서 재활용 비누를 만드는 일이었다. 신문지나 우유팩을 가져오면 재활용 비누를 만들어 나눠주었다. 다음으로는 마을축제를 만들어보기로 했다. 마을축제 준비에는 엄마들이 직접 발 벗고 나섰다. 동네 가게를 일일이 돌면서 노래자랑 상품을 협찬받아왔고 후원금도 마련해왔다. 5톤 트럭을 빌려 동사무소 마당에 직접 무대를 꾸미기도 했다. 자신들의 손으로 무언가를 하나하나씩 만들어낼 때마다 엄마들이 느끼는 기쁨과 자부심은 말로 표현할 수 없을 정도였다. 정말 신이 나서 활동에 참여했고, 또 새로운 활동을 만들어내곤 했다.

축제가 끝나고 나서는 축제에 관한 소식을 알리자는 의미에서 마을 신문을 만들었다. 한번 마을 신문을 만들고 나니 이것이 지역신문으로 성장하게 되었다. 자모들의 열성적인 활동은 일련의 과정에서 주거환경개선사업으로 어수선하고 삭막하게 변해가는 동네에 활기를 돋우었다. 이렇게 주민들이 만든 지역 축제는 격년으로 열렸는데, 세 번째까지는 주민들의 힘으로 운영되다가 현재는 성남시로부터 보조금을 받아 주민자치위원회에서 주도해 진행하고 있다. 지역의 주거환경개선사업이 마무리되어가면서 주민들의 생활에 변화(이사나 생활양식의 변화)가 생긴 것이 함께사는

은행골여성모임에도 영향을 주지 않을 수 없었고, 그만큼 활동력도 떨어지기 시작했기 때문이다.

은행동의 주거환경개선사업이 거의 마무리되어가는 1995년 무렵에는 어린이 도서관을 만들었다. 당시에는 어린이 책에 대한 사회적 관심이 확산되어 어린이 서점이 생기기도 했고, 주민들이 자발적으로 모여 작은 도서관을 만드는 사례가 늘어나고 있었다. 정채진은 성남 지역에도 어린이 전문서점이 생기는 것을 보고 어린이 도서관을 만들어야겠다는 생각을 하게 되었다. 작은 도서관을 만들면서 독서 교육에 관심을 기울이게 되어 엄마들과 함께 '동화읽는어른모임'을 조직했다. 어린이도서연구회에서 매달 보내주는 회보는 엄마들과 함께하는 활동에 큰 도움이 되었다. 아이들과 함께 프로그램을 진행하기도 했고, 엄마들과 함께 책을 읽고 토론하기도 했다. 정기적으로 작가를 초대해 이야기를 듣는 자리를 마련하기도 했는데, 정승각·이재복 선생 등을 모셔서 정기 강의를 듣기도 했다. 특히 김준기는 오랫동안 관계를 유지하면서 동화읽는어른모임의 활동을 지원해주었고, 활동에 큰 영향을 주기도 했다. 책읽기 모임을 열면서 글쓰기교실을 진행했고, 1학년 엄마들을 위해 학부모교실 프로그램도 진행했다.

최초의 가출 청소년 공동생활 가정 '은행골우리집'

1993년 1월 정채진과 김광수가 새로운 활동을 시작하게 된 하나의 만남이 있었다. 당시 주거환경개선사업이 한창이어서 동네에 집을 짓는 공사장이나 철거를 앞둔 공가들이 많았다. 겨울바람이 매섭던 1월의 어느 날, 정채진은 길거리 공사장에서 스티로폼을 깔고 어디에서 구했는지 모를 더러운 이불을 덮고 자는 아이들을 만났고, 결국 자고 있는 아이들을 깨워 무조건 집으로 데려왔다. 그리고 나서 아이들의 이야기를 듣고 보니 도저히 아이들을 다시 거리로 내보낼 수 없었다. 그렇게 공동생활 가정(그룹홈)을 시작했다. 알코올중독에 상습적으로 폭행하는 아버지가 무서워 무작정 집을 나온 아이도 있었고, 집안 형편이 너무 어려워 아버지와 함께 노숙자가 된 아이도 있었다. 아이들을 며칠간 데리고 있으면서 구청과 사회복지시설 등을 찾아다니며 아이들이 제대로 지낼 수 있는 대책을 수소문했으나 마땅히 보낼 곳이 없었다. 차마 아이들을 고아원에 보낼 수 없었던 김광수는 결국 직접 아이들을 키우기로 결심하고, 데려온 아이들의 아버지를 수소문한 뒤 아이들을 자신이 키우겠다고 설득해 어렵게 그들로부터 양육권 포기를 얻어냈다. 그렇게 아이들과 함께 '은행골쉼터'라는 이름으로 공동생활 가정을 만들어 생활을 시작했다. 그러나 아이들과 지내는 일이 만만한 건 아니었다.

당시에는 우리 아이들과 데려온 아이들을 함께 한집에서 키웠어. 그러다 보니 첫째 아이가 그때 6살 정도였는데, 우리가 모르는 사이에 형들에게 괴롭힘을 당하기도 한 것 같아. 첫째가 우리한테 자신들의 일을 고자질하는 것은 아닌가 의심해서 더 힘들게 하기도 한 것 같아. 그래서 지금도 첫째는 그룹홈이라면 발길도 하지 않아. 특히 초창기에 데려온 아이들은 본드를 마시거나 도벽이 있는 등 문제아들이 많았지. 그중 한 아이는 정말 도벽이 심했어.

밤에 잠을 자고 있으면 몰래 방에 들어와 옷이며 지갑 등을 뒤져 돈을 몽땅 가져가기 일쑤였지. 아침에 일어나 보면 돈이 땡전 한 푼 없는 거야. 아이들 차비며 학용품값 등을 줘야 하는데 말이지. 그래서 나중에는 내가 자는 이불 밑에 돈을 깔고 잤어. 경찰서, 파출소, 법원 따라다니는 일은 일상이었고, 어 떨 땐 결국 적응하지 못하고 나가는 아이들도 있었지. 물론 모든 아이들이 그랬던 건 아니야. 쉼터에 오면서 안정되어서 정말 건강하게 잘 자란 아이들 도 많지. 대학도 가고 직장도 얻은 아이들이 이제 나도 뭔가 갚을 수 있게 되 어서 기쁘다고 하면서 찾아올 때는 정말 가슴이 벅차. _김광수

은행골쉼터는 1998년 12월 IMF 때 보건복지부 지정 노숙자 자녀 쉼터 로 인가를 받았고, 1999년 1월에는 '은행골우리집'으로 명칭을 바꾸고 성 남시 수정구 수진동에 분가해 총 두 가구를 운영하기 시작했다. 당시는 구 제금융 상황이었기 때문에 노숙자를 위한 쉼터, 특히 가정으로부터 보호 받지 못하는 청소년을 보호하는 일이 무엇보다 중요했다.

아이들과 함께 생활하면서 김광수는 본격적으로 사회복지를 공부했고, 2000년부터는 아동복지법의 내용을 개정해 그룹홈, 지역아동센터 등이 법 제화될 수 있도록 힘을 모았다. 결국 2004년 12월 아동복지법이 개정되었 고, 2005년 1월부터는 쉼터 등이 명문화되었다. 은행골우리집이 공동생활

가정으로는 최초로 사회복지법인이 된 것이다. 현재는 은행골우리집 세 군데가 운영되고 있다.

주민신협, 교회의 틀을 벗어나 지역으로 나아가다

처음에 책상 하나 놓고 시작한 주민교회신협은 1989년, 주민교회 2층에 별도의 사무실 50평을 얻어 이사하면서 생활협동조합추진위원회와 함께 사무실을 사용하게 되었다. 생활협동조합을 준비하기 위한 기금을 마련하는 데도 적극적으로 지원했다. 처음에 독자적인 사무실을 얻을 때만 하더라도 이현배가 신협을 개인적으로 이용하는 게 아닌가 하는 주변의 곱지 않은 시선이 있었지만 이현배는 크게 신경 쓰지 않았다.

1992년 주민교회신협은 교회로부터 완전히 사무실을 독립시키고 자체 건물을 매입해 이사했다. 그러자 이현배가 주민신협을 개인적으로 이용한다는 의혹의 시선은 더욱 커질 수밖에 없었고, 많은 교인들이 주민신협을 반대하기 시작했다. 그러나 이현배는 신협은 교회 안에 머무를 수 있는 것이 아니기 때문에 주민신협으로 변화하는 것이 옳다는 신념으로 교인들을 설득해나갔다. 교회(단체)신협에서 지역신협으로 변화를 꾀한 것이다. 즉 교회신협에는 교인만 조합원으로 참여할 수 있는데, 신협이 교회 밖으로 나가더라도 주민교회가 신협을 만들면서 추구한 정신을 벗어나는 일은 없을 것이고, 제대로 된 신협운동을 하려면 지역신협으로 변화해야 한다고 확신했던 것이다. 그리하여 1995년 11월, 지역신협으로 '주민신용협동조합'[11]을 정식으로 발족했다.

----

11 현재 주민신협은 태평본점, 수진지점, 신흥지점 등 세 개 지점과 2014년에 매입한 신본점을 운영하고 있고, 자산 1700억 원에 이르는 건실한 신협으로 성장했다. 신본점을 매입하는 과정에서 우려가 많았던 건 사실이나 이제 주민신협은 성남 지역의 협동사회 경제 네트워크라는 더

신○○ 씨는 1981년 "간암으로 남편이 세상을 떠난 뒤 7남매를 데리고 성남으로 올라와 날품을 팔아 생계를 이어갔다. 하루에 버는 돈은 2, 3천 원으로 한 달 꼬박 일해도 8, 9만 원이 수입의 전부였다. 월세 2만 원을 내고 나면 아이들 학비는 물론 생활비도 모자랐다. 하지만 신협의 융자가 그에게 살길을 열어주었다. 그는 이듬해 신협으로부터 100만 원을 빌려 단칸방이지만 전세를 얻었고 그때부터 하루에 1000원씩 저축을 시작했다. 3년쯤 지나 빌린 돈을 다 갚은 뒤 다시 300만 원을 빌려 방 2개짜리 옥탑방을 얻었고 다음에는 700만 원을 빌려 독채 전세를 얻었다. 성남에 온 지 18년째인 1999년. 비록 1450만 원을 빌리고 전세를 끼긴 했지만 마침내 신 씨는 집을 샀고, 이 집을 허문 뒤 지하 1층, 지상 2층짜리 새 집을 지었다. 신협이 없었다면 꿈도 못 꿨을"[12] 일이었다. 아이들 공부 시키고, 집 사고, 나중에 그 집을 팔아 아이들 시집, 장가를 보냈다.

주민교회를 나오면서 주민신협은 성남중앙시장 안으로 더 깊숙이 자리를 잡아나갔다. 마침 신협 앞에 초등학교가 하나 있었는데, 학교 스쿨뱅킹을 주민신협이 맡고 싶어 했으나 그럴 만한 여건이 안 되었다. 학교에서는 신협이 뭔지도 모르는 상황이었기 때문이다. 그래서 생각해낸 것이 학생들을 대상으로 재활용운동을 전개하는 일이었다. 아이들이 급식으로 먹은 우유팩을 말려서 가져오거나 폐지를 모아오면 재생지로 만든 휴지나 공책으로 바꿔주는 방식이었다. 아이들에게 환경이 소중하다는 걸 알려주는 동시에 경제 교육의 효과도 있었다. 아이들이 이런 활동에 재미를 느끼자 꼬마 손님들이 신협에 몰려들었다. 2년을 그렇게 활동했더니 초등학교 교장이 찾아와 "신협이 무엇을 하는 곳이냐?"라며 관심을 보였다. 자연스레 아이들에게 영향을 받은 학부모들이 신협과 거래하는 일도 잦아졌다.

초등학교에서 관심을 보이자 스쿨뱅킹을 할 수 있겠다는 생각이 들기

큰 그림을 그리고 있고, 최근에는 성남 지역에서 대안적인 사회적 경제 모델을 만드는 일로 사회적 기업이나 마을 기업을 지원하기 위한 협동 기금을 마련하는 첫발도 내딛었다.

12 권복기, "서로 돕는 푼돈의 힘", ≪한겨레≫, 2005년 7월 19일 자.

시작했다. 그래서 1년을 기다리면서 신협에서 스쿨뱅킹을 맡을 수 있도록 계속 설득했고 차근차근 준비도 했다. 이현배는 학교 운영위원으로 참여도 했다(그 후 11년 동안이나 학교 운영위원을 맡았다). 다음 해 학교 운영위원회 절대다수의 지지를 받아 결국 신협은 초등학교의 스쿨뱅킹을 맡게 되었다.

초등학교 스쿨뱅킹을 맡게 된 것은 매우 보람 있는 일이었다. 어떤 사람들은 스쿨뱅킹을 옮기는 것이 뭐가 그리 대수냐고 할지 모르지만 우리 같은 작은 신협이 스쿨뱅킹을 맡는 건 다윗과 골리앗의 싸움에서 다윗이 이긴 것이나 다름없는 일이었다. 원래 상업은행에서 스쿨뱅킹을 운영하던 것을 학부모 80퍼센트 이상의 지지를 받아 신협으로 바꾼 것이다. 우리 신협이 대형 은행보다 이자를 더 많이 주는 것도 아니고 서비스가 더 좋은 것도 아니다. 더구나 시중은행은 안정적이라는 생각이 더 강한 것이 사실이다. 그럼에도 불구하고 우리 주민신협으로 스쿨뱅킹을 바꾸게 된 것은 돈이 아니라 사람을 우선으로 만나는 자세가 통했던 것이다. 지금은 아이들의 저금액이 10억을 넘는다. _이현배

1997년에는 IMF가 터졌지만 신협은 거뜬히 위기를 이겨낼 수 있었다. 주민신협에 대한 주민들의 신뢰가 높은 덕이었다. 그런데 IMF보다 더한 위기가 2003년에 찾아왔다. 금융감독원이 110여 개 신협을 동시에 퇴출시킨 것이다. 주민의 불안은 커졌고 2주 동안 30억 원이 인출되는 사태가 벌어졌다. 이현배는 그때를 "신협 문 열리는 소리만 들어도 가슴이 쪼그라드는 것 같았다"라고 회상했다. 도산 소식을 듣고 연일 찾아오는 조합원들을 그래도 어떻게든 설득해서 돈을 찾아가지 않도록 하는 수밖에 없었다. 혹자도산을 우려했지만 다행히 무사히 위기를 넘길 수 있었다.

2003년의 위기를 넘기면서 주민신협은 어려운 와중에 더 큰 모험을 시

도했다. 현재 신협 본점이 위치해 있는 건물을 임대한 것이다. 너무 크게 일을 벌이는 게 아닌가 하는 주변의 반대도 많았고, 건물을 임대하는 과정에서 우여곡절도 많았지만 결국은 해냈다.

주민신협은 2000년대 초반부터 주변의 재래시장 상인과 함께 마을 단오잔치를 열었다. 단오가 되면 시장 네거리를 통제하고 상인과 마을 주민들이 어우러지는 큰 잔치를 마련한 것이다. 죽어가는 재래시장에 흥을 불어넣는 일이라 주민들은 즐거워했고 상인들의 반응도 아주 좋았다. 이처럼 주민신협은 지역사회와 주민을 위해 수익을 환원하면서 조합원 스스로 "신협은 우리 것이다"라고 느낄 수 있도록 활동을 이어가고 있다.

외국인 노동자, 그들도 주민이다

1986년 산자교회를 만든 김해성 목사[13]는 노동 문제를 상담해주기 위해 '희망의 전화'를 개설했다. 그런데 1980년대 말에 민주노조 운동이 활발해지면서 노동자들이 스스로 민주노조를 만들게 되자 이전에는 스스로 해결해야만 했던 문제를(임금을 못 받거나, 부당 해고를 당하거나, 산업재해를 당하는 등의 문제) 노조를 통해 해결할 수 있게 되었고, 노동 문제 상담이 뜸해지기 시작했다. 1990년대에 들어서면서 성남의 공단 지역에 많은 중국 교포와 외국인 노동자가 취업하게 되자 자연스럽게 이들에 대한 지원의 필요성이 제기되었다. 1993년 3월, 산자교회에서 운영하는 노동 상담소 희망의 전화에 국내에 취업 중인 중국 교포와 외국인 노동자의 상담이 급증하게 되자 김해성은 재직회를 통해 외국인 노동자를 위한 상담 사업을 시

---

13 산자교회의 김해성 목사는 1981년 1월부터 주민교회에 전도사로 청빙되어 1986년 4월까지 시무했다. 1986년 5월 1일에는 노동선교를 목적으로 상대원동에 산자교회를 설립했다. 2000년에 서울로 올라와 서울외국인노동자의집과 중국동포의집을 만들었다. 김해성은 현재 지구촌사랑나눔의 이사장이다.

작하기로 공식적으로 결의하고, 상담소를 더 체계적이고 구체적으로 운영하기 위해 이해학에게 외국인 노동자 상담소 개설을 함께 추진하자고 제안했다. 외국인 노동자 상담소를 개설하려면 우선 건물(공간), 훈련된 일꾼, 운영자금이 필요했는데, 준비된 것이 아무것도 없었기 때문이다.

이해학은 이런 제안을 받아들여 산자교회와 주민교회가 공동 추천한 다섯 명으로 준비위원회를 구성했다. 구성원은 이해학, 김해성, 남구현(산자교회 노동상담소 소장), 임승철(주민교회 전도사), 양혜우(실무 예정자인 주민교회 청년)였으며, 1993년 12월 2일 외국인 노동자 상담소 설립을 위한 첫 모임이 열렸다. 이 회의에서 외국인 노동자 상담을 위한 실무자 훈련을 받을 수 있도록 양혜우를 다른 외국인 노동자 상담소에 파견하기로 결정했다.

1993년 12월 23일부터 양혜우는 여러 외국인 노동자 상담센터를 방문해 체불 임금 문제 해결, 외교기관 섭외 등과 관련된 실무 업무를 익혔고, 1월 11일부터 2월 14일까지 '외국인 노동자 산재 보상 요구 농성'에 참가해 외국인 노동자도 산재 보상을 받을 수 있도록 하는 성과를 올리기도 했다. 약 2개월의 훈련 과정을 마친 후 1994년 2월부터 매주 1회 준비 모임을 개최해 외국인 노동자 상담소 개소에 관한 전반적인 준비 작업을 진행했다. 당장 밀려오는 문의를 모른 채 할 수는 없어서 어떻게든 시작하고자 주민교회 지하에 서재로 사용하던 공간을 비워 '외국인 노동자 상담소' 간판을 걸고 일단 상담을 시작했다.

준비 과정에서 외국인 노동자 상담소는 교회 차원의 선교 기관으로 열기보다는 여러 뜻있는 인사와 함께하는 성남 지역의 모임으로 재구성해야 한다는 제안이 있었고, 이 의견에 따라 준비위원회를 확장하고 지역 인사들을 영입해 16명의 이사진을 구성했다. 1994년 4월 3일 정식으로 창립이 사회를 개최해 '성남외국인노동자의집'을 공식 명칭으로 정하기로 합의했고, 임원으로는 이사장에 이해학, 소장에 김해성, 사무국장에 양혜우를 추대했다. 1994년 4월 10일 개소식을 열었고, 개소식을 기점으로 임금 체불,

산업재해, 폭행, 의료·송금 문제 등 외국인 노동자를 위한 업무를 시작했다. 1995년부터는 주말 무료 진료 센터를 개설해 외국인 노동자와 중국 교포를 대상으로 진료 활동을 시작했다. 1996년 6월에는 외국인 노동자를 위한 법 제정운동을 전개하다가 김해성과 양혜우가 구속되기도 했다.

처음에는 파키스탄이나 방글라데시 등 동남아에서 일하러 온 노동자들의 상담이 많았는데, 어느 순간 중국 교포들이 몰려들기 시작했다. 당장 잘 곳이 없는 중국 교포들이 많아서 교회에서 쓰고 있던 지하 1층의 학생회방, 청년회방, 여신도방 등을 외국인 노동자들에게 내어 주었다. 나중에는 1층 교육관 전체를 외국인 노동자들을 위한 쉼터로 개방했다. 한편 노동 현장에서 부상당해 오갈 데가 없는 노동자가 왔기에 쉼터를 사용하라고 했는데, 다음에 여성이 이런 일로 오게 되면 남녀가 같은 방을 쓸 수는 없으니까 또 방 하나가 필요했다. 파키스탄 노동자와 방글라데시 노동자가 한방을 쓰게 할 수가 없어서 또 방이 필요했다. 이렇게 하다 보니 결국은 1층 교육관도 꽉 찼다. 더 이상 공간을 마련할 수가 없어서 교회 마당에 컨테이너를 들여 기거할 수 있도록 하기도 했다. 어떤 때는 한 주에 500명씩 외국인 노동자와 중국 교포가 몰려와 도저히 감당이 안 되기도 했다.

1996년 4월 네팔공동체 설립을 기점으로 중국동포교회(1996년), 중국동포회(1997년), 방글라데시공동체(1997년), 몽골공동체(1998년), 스리랑카공동체(1998년), 아랍공동체(1999년), 미얀마공동체(2000년)가 계속 결성되었다. 이렇게 외국인 노동자와 중국 교포가 급격히 늘어나자 2000년에 김해성은 가리봉동에 '중국동포의집'을 만들어 본격적으로 활동을 펼쳐나갔다. 서울뿐만 아니라 안산·광주·양주·화성 등지에서도 외국인노동자의집과 중국동포의집을 설립했다.

이처럼 성남 지역에서 외국인 노동자들을 위해 활동한 것은 당시로서는 매우 선구적인 일이었다. 대부분 다른 지역들은 2000년이 지나서야 외국인 노동자 문제에 관심을 두기 시작했는데, 성남 지역은 일찌감치 1993년부터 외국인 노동자 문제에 관심을 가지고 활동했다. 현재 외국인노동자의집은 해소되었고, 주민교회에서는 '이주민센터'로 이름을 바꿔 쉼터의 기능만 남겨두었다. 그리고 2013년 성남시에서 만든 '성남시 외국인주민복지 지원센터'(소장 이상락)를 주민교회가 위탁받아 운영하고 있다.

초등학교가 없는 마을은 마을이 아니다: 남한산초등학교 살리기

정채진은 은행골공부방을 운영하면서 매해 방학마다 진안으로 가는 시골 체험 캠프를 진행했는데 아이들이 무척 좋아했다. 자연과 더불어 마음껏 놀 수 있는 기회였고, 색다른 농촌 생활을 체험하는 기회이기도 했다. 그런데 무주·진안 지역은 상당히 멀기도 해서 주변의 향토 문화를 찾다 보니 자연스레 가까이에 있는 남한산성에 관심을 두게 되었다. 그러면서 남한산초등학교가 폐교 위기에 처한 사실을 알게 되었다.

당시 남한산초등학교는 100년의 역사가 있는 학교였는데도 학생이 고작 27명에 불과해 폐교 위기에 빠져 있었다. 2000년 여름방학 때 캠프를 기획하던 정채진은 학교 사정을 듣고 교장을 찾아가 남한산초등학교에서 캠프를 진행하고 싶다는 의견을 밝혔다. 폐교 위기 앞에서 실의에 빠져 있던 교장은 쉬이 허락하지 않았다. 그러자 정채진과 엄마들은 캠프를 1박 2일로 진행하는 동안 쓰레기를 만들지 않겠다고 약속해서 간신히 허락을 받을 수 있었다. 과자 등을 가져오지 말고 도시락을 준비하도록 아이들에게 당부했다. 다음 날 캠프를 마치고 아이들이 떠났는데, 정말로 쓰레기가 하나도 남아 있지 않았다. 그러자 교장의 마음도 서서히 움직이기 시작했다.

정채진은 동화읽는어른모임의 엄마 10여 명을 모아서 학교 선생님을 초대해 워크숍을 진행했다. 이를 통해 남한산초등학교 살리기를 본격적으로 추진하기로 결정하고, 교장과 이장, 남한산초등학교 육성회장을 찾아가 설득했다. "지역사회에 초등학교가 없다면 지역사회가 아니다"라는 어떤 분의 말씀을 기억하면서 먼저 학교를 알리기 위한 활동을 전개했다. 남한 산초등학교는 천혜의 자연환경을 지녔고, 생생한 교육 현장인 남한산성이 라는 역사적인 유적지 안에 있다는 것을 학부모들에게 강조했다. 본격적 으로 '남한산초등학교 전학추진위원회'를 구성해 학생들을 전학시키는 활 동도 이어갔다. 교장과 마을 이장, 만해기념관 관장과(남한산성 안에 동림사 터가 있었는데, 이곳은 만해 한용운이 거처하면서 공부하던 곳이라 만해기념관이 조성되어 있었고, 만해기념관 관장은 남한산초등학교 살리기에 적극적이었다) 엄 마들이 모여 학생들을 전학시키기 시작했다. 물론 전학은 주소지를 옮겨 야 하는 일이기에 남한산성 내 향토 마을에 살고 있는 사람들의 협력 없이 는 불가능했다.

다음으로 선생님을 모셔와야 하는 과제가 있었다. 교육청을 통해 선생 님들의 전근을 적극적으로 요청했고, 그 과정에서 대안 교육에 관심 있는 선생님들(서길원, 안순억, 김영주 등)이 전근을 왔다. 이것은 교육에 대해 새 로운 꿈을 품은 학부모들과 교사들의 운명적인 만남이었다. 남한산초등학 교는 2001년 정원 94명에 여섯 학급을 확보해 폐교의 위기를 넘겼다.

그러나 처음부터 학교가 안정적으로 운영된 것은 아니었다. 무엇보다 남한산성 내에 살고 있는 향토 마을 아이들과 외지에서 전학 온 아이들 사 이에 문화적 간격이 너무 컸다. 향토 마을 안에서 살던 아이들은 농촌의 생활 방식으로 살아가는 아이들이었지만, 외부에서 전학 온 아이들은 도 시적인 생활이 몸에 밴 아이들이었기 때문이다. 그러나 시간이 지나 자연 의 품에서 함께 자란 아이들은 서로의 집을 오가기도 하면서 서서히 친구 가 되어갔다. 따로 시골 체험을 할 필요가 없어진 것이다. 친구 집에 가기 만 하면 바로 시골 생활이 그대로 펼쳐졌다.

남한산초등학교는 '아름다운 학교상'을 수상했다. 남한산초등학교의 학 교 살리기 운동이 알려지면서 다양한 사람이 학교로 전학을 왔고, 또 전학 오고 싶은 학교가 되었다.

정채진의 아들도 이때 남한산초등학교로 전학했는데 학교생활을 몹시 재미있어 했다. 전에 학교에 다닐 때는 깨워도 일어나지 않던 아이가 학교에 가고 싶어서 아침 일찍 스스로 일어날 정도였고, 학교에 가면 노는 데 정신이 팔려 저녁 늦게야 산길을 넘어 집으로 돌아오기도 했다. 그러던 아들이 졸업식에서 소감을 이야기하면서 "나는 여기가 학교인 줄 몰랐다"라고 했다.

주민의 욕구에서 시작되는 조직화의 씨앗 찾기

지난 30여 년의 성남 빈민지역 운동의 역사와 활동을 돌이켜보며 인상 깊은 몇 가지 시사점을 정리하는 것으로 글을 마무리하고자 한다.

첫째, 조직화는 탐구와 상상의 결과물이다. 주민들이 가장 불편해하고 가장 해결하고 싶어 하는 곳에서부터 (그래서 당장 아픈 이를 찾아내는 것과 같은) 조직화는 시작된다. 조직화의 첫 단추는 지역 주민의 욕구를 포착하는 것이다. 이해학이 실업자대책위원회를 만들고 신용협동조합을 만들게 된 과정이나, 이상락이 노점상을 조직화한 과정이나, 정채진과 김광수가 은행골공부방을 만들게 된 과정에서 우리가 주목할 점은 활동가가 지역 주민의 욕구를 어떻게 파악하고 이를 활동으로(조직화의 전략으로) 연결해냈느냐 하는 것이다.

둘째, 의식화는 좋은 경험에서부터 시작된다. 첫사랑의 기억처럼 아련하고 생각만 해도 슬며시 미소가 번지는 좋은 경험들 말이다. 이해학은 연극으로 드리는 예배를 상상해 모든 교인과 함께 연극을 만들었고, 꼴찌가 더 자랑스러운 협동마라톤을 만들었다. 정채진은 하늘어린이집과 은행골공부방에서 자모들과 만나면서 자모들이 누려보지 못한 학창 시절의 결핍을 채울 수 있도록 새로운 경험을 선물했다. 그저 바라보는 것, 듣는 것이 아니라 "스스로가 주인이 되어 해보는 것"을 통해 주민은 마음으로부터 새로운 것을 받아들이고 변화하기 시작한다. 의식화는 깨어 있는 것을 말하고, 그 깨어 있음은 기분 좋은 기억에서 힘을 얻는다.

셋째, 활동가도 한 사람의 생활인이다. 마을 안에서 또는 사회 안에서 스스로의 삶을 꾸리지 못하면 결국 지속 가능한 활동을 보장받지 못한다. 1970년대와 1980년대 초반에 활동을 시작한 선배들은 자신이 가지고 있는 개인적인 네트워크를 통해 최소한의 활동비를 마련할 수 있는 능력이 있었다. 하지만 그 이후의 활동가들은 (특히 지금의 젊은 활동가들은) 이런 네트워크가 없을 뿐만 아니라 만들어낼 수도 없으므로 미래에 대한 불안에다가 당장 오늘의 불안마저 안고 살아가야 한다. 김광수와 함께 성남을 전략적으로 선택하고 활동 공간을 옮겼던 후배 활동가들은 열정적으로 활동했지만, 결국 생활 문제로 하나둘 현장을 떠나거나 처음 가졌던 이상에서 멀어지게 되었다. 물론 모든 책임을 활동가 개인에게 지울 수는 없다. 그러나 지속 가능한 활동을 위해서는 활동가 역시 이제 생활인으로 무장해야 한다.

넷째, 주민운동은 주민이 스스로 힘을 조직하고 만드는 것이다. 1970~1980년대 담임 목사가 구속되었는데도 교회를 지켜낸 주민교회의 신자들이 있었다. 노동운동의 현장에서, 노점상 단속의 현장에서, 철거 투쟁의 현장에서 생존권을 지켜내기 위해 기꺼이 싸운 주민들의 땀과 눈물과 희생이 없었다면 지금의 우리는 없었을지도 모른다. 광주대단지 사건 이후 지난 30년간 빈민지역 운동을 통해 '무엇이 남았는가?'라고 누군가 묻는다면, 결국 그 모든 현장에서 함께했던 사람들이 남았다고 말해야 할 것이다. 주민이 자신의 힘을 조직하고 만드는 과정은 지금도 진행 중이다. 어쩌면 앞으로도 ······.

글을 마치며 인터뷰에 응해주고 도와준 분들께 특별히 감사드린다. 정보와 자료의 양이 일정하지 않고, 한정된 분들의 인터뷰만으로 쓴 글이다. 더 많은 분들의 다양하고 풍부한 이야기를 담아내지 못한 아쉬움을 밝힌다.

제한된 자료와 시간 속에서 외부자의 시선으로 성남의 빈민지역 운동을 지극히 작은 프리즘을 통해 집필한 것을 넓은 마음으로 양해해주시기 바란다. 아울러 지난 30년간의 빈민지역 운동 역사 속에서 주민과 함께한 수많은 활동가들의 땀과 노력에 경의를 표한다.

서울 관악

주민의 힘, 공동체와 연대로 피어나다

　관악구는 1970년대에 서울 도심 지역을 개발하면서 밀려난 철거민들이 관악산 주변과 인근 야산 등에 판잣집을 짓고 정착하면서 생겨난 대표적인 달동네다. 산동네가 워낙 넓은 지역에 펼쳐져 있었고 가난한 사람들이 산기슭부터 꼭대기까지 빼곡히 모여 살았기 때문에 이들과 함께하고자 했던 빈민운동 활동가들도 많이 모여들었다. 1970년대에 처음으로 관악구에 들어온 김혜경을 시작으로 1980년대 후반부터는 25개가 넘는 센터·기관과 그 열 배가 넘는 활동가와 자원 교사가 봉천 3·6동, 봉천 5·9동을 중심으로 한 봉천동 권역, 신림 7동인 난곡을 중심으로 금천 시흥을 포함하는 신림동 권역에서 살거나 활동했다. 이들은 주민 속에서 공부방이나 교회와 같은 센터를 운영하면서 주민을 만나고 지역에 필요한 활동을 수행했다. 활동가들의 가장 중요한 관심사는 '어떻게 하면 주민이 머잖아 시작될 재개발사업에서 마을공동체를 지켜갈 수 있을까?'였다. 주민이 큰 위기를 극복할 수 있도록 조직을 만들고 힘을 키우는 건 활동가들의 바람이자 사명이었다. 1990년대 관악구에 동시다발적으로 들이닥친 재개발사업과 강제 철거는 마을에 큰 시련과 고통을 안겨주었다. 활동가들은 주민이 준비된 곳에서는 준비된 대로, 준비되지 않은 곳에서는 또 그 나름대로 조직을 만들어 대응하면서 마을공동체가 재개발 광풍을 이겨내고 이후에도 지속될 수 있도록 노력했다.

이 글에서는 관악의 활동가들이 주민을 어떻게 만나고 조직하면서 지역 위기에 대처했는지를 살펴보고자 한다. 아울러 이 과정에서 활동가들이 연대를 통해 더 큰 힘을 모으려고 노력한 경험을 살펴보고자 한다.

관악구 빈민지역 운동이 시작된 난곡

'난곡(蘭谷)'은 현재 난향동, 난곡동, 미성동을 포괄하는 전래 지명이다. "조선 시대 명장 강홍립 장군이 이곳에 유배되어 은거하면서 난초를 많이 길렀다는 데서 유래"[1]했다고 한다. 이 장에서 난곡은 현재의 난향동(옛 신림 7동)을 의미한다.

난곡은 1960년대 초까지 서울 남부 지역의 끝이었으며 논밭과 숲으로 둘러싸인 산이었고, 골짜기가 깊어 공동묘지로 쓰인 곳이었다. 1965년 대홍수로 한강 뚝변 서부 이촌동 주민들이 수해를 당해 이곳으로 이주하게 되었다. 1967년 서울시는 구로박람회를 개최하면서 대방동 뚝방길 지역을 대거 철거하고 주민을 이곳으로 집단 이주시켰다. 서울시는 당시 이주민 한 가구당 대지 8평씩을 주었다. 수천 세대가 이주하게 되면서 집을 지을 땅이 모자라 공동묘지 이장과 집단 이주가 동시에 진행되었다. 당시 이주

---

1   조문영, 「'가난의 문화' 만들기: 빈민지역에서 '가난'과 '복지'의 관계에 대한 연구」(서울대학교 인류학과 석사 학위논문, 2001), 24쪽.

민들은 자신들의 처지를 한탄하면서 '낙골(落骨)'이라는 명칭을 쓰기 시작했다. 공동묘지를 이장하는 데 해골이 쓰레기처럼 뒹구는 모습과 자신들이 청소차에 실려 산 위에 내려져 뒹구는 모습이 같다는 것을 비유한 표현이었다고 한다.

난곡 빈민지역 운동의 역사는 김혜경이 지역에 들어가면서부터 시작된다. 김혜경(현재 72세)은 난곡에 들어오기 전 이미 개미마을, 창신동, 청계천에서 빈민과 함께한 경험이 있는 사람이었다. 1969년 가톨릭 대표로 추천받아 6개월간의 연세대학교 도시문제연구소 CO 훈련 과정을 이수했다. 알린스키의 조직화 방법론을 화이트 목사에게 훈련받으며 창신동에서 주민조직 운동을 했다. 이후 1972년부터는 수도권특수선교협의회에 실무자로 합류해 청계천에서 활동을 준비했으나, 바로 이듬해인 1973년 남산 부활절 예배 사건으로 협의회 목사들이 구속되어 김혜경도 활동을 중단할 수밖에 없었다. 더 이상 청계천에서 활동할 수 없게 되자 새로운 지역을 모색하던 중 김수환 추기경의 소개로 당시 가톨릭노동청년회 남부 지역 지도신부인 도요안을 만나 난곡 지역을 소개받았다.

난곡 주민조직의 시초 국수모임

난곡 지역을 답사한 후 1973년 7월부터 6주간 난곡에서 신학생 훈련을 진행했다. 신학생들은 공소에서 먹고 자면서 새마을운동 취로사업이나 동네 가내수공업, 집 짓는 노동 현장에 파견되어 현장 활동을 했다. 김혜경은 창신동에서 난곡으로 버스를 세 번 갈아타고 출퇴근하며 신학생을 훈련했다. 당시 큰딸은 세 살이었고, 둘째를 임신하고 있었다. 그래도 매일 난곡에 와서 신학생을 훈련하고 시간이 날 때마다 지역을 다니며 마을을 살피고 주민을 만났다. 6주의 신학생 훈련은 끝났지만 김혜경은 그동안 친분을 쌓았던 주민들과의 인연으로 주말마다 난곡 공소에 와 미사를 드

국수모임 회원

리고 주민을 만났다. 새롭게 활동할 빈민지역을 찾아야 했던 김혜경에게 난곡은 적절한 곳이었다. 김혜경은 주말뿐 아니라 평일에도 난곡에 와서 주민을 만났고, 이내 가내수공업을 하는 또래의 젊은 엄마들과 친분이 쌓이면서 '국수모임'을 시작하게 되었다.

그해 10월 지나 국수모임을 시작했어. 내가 배고파서 시작한 거야. 큰애(김 미정, 당시 3세) 끌고 기저귀 가방에 라면을 넣고 다녔어. 어느 집이 밥 먹으면 꺼내놓고 얻어먹으려고. 그런데 점심을 안 먹는 거야. 그래서 만날 보리밥 한 끼 먹고사는데 다른 방법이 없냐? 한 달에 한 번 국수라도 먹자. 얼굴 보고 국수 먹자. 만날 '아무개 엄마 엄마' 하면서 애들 싸움, 어른 싸움 하지 말고 국수 먹으면서 사는 이야기 하자. 돈 많은 사람들은 한 달에 몇만 원 내고 돈 계도 하는데 우리는 100원씩 내서 국수 계를 하자 한 거야. _김혜경

1973년 10월 김혜경의 제안으로 가장 꼭대기 골목에 사는 여성 15명이 100원씩 내서 한 달에 한 번 막국수를 먹는 국수모임이 시작되었다. 한 달에 한 번 모여 국수를 끓여 먹으면서 자연스레 서로 사는 이야기가 오갔다. 주로 아이 이야기, 남편이 노동하는 이야기 등이었다. 국수모임은 한 달에 한 번씩 모이는 공식적인 생활 나눔으로 발전했다. 생활 나눔을 하다

보니 서로 공감하는 생활 문제가 나왔다. 한 남편이 일용 노동을 하고 일당 5000원을 받아 막걸리를 마시고 집으로 오던 중 시흥에서 산을 넘다가 강도를 만나 돈을 뺏겼다는 것이었다. 이를 놓고 무엇이 문제인지 이야기를 나누던 중 '산길이 너무 어둡고 가로등도 하나 없는 것이 문제다'라는데 의견을 모았다. 국수모임 회원들은 '산꼭대기에 가로등을 놓자'고 결정하고 동사무소에 찾아가 가로등 설치를 요구했다. 그 결과 가로등뿐 아니라 방범 초소까지 설치되는 성과를 얻었다. 이 사건으로 국수모임 회원들은 '우리가 해냈다', '나 혼자 문제라고 느끼기만 한 것을 우리 힘으로 해결했다'라는 자긍심을 갖게 되었다.

그해 겨울에는 비탈길 문제를 해결했다. 겨울이면 비탈길이 얼어 주민이 넘어지는 일이 종종 발생했다. 당시에는 가정에 수도가 없어 물을 사 먹었다. 마을 꼭대기에 사는 주민은 물을 사서 물지게에 지고 올라와야 했다. 물지게를 지고 비탈진 골목길을 오르면 물이 흔들려 넘쳤고 흐른 물은 바로 얼어붙었다. 국수모임 회원들은 이 문제를 놓고 논의한 끝에 '모래주머니를 쌓아 계단을 만들자'고 의견을 모았다. 엄마들은 동사무소에 찾아가 "새마을운동이 다른 거 할 게 아니라 산꼭대기에 층계를 만들어달라. 콘크리트로 만들 수 없으니 모래주머니로 계단을 만들게 모래주머니를 달라"고 요구했다. 모래주머니를 받아낸 엄마들은 남편들을 시켜 모래주머니 계단을 만들었다. 국수모임 회원들은 신이 났다. 자신들이 지역에 살면서 느끼는 불편함과 문제를 함께 이야기하니 해결 방안이 나왔고, 함께 힘을 합하니 하나하나 문제가 해결되었다. 두 번의 성공 경험은 회원들이 '가난한 지역에 사는 여성이자 엄마로서 함께 무엇을 할 것인가?'를 고민하도록 만들었다.

고민의 결실 중 하나가 1974년에 시작한 공동 구매 사업이다. 국수모임 회원들이 난곡의 제일 꼭대기에 살다 보니 비누, 치약, 설탕, 소금 등 생필품 가격이 아랫동네에 비해 비쌌다. 꼭대기까지 지게로 지고 힘들게 운반

해야 했기 때문에 운임이 부과되었다. 회원 대부분은 집이 너무 가난한지라 몇 원이라도 벌기 위해 온종일 잣 까기, 마늘 까기, 뜨개질, 인형 눈 붙이기 등의 부업을 하면서 애를 쓰는데, 같은 물건을 더 비싸게 구매해야 하는 상황이 늘 속상했다. 회원들은 영등포 도매시장에 가서 필요한 생필품을 직접 구매하고 공동으로 나누는 일을 시작했다. 공동 구매를 위해 회원들은 매월 100원씩을 더 냈고, 1500원을 가지고 두 명씩 돌아가면서 장을 봤다. 물건을 사러 가지 않은 회원은 사 온 물건을 버스 종점에서 꼭대기까지 함께 운반했고, 장보러 간 집의 아이들을 대신 돌보았다. 국수모임 회원들은 공동 구매 사업을 통해 "협동해서 생필품을 저렴하게 구매"했을 뿐 아니라 아이들을 서로 돌보는 경험도 했다. 협동조합에 대한 전문교육을 받지는 않았지만 '가난한 주민이 서로 힘을 모으면 자신들의 문제를 스스로 해결할 수 있다'는 것을 깨닫게 되었다. 회원들은 이 과정에서 '협동'과 '스스로'의 가치를 확인했고, 이후 난곡 지역 활동에 더 적극적으로 참여하기 시작했다.

주민 스스로 건강 문제를 해결한 난곡희망의료협동조합

1974년 6월 15일 김혜경은 난곡으로 이사했고 본격적으로 동네 곳곳을 다니며 주민을 만났다. 단칸방에 평균 대여섯 명이 살고 있었고, 공동 수도와 화장실도 몇십 가구가 함께 사용했다. 주거환경의 열악함도 말이 아니었지만 주민의 건강 문제는 더 심각했다. 동네를 다니다 보면 매일 영구차가 오갔는데 하루에도 대여섯 명이 결핵으로 죽었다. 대부분 못 먹어서 영양실조에 걸려 제대로 치료받지 못한 사람들이었다. 김혜경은 결핵을 비롯해 가난한 주민의 건강 문제를 해결하는 게 급선무라고 생각했다.

김혜경이 의료 문제의 심각성을 인식할 즈음에 국수모임 회원들은 이웃의 의료 문제를 함께 해결하는 경험을 했다. 대림동 지하 고무공업사 공장

난곡희망의료협동조합 진료 모습

에 다니던 주민 정 씨의 다리에 마비 증세가 나타난 것이다. 이 여성은 본드와 특수 화학약품이 섞인 풀을 신발창에 붙이는 일을 하고 있었고, 회사 동료 13명도 같은 증세로 결근을 하는 등 상황이 심각했다. 이 일을 회사에 이야기하니 도리어 "몸이 성치 않으니 회사를 그만둬라"라는 답을 들었다. 억울해 남부노동청에서 상담을 받았으나 역시 아무런 도움도 주지 않았다. 이 소식을 들은 국수모임 엄마들은 함께할 수 있는 일을 찾아보기 시작했다. 우선 동아일보, 동아방송, 동양방송 등의 언론사를 찾아가 문제를 알렸다. 언론을 통해 이들의 직업병 문제가 여론화되자 그때서야 회사와 노동청에서 마비 증세를 보인 직원들의 건강진단과 정밀 검사를 실시했다. 검사 결과 화공약품에 의한 직업병으로 판명되었다. 환자 모두 종합병원에 입원해 6개월간 치료받았다. 난곡 주민 정 씨가 입원 치료를 받는 동안 국수모임 회원들은 당번을 정해 정 씨의 집안일을 돕고 아이들을 보살폈다.

이 일이 있고 나서 얼마 후 임신 중이던 국수모임 회원이 유산 위험에 처했다. 평소 술만 먹으면 주정하고 아내를 의심하던 남편은 그날도 만삭의 아내를 발로 걷어찼다. 아내는 심하게 하혈을 했다. 국수모임 회원들은 산모를 영등포 시립병원으로 데려갔다. 입원 수속을 밟는데 병원 측에서 보증금 9만 원이 있어야 입원이 가능하다고 말했다. 국수모임 회원들은 우선 동사무소에 찾아가 병원 혜택을 받을 수 있도록 영세민 카드를 신청하고, 동네를 다니며 보증금을 모금했다. 그 결과 산모는 무사히 딸을 낳고 퇴원했다. 회원들은 두 사건을 통해 "우리가 어려운 이웃의 고통을 함께 해결하고자 힘을 합한 것이 참 잘한 일이다"라며 서로를 지지하고 기뻐했다. 또 '진짜 가난한 사람들은 병에 걸리면 죽어야지 별 수 없구나. 없는 사람은 건강이 밑천인데 아프면 어쩌나'라는 생각을 하며 의료 문제의 심각성을 실감하게 되었다.

당시는 의료보험도 없던 때라 아무리 아파도 돈이 없으면 병원 치료를 받을 수 없었다. 몸뚱이 하나로 하루하루 살아가는 가난한 사람들에게 의료 문제는 가장 해결하기 어려운 사안이었다. 김혜경은 이 문제를 어떻게 해결할지가 고민이었다. 그러던 중 서울대 의대 가톨릭학생회의 지도신부인 김중호 신부를 만났다. 김 신부는 서울대 의대 가톨릭학생회 학생들이 무료 진료를 나갈 빈민지역을 찾고 있었다. 김혜경은 김 신부에게 난곡에서 진료할 것을 제안했다. 김 신부와 학생회 학생들은 1974년 9월 1일 현장 답사를 한 후 난곡 진료를 결정하고, 1974년 9월 15일 첫 진료를 시작했다. 진료 활동 홍보에는 국수모임 회원들이 앞장섰다. 첫 진료를 마치고 주민들은 활동을 평가하면서 약값으로 100원씩 받기로 합의했다. 약을 공짜로 주면 쌓아놓고 먹지 않을 수도 있으니 주민들이 직접 돈을 내도록 해야 한다는 취지였다.

진료는 토요일은 내과, 일요일은 치과로 나눠 실시했다. 봉사를 나온 의사와 학생 수는 주당 20~40명이었다. 주민의 호응은 매우 좋았다. 그러나 진료를 시작하고 1년이 지나면서 두 가지 문제가 드러났다. 하나는 진료 장소가 아랫마을에 있어서 정작 도움이 필요한 꼭대기 주민들은 혜택받기 어렵다는 것이었다. 또 하나는 서울대 의대 학생들이 진료한다는 소문이 나자 봉천동, 사당동, 영등포, 성남 등지에서 가난하지 않은 환자들이 찾아오기 시작했다. 외부 사람들과 아랫동네 사람들이 많아지자 진료가 꼭 필요한 산동네 환자가 줄기 시작했다. 봉사를 나온 의사들과 학생들도 초

서울 관악 | 주민의 힘, 공동체와 연대로 피어나다 **171**

기 목적과는 달리 자기 돈으로 진료받을 수 있는 환자가 늘자 회의를 느꼈
다. 학생회 측에서 진료 장소를 다른 지역으로 옮기는 것을 고려하겠다는
의사를 전해왔다. 진료 사업이 위기를 맞았다. 1976년 1월 김혜경은 주민
들과 의논해 주말 진료를 잠시 중단하고 방학 동안 대책을 내놓기로 했다.

산동네가 35통으로 되어 있는데 한 군데도 빼놓지 않고 매일 통별로 다녔어.
거의 한 달 이상을 돌아가면서 회의를 했어. 그 결과 '결국 가난한 우리가 참
여할 수 있도록 해야 한다'였어. 어려운 사람들이 진료받을 수 있는 방법을
생각하자. 그게 뭐냐면 협동조합이다. 내가 제시를 했지……. '협동조합이
다. 우리끼리 똘똘 뭉쳐서 할 수 있는 방법. 우리끼리 공동 유대를 어떻게 만
들까? 우리끼리 주민들이 협동해서 잘해보자.' 그래서 '난곡희망의료협동조
합'이라고 만든 거야. 이름은 공모해서 주민들이 만든 거고. _김혜경

두 달간의 준비를 거쳐 주민들은 1976년 3월 13일 난곡희망의료협동조
합(이하 난협)을 창립했다. 118세대가 회원으로 가입했다. 자격 심의와 관
리는 난협이 전적으로 맡았고, 학생회는 난협과 결연을 맺어 진료 사업을
하는 것으로 결정했다. 창립 당시 회원으로 가입한 118세대가 난협의 기
초 조직이 되었고, 이후의 회원은 심의를 통해 가입하도록 했다. 당시 회

원 자격의 기준은 월 소득 3만 원 미만, 5인 가족 이상이었으며, 장기 치료 환자가 있는 가구부터 우선적으로 가입시켰다.

난협이 결성되고 나서는 약값 100원 외에도 협동조합 회비로 월 100원을 더 납부해 기금으로 적립했다. 기금은 난협 사업비로 사용했다. 창립총회 이후 난협은 주민조직 체계를 갖추기 시작했다. 10세대 이상이 모이면 반 대표 한 명을 선출했다. 창립 당시 네 개였던 반이 10개 반(백합, 모란, 무궁화, 코스모스, 민들레, 장미, 카네이션, 국화, 매화, 진달래)으로 늘었다. 각 반에는 대표와 서기, 회계를 두어 총 12명으로 운영위원회를 구성했다. 모든 반 대표는 주 1회 정기적으로 만나 각 반 주민의 의료 문제나 생활상의 어려움을 이야기했다. 난협의 최고 의결 기구인 총회는 매년 3월 13일 즈음 개최했고, 총회에서는 주로 난협 활동을 평가하고 계획을 논의했다. 여기에는 300~400명의 회원이 참여했다.

매년 가을에는 난협 임시총회를 겸해 야유회를 갔다. 야유회를 가면 관광버스가 네다섯 대씩 움직였다. 반장들은 떠나기 며칠 전부터 야유회를 준비했다. 낮에는 생업 때문에 일을 하고 늦은 밤에 모여 음식을 준비했는데도 힘든 줄 몰랐다. 난협의 야유회는 단지 하루 놀러 가는 것이 아니라 주민들이 난협에 대한 소속감과 주민의 힘을 확인하는 자리였다.

난협의 반 대표들은 지역의료 문제를 해결하기 위해 주도적인 역할을 했다. 일주일에 두 반씩 역할을 나눠 주말 진료를 지원했고, 일상적으로 회원 가입을 상담하고 방문하는 등 환자를 관리했다. 초기에는 회비를 받기 위해 가정방문을 갔다. 가정을 찾아가면 자연스레 사는 이야기를 하게 되었고, 서로 친분이 생기고 관계가 깊어졌다. 그러자 나중에는 오히려 주민이 회비를 반 대표의 집으로 직접 가져왔다.

난협은 지금의 의료협동조합과는 달랐다. 주민이 조합원으로 회비를 내는 방식은 같으나 일의 체계는 좀 더 주민 참여적이었다. 진료가 없는 평일에는 반장과 난협 회원들이 각 가정을 방문해 조합비를 받거나 건강 상태를 살폈다. 미리 건강 상태를 확인하고 응급 환자의 정보를 파악해 주말 진료 시 우선적으로 치료받도록 하거나 병원으로 연계하는 역할을 했다. 또 진료일에 의사들과 의대 학생들은 진료만 했고, 접수를 받고 진료 순서를 정하는 일은 난협 회원들의 몫이었다. 진료가 끝나면 국수를 삶아 의료진과 함께 먹고, 막걸리를 마시며 늦은 밤까지 뒤풀이를 했다.

빈민지역 공부방의 모태가 된 여름학교

주말 진료 사업이 안정되자 의료 문제 이외의 일상의 어려움에 관한 이야기가 오갔다. 그러던 중 1977년 겨울방학이 되자 주민들은 아이들의 방학 숙제가 걱정되기 시작했다. 엄마들이 모이면 자연스레 이를 어떻게 해결할 것인지에 대해 이야기했다. 결국 다음 여름방학부터 '지역사회 여름학교(서머스쿨)'를 운영해보자고 의견을 모았다.

1978년 여름방학이 되자 노인정과 김혜경의 집 두 곳에서 여름학교를 시작했다. 여름학교에서는 난협 회원 자녀들의 방학 숙제를 돕고 지도했다. 아침 9시부터 밤 9시까지 12시간씩, 초등학교 1학년부터 중학교 3학년까지 100명 이상의 학생이 참여했다. 수업은 자원봉사자들이 진행했다. 여름학교를 시작한 초기에는 3일간 진행했으나, 이후 난협 회원들의 자녀뿐 아니라 지역의 아동·청소년들이 참여하게 되면서 1980년부터는 일수를 늘려 일주일간 진행했다. 참여 학생 수도 점점 늘어나 남부고등공민학교로 장소를 옮겼다. 난협 회원은 일주일 동안 돌아가면서 자원봉사자들의 식사를 챙기고 아이들 간식을 책임졌다.

매년 진행된 여름학교는 이후 한글교실로 이어졌다. 당시에는 초등학교 6학년과 중학교 1·2·3학년 중에 한글을 잘 모르는 학생들이 많았다. 자원교사와 난협 회원들과 이 문제를 상의했다. 여름학교만으로는 문제를 해결하기 어려웠다. 그리하여 주 2회 정기적으로 한글반을 운영하기로 결정

했다. 자원 교사를 더 확보하기 위해 교사들은 자신들의 친구를 데리고 왔고, 한글을 모르는 초등학교 5·6학년 학생과 중학생을 한 반에서 함께 가르쳤다. 아이들은 한글을 익히자 책도 읽고 공부도 하면서 자신감을 갖기 시작했다. 이런 변화를 본 엄마들은 난협 회원을 위한 한글반과 한문반도 개설해 운영했다.

> 애들이 한글을 깨치니까 공부도 곧잘 하게 되는 거야. 엄마들이 너무너무 좋은 거야. 한글도 못 깨쳐서 만날 말해도 쇠귀에 경 읽기였는데 이제 무슨 말을 하면 알아듣고 책을 보려고 하고 이러니까 얼마나 많은 변화야. 이런 변화를 본 엄마들이 우리도 한글 모르는데 우리도 공부하면 안 되냐 그래서 어머니교실을 따로 만들었어. _김혜경

자녀들의 방학숙제 문제에서 시작한 여름학교는 정기적으로 한글반과 어머니교실을 운영하는 것으로 연결되었다. 여름학교는 14년간 지속되었고, 여름학교와 한글반은 도시빈민 지역 공부방 활동의 모델이 되었다.

난협의 활동 기반을 빼앗아 간 신림복지관 사건

1981년 8월 한강성심병원 원장 송호성과 사회사업과 담당 정의방이 주말 진료를 하는 김혜경의 집을 방문했다. 주말 진료 날이면 적게는 80명, 많게는 120명의 주민이 진료를 받았고, 회비도 총회에서 의결해 100원에서 200원으로, 약값도 100원에서 300원으로 올려 회원들은 총 500원을 냈다. 그러나 주민들은 오히려 '우리 스스로 우리 건강을 지킨다'는 자부심을 느끼고 있었고, 난협에 대한 소속감도 한껏 올라 있었다. 두 사람은 김혜경을 찾아와 난협과 주말 활동에 대해 이런저런 질문을 했다. 김혜경은 난협과 주말 진료 활동의 역사와 현황을 자세히 설명해주었다.

송호성과 정의방이 난곡에 다녀간 후 1981년 11월 1일, 《한국일보》에 '한강성심병원이 신림 7동에 종합복지관을 짓는다'는 내용의 기사가 실렸다. 이를 본 김혜경과 난협 회원들은 기가 막혔다. 송호성과 정의방이 방문했던 날에도 복지관을 짓겠다는 이야기는 전혀 하지 않았고, 어디에서도 들어보지 못했다. 김혜경과 난협 회원 15명은 11월 2일 송호성을 찾아갔다. "우리는 난곡에서 우리끼리 협동조합을 만들어 7년 동안 스스로 건강을 지키면서 잘하고 있었는데, 왜 우리 지역에 와서 복지관을 운영하겠다는 거냐?"라고 따져 물었다. 송호성 원장은 "주민은 많이 오는데 일주일에 한 번만 주말 진료를 하니 매일 진료가 필요하다는 생각이 들었고, 성심병원에서 자선의 의미로 매일 무료로 진료해주겠다"라고 말했다. 이에 주민들은 "우리는 아무리 어려워도 우리 건강을 우리가 지키기 위해 단돈 100원이라도 걷어서 했다. 우리는 교육이 중요하다. 공짜는 있을 수 없다. 당신들은 선심 쓰려고 무료로 한다고 하는데, 우리 동네 오지 말고 다른 곳에서 해라. 만약 우리 동네에 복지관이 필요하다면 우리 힘으로 하겠다"라고 난협의 정신과 의미를 정확히 전달했다.

주민들이 직접 성심병원에 찾아가 복지관 건립 계획에 대한 반대 의사를 밝히고 돌아온 후 이번에는 성심병원에서 공청회를 제안했다. 성심병원 측에서 주민공청회를 개최해 주민들의 의견을 듣고 복지관 건립을 결정할 예정이니 난협도 공청회에 참여하라는 것이었다. 1981년 11월 13일, 성심병원은 주민공청회를 열었고, 공청회에는 새마을지도자를 비롯한 직능단체 소속 주민, 통반장이 대거 참여했다.

공청회에는 당시 관악구청장인 김인동과 가톨릭사회복지 지도신부 안경렬, 사회복지학과 교수 두 명이 토론자로 나왔다. 안경렬은 "구멍가게 있는 데 슈퍼가 생기면 슈퍼로 가야 된다. 구멍가게는 없어져도 된다"라고 비유하면서 성심병원의 복지관 건립 계획을 지지했다. 김인동 구청장은 "100원, 200원씩 모은 돈 누가 어떻게 쓸지도 모른다. 누가 먹고 떨어질지 아느냐"라면서 난협 운영에 대한 불신을 공개적으로 드러내며 공격했다. 공청회장에 있던 난협 주민들은 분노했다. "힘 있는 사람이나 그런 짓 하지, 없는 사람이 그런 거 봤냐. 구청장이라는 사람이 할 소리냐"라고 하며 그 자리에서 강하게 반발했다. 이에 사회복지학과 교수들은 "의료보험도 없는 나라에서 주민 스스로 만든 난협은 좋은 모델이다. 성심병원이 들어가서 이 활동 무시하고 무료복지관 만들면 안 된다. 오히려 다른 지역에 가서 무료로 시작하더라도 궁극적으로는 난협처럼 운영하도록 만들어야 한다. 주민이 자발적으로 활동하도록 힘을 키우는 역할을 해야 한다. 지금 무료로 운영하겠다는 입장은 시대를 거꾸로 가는 것이다"라며 강하게 반대 의견을 밝혔다. 이날 공청회는 '성심병원이 다른 지역으로 가야 하고, 만약 난곡으로 간다면 난협이 활성화되고 발전하도록 지원하는 역할을 해야 한다'는 결론을 내리고 끝났다. 참여했던 주민들은 신이 났다. 자신들의 뜻을 정확히 관철시켰고, 자신들의 활동이 매우 의미 있다는 걸 다시 한번 확인했기 때문이다. 공청회를 마치고 돌아와 김혜경 집에 모여 잔치를 벌였다. 고무통을 뒤집어놓고 두드리며 실컷 노래하고 춤도 췄다. 주민들은 복지관이 난곡에 들어서는 계획이 무산되리라 예상했다.

하지만 성심병원에서는 난곡 복지관 건립을 포기하지 않고 난협에 새로운 제안을 했다. 요지는 성심병원이 난곡으로 들어가되 난협이 발전할 수 있도록 지원하겠다는 것이었다. '난협과 자매결연을 맺는다. 성심병원은 매일 진료할 수 있게 의료진을 파견하고 복지사업을 한다. 운영은 난협에 맡기겠다'는 내용이었다. 난협은 전체 주민총회를 열고 이 제안을 논의했다. 그 결과 '난협을 주최자로, 한강성심병원은 우리를 지원하고 도와주는 후원자로 자매결연을 맺자'고 결정했다. 이에 따라 성심병원과 난협이 신림복지관을 함께 만들고, 난협이 신림복지관을 운영하기 위해 김혜경을 실무자로 파견하기로 결정했다.

난협의 조합원은 나날이 늘었다. 난곡 주민 대부분이 조합원이 되어 총 2200세대가 되었다. 그러자 지역에서 난협의 조직력과 힘이 강해졌다. 당시 활동하고 있었던 공화당과 민정당에서는 "도대체 난협이 뭔데 우리보다 회원이 많냐?"라고 의아해했다. 그러던 어느 날 새마을금고 이사장이자 민정당 조직 책임자였던 성북만이 김혜경을 찾아왔다. 민정당 여성 국장직을 줄 테니 맡아달라고 제안했다. 김혜경은 "나한테 묻지도 않고 왜 여성 국장직을 하래. 난 하고 싶지도 않고 할 필요도 없으니 돌아가라"라고 단칼에 거절했다.

1981년 12월 8일, 20평 건물을 임대해 신림복지관이 개관했다. 신림복지관에서는 월요일부터 토요일까지 매일 진료를 했고 난협 회원만 복지관을 이용할 수 있도록 했다. 난협 회원들은 자연스레 점점 더 증가했고 곧 2200세대에 달했다. 회비는 300원으로 올려 난협 통장에 기금으로 적립했다. 이 기금은 난협에서 해왔던 장학금 지원 사업, 주민 교육 등에 사용했다.

매일 진료가 이루어지자 의료 지원은 더욱 안정되었다. 그러자 김혜경과 난협 회원들은 주민의 장기적인 경제 자립 방안을 고민했다. 고민 끝에 신용협동조합을 만들기로 결정하고 준비 작업에 착수했다. 김혜경은 신림복지관 실무자로 파견 근무를 나가면서 주민들에게 매일 신협 교육을 했다. 10시간씩 신협 교육을 받아야 조합원이 될 수 있었고, 매월 최소 100원부터 출자할 수 있었다. 교육을 받은 주민들이 한두 명씩 조합에 가입했고, 1983년 12월 신협 출자금은 500만 원이 되었다.

신협으로 다시 한번 주민의 힘이 모이기 시작한 1983년 12월, 난협 앞으로 공문 한 장이 왔다. 발신자는 당시 신림복지관 관장 정의방이었고 수신자는 난협이었다. '신림복지관에서 진료와 약을 무료로 제공했으니 그동안 모은 돈 1500만 원을 신림복지관 신축 건물 건립을 위해 사용하겠다'는 내용이었다. 공문에 제시된 1500만 원은 성심병원과 난협이 자매결연을 맺고 신림복지관에서 진료를 시작하면서 약값으로 받아 모아놓은 난협 기금이었다. 신림복지관의 실무자로 일하던 김혜경도 처음 접한 내용이었다. 난협 대표들은 성심병원에서 처음 제안한 '복지관은 무료 진료를 하되 주민에게 받는 진료비는 난협 기금으로 사용한다'는 약속을 똑똑히 기억하고 있었다. 공문을 받은 난협 대표들은 어떻게 된 영문인지 알기 위해 당시 성심병원 원장인 윤대원을 찾아갔다. 윤대원 원장은 "1500만 원은 난협이 자립 기금으로 모은 것이고, 돈에 관해서는 난협에 권한이 있다"라고 확답했다. 난협 대표들은 윤 원장의 대답에 안심했으나 공문을 보낸 이는 정의방 관장이니 정의방 관장이 있는 자리에서 확인해줄 것을 요청했다. 윤대원 원장은 다음 날 정의방 관장을 불러 난협 대표들 앞에서 난협 기금에 대해 다시 확인했다.

이튿날 관장을 앉혀놓고 난협 대표들하고 나도 있는 자리에서 윤 원장이 이야기를 했어. '관장 생각이 뭐냐 도대체 왜 난협 돈인데 신림복지관이 마음대로 쓴다고 했냐 이해가 안 된다', '제대로 해라' 그러더니 대표들에게 '어머니들 걱정하지 마세요, 안심하세요. 절대로 제가 그렇게 안 합니다' 원장이 그래. 그러니 엄마들이 '만약 그러면 관장 바꿔라' 그랬어. 그러니 엄마들은 해결되었다고 생각했지. 그런데 다음 날 관장이 사과를 하겠다고 종점 다방에서 만나자고 연락이 왔어. 대표들하고 갔는데 관장이 용서해달라고 사과를 해. 그래서 알았다 하고 차 한잔씩 하고 왔어. 그런데 다음 날 내가 신림복지관에 출근을 하니 공고가 붙은 거야. 오늘부터 난협과는 사업을 하지 않고 새마을 조직, 부녀회, 노인회 등과 같이한다. 완전 뒤통수 맞은 거지. _김혜경

공고가 나고부터 정의방 관장은 김혜경을 '빨갱이'로, 난협을 '불순 단체'로 몰아세웠다. 난협총회나 행사 때 장소를 빌려주는 등 호의적이던 동사무소나 새마을금고 등도 등을 돌리기 시작했다. 지역 주민들에게도 김혜경과 난협에 대한 흑색선전을 펼쳐 여론몰이를 하기 시작했다. 난협 대표와 회원들은 흑색선전에 동조하지는 않았지만 자신들이 관계되어 피해를 볼까 두려워했다. 신림복지관 관장이 난협 기금을 가지고 독자적인 복지 사업을 하는 것은 부당하고 문제가 있다는 생각에 화가 나고 속상했지만, 김혜경에 대한 흑색선전이 확산되자 전면에 나설 용기는 없었다.

1983년 12월 20일 김혜경은 신림복지관으로부터 권고사직을 당했고 복지관과 난협의 관계는 끊어졌다. 난협 기금으로 모은 돈은 이후 신림복지관 명의로 장학 사업에 사용되었다. 이후 신림복지관은 난협을 배제한 채 독자적으로 운영되었다. 진료비를 올리고 2차 진료 시 한강성심병원에 보내 무료로 진료해주던 것도 의료보험이 실시된 이후 의료보험 수가대로 지불하도록 했다. 난협 회원들은 일명 '신림복지관 사건'으로 불리는 이 사건을 겪으면서 '우리 힘으로 만들지 않은 것은 결코 우리 것이 아니며 있는 자들이 베풀고 주는 것에는 한계가 있다'는 것을 깨달았다. 함께한 주민들은 억울하고 화가 났지만, 신림복지관의 정의방을 주축으로 지역 내 보수 세력들이 "김혜경 빨갱이"라고 여론몰이를 하며 남부경찰서 형사들이 주민들까지 감시하기 시작하자 활동은 위축되었다. 난협은 최대 위기를 맞았다. 난협 회원들은 이후의 활동을 놓고 결단을 내려야 했다.

1984년 난협 대표들은 몇 번의 회의를 거쳐 1년간 일상 활동을 멈추고

'난협의 자기반성과 내실을 기하자'고 결정했다. 신림복지관에서 진료를 하는데 당장 진료 사업을 다시 시작하기 어렵고, 난협이 따로 진료를 하면 주민들도 혼란을 겪을 것이라 예상했다. 또 우리 자신의 힘이 아닌 외부의 도움을 받은 것은 난협의 정신에 어긋나는 잘못된 선택이었음을 뼈저리게 확인했다. 게다가 난협 대표들도 많이 지쳐 있었다. 자기 이익을 위해서 음해하고 거짓 선동을 하는 세력에 의해 심리적·정서적으로도 많은 타격을 입었다. 그래도 난협을 해산하는 건 아니었다. 가난한 주민 스스로 구성한 조직이므로 우리 스스로 재도약시킬 수 있다는 믿음이 있었다. 반별 단합대회, 회원 교육 강화, 타 지역 방문 및 연대 활동 등을 진행하면서 재충전의 시간을 가지기로 했다.

요셉의원 건립과 난협의 와해

난협은 1년간 조직의 내적 성장을 위한 시간을 보내고 1985년 3월부터 '송정의료봉사회'와 주말 진료를 다시 시작했다. 난협 회원들은 주말 진료뿐 아니라 여름학교, 장학 사업, 회원 교육 등 이전에 하던 사업을 계속 이어가는 한편, '신림복지관 사건'을 계기로 안정적인 2차 진료기관에 대한 고민을 하기 시작했다. 주말 진료를 다시 시작하니 1차 진료는 해결되었다. 그러나 큰 병을 치료하거나 검사를 하려면 2차 진료에 대한 대안을 마련해야 했다. 논의 끝에 난협이 '작은 병원을 만들자'고 합의했다. 쉽지 않은 계획이었으나 난협 회원들은 다시 한번 힘을 모을 수 있는 기회라 생각했다. 1986년 4월 20일, 난협은 창립 10주년 기념 총회를 개최했다. 주민 300명이 모인 자리에서 난협이 주축이 되어 병원을 만들자는 안건을 발의했고, 병원 설립을 결정했다. 총회 이후 본격적으로 병원 설립을 추진하려고 보니 난협만으로는 병원을 설립하기에 역부족이라는 생각이 들었다. 가톨릭인성회와 성남, 신림 10동 등에서 무료 진료 사업을 하던 이들과 함게 병원 설립을 추진하게 되었고, 병원 설립을 위한 법인으로 독자 법인이 없던 상황이라 서울 가톨릭사회복지회 산하 조직으로 들어가게 되었다.

마침내 1987년 8월 29일 신림 1동에 병원 문을 열었다. 이름은 '요셉의원'으로 짓고 초대 병원장은 선우경식이 맡았다. 난협은 병원 설립 기금으로 500만 원을 투자했다. 요셉의원은 설립 후 1년간 난협 회원이 이용하는 지역 병원이자 성남이나 구로동 지역의 가난한 주민들의 2차 진료기관으로 제 역할을 다했다. 당시 요셉의원은 난협의 회원제 운영 방식과 마찬가지로 병원 이용에는 후원금 1000원을 납부하도록 했고, 진료비는 약 1000~1500원을 납부하도록 했다. 그러나 시간이 지나면서 요셉의원의 선우경식 원장은 가난한 주민을 위한 지역의원보다는 노숙자나 극빈층을 위한 무료 자선병원으로 병원의 목적을 전환하고자 했다. 그러자 요셉의원을 설립했던 이들과 원장 사이에 갈등이 생기기 시작했고, 1989년 7월 1일 도시지역 의료보험이 전면적으로 시행되면서 요셉의원은 점차 무료 자선병원으로 전환되었다.

요셉의원이 설립되고 도시지역 의료보험이 시작되자 1974년부터 난곡 주민의 건강을 주민 스스로 해결할 수 있도록 활동해온 난협은 필요성이 줄어들었다. 회원들 역시 어떤 활동을 해야 할지 방향을 찾지 못했다. 활동이 없으니 모임이 뜸해졌다. 공식적인 해산 총회도 없이 난협은 흐지부지되었다. 아무런 활동이 없이 1년이 지났다.

1991년 김혜경이 지방자치 선거에 빈민운동 진영의 주민 후보로 추대되어 출마를 결심했다. 이 소식은 난협 임원과 회원들을 다시 모이게 했다. 난협 회원들은 김혜경의 선거운동을 적극적으로 도왔고 다시 결집했다. 마침내 김혜경은 구의원에 당선되었고, 그 이후 난협 임원이던 회원을 중심으로 친목계를 구성했다. 친목계는 1991년부터 2012년까지 20년간 매월 1회씩 지속되었다.

노동자 야학에서 민중교회로, 낙골교회 이야기

지역 여성이 중심인 난협이 왕성하게 활동하던 1970년대 말 난곡에는 새로운 움직임이 시작되었다. 당시 엄혹한 정치 상황에서 청년을 의식화하고 조직화하는 생활야학을 운영하는 그룹이 난곡에 들어온 것이다. 서울대, 이대, 서강대 학생들이 주축이 되어 난곡 꼭대기에 공간을 확보하고, '낙골야학'이라는 이름으로 학생 모집 벽보를 붙였다. 1978년 2월이었다. 이때 낙골야학은 생활야학으로 시작했다. 월요일에서 토요일까지 매일 저녁 8시부터 10시까지 공부하고, 10시 이후에는 생활 나눔과 토론이 진행되었다. 교재로는 검정고시 교재와 자체적으로 개발한 교재를 함께 사용했다. 야학에 온 학생은 주로 구로동 공장에 다니며 학업에 열정을 품고 있던 젊은 노동자들이었다.

1978년에 시작된 야학은 6개월 과정을 한 기수로 나눠 운영했다. 박세원, 정규화 등 총 8명이 1기로 졸업했고, 이들은 동아리 '청포도'를 결성했다. 2기로는 한대수 등 총 7명이 배출되었고, 1·2기 졸업생이 함께 '우정회'라는 모임을 조직했다. 우정회 문집을 보면 "야학 졸업생들과 재학생들이 공부만 하고 끝나는 것이 아니라 삶을 나누고 좋은 책을 함께 보면서, 개인의 성숙과 지역사회에 기여하고자 뜻을 모아 우정회를 만들었다"라는 목적을 살펴볼 수 있다. 우정회는 주로 야학 운영과 후배를 지원하는 활동을 했고, 노동 및 사회과학 세미나를 열었다. 야학을 통해 자신의 삶과 사회에 대한 비판의식을 갖게 된 이들은 흩어지지 않고 함께 지역 청년으로서의 역할을 찾고자 했다.

야학에서 국영수를 가르치면서 사회 문제도 다루니까 전에는 시키면 시키는 대로 하고 주면 주는 대로 먹었고 태어날 때부터 부모가 준 게 이거고 그게 내 능력인 줄 알았죠. 근데 배울수록 그게 아니고 '나도 주인이다' 그런 생각

을 하게 되는 거죠. _한대수

1979년 말 야학운동에 대한 정부 당국의 탄압이 심해졌다. 낙골야학도 1980년 초 어렵게 3기를 마치고 잠시 중단되었다. 광주 민중항쟁이 일어났고, 서울의 봄이라 일컬었던 엄혹한 시절이었다. 우정회는 탄압 속에서도 계속 모임을 지속했고, 좀 더 안정적인 공간을 마련하기 위해 1981년 낙골주민도서실을 만들었다.

우정회는 1981년, 낙골주민도서실에서 야학 4·5기를 배출했다. 1982년 6기를 교육하면서부터는 낙골야학의 성격과 교과과정이 크게 전환되었다. 1기부터 5기까지는 생활야학이기는 했으나 학생들의 욕구에 기초해 검정고시 교과목을 다루었다. 그러나 6기부터는 주로 노동자의 자기 인식과 한국사로 교과목을 집중했고, 사회구조의 문제와 모순을 직접 전달하는 급진적인 의식화 교육이 주를 이루었다. 야학의 성격과 내용이 급작스럽게 변하자 일부 학생 및 졸업생과 교사들 사이에 갈등이 발생했다. 자연히 학구열에 불탔던 학습 욕구가 강한 학생들은 떨어져 나갔다. 낙골야학은 1983년까지 운영되었고 8기까지 총 60명의 졸업생을 배출했다.

청년들이 합법적으로 모일 수 있는 '공간' 낙골교회

1981년 후반부터 야학에 대한 탄압을 견디고 광주 민중항쟁 등 참담한 사회 상황을 목격하면서 우정회 청년들의 고민이 커졌다. 야학 탄압은 더 거세져 새로운 대안이 필요했다. '이 시대 청년으로서 무엇을 할 것인가? 난곡이라는 지역에서의 청년의 역할은 무엇인가?' 등을 고민하면서 우정회 청년들은 우선 좀 더 합법적으로 모이고 활동할 수 있는 공간이 필요하다는 데 공감했다. 그리하여 어떻게 할 것인지 조언을 구하기로 하고, 당시 하월곡동에서 지역 활동을 하던 허병섭 목사와 난곡에서 활동하던 김혜경을 만났다.

낙골교회

어떤 깨우침이랄까. 우리가 흩어지면 안 된다. 모여야 하지 않냐. 우리가 배
웠듯이 힘없고 못 배운 사람들이 당하고 살았으니까 더 깨우쳐야 한다. 그럼
보호받을 공간이 필요하다. 그래서 허 목사님을 초빙하고 사라 아주머니[2]의
자문을 구했지. 천주교가 좋겠냐 기독교가 좋겠냐, 뭘 하는 게 좋냐 그래서
교회를 하자 한 거예요. __한대수

허병섭의 활동을 하나의 모델로 결정하고 교회를 세우기로 했다. '낙골
교회'는 그렇게 청년들의 활동과 생활을 보호할 수 있는 '공간'으로 시작했
다. 1982년 4월 낙골교회로 이름을 짓고 지역 청년들은 교회를 맡을 목회
자를 수소문했다. 1982년 6월 청년들은 오충일 목사를 소개받고 오 목사
를 담임목사로 초빙했다. 이때부터 낙골교회는 예배모임을 시작했고, 우
정회 회원과 지역 청년들이 함께 낙골교회 청년부를 만들어 활동했다. 오
충일 목사와 예배모임을 시작하면서 낙골교회는 교회의 모습을 갖추어갔
다. 그러나 당시 왕성하게 사회 활동을 하고 있었던 오충일 목사는 한 달
에 한두 번만 낙골에 올 수 있었다. 낙골교회가 지역교회로서 제 역할을
다하려면 좀 더 밀착해서 교회를 책임질 사람이 필요했다. 오충일 목사와

---

2   '사라'는 김혜경의 가톨릭 세례명으로, 난곡에서는 김혜경보다 김사라로 더 많이 불렸다.

청년들은 전도사를 초빙하기로 결정하고 다시 수소문한 끝에 1982년 가을, 나효우를 전도사로 초빙했다.

나효우는 낙골교회로 짐을 옮기고 그냥 교회에서 살았다. 낮에는 학교를 다니고, 밤에는 교회·지역 청년들과 술 마시며 이야기하고 같이 잠을 자기도 하는 생활을 했다. 특별히 프로그램을 진행하거나 일을 하지 않았다. 그러던 중 1983년 6월, 낙골에 이따금 드나들던 김홍겸이 교육 전도사로 합류했다. 나효우, 김홍겸 전도사와 낙골 청년들에게 교회는 예배 장소이자 일자리 정보를 나누고 함께 공부하고 노래하는 사랑방이었다. 예배의 형태도 정형화된 틀 없이 매우 자유로웠다. 목회자가 설교하는 것이 아니라 함께 대화하고 토론하는 열린 예배를 지향한 형태였다.

성경책은 자신의 삶과 세상에 대해 이야기하게 만드는 교본이었다. 목회자에게 성경 말씀을 듣는 것이 아니라 성경에 자신의 삶을 비추어보면서 자기 이야기를 하는 대화식 예배모임이었다. 낙골 청년들은 자유로운 예배모임에 나가면서 성경책을 보고 나눈 이야기와 자신들이 일주일간 살면서 보고 느끼고 생각한 것을 기록해 낙골교회 주보 ≪낙골칠일(落骨七日)≫을 만들었다. ≪낙골칠일≫은 "일주일의 삶이 곧 예배이며, 예배가 곧 삶이라는 생각"을 나누는 것이었다. 지역 청년들에게 교회는 예배를 보는 공간이 아니라 매일매일 일상을 나누고 공유하는 공간이었다. 청년 10여 명은 집에도 가지 않고 14평 교회에서 함께 먹고 자고 대화하고 싸우며 공동체 생활을 했다.

우리는 낙골공동체라고 불렀다. 낙골교회를 공동체라 부르고 교회에서 같이 자고, 같이 먹었다. 운짱(운전사)과 막노동꾼, 신문 배달원과 옷감 짜는 요꼬, 그리고 일자리 잘린 실업자, 구로공단의 노동자. 어떤 때는 인형에 솜 넣는 일을 같이 하기도 했고, 다섯 명이 모여 앉아 라이터 하청 일을 하기도 했다. 밤이 되면 하나둘 나타나 호주머니를 털었다. 쌀과 라면, 국수를 사와 함께 먹으며 '밥은 하늘이다'라고 노래 불렀다. 보일러는 자꾸만 터졌다. 겨울에 터진 보일러는 심란했다. 방구들을 들어내야만 했다. 연탄값도 연탄값이지만 그게 쉬운 일이 아니었다. 수돗물도 나오지 않는다. 사실은 수도가 없었다. 함께 노동했고, 다 같이 나눠 먹었다. 평등한 새날이 우리들에게만 먼저 온 것 같았다. 낙골교회를 우리는 낙골공동체라 불렀고, 서로를 형제라 불렀다.[3]

지역의 '교회다운 교회'로 거듭나기

낙골 청년회 회원들은 교회에서 일과 삶을 공유하며 스스로를 "바닥생활 공동체"라 불렀다. 청년들은 야학을 통해 자신들이 변화했듯이 더 많은 청년들이 생활공동체에 합류하도록 권유하고 조직했다. 낙골교회는 난곡 청년들의 일과 삶으로 만나는 곳, 노동자로서 자신과 사회를 보는 눈을 뜨게 하는 통로였다. 그러나 인근 지역 주민이나 외부인에게는 "교회 같지 않은 교회"라는 이미지를 심어주었다. "무슨 교회에서 장구 소리가 나고 술이나 먹고, 담배 피고, 싸움질하고, 찬송은 안 부르고 이상한 노래만 부르고……"라는 이야기를 들었다. 청년들에게는 삶과 일을 공유하는 생활공동체였으나 지역교회로서는 지지받지 못했다. 성경을 보고, 토론하고, 자신과 이웃의 문제를 알고, 시대적 인식을 가지고 있었으나 그것이 교회 밖으로나 실천적으로는 드러나지 않았다.

야학을 통해 사회 비판의식은 생겼는데, 지역에서 무엇을 실천할 것인지가 고민이었다. 우선 환경 미화로 마을 청소를 하고 동네 어르신들을 위해 국수 잔치를 시작했다. 청년들은 뿌듯했다. 낙골교회가 청년들만의 생활공동체가 아니라 지역교회로서 제 역할을 하는 것 같았다. 그러나 이런 활동도 잠깐이었다. 1985년 중반을 넘어서면서 낙골교회 구성원들은 교회

---

3   김홍겸, 『낙골연가』(바다출판사, 1997).

정체성에 대한 논쟁을 벌이기 시작했다. "교회는 앉아서 자기 고백만 하는 게 아니라 사회 문제나 역사적 사건에 함께 움직이고 참여해야 한다"라는 의견과 "교회는 예배공동체이며 지역에 뿌리를 내리고 지역운동을 펼쳐야 한다"라는 이견이 맞섰다. 이 논쟁은 얼마간 지속되다가 사회 문제나 역사적 사건에 참여하는 현장참여형 예배 형태로 진행하기로 결정되었다. 매주 시위와 집회 현장에 나갔고, 사당동·상계동·양평동 철거 투쟁 현장에 지원을 나갔다. 주중에는 소모임으로 나뉘어 사회과학 세미나를 했고, 대중조직을 만들기 위한 준비를 했다.

에피소드

낙골교회는 낮에는 동네 아이들 놀이터였다. 동네 꼬마들이 매일 놀러 왔다. 어느 날 교회에 놀러 온 한 여자아이가 "무슨 교회가 만날 술 먹고 그래요. 뭐라도 하지 술만 먹어요. 그런 교회라면 100개도 더 하겠네요"라는 말을 했다. 그 말에 충격을 받았다. 어린아이 눈에 비친 교회는 할 일 없이 술 먹는 공간이었다. 나효우가 "그럼 뭘 할까"라고 되묻자 아이는 "할머니들 하고 뭐라도 해요"라는 대답을 했다. 그 말에 자극받은 나효우는 동네 할머니들을 불러 국수 잔치를 했다. 함께한 청년들도 뿌듯해했다. 그날 이후 나효우와 동네 청년들은 지역에서 교회가 무엇을 하면 좋을지에 대해 고민하기 시작했다.

1986년 전체 빈민운동 진영에서는 서울철거민연합과 지역별 노점상연합회가 조직되었고, 빈민운동의 대중 조직화가 시작되었다. 1987년에는 빈민운동 세력이 전국도시빈민연대로 모이면서 낙골 청년들은 대외적인 연대 활동에 집중했다. 주로 난곡 밖에서 활동했고, 지역에 돌아오면 난곡에 살고 있는 노점상과 일용직 노동자를 조직하기 위해 학습 소모임을 만들고 참여했다. 특히 난곡은 일용직 노동자가 많았기 때문에 다른 부문보다 일용직 노동자 조직을 만들 필요성이 절실했다. 1988년이 되자 청년들은 일용노동조합 건설을 목표로 세우고, 백석근을 주축으로 영등포일용노동조합을 건설했다. 이는 후에 서울일용노동조합의 모태가 되었다.

낙골교회는 더 이상 청년들의 사랑방이나 쉼터가 아니었다. 청년들이 외부 연대 활동에 집중하면서 모이는 일이 줄어들었다. 예배도 현장참여형으로 바뀌면서 교회에서는 예배를 보지 않았다. 교회 공간은 비어 있었다. 군에서 제대한 나효우는 낙골교회를 다시 세우기로 마음먹고 청년들을 다시 불러 모았다. 청년들 사이에서, 지역에서 낙골교회의 역할을 찾기 위해 주민들을 찾아가 만나고 설문조사를 했다. 집집마다 찾아가 문을 두드리고 설문조사를 하고 소식지도 돌렸다. 그렇게 주민을 만나 찾아낸 이슈는 아이들의 교육 문제였다. 여전히 주민들은 가난한 살림에 맞벌이를 해야 했고, 아이를 돌볼 여력이 없었다. 우선 아이들을 안전하고 건강하게 교육할 수 있는 공간이 필요했다. 낙골 청년들은 다시 힘을 모아 1988년에 '낙골어린이공부방'을 만들었다.

청년들은 주민을 일일이 찾아다니며 만나고 난 후 "낙골교회가 가난한 난곡 지역의 민중교회로서 자기 비전을 찾는 것"이 시급하다는 결론을 내렸다. 그 결과 신앙공동체로서 낙골교회의 성장 방향을 세우고, 학생 소모임, 학부모회, 청년 조직 등을 교회의 기본단위로 조직해 교회 조직을 튼튼히 하기로 했다. 그리고 교회의 대중화를 위해 일회성으로 끝나는 것이 아니라 지속적으로 지역 주민 사업을 하기로 했다. 이후 낙골교회는 난곡 지역 안에 뿌리내리고 주민과 함께 호흡하는 지역교회로 난곡지역협의회를 주도했고, 1991년 김혜경이 주민 후보로 출마한 지방자치 선거에 적극적으로 참여해 선거운동을 했다.

가난한 주민을 돕는 교회로 이미지 전환

낙골교회는 지방선거 이후 잠시 활동력이 떨어졌다가 김기돈 전도사가 합류하면서 가난한 주민의 선교로 교회의 정체성을 확립하고 재도약하게 된다. 김기돈은 신학생 때부터 종교적 결단으로 가난한 사람과 함께하겠다는 소명을 키워왔다. 학교 동기였던 나효우를 통해 난곡의 이야기를 듣고 빈민선교를 준비했다. 일용 노동자 파견업체를 통해 안산 공단 지역에서 1년간 현장을 체험하고, 책과 자료를 보며 도시빈민에 관해 공부했다. 1991년 김기돈은 낙골교회 전도사로 난곡에서의 활동을 시작한다.

> 낙골로 들어오면서는 가난한 사람과 함께 살겠다. 내가 주민이 되겠다. 그리고 낙골이 재개발되어 완전 해체되기 전엔 안 떠난다. 낙골이 존재하는 한 나도 여기 있겠다 그런 생각으로 들어왔어요. _김기돈

김기돈 전도사가 합류하면서 낙골교회는 실질적인 변화를 시도했다. 낙골공부방과 어머니교실을 중심에 놓고 지역 내외부 사람들의 참여 폭을 넓혔다. 또 '낙골 나눔운동'을 시작하면서 사회선교 활동의 기초를 다졌다. 나눔운동은 난곡의 가난한 주민들, 특히 독거노인이나 장애인 가정을 대상으로 외부 후원자를 연결하고 자원봉사자를 보내는 가정 결연 프로그램이었다.

> 이인호 집사님이 나눔운동의 시발점인데 바로 앞집 사람이 한동안 안 나오더라는 거야. 가보니 남자 혼자 사는데 발에 못이 찔려서 약국에서 약만 받아오고 치료를 못 하고 있다는 거야. 다리가 썩어서 절단하게 되었어. 그 사건을 계기로 이인호 집사님하고 몇 분이 낙골교회에서도 실제로 도움을 주는 시스템을 만들자, 독거노인도 많고 한데 도와주는 시스템이 없다. 그래서 외부에도 알리고 자원봉사도 모집하고 하자 해서 시작한 거지. 이름은 나눔운동으로 하고, 외부 사람들하고 가정 결연 활동을 시작했지. _김기돈

나눔운동을 계기로 알게 된 지역 노인, 봉사자, 후원자가 낙골교회에 나오면서 교인 수도 늘었다. 낙골교회의 구성원도 낙골야학 출신의 청년들

부터 어린이, 노인, 난곡 밖에 거주하는 사람에 이르기까지 다양하게 바뀌었다. 이 운동이 계기가 되어 낙골교회는 가난한 주민을 돕는 교회로 외부 이미지가 변화되었다.

낙골교회는 나눔운동의 연장선에서 1997년 IMF 때 낙골교회 사회선교센터를 만들었다. 사회선교센터는 당시 교회 구성원과 3~4개월간 토론한 내용과 설문조사 결과를 통해 만들어졌다. 사회선교센터는 일용직 건설노동자의 실업 문제를 해결하기 위해 '집수리 사업단', 여성 가장을 위한 '지역지킴이 사업', 실업극복국민운동본부의 '생계비 지원 사업' 등을 했다. 또 2001년 7월, 신림종합사회복지관과 함께 컨소시엄을 구성해 관악일터 나눔 자활후견기관을 위탁받아 운영했다.

작은 민중도서관 운동으로 시작한 난곡주민도서실 이야기

1989년 10월 3일 '난곡주민도서실'이 개관했다. 난곡주민도서실은 1988년에 결성된 경인지역도서관학과 연합회에서 힘을 모아 만든 도서실이다. 연합회 청년들은 1987년 민주화운동을 겪으면서 우리 시대의 민주화와 민중운동의 중요성을 인식하고, 자신이 실천할 수 있는 활동을 고민했다. 그 결과 지역운동으로 작은 도서관을 만들자는 데 뜻이 모였다. 당시 도서관은 소수의 부유층과 지식인에게는 열려 있었으나 가난한 민중에게는 심리적·지리적 거리감이 있었다. 이에 비판적 문제의식을 가지고 정말 도서관이 필요한 지역에 작은 도서관을 만들어보자고 의기투합했다.

난곡주민도서실을 준비할 때 작성한 「민중도서관 운동을 시작하면서」를 보면 이들의 생각을 엿볼 수 있다. "이제까지 도서관은 여유 있는 계층의 부속물 역할에 만족해왔다. 도서관의 역사를 통해 볼 때 도서관이 참된 모습으로 모든 사람을 만나지 못한 사실을 확인할 수 있다"[4]라고 밝히고

있다. 민중도서관 운동의 방향과 사명을 세운 연합회 회원들은 당시 낙골교회의 교인이던 이용훈의 소개로 난곡 지역을 후보지로 선정했다.

이 지역을 생각한 건 도서관을 통해 아래로부터 힘을 키우는 걸 생각한 거야. 책으로부터 가장 소외된 사람들은 가난한 사람이라는 생각이었고, 당시 먹고살기도 힘든데 책을 산다는 것은 고급스러운 것이었으니까. 도서관은 책이 필요한 데에, 책과 가장 멀리 있는 사람에게 가야 한다고 생각했고, 난곡에 온 건 낙골교회에 다니던 형이 너희가 그런 생각이 있으면 난곡에 와서 해봐라 한 거지. 그래서 난곡에서 시작한 거야. _이명애

난곡으로 지역을 선정한 회원들은 가장 먼저 지역과 주민을 이해하기 위해 일곱 명이 낙골공부방에서 자원봉사를 시작했다. 당시 도서관법이 유사 명칭 사용을 금지해 '도서관'이 아니라 '도서실'로 명칭을 정했고, 1989년 3월 건립추진위원회(대표 이용훈)를 구성했다. 남부고등공민학교에서 12평짜리 교실 하나를 빈 공간으로 내주었다. 7, 8월 두 달간 주민의 독서 실태와 욕구를 파악하기 위해 지역 주민 400명에게 설문조사를 실시했고, 난곡주

---

4   난곡주민도서실, 「난곡주민도서실 5년사」(1994).

민도서실을 알리며 홍보도 했다.

다양한 소모임의 시도, 위기와 재도약

1989년 10월 3일 2000여 권의 책을 기증받아 개관식을 했다. 첫해는 도서실의 활동 기반을 다지는 해였다. 개관 1년 후인 1990년 11월, 대출 회원은 491명이 되었고, 소모임 두 개, 운영 모임 세 개가 만들어졌다. 지역 청소년 독서 모임 '글밭'과 지역 청년 모임 '시사토론반'이 생겼고, 소식지 '편집 모임', '도서관 바로알기 모임', '좋은책 고르기 모임' 등이 운영되었다.

1990년 11월 11일에는 '새숲회'가 결성되어 창립총회를 가졌다. 새숲회는 지역 청년들이 직접 도서관 운영에 참여하는 난곡주민도서실 최고 의결 기구이며 운영 주체다. 새숲회 창립은 난곡주민도서실을 지역 주민의 힘으로 키워가는 도서관으로 만들고자 노력한 결과였다. "난곡주민도서실 운영의 주체는 새숲회이며, 새숲회는 도서실 활동에 공감하고 적극 참여하는 청년들의 모임이다."[5] 새숲회가 창립된 이후 비디오 감상 모임 '꼭보말(꼭 보고 말 거야)', 독서토론반 '길여사(길을 여는 사람들)', 노래 모임 '아우성'이 만들어졌다. 소모임 외에도 청소년을 위한 독서교실과 문화학교, 주민을 위한 탁구교실과 미용 강좌 등도 개최했다.

1994년 난곡주민도서실은 내·외부적으로 위기를 맞는다. 내부적 위기는 활동에 적극 참여했던 청년들이 20대 후반이 되면서 직장 생활과 결혼 등으로 활동력이 떨어져 몇 개 소모임이 해체된 것이었다. 외부적 위기는 도서대여점의 출현이었다.

당시 도서실 자체가 위기였어. 도서대여점이 생기면서 굉장히 큰 타격을 줬

---

5   난곡주민도서실, 같은 글.

어. 우리로서는 새 책을 구입할 수 있는 수가 제한되어 있고, 대여점은 우리와 너무 다른 성격의 책을 대량으로 공급하는 거지. 무협 소설, 판타지 소설 같은 것을 비싸지 않게 서비스하니까. 난곡에도 대여점이 다섯 곳 생기니까 우리 도서실은 하루에 한두 명 오는 거야. 당시 심각했지. _이명애

실제 난곡주민도서실의 내부 통계에 따르면, 1989년부터 1994년까지 월평균 신입 회원은 30명, 대출은 500권 이상이었으나 1995년부터 1997년까지는 월평균 신입 회원 10명, 대출은 250권으로 감소했다. 도서실 운영은 전반적으로 활기를 잃었다. 게다가 1996년 5월 난곡주민도서실은 더 큰 위기를 맞았다. 함께 공간을 쓰던 남부고등공민학교와 난곡주민도서실에 화재가 났다. 화재로 도서실의 반이 불에 탔고, 진압 과정에서 많은 장서가 물에 젖어 이용할 수 없게 되었다.

도서실은 반이나 탔고 책은 물에 쫄딱 젖고 그래서 사람들이 다시 모여 논의를 했어. 계속하냐 닫냐. 내 입장에서는 그만 닫자 하면 편할 텐데 선배들도 다 떠났으니까, 근데 다시 열자고 결정하고 공사를 했어. 다시 사람들을 모이게 한 계기가 되었고. 일주일간 공사를 다 우리 손으로 했어. _이명애

도서실 화재 사건은 흩어졌던 새숲회 회원을 다시 모으는 계기가 되었다. 도서실은 화재를 복구하고 다시 문을 열어 난곡 지역에서 꾸준히 제 역할을 해왔다. 1997년 IMF 때 난곡지역단체협의회와 함께 난곡사랑방을 만들었고 지역 아동과 청소년의 문화 공간으로 다시 활기를 띠게 되었다. 2005년 도서관법에 유사 명칭 사용 금지가 폐지되면서 '난곡주민도서관 새숲'으로 이름을 바꾸었고, 2017년 현재까지 운영되고 있다.

관악청소년 실업학교로 출발한 남부야학 이야기

난곡 주민운동에서 남부고등공민학교(현 남부야학)도 큰 역할을 차지했다. 남부고등공민학교는 학교로서뿐만 아니라 지역 주민의 공간으로 존재 이유가 큰 곳이다. 1976년부터 난곡희망의료협동조합의 주말 진료 장소로 사용되었고, 1978년부터는 여름학교 공간으로 사용되었다. 1989년부터는 교실 한 칸을 내주어 난곡주민도서실이 문을 열 수 있었다. 게다가 1988년 난곡지역협의회가 결성되면서부터는 초기 참관 단체로 참여했고, 이후 난지협의 주도적인 기관 중 하나로 연대 활동에 적극적으로 참여했다. 남부고등공민학교는 '학교'이지만, 난곡의 여느 주민운동 단체만큼 주민과 함께 호흡했다. 그러나 '학교'로서의 남부고등공민학교는 40년간 화재와 토지분쟁 사건으로 지속해서 어려움을 겪어왔다.

남부고등공민학교는 1973년 2월 18일 '관악청소년 실업학교'로 시작했다. 학교의 역사는 관악구 신림 7동에 소재한 관악교회의 관악청소년 실업학교가 운영되었던 1973년으로 거슬러 올라간다. 당시 이 학교는 구두닦이, 신문팔이, 직공, 떠돌이였던 학생들의 배움의 터전이었다. 황의곤 관악교회 목사는 교회가 소유한 대지 188평을 학교에 기부하고(1975년 2월 23일), 한 달 뒤 남부고등공민학교로 정식 인가를 받아 초대 교장을 맡았다.

이후 남부고등공민학교는 2000년 폐교되기 전까지 세 번의 화재로 어려움을 겪었고, 이후 20여 년간 토지소유권 분쟁이 지속되었다.

20년간 지속된 토지소유권 분쟁과 폐교

토지분쟁은 1978년 4월부터 시작되었다. 1975년 2월 관악교회 황의곤 목사는 학교에 땅을 기부했으나 1978년부터 돌연 '전혀 기부한 적 없다'고 기부 사실을 부정하기 시작했다. 증거로는 기부증 사본이 유일했는데, 황 목사는 기부증에 찍힌 인감이 위조된 것이라고 주장했다. 황 목사는 기부 사실을 인정하지 않고 1978년 6월 관악교회 앞으로 등기를 이전했다. 이어 1984년 박성오(황의곤 목사의 매제)와 매매계약을 하고, 1986년 4월 박성오 앞으로 소유권 등기를 이전했다. 1987년 박성오는 동작교육청에 남부고등공민학교의 폐교 조치를 요구했고, 1991년 4월 '소유권 확인 소송'과 1992년 7월 '불법건축물 철거와 대지 인도의 소'를 남부 지원에 제기했다. 그 결과 '소유권 확인 소송'에서는 남부고등공민학교가 패소했고, '불법건축물 철거와 대지 인도의 소'에서는 남부고등공민학교가 승소해 "원고가 피고를 잘못 선택해 소송이 설립되지 않는다"라고 결론이 났다. 1998년 7월 불법건축물에 대한 강제이행금 재판에서 최종 '100만 원' 징수로 판결받았고, 1999년 8월 26일 남부고등공민학교는 동작교육청으로부터 폐교를 통보받았다.

결국 폐교 통보를 받았지만, 20여 년간 자원 교사와 학생뿐 아니라 난곡 주민은 '남부학교 지키기' 투쟁에 열정적이었다. 교사와 학생은 끝없는 소유권 분쟁 중에도 학교 운영 기금을 마련하기 위해 모금 활동과 문화제 등을 지속해서 개최해 운영비를 손수 마련했다. 난협 회원을 비롯한 주민들은 학교 폐교 조치의 위협을 받을 때마다 함께 싸웠다.

주민들에게 남부학교는 자신들의 삶과 맞닿아 있는 곳이었다. 산동네의 가난한 주민이 초등학교도 제대로 다니지 못하던 시절, 남부학교에서 자식들을 가르칠 수 있었고, 검정고시를 통해 미래에 대한 희망을 꿈꾸게 해주었다. 지역에 대소사가 있을 때 주민이 편하게 모일 수 있는 공간 역시 남부학교였다. 이처럼 가난한 지역 주민이 실제로 모일 수 있는 중심 공간인 '주민 센터(center)'의 역할을 했다. 법적 분쟁에서 남부학교가 패소하자 난협 회원을 비롯한 주민들은 서명운동을 시작했다. "남부학교는 우리 주민들의 학교다. 난곡에는 없어지면 안 되는 곳"이라고 호소하며 약 1만 명의 서명을 받아냈다. 교사와 학생, 주민의 노력으로 남부고등공민학교는

27년간 꾸준히 어려움을 견뎌냈다. 배우지 못한 설움을 가진 청소년, 청년, 노동자와 주민의 배움터이자 주민 센터 역할을 해온 소중한 곳이었다.

2000년 남부고등공민학교는 폐교되었다. 그러나 교사와 학생은 흩어지지 않고 '남부야학'으로 학교 이름을 바꾸어 다시 활동을 시작했다. 2001년 12월에는 '남부교육센터'로 개칭하고 교육의 폭도 넓혔다. 한글교실, 야학교실, 지역 주민교실과 대안학교인 '꿈꾸는 아이들의 학교'를 운영했다. '한글교실'은 한글을 모르는 지역 주민을 위한 문해 교육과정이었고, '야학교실'은 제도권 교육에서 배울 기회를 놓친 성인을 위한 초·중·고등학교 과정, '지역 주민교실'은 지역 주민을 위한 일종의 교양 과정, '꿈꾸는 아이들의 학교'는 청소년을 대상으로 한 학교 밖 도시형 대안학교다. 꿈꾸는 아이들의 학교는 2005년 5월 남부교육센터로 분리·독립해 운영되고 있고, 남부교육센터는 2011년 난곡사랑방, 난곡사랑의밥집과 함께 '난곡사랑의집'으로 통합되었다. 난곡 사랑의집은 2017년 현재까지 성인 문해 교육과 인문학 글쓰기 강좌 등을 하는 등 난곡 지역에서 꾸준히 활동하고 있다.

난곡 지역 연대 활동의 역사

1973년 난협을 시작으로 낙골교회, 낙골공부방, 남부고등공민학교 등은 난곡이라는 지역 안에서 각자 고유의 일상 활동을 했다. 이따금 지역에 문제나 이슈가 생기면 만나서 이야기하고 정보를 교류했다. 또 필요하면 서로 협조하고 지원했다. 그러나 늘 연대 활동을 하는 기구나 단위가 존재했던 것은 아니었다. 1988년 남부고등공민학교의 토지분쟁이 다시 불거지면서 난협과 낙골교회는 이 문제를 함께 해결하기 위해 모일 필요성을 논의했다. 그 결과 1988년 5월 16일 난곡지역협의회(이하 난지협)가 창립되었다. 1989년에는 난곡주민도서실이 설립되어 함께 결합했다.

남부고등공민학교 토지분쟁이 난협을 만들게 한 시발점이었지만, 난지협은 장기적으로는 도시빈민 지역운동의 전국적 흐름과 맥을 같이하면서 난곡 지역운동을 계속하는 비전을 세우고 있었다. 이런 생각은 "난지협 깃발 아래 민주 난곡 이룩하자"라는 구호와 "난지협은 지역주민자치위원회 건설, 도시빈민 지역운동의 전국적 토대 마련과 동시에 전국 조직의 지역 재편"(난곡지역협의회 회칙)이라는 설립 목적을 통해 알 수 있다.

난지협은 창립 후 첫 사업으로 신림-시흥 간 도로 공사로 철거 위협을 받고 있는 주민을 지원하는 활동을 했다. 당시 신림 7동 산 101번지, 102번지 일대 50가구가 도로 건설에 따른 자진 철거 계고장을 받고 철거 위협에 처해 있었다. 이 중 29가구는 철거대책위원회를 조직해 활동하고 있었고, 난지협은 철거대책위원회를 지원하는 활동을 했다. 이후 주민 신문 《난곡소식》을 발간하고 주민 대동제와 노래자랑을 개최했다. 주민 생활과 밀접한 의료보험 공청회 및 설문조사도 실시했고, 관악 지역 민주단체 공동 모임인 관악지역민주단체협의회에도 회원 단체로 참여했다.

난지협은 지역 주민 누구나 쉽게 참여할 수 있는 활동으로 1989년 5월, 창립 1주년 기념 '주민 대동제'를 개최했고, 이어 1990년 11월에는 '제1회 주민 노래자랑대회'를 개최했다. 난지협이 소수 단체협의체에 머물러 있으며 주민과 만나는 장이 부족하다는 평가를 반영한 사업이었다.

난지협은 주민 노래자랑대회를 개최한 이후 1991년, 지방자치제 기초 선거 당시에 김혜경 선거운동에 적극적으로 참여했다. 지방선거가 끝나자 난지협 활동가들은 대중조직인 난곡주민회의 결성의 필요성을 느껴 준비위원회를 구성했다. 난지협은 해산하고 대중조직으로 '난곡주민회'를 건설하자는 데 합의하고 준비위원회를 구성했다. 이는 센터를 중심으로 활동하고 있는 회원과 활동가들, 기존 주민을 헤쳐 모이게 해서 부문별·영역별로 조직을 재편하고 명실상부한 주민자치 조직을 만들고자 한 야심찬 계획이었다.

난곡주민회준비위원회가 구성되어 주민 대중조직을 논의하던 중 김혜경과 준비위원회 사이에 갈등이 생겼다. 김혜경이 구의원에 당선되고 1991년 6월 난곡주민회관과 꿈나무공부방을 만든 것이 시발점이었다. 주민회관 건립은 공약 사항이었고, 주민회관 안에는 구의원실과 지역 주민을 만나는 상담실을 두려고 했다. 이런 과정이 준비위원회 활동가들과 충분히 공유되지 않으면서 활동가들과의 갈등을 유발한 것이다. 당시 김혜경은 구의원에 당선되니 공약 사업으로 명시한 주민회관 건립을 급하게 추진한 것이었고, 난곡 지역 활동가들은 주민회관이 의원 사무실이나 상담실의 기능을 하는 센터가 아니라 난곡주민회의 활동 공간으로 개방되고 확장되어야 한다고 생각한 것이었다. 이렇듯 이견을 좁히지 못해 난곡주민회준비위원회는 주민회로 결성되지 못했고, 자연스레 모임과 활동이 줄어들어 1994년에 해소되었다.

난지협이 센터와 기관이 결합된 기구라면, 난곡주민회는 개별 센터나 기관이 아닌 주민들의 모임으로 조직하고자 한 곳이었다. 그러나 결국 난곡주민회준비위원회는 난지협에서 그 구성원이나 활동 내용을 변화·발전시키지 못하고 해소되었다고 할 수 있다.

IMF에 따른 경제적 여파는 난곡 지역 주민에게도 영향을 끼쳤고, 지역단체들은 이 문제에 대해 함께 개입할 필요성을 제기했다. 이어 1997년 난곡 단체들은 '난곡지역단체협의회'를 다시 결성했다. 이때 우리자리공부방, 일터나눔 자활지원센터도 합류했다. 난곡지역단체협의회는 겨울 동안 지역사회에서 주민을 위한, 특히 위기 가정의 아동을 위한 사회적 안전망을 만들고자 했다. 실업극복국민운동의 지원을 받아 낙골공부방, 꿈나무공부방, 남부야학, 난곡주민도서실이 중심 거점이 되어 겨울방학 동안 아이들을 온종일 보호할 수 있는 '사랑의 학교' 사업과 점심·저녁 도시락을 제공하는 사업을 시작했다. 겨울방학 동안 지역 아동 100여 명을 보호할 수 있는 시스템을 만들었고, 일터나눔 운동과 난곡주민도서실이 거점이 되어 긴급 생계비 지원을 위한 상담 창구 역할을 했다.

난곡지역단체협의회는 IMF에 대한 긴급지원 활동의 성과를 모아 2000년 난곡지역단체협의회의 부설로 '사랑의밥집'과 '난곡사랑방'을 만들어 지역 아동을 위한 도시락 사업과 문화 활동을 이어갔다. 2011년 난곡지역단체협의회는 해산되었고, 현재 남부교육센터, 난곡사랑방, 사랑의밥집이 '난곡사랑의집'으로 통합되어 운영되고 있다.

우리나라 최초로 순환식 재개발을 실시한 신림 10동 이야기

신림 10동은 1975년 신림 2동에서 분리된 신림 6동이 다시 분리된 동(洞)이다. 1980년 신림 6동의 남측 지역을 분리해 신림 10동을 신설했고, 현재는 2008년 신림 6동과 10동이 통합되어 삼성동으로 행정명이 바뀌었다. 이 장에서는 'B 지구'라 불렸던 신림 10동의 끝, 꼭대기 난곡과 접점 지역의 활동을 다룬다. 신림 10동에서 B 지구라 칭했던 신림 2-1 재개발 지역은 1960년대 말에 조성된 철거민 정착촌이었다. 주택 상태가 매우 열악했고, 대부분 단칸방으로 구성된 지역이었다. 1997년 재개발로 주택이 철거되기 이전까지 기독교, 가톨릭, 원불교에서 도시빈민 지역 활동을 해왔고, 주민들이 순환식 재개발 투쟁을 하던 당시에는 세 종교가 연대해 주민들을 지원했다.

B 지구를 중심으로 신림 10동에서 제일 먼저 활동을 시작한 곳은 신양교회였다. 신양교회 설립자 차경락은 전직 교사였으나 폐가 좋지 않아 요양차 당시 경기도 지역이던 신림 10동에 정착했다. 차경락이 다니던 교회에서는 신림 10동을 농촌 개발지역으로 지정하고 농촌 개발 프로그램을 실시하고자 했으나, 1960년대 말 철거민들이 이주해 오면서 빈민선교로 활동 방향을 전환했다. 당시 신림 10동은 버스가 다니지 않아 노량진에서 걸어오거나 시흥에서 산을 넘어와야 하는 외진 곳이었다. 전기도 들어오지 않았다. 차경락은 신림동에서 요양하면서 신학을 공부해 1974년 신양교회를 설립했다. 신양교회 뒤편 관악산에는 30여 가구가 루핑집(보통 섬유 제품에 아스팔트 따위를 칠해 만든 방수 재료로 지은 집)을 짓고 살고 있었고, 이들 대부분은 교인이 되었다.

첫 주민 사업으로 탁아소를 시작했다. 그러나 신양교회가 본격적으로 빈민지역 활동을 시작한 건 1987년, 차경락의 아들 차정규가 빈민목회를 시작하면서부터였다. 차정규는 지역에 탁아소뿐만 아니라 공부방, 도서실, 무료 진료소, 생협, 청소년 상담실, 할머니 쉼터, 공동 세탁장 등을 설치하는 등 주민이 필요로 하는 활동을 확장해나갔다.

가톨릭에서는 1984년 가톨릭 골롬반 외방선교회에서 빈민사목을 위해 '사랑의집'을 만들고 신부 두 명을 파견하면서 지역 활동을 시작했다. 주민 무료 진료 사업을 비롯해 독거노인을 돌보았고, 지역 탁아소 '아가방'을 만들어 운영했다. 원불교에서도 1990년 1월, 도시빈민 교화를 위해 교당이 아닌 '현장'으로 강해윤, 길광호 두 명의 교무를 파견했다. 이들은 단칸방을 얻어 '은혜의집'을 열었다. 지역에 처음 들어와서는 주거 환경이 열악한 집들을 찾아 모래를 지고 삽을 들고 다니며 주택을 수리했다. 이어 지역 아동을 위한 컴퓨터교실, 방과후학교, 소년원 교화를 위한 청소년 쉼터를 운영했다.

재개발을 둘러싼 주민 간의 갈등과 순환식 재개발

1991년부터 지역 재개발 때문에 주민들의 주거 문제가 대두되었다. 1992년 가톨릭교회 삼성산 본당이 설립되고 서춘배가 신부로 부임해 오면서 세 명의 종교 지도자들은 주민의 재개발 문제에 함께 개입했다. 세입자 모임을 조직하고, 이들을 지원하기 위해 '신림동지역사랑모임'을 만들어 주민들을 도왔다. 1993년 10월 서춘배는 지역 재개발 문제와 관련된 실무를 돕기 위해 정복동을 활동가로 합류시켰다. 정복동은 가톨릭 관련 단체에서 일을 하다 그만두고, 농촌에 내려가 직접 현장 활동을 하려고 준비하고 있었다. 평소 알고 지내던 서춘배 신부에게 인사도 할 겸 신림동에 왔다가 서 신부로부터 함께 일을 하자는 제안을 받았다. 정복동은 이미 농촌으로 내려가려고 마음먹고 있던 터라 거절했다. 그러나 서 신부는 거듭 제안했고, 정복동은 서 신부의 설득을 이기지 못하고 제안을 받아들였다. 그리하여 골롬반 외방선교회가 운영하던 탁아소로 이사하고 신림동에서 활동을 시작했다.

> 이사하고 첫날 옆 옆집 할머니가 돌아가셨어요. 12시가 넘었는데 가서 임종을 지키고 장례를 치렀죠. 장례식 설거지부터 시작했어요. 장례 내내 일을 하니 주민들이 "저 사람 누구냐"고 궁금해하시고, 탁아소에 살게 되었다고 하니 주민들이 "아가방 선생님"이라고 부르시더라고요. 그렇게 주민들과 알아가기 시작했고 친분을 쌓기 시작했어요. _정복동

지역에 들어간 정복동은 특별한 프로그램이나 활동을 시작하지 않았다. 활동을 제안했던 서 신부는 "주민들이 재개발을 앞두고 있는데 어려운 시기에 우리가 함께 있어줘야 한다. 우리가 이 시기에 가만히 있으면 안 된다"라고만 하고 '무엇을 해라'라고 구체적으로 일을 주거나 지시하지 않았

다. 정복동 역시 '내가 무엇을 하겠다고 생각하지 않고 그냥 주민과 함께 있어야겠다'는 생각만 했다. 정복동이 짐을 풀고 살기 시작한 옛 탁아소는 자연스럽게 주민들의 모임 공간이 되었다. 세입자대책위원회(이하 세대위)나 '지역사랑모임'의 회의 장소가 되기도 했다. 지역사랑모임은 '지역의 문제를 어떻게 도울 것인지', '주민의 편에서 세대위를 어떻게 지원할 것인지'를 논의하고 주민이 필요한 것을 지원했다. 주민들은 세대위 활동을 하면서 와해나 갈등을 겪는 등 여러 번의 위기를 맞았고, 그때마다 정복동은 주민과 지역사랑모임을 연결하고 소통하면서 주민들을 지원했다.

> 차 목사님, 서 신부님, 강 교무님, 안젤라 선생님 등 지역사랑모임 분들에게 제가 세대위 돌아가는 상황을 보고해요. 그리고 지역사랑모임에 필요한 것을 지원해달라 요청을 하기도 해요. 그럼 주민들이 데모할 때 성당서 떡도 해주고, 세대위가 와해되려고 위기를 맞으면 지역사랑모임 어른들이 세대위 분들을 만나서 설득하고 다시 추스르고 그런 일이 여러 번 있었어요. _정복동

신림 10동 2-1 재개발 지구는 주택공사가 처음으로 '순환식 재개발'(선입주 후철거 방식)을 추진한 지역이었다. 그러나 가옥주 중 70~80퍼센트는 재개발 지역에 살지 않고 주택 소유만 하고 있는 외지 가옥주였다. 이들은 순환식 재개발이 아닌 민영 아파트 건립으로 개발이익을 더 받기를 바랐다. 세입자와 영세 가옥주들은 개발이익보다는 주거 안정을 위해 순환식 재개발을 찬성했고, 외지 가옥주들은 반대하면서 주민 간의 갈등이 첨예화되었다.

> 순환식 재개발이 되기까지 참 많이 싸웠어요. 원래 주공의 계획이었는데 반대하는 사람들의 힘이 커지면서 순환식 재개발이 안 되는 위기도 있었고, 주공 편과 민영 편이 갈라져서 주민 간의 싸움이 심각했어요. 같이 성당도 다

니고 서로 친하게 지내던 사람들도 주공과 민영처럼 서로 얼굴 붉히고 싸우고 그런 갈등이 굉장히 많이 있었어요. 주민들이 데모도 참 많이 했어요.

정복동은 지역사랑모임과 함께 세대위 활동을 적극 지원했다. 또, 주민의 제안으로 1994년 1월부터 공부방을 시작했다.

어느 날 김순복 씨가 찾아왔어요. 겨울방학이었는데 아들이 초등학교 6학년인데 ABC도 모르고 중학교에 가게 되었다고 공부를 좀 가르쳐 줄 수 있냐해서 오라고 했더니 다음 날 친구 한 명을 데리고 왔어요. 그 다음 날 또 친구를 데려오고 하면서 공부방이 시작된 거예요. 그때는 이름도 없었고. 주민들은 그냥 신림동 공부방이라고 불렀고, 나중에 새숲공부방이 된 거죠.

처음부터 공부방을 운영할 생각은 없었다. 찾아오는 아이들이 늘어나자 체계가 필요해졌다. 정복동이 받는 생활비를 쪼개 운영비로 사용했고, 매일 아이들 간식을 직접 만들어 챙겨주었다. 소문을 듣고 자원봉사를 하겠다는 대학생들도 찾아왔다. 점차 공부방의 형태를 갖추어갔다.

공부방 임대아파트 입주권 싸움

1995년 신림 10동의 순환식 재개발이 확정되었고, 주민들은 아파트 입주를 준비하기 시작했다. 그러나 정복동이 거주하던 신림동 공부방은 입주권이 없어 철거를 앞두고 있었다. 그해 겨울 캠프에서 정복동은 자원 교사들에게 상황을 설명했다.

이 캠프가 마지막일 수 있다. 공부방은 철거될 예정이고, 신부님도 정리하라고 하는데 고민이다. 공부방도 아이들이 있는 아파트로 이주를 하면 좋은데

정복동 씨와 신림 10동 주민들

방법이 없다.

이런 상황을 알게 된 교사들이 부모들에게 사정을 이야기했고, 부모들은 캠프에서 돌아와 신부님을 찾아가 "이럴 수는 없다. 우리가 지키겠다. 우리가 공부방도 옮길 수 있도록 할 테니 정복동 선생님을 보내지 말라"고 요청했다. 이 소식을 들은 정복동은 부모들에게 "제가 개인적으로 싸워서 아파트에 들어가지는 않을 겁니다. 당신들이 아이들에게 공부방이 필요하다고 생각하시면 (입주권 싸움) 하십시오. 저는 주민들이 함께하면 합니다. 하지만 제가 앞장서서는 안 합니다. 제가 나가면 명분이 없으니 주민들이 하시면 저는 끝까지 버티겠습니다"라는 의사를 전달했다. 정복동은 당시 주민이 먼저 행동하는 게 무엇보다 중요했다고 회고했다.

제 필요에 의해서나 제가 중심이 되어 시작하면 안 된다고 생각했어요. 제가 중심이 되고 제가 먼저 나서면 저는 빛날 수 있지만, 주민들이 주인이 되고 중심이 되기 힘들다고 생각했기 때문이지요.

주민은 이 사안을 놓고 두 가지 활동을 시작했다. 하나는 탄원서를 쓰고 주민에게 서명을 받아 시장과 대통령에게 보낸 것이고, 또 하나는 가톨릭 신자들이 중심이 되어 조별로 매일 밤 공부방에서 함께 시간을 보낸 것이다. 이미 철거가 시작되어 동네는 폐허가 되었고, 신림동 공부방만 덩그러니 남아 있었다. 공부방에서 혼자 지내야 하는 정복동을 보호하기 위해 주민들이 노력한 결과였다. '매일 공부방 지키기' 활동은 당시 삼성산 성당에서 진행하고 있었던 '기초교회 공동체운동'의 일환이었다. 이 운동은 가톨릭 신자가 지역에서 한 가지 지역 활동을 실천하는 것인데, 마침 구역 차원에서 공부방과 정복동을 지키자고 결정한 것이다. 그렇게 1년의 시간을 주민들이 함께 지켜주었다.

사실 살아서 나가면 성공한다는 생각이 들기도 했어요. 그때 제가 30대 초반이었고 여자인데, 철거가 되면서 공가가 많아지고 길도 없어지고 저를 내보내려고 공부방 옆에 불을 지르고, 야밤에 술 취한 사람이 찾아오기도 하고 신변의 위협도 많이 받았어요. 저에 대한 말도 안 되는 루머도 퍼뜨리고 그랬죠. 그때 주민들이 불침번 서 듯이 지켜주셨어요. 그렇게 1년 넘게 폐허 속에서 투쟁한 결과 공부방을 얻어냈죠.

마침내 1996년, 신림 10동 주공 1단지 아파트 101동 101호에 신림동 공부방이 입주했다. 쉽지 않은 과정이었지만 주민들이 함께해 해낼 수 있었다. 공부방 입주 싸움을 함께한 것은 의식화된 행동이라기보다는, 관계에서 비롯된 순수한 마음을 행동으로 보여준 것이라는 생각이 들었다.

주민들이 처음에 탄원서를 써왔는데 굉장히 순수한 거예요. 우리 아이들에게 공부방 필요하다가 아니라 정복동 선생님이 우리를 위해 고생했다. 우리는 안 가도 되니 선생님은 가야 한다. 못 들어가면 안 된다. 그렇게 써 오셨어요. 그래서 아이들을 위한 공부방이 필요한 것으로 다시 이야기를 나눴는데, 제 생각에 주민들이 저를 지켜보면서 고생한다고 생각하신 거죠. 물론 저는 아니지만. 제가 주민으로 살면서 주민들이랑 모든 걸 같이했어요. 어르신 아프면 119 불러 가서 간병하고, 돌아가시면 장례 치르고, 세대위 활동하면서도 아무리 바빠도 주민 한 분 한 분의 어려움을 함께하려고 했거든요. 제가 볼 때 주민들을 움직이는 것은 철학이나 가르침보다는 감동을 하면 마음이 움직이는 것 같아요. 저 사람이 사심 없이 '우리를 위해 하고 있다'는 진심을 느끼면 받아들이는 것 같아요.

에피소드

정복동이 살던 탁아소의 아랫집에는 연로하고 몸이 편찮은 80세 노부부가 살고 있었다. 노부부의 아들은 전과 7범으로 교도소에 있었다. 어느 날 할머니가 위독하셔서 보라매병원 응급실로 모시고 가 밤새 지켰는데 결국 돌아가셨다. 댁으로 시신을 모셔 장례를 다 치렀다. 아들은 오지 못했고 먼 친인척들에게 연락드렸더니 몇 분이 오셨다. 장례를 치르고 나니 친척이라는 사람들이 "할머니가 금반지도 끼고 계셨는데 없어졌다"며 장례를 돕는다는 명분으로 할머니 귀중품을 훔쳐 간 '도둑년'이라고 몰아세웠다. 할 말이 없었다. 동네에 소문이 퍼졌고 가톨릭 신자 중 한 분은 "어떻게 된 것인지 해명하라. 창피하다"라며 찾아왔다. 정복동은 그냥 웃으며 "도둑년으로 몰리면 몰리는 거지. 어떻게 해명을 하겠냐"라며 돌려보냈다. 해명할 방법이 없었다. 장례가 끝나고 할아버지가 찾아오셨다. 할아버지는 금반지를 보여주시며 당신 주머니에 숨겨놨다고 울면서 이야기하셨다. 이미 할아버지는 이런 일이 벌어질 줄 알고, 정복동이 도둑년으로 몰리는 걸 보면서도 당신에게 있다고 하면 금반지를 가져갈 것을 알았기 때문에 사실대로 말하지 못했다고 미안해하셨다. 정복동은 잘하셨다고 하면서 오히려 할아버지를 위로해드렸다.

1년 정도 걸릴 것으로 예상하고 시작한 지역 재개발 싸움은 어느덧 3년이 되어갔다. 순환식 재개발을 둘러싸고 주공 편과 민영 편이 나뉘어 주민 간의 갈등도 심했고, 저항과 투쟁도 거셌다. 또 철거로 폐허가 된 동네에 살면서 공부방 입주 싸움을 하느라 정신적·심리적으로도 많이 지쳤고, 감당하기도 버거웠다. 그럼에도 정복동을 계속 그 자리에 있게 만든 건 주민들이었다.

신림동에서 살면서 어떤 때는 주민들 모습이 비참하게도 느껴졌어요. 남편들이 때리는 가정 폭력, 알코올도 그렇고. 그러면 이분들이 맨발로 저에게 와요. 제가 공부방에 사는 거 알고 혼자 있는 거 알고. 그럼 와서 울며불며 밤새워 이야기하면 듣고, 그분들이 살아온 삶, 어려움을 알게 되고. 그럼에도 생명력 있게 살아가는 거 보면 그 힘들이 어디에서부터 나오는 것인가 호기심도 생기고. 지역 세대위 활동도 힘든데 개인적인 어려움까지 겪는 거 보면서, 정말 어떤 어둠이나 어려움에도 굴하지 않고 다시 새롭게 생명력 있게 살아가는 걸 보면 '부활하는 것' 같다는 생각이 순간순간 들어요. 그러면 인간에 대한 경외심을 갖게 되고 존경하게 되고 그래요. 저도 어떤 상황에서도 희망의 끈을 놓칠 수 없다는 것에 대해 많이 체험한 것 같아요. 그 체험이 저에게 큰 힘이 되고 제 삶에 밑거름이 된 것 같아요.

정복동은 1997년 1월 신림동에서의 활동을 정리하고, 그해 3월 1일 골롬반 외방선교회에 입회했다. 이후 신림동 공부방은 '새숲공부방'으로 이름을 지었고, 현재까지 운영되고 있다. 새숲공부방은 임대아파트 안에 주민의 힘으로 공부방 공간을 얻어낸 모델 사례가 되었다. 당시 함께했던 학부모뿐 아니라 아이들도 '우리 스스로 지켜낸 공부방, 우리가 이사 오게 만든 공부방'이라는 자부심을 느끼고 있었다.

신림 10동은 기독교, 가톨릭, 원불교 차원에서 주민의 어려움을 돕고자 다양한 활동과 프로그램을 진행했다. 2-1 재개발 이슈가 생기자 세 종교가 연대해 최초의 순환식 재개발이 이루어지도록 세대위 활동을 적극 지원했다. 다른 종교임에도 서로를 인정하고 '주민을 위해' 연대하고 조화를 이루었다. 신양교회는 이후에도 주민들과 1996년에 삼성산 쓰레기 소각장 설치 반대운동을 해서 '삼성산 쓰레기 소각장 입지 선정 무효화'를 따냈다.

새봄교회를 중심으로 한 시흥 2동 빈민지역 운동 이야기

시흥 2동은 산복터널을 사이에 두고 난곡과 맞붙어 있는 관악산 바로 밑의 산동네이다. 1965년부터 서울 도심 이주민이 정착하기 시작하면서 형성된 지역으로 1970년까지는 영등포구 시흥동이었고, 이어 시흥 1동과 2동으로 분동되었다. 1980년에는 구로구 시흥 2동으로 분구되었다가 다시 1995년 금천구 시흥 2동으로 행정동이 바뀌었다. 1977년 7월 산사태로 시흥 2동 꼭대기 산동네는 없어졌고, 1983년 새봄교회가 세워지면서 빈민지역 운동이 시작되었다.

시흥 2동 산꼭대기에서 시작한 새봄교회

1983년 1월 최창남은 시흥 2동에 새봄교회를 세웠다. 그는 어린 시절 부천시 소사 미군부대 옆에서 성장했다. 개울에서 놀다 보면 사과 박스에 죽은 아기가 담겨 떠내려가는 것을 목격하곤 했다. 당시 미군 부대 옆에 있던 사창가 양색시의 아기였다. 청년이 된 그에게 그때의 기억은 가난한 사람에 대한 관심으로 연결되었다. 대학에 진학한 후 용산 넝마주이 재건대와 양동 사창가를 찾아갔다. 재건대와 사창가에서 가난한 이들과 함께하며 한글도 가르치고 일도 했다. 재건대에 있을 때는 범죄 사건이 생기면 범인이 아니어도 경찰이 범법자 분리라는 명분으로 주민을 잡아가는 모습을 지켜봐야 했고, 양동 사창가 양색시들이 교회에서 거부당하는 모습을 보기도 했다. 그는 가난한 이들을 진정 돕는 것에 대해 회의를 느꼈다.

개인의 노력만으로는 변화할 수 없다. 조직적으로 노력해야 하고, 인간적 연민이나 봉사가 아닌 운동으로 사회를 바꿔야 한다는 생각을 했죠. 그래서 허병섭 목사님을 만나고 정말 운동을 해야겠다, 가난한 사람들을 건강하게 살

지 못하도록 하는 사회 시스템을 바꿔야 한다는 생각을 했어요. _최창남

최창남은 가난한 지역에서 사회 시스템을 바꾸는 운동을 하겠다는 마음을 먹고 시흥 2동에 들어갔다. 가장 꼭대기에 폐교된 고등공민학교가 있었다. 이전에는 이곳이 마을 중턱이었는데, 1977년 7월 수해로 윗동네가 쓸려 가장 높은 곳이 되었다. 그는 고등공민학교를 임대하고, 벽돌과 시멘트를 지고 나르며 공사해 새봄교회를 세웠다. 처음에는 아무것도 하지 않고 주민과 함께 술 마시고 담배 피고 친해지면서 친분을 쌓았다. 얼마 후 첫 사업으로 지역 여성 12명과 부업센터를 시작했다.

청계천에 가서 인형 눈 붙이는 부업을 받아 교회에서 함께했어요. 그때는 수입이 제법 되었어요. 주민들과 친해지니 일단 생계를 위해 돈이 되는 것을 해야 한다는 생각에 시작했어요. _최창남

이어서 의료학교를 시작했다. 의료보험이 없던 시절이니 아파도 병원에 가기 어려웠고 병원 문턱도 너무 높았다. 의료학교는 지역에 의료 시스템을 만드는 실험이었다. 의사를 지역에 상주시켜 밤에도 아프면 치료받을 수 있게 하고 주민에게 상비약을 나눠주었다. 주민들이 위급 상황에 대처할 수 있도록 붕대 매는 것 등을 교육했고, 구급함도 몇십 가정에 나눠주었다.
의료학교의 경험은 1983년 말에 무료 진료 활동으로 연결되었다. 당시 의과대학을 다니고 있었던 김현덕, 홍윤철, 김민호 등의 후배들이 지역 활동에 합류했다. 이들은 의료 전문 기술을 가지고 빈민 현장과 함께하고 싶어 했다. 가난한 주민의 의료 문제와 의과대학 학생들의 현장 활동에 대한 욕구가 만나 무료 진료 사업이 시작되었다. 매주 토요일 오후 일반 진료로 시작해 나중에는 치과 진료까지 했다. 이어 1983년 말에 탁아소를 시작했

고, 1984년 초에는 검정고시 야학을 시작했다. 한 사람이 살아가는 데 가장 중요한 요소인 '먹고사는 것, 안 아픈 것, 아이들이 보호받고 교육받는 것'을 중심에 놓았다. 1984년 새봄야학이 시작될 즈음에는 권춘택과 이귀웅도 지역에서 가난한 이들과 함께하고자 시흥 2동으로 들어왔다.

> 1983년 노동운동하러 공장에 갔다가 쫓겨났는데, 뭐할까 고민하던 중에 허병섭 목사님을 만났어요. 하월곡동 단칸방에 찾아갔는데 굉장히 인상적이었어요. '나도 저렇게 살아야지.' 사람들에게 헌신하고 아무것도 없이 혈혈단신 살아가는 모습이 성자의 모습 같았어요. 빈민지역에서 예수처럼 ……. _권춘택

권춘택과 이귀웅은 허병섭 목사를 만나고 가난한 지역에서 민중교회를 운영하겠다는 생각으로 시흥 2동에 방을 얻었다. 처음에는 동네를 어슬렁거리며 돌아다녔다. 사람들이 모여 있는 이발소나 술집에 주로 다니며 주민들을 만났다. "담뱃불 좀 빌려주세요", "술 한잔 하세요"라고 말을 붙이고 이야기하다가 형님, 동생하면서 지냈다. 민중교회를 운영하겠다는 생각은 있었으나 구체적인 계획이 없었던 이들은 동네를 다니다 새봄교회를 알게 되었다. 마침 새봄교회의 야학 교사 모집 공고를 보고 두 사람은 야학 교사로 합류했다. 야학 교사를 시작하고 나서 얼마 후 새봄교회를 설립한 최창남은 지역을 떠났고, 새봄교회는 권춘택이 맡게 되었다.

> 노동을 해야겠다는 생각이 강하게 들었어요. 아무리 가난한 이들과 함께 하나가 되려고 하고, 노가다 일도 같이 하고 해도 똑같아지지 않아요. 책을 읽어 그런가 하는 생각이 들어 성격 책만 남기고 책을 버렸는데 안 돼요. 호칭이 전도사인데 아무리 같아지려 해도 그냥 목회자일 뿐이니까 그 상태에서 내 존재적 정체성에 대해 '민중의 한 사람으로 살아가자'라는 생각이 들었고, 그러려면 현장에 가야 한다 그래서 대구로 갔어요. _최창남

마을 잔치와 무료 진료 활동으로 지역 활동 확장

1985년부터 권춘택이 새봄교회를 맡고 안병권이 합류하면서 교회를 넘어 지역으로 활동의 폭을 확장했다. 야학을 다녔던 학생과 지역 청년들이 새봄교회 청년회로 함께 모였다. 구로공단 내의 작은 공장에 다니던 청년들이었다. 청년회가 꾸려지고 당시 24세였던 오지랄파(오리도 지랄하면 날 수 있다) 대장이 청년회 활동을 함께했다. 오지랄파는 산이슬파와 함께 시흥 지역에서 유명했던 깡패 조직이었다. 새봄청년회는 지역에서 주도적인 사업을 하지는 않았으나, 사회과학 세미나를 열면서 지역과 세상에 관심을 가지고 지역 행사와 1987년 민주화운동에 적극 참여했다.

1986년 크리스마스이브, 깡패 조직인 오지랄파가 크리스마스 파티를 하기 위해 새봄교회를 빌렸다. 오지랄파가 교회 마당에서 놀고 있는데 산이슬파도 놀게 해달라고 찾아왔다. 동네 식당들이 오지랄파나 산이슬파에게 장소를 빌려주지 않으니 갈 곳이 없던 두 깡패 조직이 새봄교회로 온 것이다. 새봄교회는 마당이 넓어 300명 정도가 거뜬히 놀 수 있었고, 가장 꼭대기에 위치하고 있어서 놀기에 안성맞춤이었다. 먼저 놀고 있던 오지랄파는 갑작스러운 산이슬파의 등장으로 심기가 불편했다. 급기야 두 깡패 조직에 싸움이 붙어 난투극이 벌어지기도 했다.

1987년 7월 1일 마을 신문 ≪산동네≫가 창간되었다. ≪산동네≫는 지역 재개발 문제가 이슈로 떠오르자 청년들이 재개발을 올바로 알리기 위해 분기별로 발간한 신문이다. 청년들은 주민 기자로 직접 마을을 다니며 취재를 하고, 신문이 발행되면 직접 배포했다.

그때 1987년이니까 전두환 시절이죠. 서슬이 퍼런 정권이잖아요. 그러니 동네에서 신문 뿌리고 하는 게 두려운 일이었어요. 경찰이 올 까봐 긴장돼서 30분 안에 다 뿌려야 했어요. 올라오는 골목이 여러 개니까 두 개조로 나눠서 30분 전에 싹 뿌린다, (경찰이) 시비 걸 수도 있고 그래도 아주 재미있어 했고 보람 있어 했어요. _권춘택

마을 잔치는 1985년부터 시작되어 시흥 2동을 대표하는 지역 명물이 되었다. 처음에는 새봄교회 마당에서 주민 500명 규모로 시작했다. 회를 거듭하면서는 참여하는 주민 수도 3000명까지 늘어 초등학교 운동장을 빌렸다. 처음에는 활동가들이 기획해 주도적으로 준비했는데, 이듬해부터는 서서히 주민과 함께 준비하기 시작했다. 지역 상점을 방문해 음료수나 술을 후원받았고, 집집마다 방문해 쌀을 모아서 떡을 만들었다. 나중에는 가수, 배우, 코미디언 등의 연예인들도 마을 잔치에 참여했다.

서승만도 와서 사회 보고, 배우들도 잘나가는 배우들이 참여하고, 아는 선배가 방송국 PD로 있고 푸른영상 김동원 형도 소개해주고 해서 산동네에 연예인 다섯 명이 그랜저를 끌고 오곤 했죠. 그러니까 주최한 사람이 누구냐 그러면서 주민들이 놀라고 그랬죠. 애부터 어른까지 주민들이 다 참여했어요. _권춘택

무료 진료 활동은 1983년부터 시작했는데, 주민의 요구에 따라 주중 진료로까지 확대했고, 활동에 참여했던 의사가 지역에 병원을 개원하면서 진료소운동을 살려내기도 했다. 1986년 2월 이문희가 샛별의원을 개원하고, 1988년 2월 김민호가 시흥 가정의원을 개원했다.

개인 병원인데 진료 팀 출신이 진료소 운동 맥락에서 (운영하는) 가난한 지역 주민들을 위한 봉사 차원이기도 했죠. 우리가 소개한 주민들에게는 형편에 따라 돈도 안 받고, 빈민 구제는 아니어도 주민에게 친절하고 저렴한 병원인 거죠. _권춘택

무료 진료 활동은 1988년 8월 전국민의료보험이 도입되면서 자연스레 중단되었고, 시흥 가정의원은 현재까지 시흥 지역에서 진료를 하고 있다.

1987년 7월 27일에는 시흥 2동에 산사태가 발생했다. 1977년과 같은 자리에서 또 산사태가 난 것이다.[6] 1977년 당시 25명이 사망했고, 22명이 실종되었다. 1987년에는 14명이 사망했다. 천재(天災)가 아니라 인재(人災)였다. 권춘택도 산사태로 이재민이 되었다. 꼭대기 산자락에 신혼집을 얻어 살고 있었는데, 산사태로 집이 쓸려 내려갔다. 권춘택과 새봄교회 청년들은 이재민을 지원하는 일을 도왔다. 그리고 사망한 14명의 위령제를 지냈다. 당시 양평동 수해민들이 참여해 연대 발언을 했다. 주민은 정부 대책에 대해 항의하고 불만도 제기했으나, 집단행동을 하거나 단체를 조직하지는 않았다.

1989년 전춘우가 새봄교회 전도사로 부임해 오자 권춘택은 일용노동조합을 조직하기 위해 기술을 배웠다. 권춘택은 시흥 2동에 들어오면서 '일단 무조건 주민으로 주민과 산다'는 결심을 했고 그렇게 살았다. 주민으로 산다면 어떻게 먹고살 것인가? '노동하며 살아야 한다', 지역에서 누구를 조직할 것인가? '지역에 일상적인 사건이 없으니 삶터에서 노가다를 만나자. 직업별로 조직을 만들어보자'고 결심했다. 그리하여 당시 빈민지역에서의 노동운동의 모태가 빈민운동이라는 생각을 가지고, 가난한 일용 노

---

6 8일 하오 7시쯤 서울 영등포구 시흥 2동 뒤 해발 300m의 호암산 중턱이 무너져 내리며 시흥 2동 산 89, 90, 91번지 일대의 계곡을 덮쳐 25명이 숨지고 22명이 실종(9일 하오 1시 현재 경찰집계), 50여 명이 중경상을 입었다. 이 사고로 8여 채의 집이 파괴되어 400여 명의 이재민을 냈다. …… 사고가 난 시흥 2동 호암산 중턱 일대는 지난 68년부터 철거민 수재민들이 몰려 정착해온 곳으로 지난 4월 영등포구 구청에서 해발 150m 이상에 살던 무허가 판자촌 600여 가구를 철거하고 녹지 조성을 위해 계단식 사방공사를 해오던 곳이다. 주민들에 따르면 구청이 배수로를 만들지 않고 축대를 쌓으면서 콘크리트를 섞지 않아 축대를 밀어내 산사태가 난 것이라고 주장했다("삽시간에 숱한 인명 삼킨 공포의 물벼락 서울·경기 일원 집중호우 피해 상보", ≪경향신문≫, 1977년 7월 9일 자, 7면).

동자들이 살아가는 삶터에서 직업별로 조직을 만드는 흐름이 시작되었다.

내가 1985년에 사선 훈련 3기를 받았는데. 그러고 나서 주민조직 생각하게 되고. 그 전에는 주로 건달이나 건강이 좋지 않은 사람, 노인들을 만났는데 건강한 주민을 만나려면 노동 현장에 가야 한다. 그래 노가다를 했어요. 청년 중에 노가다하는 친구가 있어서 따라다니면서 일을 배웠어요. 그래 6개월 만에 기술자가 되었죠. 데모도에서 기술자가 된 거지. 그렇게 2년 했어. 그래 노가다 다니면서 사람들과 접촉했지. 나 가르쳐준 친구도 꼬셔서 모임에 데리고 가고. 조직으로까지는 가지 못했지만 지역 안에서 노동자 조직을 만들 수 있다고 생각하고 한 거죠.

권춘택은 벽돌공으로 2년간 생업에 종사하며 일용노동조합을 조직하던 중 신부전증에 걸렸다. 그는 병으로 1992년에 시흥 2동에서의 8년간의 활동을 정리했다.

노동 기술을 배우고 얼마나 좋았는지 몰라요. '이제는 먹고살 수 있다.' 그때 썼던 연장을 아직도 가지고 다녀요. 나에게는 상징이죠. 실제로 병으로 끝내야 하니까 엄청난 절망이었지요. 아파서 지역을 내려오면서 회한을 안고 내려왔어요. 빈민지역 운동을 본격적으로 이야기하면서 지역의 자발적인 주민조직, 주민운동 이런 이야기가 나오기 시작했고, 새봄공동체 일원으로서 지역에서 조직을 건설할 계획을 세우고 시흥 2동 조직, 생협 이런 거 준비하다 아프면서 정리하게 된 거죠.

권춘택이 요양차 지역 활동을 중단하고 나온 이후 시흥 2동은 1996년에 재개발이 되어 대규모 아파트 단지로 변했고, 새봄교회도 문을 닫았다. 권춘택은 시흥 2동 활동을 돌아보면 '시흥 2동은 크게 성공한 것도 실패한 것도 없는, 어떤 성과가 있고 없고가 아니라 함께 살면서 관계를 맺는 그 자체가 삶'이라는 생각이 든다고 한다. 그냥 '주민과 주민으로 산다'는 생각으로 주민과 함께 살았고, 어떤 과업을 이루거나 성과를 내려고 하지 않았다. 지병으로 활동을 마감해야 했던 아쉬움이 내내 남았지만 가장 밑바닥에서, 하고 싶어서, 해야 할 일을 했기 때문에 의미 있는 시절이었다. 지금도 새봄공동체라는 이름으로 그 시절 함께 활동했던 청년들, 무료 진료에 참여했던 의사들, 공부방 활동가들이 매년 만남을 이어가고 있다.

연대의 힘이 공동체를 키운 봉천 3·6동의 지역운동

봉천 3동과 6동은 봉천사거리에서 상도동으로 넘어가는 봉천고개의 오른편에 위치한 지역이다. 같은 봉천동이라도 2·5·9동과는 봉천고개를 지나는 도로를 사이에 두고 나뉘어 있었고, 3·6동은 서로 인접해 있어서 같은 동네라고 해도 좋을 정도였다.

원래 이곳은 정부 소유의 야산이었는데, 1965년 한강에 큰 물난리가 났을 때 청계천, 동부 이촌동, 서부 이촌동의 이재민들이 이주해 정착하면서 마을이 생겼다. 당시 이재민들은 정부의 지원을 받아 세대당 3~8평 정도의 땅에 판잣집을 짓고 살았었다. 그 후에 지방에서 상경한 이농민과 노동자들이 들어오고, 목동이나 사당동 지역의 철거민이 이주해오면서 산꼭대기까지 판잣집으로 꽉 들어찬 전형적인 산동네의 모습을 갖추게 되었다. 이곳에 살고 있는 주민의 70퍼센트 이상이 세입자였고, 이들 대부분이 1000만 원 이하의 전세나 월세의 형태로 살았다. 1980년대에 시작된 서울 도심 재개발의 영향으로 관악구의 산동네도 재개발사업이 머잖아 시작될 터였다. 이곳에 자리 잡은 주민들이 주거 문제로 심각한 어려움을 겪게 될 것이라 예상한 활동가들도 이를 대비하기 위해 봉천 3·6동으로 들어가서 살기 시작했다.

봉천 3·6동 지역에서 처음으로 활동을 시작한 곳은 봉천 6동의 친구교회다. 친구교회는 1987년 기빈협 소속의 황홍렬 목사가 개척한 민중교회였다. 황홍렬은 본디 장로회 신학대학교를 졸업한 후에 영성 훈련에 관심을 두고 이를 위한 준비를 하고 있었다. 우연한 기회에 어느 피정의 집에서 기도하다가 "가난한 사람들에게 복음을 전하라"라는 성경 말씀이 크게 다가오는 체험을 하게 되었다. 그래서 그는 이를 자신의 소명으로 삼고 가난한 사람이 모여 살고 있는 산동네에 들어가서 일하기로 마음먹었다. 처음에는 신림 7동 난곡에서 교회를 열 생각으로 조사하고 다니다가, 난곡에는 이미 1970년대부터 활동가들과 민중교회가 활동하고 있다는 것을 알게 되었다. 그래서 인근 봉천동 지역을 다시 알아보러 다녔고, 봉천 3·6동 지역에는 아직 활동가나 센터들이 없다는 것을 확인하고는 봉천 6동 산동네 중심 지역에 위치한 6평짜리 전셋집을 얻었다.

처음에는 6평이 교회사목을 하기에 작지 않았다. 주말에 예배를 드리고, 주중의 낮에는 가끔 이웃집 맞벌이 부부의 아이를 돌보는 일도 해주면서 차츰 동네를 알아갔다. 특히 이 동네 아이들은 방과 후에 특별히 갈 곳이 없어서 부모님이 돌아오는 저녁까지 골목에서 논다는 것을 알게 되었다. 그래서 주민들에게 자연스레 다가가려면 먼저 공부방을 운영해야겠다고 결심했다. 그러나 막상 그렇게 생각하고 준비하려고 보니 6평의 공간이 턱없이 부족했다. 그리하여 그해 11월에 좀 더 넓은 집을 구해서 이사를 하고, '친구네공부방'과 '애기방'을 본격적으로 시작했다. 이후에는 임미경, 유금숙 등이 신자이자 실무자로서 교회와 공부방 운영에 헌신적으로 참여했다. 황홍렬은 이듬해인 1988년, 목사 안수를 받고 1991년까지 6동에서 목회 활동과 공부방 운영을 하다가 총회로 자리를 옮기게 되었다. 그리고 평소 알고 지내던 오재현 전도사에게 친구교회를 부탁했다.

오재현 전도사는 노동자 목회를 위한 훈련을 받은 경험이 있었고, 가난하고 소외된 사람들이 있는 바닥에서 목회하고자 하는 의지가 있었다. 그는 기성 교회의 전통적인 구조와 내용을 벗어나서 가난한 사람들의 문화 속에서 교회의 구조와 내용을 찾으려고 노력하는, 산동네 민중교회를 맡을 만한 적임자였다. 오재현은 1991년 친구교회에 부임한 이후 봉천 3동에서 꽃망울글방을 운영하던 민경자 씨와 함께 봉천 3·6동 연대모임을 이끌어 갔으며, 1993년부터 6동 재개발사업이 시작되자 세입자의 주거 문제 해결 을 위해 적극적으로 지원 활동을 했다. 친구교회는 6동 철거 작업이 마무 리되는 시점에 인근 지역으로 이전해 목회 활동을 지속했다.[7]

봉천 3동 지역에서 처음으로 센터 활동을 시작한 곳은 꽃망울글방이다. 꽃망울글방은 1989년에 AFI[8] 회원이면서 천도빈(천주교도시빈민회) 회원이 기도 한 민경자 씨가 공부방으로 문을 연 곳이다. 그녀는 봉천동에 들어오 기 전에 명동 전진상교육관에서 매주 열렸던 월요 강좌를 통해 노동운동 과 빈민운동을 처음 접했고, 그 후 1985년 전국 천주교사회운동 활동가대 회에 참여하면서 천도빈 회원들을 만나게 되었다. 특히 정일우 신부와 제 정구 선생이 청계천에 들어가서 빈민과 함께 살아가는 이야기에 큰 감명 을 받아 복음적으로 살려면 현장에 가서 가난한 사람들과 함께해야겠다는 결심을 하게 되었다. 그래서 천도빈에 가입해 조직화 훈련을 받고, 신림동 에서 일주일간 현장 실습을 받았다. 이후 1987년 봉천 6동에 들어갈 준비 를 하다가 사정이 생겨서 2년이 지난 후에 봉천 3동으로 들어가게 되었다.

민경자는 처음 봉천 3동에 들어가면서 아무리 길어도 앞으로 10년 안에 는 반드시 재개발사업이 시작될 것이라고 예상했다. 재개발이 시작되면 대부분의 주민이 대책 없이 쫓겨날 텐데 그때 주민이 잘 뭉쳐서 대책을 요 구하면 반드시 해결할 방법이 생길 것이라고 생각했다. 그래서 그녀는 한

---

7   친구교회25년사편찬위원회, 『작지만 아름다운 교회: 친구교회 25년사』(친구교회25년사편찬위 원회, 2012).

8   국제가톨릭형제회의 약자로, 가톨릭 평신도의 수도 단체다.

가지 목표를 세웠다. 그것은 '내 역할은 재개발이 시작될 때까지 주민과 함께 살면서 밑 작업을 잘하는 것이고, 철거가 되더라도 끝까지 남아서 주민과 함께하는 것'이었다. 과연 스스로 잘 해낼 수 있을까 하는 두려움도 많았지만, 인근 지역에 먼저 살고 있던 천도빈 회원들도 있었기 때문에 힘을 낼 수 있었다.

민경자는 처음에는 천도빈 회원들의 추천을 받아 봉천 6동에 들어갈 생각이었다. 그래서 1987년 당시 6동에서 먼저 활동하고 있었던 친구교회 황홍렬 목사를 만나 인사를 나누고, 공부방을 하고 싶다는 이야기도 하면서 의견을 구했다. 공부방이 두 군데가 되니 초등반과 중고등반을 나누어 운영하면 좋겠다는 계획도 함께 의논했다. 마침 교회 근처에 전셋집을 얻을 수 있게 되어서 그곳을 공부방으로 쓰기 위해 말끔히 수리했다. 그런데 수리가 거의 끝나갈 무렵, 집주인이 집을 한번 휙 둘러보고 가더니 다음 날 와서 "마음이 바뀌었다. 계약금을 돌려줄 테니 집을 비워달라"고 했다. "아니 수리 다 해놓았는데 갑자기 그러면 어떡하느냐"라고 항의해도 소용없었다. 어쩔 수 없이 집을 비워주고 지역을 나올 수밖에 없었다. 나중에 집주인이 수리된 집에서 살고 싶어서 일부러 그랬다는 이야기를 듣고 억울했지만, 당시에는 세입자가 보호받을 수 있는 제도가 없어서 포기할 수밖에 없었다. 이후 그녀는 1년간 구로동 벌집촌에 살면서 미싱 기술을 배우고 새로운 현장을 물색하다가 1989년에 봉천 3동으로 들어갔다.

그러나 처음부터 쉽지는 않았다. 훈련받을 때 "지역에 들어가면 처음부터 무언가를 하려고 하지 말고 주민들을 사귀는 것부터 먼저 시작해라"라고 배웠기 때문에 이웃들을 만나려고 했지만, 먼저 소문이 돌았다. 혼자 사는 여자가 새로 이사 왔는데 아무래도 복부인이 산동네에 투자하러 온 것 같다는 것이었다. 오해를 풀기 위해 먼저 인사도 드리고 친해지려는 노력도 했지만 효과가 별로 없는 듯 보였다.

그러던 어느 날 맞은편 골목에 사는 아주머니가 슬며시 찾아왔다. 큰아들이 중학생인데 영어가 부족해서 고민이던 차에 당신이 아이들을 가르칠

에피소드

민경자는 공부방을 시작하면서 수업 중에 아이들에게 우리 공부방의 이름을 지어보라고 말했다. 여러 가지 이름이 후보로 나왔고, 그중에 꽃망울글방도 있었다. 이름을 지은 이유를 물어보니 아이는 "우리는 아직 꽃으로 피어나지 않았지만 언젠가는 꽃이 될 거니까 그게 꽃망울이잖아요"라고 대답했다. 상상하지 못했던 대답에 그녀도, 방 안에 있던 다른 아이들도 뭔지 모를 감동을 받았다. 그래서 모두 열렬히 박수를 치고 꽃망울글방으로 이름을 정했다.

수 있다는 이야기를 들어서 왔다며 좀 가르쳐줄 수 없겠냐는 것이었다. 속으로는 무척 반가웠지만 내색하지 않고 먼저 학생을 만나봐야겠다고 했다. 며칠 후 다시 만나서 몇 가지 이야기를 나누고 공부를 시작하기로 했다. 그러자 이번에도 금세 소문이 나서 공부를 가르쳐달라는 아이들이 늘어났다. 12명까지 늘어나자 집이 좁아서 아이들을 더 받지 못하게 되었다. 그래서 아예 더 넓은 집을 얻어서 간판을 걸고 본격적으로 공부방을 시작하게 되었다. 아이들이 많아지자 자원 교사도 모집했다. 곧이어 천도빈 회원 조영주와 AFI 회원 천효숙이 공부방에 합류했다. 천효숙은 1993년 꽃망울유아원을 개원해 미취학 아이들과 부모를 만나기 시작했고, 이후에는 최아마타 수녀와 임아네스 수녀가 꽃망울유아원의 이름을 꽃망울어린이집으로 바꿔 운영했다.

성서 읽기를 통해 주민 모임을 시작하다

활동가들이 자리를 잡기 시작한 1989년부터 주민 모임을 만들려는 시도들이 있었다. 그중에서 제법 활발하게 진행되었던 모임이 성서 읽기 모임이었다. 천도빈 소속 활동가 민경자·박병구·이호, 5·9동 지역의 정봉수 등은 봉천동 성당을 다니면서 몇몇 주민을 사귀었고, 그들을 중심으로 해서 열 수 있는 모임이 무엇일지 고민했다. 편하게 만나면서도 관심을 가질 만한 주제가 성경 공부라고 판단한 활동가들은 성당 활동을 통해 알게 된 동네 주민들에게 먼저 모임을 제안했고, 이후 공부방에 다니는 아이들의 어머니 중에서 친분이 있거나 관심을 보이는 사람들이 결합하면서 성서 읽기 모임이 본격적으로 시작되었다.

모임은 한 달에 한 번씩 공부방이나 집에 모여 함께 성서를 읽고 해석하면서 서로 느낀 점을 나누는 방식으로 진행되었다. 자연스레 사회 문제나 가난의 문제와 연결되는 토론으로 대화가 이어지기도 했다. 모임을 계속 진행하면서는 각자 음식을 조금씩 준비해 와서 나눠 먹기도 했고, 인생사나 세상 돌아가는 이야기를 함께 나눌 수 있는 기회로 발전하기도 했다.

활동가들은 이 모임을 가톨릭이라는 공통점으로 주민과 자연스레 만날 수 있는 자리로 만들었다. 특히 '사회복음 나눔'이라는 방식으로 말하고 생각하는 과정을 통해 주민의 의식이 깨어나는 계기가 될 수 있도록 도왔다. 이러한 노력으로 모임 횟수가 거듭될수록 함께 참여하는 주민의 의식도 서서히 변화하기 시작했다. 특히 신자로서 본당과 성직자의 권위에 대해 가지고 있던 인식이 많이 변했다.

주민들은 '모임에 오면 우리가 대접받는 느낌이 든다. 여기에서는 우리 존재가 중요하고 주체가 되는 느낌을 받는다. 하지만 막상 성당에 가면 그게 아니다. 우리가 어떤 존재로서 별 가치를 못 느끼는 경우가 많다'고 했다. 신부님이나 수녀님이 신자들을 귀하게 여기지 않아서 그런 게 아닌가

하는 비판적인 생각을 하기도 했다. 가끔 성당에 가서 신부에게 도전적인 질문을 해서 오해를 받아 곤란한 상황에 빠지는 일도 있었다. 그런 사정들이 있었지만 그래도 사람들은 모임에 적극적으로 참여했고, 2년이 지나면서 의식도 상당히 변화했다. 이후 모임 참가자 중에는 성당에서뿐만 아니라 직장에서도 노동자 권리 의식이 성장한 사람도 생겨나 노조 참여로 이어지기도 했다.

모임은 2년 넘게 이어져 이후 봉천 3·6동과 5·9동에 지역별 연대 모임이 만들어질 때까지 진행되었다. 동별로 센터가 늘자 활동가들 간의 연대 욕구가 자연스럽게 같은 지역 안에서 모임을 만드는 것으로 모였고, 성서 읽기 모임에 빠지는 사람들이 점점 늘어났다. 그래서 동별 연대 모임에 열심히 참여하는 것으로 모임을 정리하고 마무리를 하게 되었다. 비록 가톨릭 신자를 중심으로 한 모임이었지만, 동 구분 없이 봉천동 전체를 아우르는 활동가와 주민 모임이기도 했다. 이러한 시도는 이후 '관악주민연대'가 만들어지면서 그 의미가 더욱 커져 다시 살아나게 되었다.

봉천 3·6동 주민회준비모임을 만들다

1990년대에 들어서면서 친구교회와 꽃망울글방 외에도 씩씩이놀이방, 낮은울타리 등의 센터들이 더 생겨났고, 실무를 담당하는 활동가와 자원교사들도 점점 늘어나면서 지역운동은 새로운 국면을 맞이하게 되었다. 우선 지역에 걸린 문제를 각 센터들이 따로따로 고민하고 움직이는 상황에 대한 고민이 커졌다. 각 센터들은 재정과 인력 부족으로 지역 문제를 집중해서 다루기가 쉽지 않았다. 이러한 문제의식은 자연스레 센터의 일을 넘어서 지역 문제를 함께 다룰 수 있는 공동의 활동을 모색하고자 하는 욕구로 발전되었다.

1990년에 6동의 친구교회와 3동의 꽃망을글방이 공동으로 지역 여성을

준비모임의 조직안

위한 어머니학교를 기획하기 위해 모임을 시작한 것이 계기가 되어 활동
가들의 정기적인 연대 모임이 만들어졌다. 그리고 이미 지역에 들어와 살
고 있던 이호, 강인남 등의 활동가들도 함께하면서 연대 모임은 자리를 잡
았다. 이들이 각자 하는 일은 달랐지만, 3·6동 주민들이 재개발에 대비해
삶의 자리, 즉 마을공동체를 지킬 수 있도록 돕고자 하는 생각은 같았다.
그리하여 주민자치 조직으로 '주민회'를 만들어 닥쳐올 재개발에 대처하고
가난하지만 함께 살기 좋은 마을공동체를 만들자는 목표를 세웠다. 모임
의 정식 명칭은 '봉천 3·6동 주민회준비모임'(약칭 3·6동모임)으로 정했다.
대표로는 꽃망울글방의 민경자, 간사는 어머니학교의 자원 교사였던 강인
남이 선출되었다.

　강인남은 당시 지방에서 올라와 6동에 살고 있었는데, 우연히 전봇대에
붙어 있던 어머니학교 자원봉사자의 모집 안내문을 보고 자원봉사를 시작
했다. 친구교회 실무자였던 임미경과 유금숙이 3·6동모임에 데리고 가서
'지역운동에 관심 있는 젊은 친구'라고 소개해 인연을 맺게 되었다. 강인남
은 센터에 소속되어 있지 않아서 다른 사람들보다 시간이 자유로운 편이
었다. 간사는 모임의 실무를 처리하고, 주민을 만나고, 마을 신문을 만들
고, 다른 지역의 연대 활동이나 연대 회의에도 참여해야 했기 때문에 상대

적으로 여유가 있는 강인남이 적격이었다. 문제는 재정이었는데, 간사의 활동력을 뒷받침할 수 있는 활동비가 필요했기 때문에 센터들은 매월 회비를 내서 모임 운영비와 간사 활동비 30만 원을 충당하기로 했다. 활동비로 턱없이 부족한 금액이었지만, 센터들에게는 큰 결심이 필요한 금액이었다. 센터 대부분이 후원금으로 운영되고 있어 재정이 늘 부족했기 때문이다. 강인남은 3·6동모임의 간사로서 헌신적이고 충실하게 역할을 수행했다. 마을 신문 일이나 서울지역 연대회의 참여와 활동도 간사의 몫이었다. 사무실이 따로 없었기 때문에 컴퓨터나 전화는 씩씩이놀이방이나 꽃망울유아원의 교사방에 있는 것을 주로 활용했다.

> 1992년부터 1997년까지 3·6동모임 간사 하는 동안 내 자리, 내 사무실이 없었어. 전화도 따로 없었지. 씩씩이놀이방에 있을 때 사무실로 책상 하나 생겼고, 꽃망울놀이방에서 전화기 놓고 거기서 거의 먹고 자고 살다시피 했던 것 같아. 지금 생각해보면 주민들이 있는 곳이 사무실이었고, 주민 모임이 있는 곳의 전화가 내 사무실 전화였어. 현장에서 계속 산 거지. 현장이 교과서라는 것을 그때 가장 크게 체험한 것 같아. _강인남

3·6동 연대모임은 봉천동에서 센터들의 연대 활동이 본격적으로 시작되었음을 알리는 신호였다. 다른 지역에도 연대 모임이 있었지만, 3·6동 모임은 활동가들이 개별적인 센터 활동보다 연대 모임을 통한 공동의 활동을 더 중요시하고 우선시한 사례로 보아도 무방할 만큼 적극적이었다고 평가할 수 있다. 3·6동이 이러한 특성을 가질 수 있었던 이유는 우선 민경자 대표가 연대를 매우 중요하게 생각했다는 점에서 찾을 수 있다. 연대를 통해 지역 문제를 풀어간다는 분명한 원칙을 대표가 강조하고 먼저 실천했다는 점이 지역의 활동가들에게 영향을 미쳤을 것이라고 평가된다. 이러한 원칙은 이후 다른 지역에서 철거 투쟁 등의 사안이 발생했을 때 적극

적으로 돕고 참여하는 모습으로 드러나기도 했다.

또 다른 지역과 달리 센터들의 시설 및 재정 규모나 활동력의 편차가 크지 않고 비슷한 편이어서 연대의 필요성에 대한 공감이나 연대를 실천하는 구체적인 방법론에서 어려움이 덜했을 것으로 판단된다. 봉천 6동 재개발사업이 시기적으로 눈앞에 다가온 것에 대한 위기감이 연대의 필요성에 더 공감할 수 있게끔 촉진제 역할을 했기 때문으로 볼 수도 있다. 이러한 연대 활동의 성과는 이후 관악주민연대가 만들어지고 활동력을 갖추는 데 기여했다. 3·6동모임은 어머니학교와 지역의료보험 거부 투쟁을 시작으로 3·6동 철거 투쟁에 이르기까지 지속적으로 활동했다.

주민회준비모임의 첫 활동, 올바른 건강보험 정책 촉구 투쟁

1990년대 초반 3·6동모임에서 집중적으로 논의한 활동은 지역의료보험 거부 투쟁이었다. 노태우 정부는 전 국민을 대상으로 실시하는 지역의료보험을 포함한 의료보험제도를 발표했다. 주민들은 새로운 건강보험제도 덕분에 병원비, 약값 등과 같은 의료비에 대한 혜택이 많이 주어질 것이라고 기대했다. 하지만 실제로는 지역 가입자가 보험료를 더 많이 내도록 되어 있어 저소득층에게는 부담이 큰 제도였다. 3·6동모임은 정부가 발표하지 않고 있는 정보를 나누고 함께 논의할 수 있도록 주민 교육을 준비했다.

당시 천도빈 회장 자리에 있었고 난곡의료협동조합 활동을 하던 김혜경 씨가 와서 지역건강보험에 대한 궁금한 점과 잘 알지 못했던 점을 자세하게 설명했다. 강의 후 활동가들은 주민들과 함께 교육에서 느낀 점 등을 이야기했다. 누구는 지역도 의료보험이 된다고 해서 좋아했었는데 그게 아니라는 걸 듣고 속상해했다. 정부가 하는 일인데 정부 예산이 더 많이 지원되어야 한다는 이야기도 있었다. 또 일부는 문제가 있는 줄은 알았지만 정부가 하는 일이니 뭘 어떻게 해볼 수 있겠냐고 이야기했다. 뭔가 우리가 할 수 있는 일은 없겠느냐고 이야기하는 이들도 있었다. 주변에서 아직 잘 모르고 있는 사람들도 많으니 이야기를 해줘야겠다는 의견도 있었다. 활동가들은 농민들이나 서울의 다른 산동네 지역 사람들이 함께 모이는 집회가 열릴 때 함께 참여해보자고 제안했다. 몇 명이 참여 의사를 표시하기도 했다.

얼마 후 서울 빈민 단체 집회가 열렸다. 활동가들은 주민과 함께 구호도 외치고 유인물도 나눠주는 등 열심히 참여했다. 집회에 처음 참여해보는 주민이 대부분이었다. 사람들은 돌아오는 길에 "나는 살면서 정부 일에 한 번도 반대해보지 않았는데 여기 와서 보니까 내 생각이 잘못된 거구나", "우리가 나선다고 바뀔 수 있겠나 생각했는데 모이면 뭔가 될 수도 있겠다고 느꼈다"라고 이야기했다. 다음에 집회가 열리면 또 가자는 이도 있었다.

3·6동모임은 아이들 부모님이나 신자들을 중심으로 해서 동네에서 의료보험 거부 투쟁과 관련한 논의를 계속하고자 했다. 이를 통해 지역 주민의 참여를 이끌어내려고 했으나 주민 참여가 생각처럼 오랫동안 지속되지는 않았다. 교육에 참여하고 집회에도 참여한 주민들도 있었지만, 먹고사는 일이 급하다 보니 과외의 활동이 쉽지 않았던 부분도 있었다. 국가정책처럼 큰일에 대해서 뭐라고 하기에는 주민들의 경험이 부족했다는 평가도 있었다. 무엇보다 지역의료보험이 주민에게 절실하게 필요한 것이었기 때문에 없는 것보다는 있는 것이 낫다고 생각하는 주민이 많았다. 그래도 활동가들은 공부방 엄마들이나 평소 알고 지내던 주민들과 사회 문제에 대해 이야기 나누고, 집회까지 함께 다녀오는 등 의식에 변화를 주는 새로운 경험을 했다. 주민과 함께하는 방법에 대한 성찰을 하게 되는 계기가 되기도 했다.

어머니학교, 지역 여성들이 주도하는 배움의 장

지역건보 투쟁과 더불어 3·6동모임이 처음 시작한 연대 활동은 어머니학교였다. 활동가들은 목회 활동이나 공부방 등을 통해 지역 주민과의 만남의 기회를 만들고 있었지만 한계가 있었다. 그래서 지역 여성들과 직접 만나고 소통할 수 있는 새로운 사업을 고민했다. 공부방 엄마들이 배움에 대한 욕구가 있다는 것에서 아이디어를 얻어 어머니학교를 기획했고, 몇 개월의 준비를 통해 1991년 3월, 첫 강좌를 개설했다. 글쓰기, 읽기, 산수, 기초영어, 한문, 수지침 등의 강좌가 준비되었고, 공부방 엄마들뿐만 아니라 배우기를 희망하는 동네 어머니들 누구나 참여할 수 있었다.

민경자 교장을 중심으로 센터의 활동가들이 과목별로 교육을 담당했다. 강인남이 한문과 한글을, 씩씩이놀이방 김연숙이 기초영어를, 친구네공부방 유금숙이 산수를 맡아 가르쳤다. 기초반에는 매년 15명 내외의 지역 여성들이 참여했다. 기초반을 4개월간 수료하면 중급반으로 올라갈 수 있었다. 중급반에는 12명 내외의 학생들이 참여했다. 어머니학교에는 매년 기초반이 개설되어 5년 동안 200여 명이 넘는 졸업생이 배출되었다. 배움에 목말라 있었던 산동네 여성들에게는 어머니학교가 새로운 세상을 열어주는 계기였다.

특히 이경월 님의 경우, 환갑이 지난 연세인데도 한글을 깨치신 이후의 변화가 놀랍도록 대단했다. 글을 읽고 쓰는 것만으로도 세상이 너무나 달라 보이고, 책을 읽는 행복이 얼마나 좋은 것인지를 그분을 통해 배우고 느낄 수 있었다. 또 어머니학교를 통해 지역 여성들이 배움의 장에 자신 있게 나설 수 있게 되었고, 의식이 성장한 모습을 보여주었다. 그리고 함께 배움의 자리에 참여한 여성들 간의 소통과 나눔은 이들의 성장을 더욱 높여주는 촉매제 역할을 하기도 했다.

에피소드

어머니학교는 각 기수별로 회장과 총무를 뽑고 모임을 열었다. 졸업생들은 졸업생 총회장과 총무를 임원으로 선출했고, 이들은 어머니학교에 대한 운영과 지원 방안을 함께 논의했다. 어머니학교를 운영하는 데는 재정이 항상 문제였다. 그래서 임원들은 학교 재정을 마련하기 위해 늘 수익 사업을 고민했다. 한번은 자원 교사의 도움으로 인근 서울대학교 대동제 기간에 장터 자리를 하나 얻어 운영했는데, 결과가 성공적이어서 제법 수입이 생겼다. 이듬해부터는 아예 매년 정기적으로 장터를 운영했다. 대동제가 1년에 한 번인 것을 아쉬워할 정도였다. 그래도 재정이 충분치 않아 수익 사업을 하기 위해 여러 가지를 시도했다. 한번은 김밥을 만들어 팔기도 했고, 양재동에서 꽃을 떼다가 꽃다발을 만들어 졸업식 때 팔기도 했지만 추위에 고생만 하고 별로 재미를 보지 못했다.

봉천주민신문, 동네의 소통 창구가 되다

1992년에 접어들면서 6동 재개발사업이 머잖아 시작될 것이라는 소문이 돌기 시작했다. 봉천고개 맞은편 2동이 재개발되면서 강제 철거와 폭력 사건들이 일어나고 있었기 때문에 6동도 곧 재개발이 시작될 거라는 이야기와 근거를 알 수 없는 이상한 소문들로 술렁였다. 3·6동모임은 주민에게 재개발에 대한 정확한 정보를 알리고 이에 대처하는 방법을 안내하기 위해 1992년부터 마을 신문을 만들기로 했다. 특히 활동가의 입장에서는 마을 신문이 센터 범위를 넘어 지역의 많은 주민을 만나 정보를 공유하고 소통의 창구 역할을 해주는 좋은 수단이기도 했다. 마을 신문의 이름을 ≪봉천주민신문≫으로 짓고, 재개발 관련 정보를 중심으로 동네에서 일어나는 일들을 기사로 싣기로 했다. 또 동네 가게들을 신문에 홍보해서 후원 재정을 마련하기로 했다.

신문 제작은 주로 활동가들이 담당했다. 이호, 양현규, 이혜숙, 김희숙 그리고 간사인 강인남이 신문 제작 팀이 되었다. 이호는 1980년 후반에 3동에 들어와 살고 있었는데, 천도빈 회원으로 사선활동가 훈련을 받고 신정동 오목교 뚝방에서 공부방을 운영하면서 재개발에 대응한 세입자대책위원회를 조직했던 경험이 있었다. 그는 이전에 신림 10동 사랑의집에서 마을 신문 발간 등을 진행한 경험이 있었기 때문에 신문 제작 전반에 걸쳐 큰 역할을 했다.

기사는 강인남, 이호가 주로 수집해 수작업으로 정리했다. 천영철이 컴퓨터를 잘 다뤄서 기사를 편집했다. 아내가 기획사를 운영하는 천도빈 회원이 인쇄 작업에 도움을 주었다. 비용을 줄이기 위해 웬만한 작업은 사람 손으로 진행했다. 컴퓨터로 편집한 기사를 형광지로 출력해 풀로 붙여서 신문 원판을 만들어 인쇄하는 방식이어서 시간이 많이 걸렸기 때문에 월 1회의 제작도 쉽지 않았다. 이러한 방식으로 비용을 최대한 절감했지만, 마을 전체에 배포하려면 인쇄량이 많아야 했기 때문에 늘 재정이 부족했다. 신문을 정기적으로 발간하기 위해서는 자금 마련이 가장 큰 과제였고, 발간 시기를 놓치지 않기 위해 어떤 식으로든 재정을 마련하려고 노력했다.

재정과 기사 수집의 어려움에도 신문은 3년 넘게 정기적으로 발행되었다. 그러나 신문에 대한 동네 주민의 관심은 기대만큼 쉽게 나타나지 않았다. 물론 해를 거듭할수록 주민 중에는 "나 마을 신문 알아. 지난번에도 우리 집에 배달되어 왔던 걸"이라고 하면서 관심 있게 읽고 있다는 사람도 제법 생겼다. 하지만 주민 대부분은 신문이 나오나 안 나오나 별로 관심이 없었다. 사실 신문의 품질이 좋은 편이 아니었기 때문에 큰 효과를 기대하기 어렵다는 건 처음부터 생각한 부분이었다. 그렇다고 마을 신문을 읽고 주민의 생각이 바뀐다거나 여론에 영향을 미친다거나 하는 것을 전혀 기대하지 않은 것은 아니었지만, 그보다는 신문을 통해 주민을 쉽게 만날 수 있으리라 기대했던 바가 더 컸다. 활동가들은 "내가 마을 신문 기자다. 마을 신문 보지 않았느냐?"라고 하면서 자연스레 주민들을 만나서 이것저것 물어볼 수 있었다. 신문을 배포할 때도 집에 찾아가 나눠주면서 인사도 하고 이야기도 하면서 관계를 맺을 수 있었다. 또 자원 교사들도 신문을 배포하면서 가정방문이나 주민과 이야기를 나눌 수 있는 기회를 얻을 수 있었다. 이런 주민과의 만남은 교사들에게 자원봉사의 차원을 벗어나 지역 활동을 고민하게 되는 계기가 되기도 했다. 사실 그것만으로도 활동가들에게는 신문이 지역 활동을 하는 데 많은 도움이 되었다.

에피소드

한번은 3·6동모임에서 관악구 국회의원에게 자금 지원을 요청해보자고 제안한 적이 있었다. 그래서 이호와 김재환 목사[9]가 국회의원 사무실을 찾아갔다. 당시 관악구 국회의원은 두 명이었는데, 각각 소속 당이 달랐다. 아무래도 야당 측 의원이 관심이 많을 것이라 예상하고 먼저 찾아가 사정을 설명했지만 끝내 지원해줄 수 없다는 답변만 받았다. 하는 수 없이 여당 측 의원을 찾아갔을 때는 별로 기대를 하지 않았는데, 오히려 그쪽에서 자금 마련을 도와줄 수 있다는 답변을 들었다. 모임에서는 이 제안을 어떻게 할지 한참을 논의했고, 결국 아쉽지만 거절하기로 했다. 정부의 재개발 정책에 비판적인 입장인 활동가들이 그 정책을 옹호하는 여당 의원으로부터 재정 지원을 받아 마을 신문을 제작하는 것이 옳지 않다고 판단했기 때문이다. 동네에서 불필요한 오해를 불러일으킬 수도 있을 것이라는 걱정도 있었다.

≪봉천주민신문≫은 1995년 관악주민연대가 만들어지고 난 후 ≪관악주민신문≫이라는 이름으로, 관악구 전체 구민을 대상으로 다시 발간되었

---

9   김재환 목사는 봉천 3동에서 구립 열린공부방을 운영했다.

다. ≪관악주민신문≫이 발간되면서 봉천동과 난곡에서 각각 제작되던 마을 신문의 기사와 정보가 모여 관악 구민 언론으로서의 방향을 잡고 나아가게 되었다.

자원 교사, 활동가와 주민의 든든한 동반자

3·6동모임이 시작되면서 각 센터에서 자원 활동을 하고 있던 교사들을 위한 연합 활동도 활발하게 진행되었다. 공부방 교사 교육이 공동으로 진행되었으며, 신문 배포나 지역의 연대 행사에도 자원 교사들이 연합으로 참여하기도 했다. 1992년 대선 시기에는 공정선거감시단에 각 공부방의 자원 교사들이 참여해 활동가들과 함께 활동했다. 특히 활동가들은 여름 방학을 활용해 산동네의 삶을 체험하는 빈민지역 체험 활동(이하 빈활)을 진행했고, 교사들이 지역에서 가난을 경험하고 사회 문제를 인식할 수 있는 기회로 삼았다. 이 기간 교사들은 공부방에서 1~2주 동안 먹고 자면서 세미나와 현장 체험 활동을 진행했다.

세미나는 주로 가난과 한국 사회가 주제인 자료를 읽고 토론하는 방식으로 진행되었다. 가난한 사람들에 대한 소설, 사회 문제와 관련한 신문 기사, 한국 근현대사, 빈민지역 철거운동 자료, 아동교육과 관련한 자료 등을 활용했다. 현장 체험은 산동네 사람들의 직업과 경제생활을 이해하도록 노동 체험 프로그램으로 운영했다. 그래서 남자 교사들은 새벽부터 '노가다' 현장에 따라가서 잡부로 일했고, 여자 교사들은 봉제 공장이나 부업하는 집에서 어머니들과 함께 일했다. 일당으로 받은 돈은 빈활 비용으로 사용했다. 낮에는 주민들을 따라가서 일을 하고, 밤에는 공부방에서 세미나와 뒤풀이를 하는 식으로 진행되었다. 교사들은 노동일 때문에 피곤해서 졸다가 선배들에게 혼나기 일쑤였지만, 밤늦게까지 이어지는 뒤풀이에서 자기 삶에 대한 성찰과 산동네 가난한 이들의 삶에 대한 진지한 고민

봉천 3·6동 교사를 위한

교 사 교 육

1991. 4. 13(토) - 14(일)
봉 천 3, 6 동 지 역 모 임
(꽃망울글방, 씩씩이놀이방, 친구네공부방)

자원 교사 지역 모임 안내서

들을 나누었다.

에피소드

꽃망울글방, 친구네공부방 등 봉천 3·6동에서 운영되던 공부방들이 지역에서 부모님들의 신뢰를
받으며 활동하는 데 큰 도움이 되었던 건 아이러니하게도 교사들의 학력 배경이었다. 관악구 관내
에는 국립 서울대학교가 있었기 때문에 사회 활동에 관심이 있는 대학생들이 자연스레 인근 지역
의 공부방이나 복지관 등에서 자원봉사 활동에 참여할 기회가 많았다. 꽃망울글방이나 친구네공
부방 자원 교사 중에도 서울대학교 학생이 많은 편이어서 아이들의 공부에 관심이 많은 부모님들
은 서울대생에게 교육을 받으면 아이들의 성적이 오르지 않을까 하는 기대로 아이들을 공부방에
보내기도 했다. 그런 기대감을 적극적으로 드러내는 어머니들이 있어서 공부방 실무자나 다른 학
교에서 온 자원 교사들을 당황하게 만든 적도 자주 있었다. 반대로 아이들은 교사로 온 서울대생들
이 상상했던 것만큼 특별하거나 외모가 똑똑해 보이지 않아서 오히려 실망하기도 했다.

빈활을 경험한 교사 상당수가 가난과 사회 문제에 대한 의식이 높아졌
고, 공부방이나 지역 활동에 적극적으로 참여하는 태도를 보이게 되었다.
그래서 활동가들도 빈활을 중요하게 생각했고, 잘 진행될 수 있도록 물심

양면으로 도왔다. 활동가들은 자원 교사들이 빈활이나 지역 활동에 참여하도록 함으로써 그들이 계속 성장할 수 있도록 이끌었다. 이렇게 성장한 자원 교사들은 공부방 실무자로 함께하기도 했고, 재개발 시점에는 세입자 대책 활동을 함께 이끌어가는 활동가로 성장하기도 했다.

6동 재개발사업을 순환식 재개발 방식으로 요구하다

3·6동모임이 시작된 지 4년째인 1993년이 되자 지역은 새로운 국면을 맞게 되었다. 새해가 되자 재개발 중인 2동의 세입자들이 도움을 요청한 것이다. 재개발 당시 2동에는 센터가 없었고, 강제 철거가 들어오자 세입자들은 주거연합(주거권 실현을 위한 국민연합)을 찾아갔다. 주거연합은 3·6동 활동가들에게 함께할 것을 제안했다. 그리하여 교육과 조직 사업에 결합하게 되었다. 그러던 중 1993년 12월, 6동 재개발사업 시행이 인가되었다.

1994년 1월 재개발조합이 설립되었다. 이사 가는 주민이 생겨났고, 담벼락에 빨간 번호가 새겨진 빈집이 늘어났다. 동네가 눈에 띄게 술렁였고, 밤에는 가끔 빈집에서 불이 나기도 했다. 철거 용역들이 무리를 지어 동네를 돌아다니면서 공포 분위기를 조성했다. 3·6동모임은 주거연합의 도움을 받아 세입자 교육과 대책위원회 조직을 준비했다. 친구네공부방 임미경과 간사 강인남이 6동을 조직하는 데 책임을 맡았다.

먼저 교회 신자들과 공부방 자모를 중심으로 재개발사업과 주거권에 대한 교육을 했다. 이때 2동의 세입자들도 함께 참여해 교육받았다. 이후 2동과 6동에서 각각 통 단위로 세입자 모임이 조직되었다. 활동가들은 통별로 사람들이 모이면 다시 교육했고, 통의 책임자를 뽑고 이를 전체 동 모임으로 다시 묶는 작업을 진행했다. 통별로 사람들이 어느 정도 모이면 전체 모임을 통해 임원진을 구성했고, 3월에 세입자대책위원회를 설립하고 주거연합에 가입했다. 세대위는 먼저 건물 안전과 치안 문제를 들어 공가를 함부로 철거하지 말 것을 조합에 요구하면서 조합 및 철거 용역과 갈등을 겪었다.

세대위 사무실을 설치한 지 얼마 되지 않아 철거 용역 간부 두 명이 직원들을 데리고 들이닥쳐 주먹을 휘두르는 통에 사무실이 부서지고 주민 다섯 명이 부상당하는 사건이 발생했다. 경찰에 신고했지만 아무런 조치가 없었다. 6월에는 공가에서 화재가 발생했으나 신고를 접수한 소방서 측이 철거 지역이라는 이유로 늦게 출동하자 주민들이 소방차를 막고 세 시간가량 농성을 벌이기도 했다. 이 과정에서 흥분한 주민들이 폭력을 행사했다는 이유로 소방서에서 세대위 임원 네 명을 고소했는데, 이들이 유치장에 억류되자 다음 날 새벽 2시까지 주민들이 경찰서 앞에서 농성을 벌였다.

1995년 4월에는 상가 건물을 철거하던 철거 용역반 10여 명이 철거민 대표 전 씨(여, 당시 40세) 등 네 명에게 달려들어 바지를 벗기고 속옷 안에 연탄재를 넣는 등 폭행과 성추행을 가한 사건이 발생했다. 주민들은 경찰에 바로 신고했고, 경찰이 현장에 뒤늦게 출동하자 폭행을 막지 못했다고 항의했다.[10]

참 부끄러운 기억이 있어요. 지금도 그때를 생각하면 오금이 저려요. 1995년 봉천 6동 철거촌에 살 때였죠. 그때는 세상이 어떻게 돌아가는지도 모르고 살 때라 그날이 그날 같았죠. 빈민운동을 하던 강인남이라는 여자 간사가 있었는데, 용역 깡패들에게 얻어맞는 일이 벌어졌는데 나는 그냥 구경만 했었죠. 그 뒤 많은 걸 깨달았죠. …… 용역 깡패들이란 사람이 아니에요. 갈 곳이 없어 못 떠나는 혼자 사는 할머니 집 지붕에 구멍을 두 군데나 내고 담을 헐고, 장마철에 그랬으니 가재도구가 어떻겠어요? 이불이 다 물에 젖고 할머

10   최인기, 『가난의 시대: 대한민국 도시빈민은 어떻게 살았는가?』(동녘, 2012).

니는 울고 정말 남의 일 같지가 않았죠. 떠나지 못한 50여 세대가 똘똘 뭉쳐 새로운 가족이 되었죠. 그 중심에 선생님들이 있었기에 우리는 하나가 될 수 있었죠. 빈집에서 간사들이 '철거민이 갖추어야 할 행동'이라는 게시물을 보고 또 감동을 받았죠. "내부에서 담배를 피우지 않습니다", "내부에서 소란하지 않습니다" 등등 일상적인 내용이었는데도 그때는 그 가르침이 가슴을 파고들었죠.[11]

6동 세대위와 3·6동모임은 처음에는 임시 거주 시설(가이주단지)을 요구했다. 그러나 당시 신림 10동 재개발로 공공 임대주택이 지어져 철거 지역 세입자의 입주가 가능하다는 정보를 듣고는 순환식 재개발 방식으로 '선입주 후철거'를 해줄 것을 적극적으로 요구했다. 즉 신림 10동 임대아파트에 입주할 수 있도록 해줄 것과 임대 보증금을 단기간에 마련하기 어려운 세입자들을 위해 구청에서 저리 융자를 해줄 것을 요구했다. 관악구는 서울의 다른 지역과는 달리 재개발 지역이 봉천권과 신림권에 광범위하게 분포되어 있었고, 시행 시기에 차이를 두고 재개발이 진행되고 있었기 때문에 이미 지어진 신림 10동의 공공 임대아파트 입주가 가능했다.

순환식 재개발은 처음부터 우리의 요구였어. 그게 협상하다 밀리고 밀려서 나온 안이 아니고, 처음부터 한 거지. 그 당시 서울시에서 선입주 후철거 방식으로 순환식 재개발 모델을 대안으로 제시했거든. 철거 지역 주민들이 선입주, 그러니까 서울시는 똑같은 재개발 지역에 임대아파트를 가지고 있으니까, 이 사람들이 어차피 임대아파트를 들어가니까. 봉천 3동도 그랬지만 6동도 그랬어. 이 사람들이 신림 10동에 들어갔잖아. 그때 60몇 세대인가가 있었는데, 36세대인가가 순환식 재개발로 신림 10동에 들어갔던 거고, 거기에

---

11 「회원 인터뷰: 고(故) 허세욱」, ≪참여사회≫, 2월 호(2007).

못 들어가는 세 세대가 남아서 민철연으로 투쟁한 거지. 6동은 신림 10동이 지어져서 들어간 거야, 공공 임대로. 거기는 주택공사가 지은 거니까. 그때 들어가는 전세금이 800만 원 정도 했거든. 그걸 구청에서 융자를 해달라고 한 거지. 그래서 아직도 거기에서 살고 있어 그 사람들은. 6동으로 다시 들어오는 것이 아니고. 그리고 봉천 6동에 임대아파트가 지어지고, 다른 지역 주민들이 철거되면 들어가고. 그런 순환하는 재개발 정책을 우리가 요구한 거지. 그거는 밀려서 나온 타협점이 아니었어. _강인남

그러나 순환식 재개발 정책도 이른바 '미해당자'에게는 적용되지 않는 문제가 있었다. 재개발사업 결정 고시가 난 이후에 이사 왔거나 세대주와의 가족 증명이 되지 않는 세입자 등은 재개발 공공 임대아파트에 입주할 자격이 주어지지 않았다. 6동 세대위가 순환식 재개발을 요구하고 투쟁하는 과정에서 미해당자에 대한 대책을 두고 의견을 달리한 일부 주민들이 서울지역철거민연합의 지원을 받아 철거민대책위원회를 만들었다. 미해당자에게는 타 지역의 공공 임대아파트 입주가 보장되어 있지 않았기 때문에 철거민대책위원회는 임시 거주 시설 설치를 요구했다.

세대위와 철대위는 투쟁의 목표와 방향, 방식뿐 아니라 이를 지원하는 조직도 달랐기 때문에 투쟁 과정에서 협력도 했지만 조합과 철거 용역에 대한 대응이 서로 차이가 있어 어려움을 겪기도 했고, 더 많은 구성원을 모으기 위해 각 조직에 속한 주민 사이에 일종의 긴장 관계가 형성되기도 했다.

이후 세대위 주민들은 신림 10동 재개발 지역에 지어진 공공 임대아파트에 입주하면서 이주비와 보증금을 구청에서 저리로 융자받아 이사했다. 학교 부지에 가이주단지가 설치되자 가이주단지를 요구했던 철대위 주민들 3세대가 입주했다. 두 조직이 나뉘지 않고 단일한 대오와 강력한 조직력으로 조합과 구청을 상대하고 협상했다면 미해당자에 대한 대책을 이끌

어낼 수 있지 않았을까 하고 평가하는 이들도 있다. 다른 재개발 지역에 실제로 그런 사례가 있었기 때문이다. 그러나 이는 철거 투쟁이라는 긴박하고 특별한 상황에서 주민과 주민, 주민과 활동가, 주민과 조직 간에 상호 신뢰와 조직을 향한 믿음을 만들어내기가 참으로 쉽지 않다는 것을 보여준 사례이기도 하다.

6동 재개발이 끝나고 3동 재개발이 시작되다

1996년이 되면서 2동과 6동 재개발사업이 마무리 단계에 접어들었다. 세대위는 신림 10동 임대아파트로 이주했고, 철대위로 남은 세 가구는 공원 부지에 지어진 가이주단지에 입주했다. 2동에서도 역시 세대위는 가이주단지에 입주했고, 남아 있던 미해당자들은 3개월간의 천막 농성 끝에 이주비를 보상받아 이사할 수 있었다. 친구교회와 공부방도 이전했다. 이로써 3·6동모임도 큰 변화 세 가지를 맞이했다.

첫 번째 변화는 1995년에 관악주민연대가 만들어진 것이다. 봉천·난곡 등 각 지역의 센터들이 주민 연대 소속 지역별 모임으로 전환되면서 명칭도 관악주민연대 봉천 3동모임(이하 3동모임)이 되었다. 이전에는 재개발이라는 지역의 큰 사안을 각 지역에서 독자적으로 해결해야 했지만 이제는 주민 연대 소속으로 공동 대응이 가능해졌다는 의미였다.

두 번째는 모임 구성원이 변한 것이다. 임용환 신부,[12] 최아마타 수녀, 임아네스 수녀,[13] 남일, 남완용[14] 등 새로운 활동가가 3동에 자리 잡고 모

---

12 임용환 신부는 천주교빈민사목위원회 소속의 서울 남부 지역 선교 본당인 하늘자리공동체의 주임신부로 부임했다.
13 최아마타 수녀와 임아네스 수녀는 부산 올리베타노수녀회 소속으로 꽃망울유아원을 이어받아 꽃망울어린이집을 운영했다.
14 남일·남완용은 서울대학교 재학 중에 학생운동 조직과 전철연의 연계로 3동에서 다솜공부방을 시작했다.

임에 참여했다. 또 3·6동모임의 간사였던 강인남이 관악주민연대 사무국
장으로 옮겨 활동하게 되었다.

세 번째는 6동 재개발이 끝나면서 3동 재개발이 시작된 것이다. 1996년
7월, 봉천 3동이 재개발사업 결정 지역으로 고시되었다. 그리하여 3동모
임이 재개발에 대한 대응 활동을 준비해야 할 시점이 되었다.

1997년 초 주민 설문조사를 시작으로 세입자 재개발 교육을 실시하고,
올바른 재개발 시행을 위한 주민 참여 공청회 등을 진행하면서 강제 철거
를 대비한 조직 작업을 시작했다. 그리고 그해 하반기에 IMF가 닥치면서
생계 문제로 이주가 어려워진 주민이 크게 증가했기 때문에 구청과 조합
에 이주 대책 없이 강제 철거해서는 안 된다는 뜻을 강력히 전달했다. 3동
주민들은 철거와 생계 문제를 동시에 걱정해야 하는 어려운 상황에 놓이
게 되었다. 그래서 1998년에 들어서면서 관악주민연대의 지원으로 생활
안정지원센터를 열었고, 생계가 어려운 가구들에 식료품과 생활 안정 자
금을 지원했다. 더불어 동네 여성들의 일자리 사업으로 마을지킴이 사업
을 시작했다.

마을지킴이는 동네를 다니면서 생활이 어려운 주민을 직접 찾아 필요한
지원을 연결하는 역할을 했다. 3동모임은 철거를 앞두고 주민의 어려운
상황을 자세히 파악하기 위해 마을지킴이 10명과 함께 재개발 지역에 사
는 전체 가구에 대한 조사를 진행했다. 이들은 2개월 동안 집집마다 일일
이 방문하고 면담하면서 1500세대를 조사해 기록으로 남겼다. 이를 통해
많은 주민에게 더 효과적으로 지원을 전달할 수 있었다. 마을지킴이들의
활동은 철거를 앞두고 빈집들이 많아 불안해하던 주민을 안심시키기도 했
고, 지킴이 중에는 세입자도 있었기 때문에 철거 대책과 세입자 모임에 대
한 정보를 전해주는 통로 역할도 했다.

경제난으로 지연되었던 재개발사업은 1998년 10월에 시행 인가가 나면
서부터 본격적으로 시작되었다. 그동안 인근 지역이 철거되는 과정을 보

았기 때문에 대다수의 주민은 걱정과 두려움이 앞섰다. 3동모임은 우선 공동 자모회를 중심으로 재개발 교육을 기획했고, 관심 있는 주민이 참여할 수 있도록 지역에 홍보했다. 마을지킴이들도 세입자들에게 교육을 안내했다. 교육은 일주일에 한 번씩 4주 동안 진행되었고, 마지막에는 80명이 넘는 주민이 참여해 철거 대책에 대한 구체적인 이야기를 나누었다. 이후 몇 번의 모임을 통해 봉천 3동 세입자대책위원회(이하 세대위)가 만들어지고 임원이 구성되었다. 3동모임에서는 박기홍[15]을 세대위 조직 지원 담당자로 정해 활동하도록 했다.

세대위는 조합에 철거민에 대한 주거 대책을 마련할 것과 빈집을 철거할 때에는 사전 합의를 통해서 진행할 것을 공식적으로 요구했다. 그런데 조합이 세입자들에게 다른 지역의 재개발 임대아파트에 입주할 수 있도록 대책을 마련하겠다는 제안을 하자 상당수의 주민이 타 지역 임대아파트로의 이사를 고려했다. 그러나 관악구 내의 임대아파트는 자리가 한정되어 있었고, 연고가 없는 타 지역에서는 일자리 구하는 문제도 있고 해서 망설이는 세입자들도 있었다. 차츰 빈집들이 늘어나자 철거반원들은 공가를 철거한다는 구실로 무리를 지어 돌아다니면서 주민들에게 공포 분위기를 조성했다. 이에 항의하는 세대위 주민들과의 크고 작은 갈등도 자주 일어났다. 그 와중에 세대위 말고도 세입자 조직이 두 개 더 만들어졌다. 그중 하나는 전철연이 지원해서 만든 철거민대책위원회였고, 다른 하나는 자생적인 세입자 조직이었는데, 이 조직은 나중에 세대위와 통합되었다. 활동가들은 주민의 힘을 하나로 모으기 위해 조직을 통합하자고 제안하고 논의 자리를 만들고자 했으나, 서로 주도권을 잡고 싶어 했기 때문에 결국 통합되지 못하고 독자적으로 활동하게 되었다.

조합과 철거 용역은 세 개로 나뉜 세입자 조직이 서로 뭉치지 못하도록

---

15 박기홍은 봉천 3동 꽃망울글방의 실무자였고, 봉천 3동모임의 간사 역할을 했다.

따로따로 상대하면서 회유와 협상, 폭력을 자행했다. 3동의 세입자 조직에 참여했던 주민 대부분은 임대아파트에 입주할 자격이 있어도 보증금이 없거나, 입주 자격이 없어서 대책이 없거나 하는 미해당자들도 많았기 때문에 처음부터 인원수가 많지 않은 편이었다. 이마저도 조직이 세 개로 나뉘었기 때문에 각각의 조직은 규모와 힘이 약했다. 그중에서 세입자대책위원회의 규모가 가장 컸는데 참여한 세대수가 50세대를 넘지 않았다. 세 군데를 합쳐도 80세대가 되지 않을 정도였기 때문에 철거 용역의 폭력과 횡포에 당하는 경우가 많았다.

그런 와중에 결정적인 사건이 발생했다. 2000년 들어 철거가 제법 진행된 어느 날, 철거 용역반원 한 명이 세대위 사무실에 갑자기 들어와서 집기를 부수고 폭력을 행사하는 바람에 이를 말리던 임원 한 명이 각목에 가슴을 맞아 갈비뼈가 부러져 전치 6주의 부상을 입은 것이다. 가해자는 경찰에 연행되었고, 세대위 임원들은 경찰서에 가서 항의했다. 세대위 위원장은 상황을 진술하기 위해 함께 경찰서에 들어갔는데 거기에서 문제가 발생했다. 몇 시간 후 세대위 임원들은 경찰에게 사건이 쌍방 과실로 처리되었다는 소식을 들었다. 가해자인 철거반원이 자신도 맞았다고 세대위 위원장을 고발해 위원장이 합의했다는 이야기였다. 그 용역반원은 바로 풀려났다. 나중에 알고 보니 가해자가 철거 용역회사의 임원이었고 구속될 상황이었는데, 세대위 위원장이 결정적인 순간에 조합과 철거 용역 측이 유리하게 합의해줘 풀려나게 된 것이었다. 그 후 위원장은 사무실에 모습을 드러내지 않았고 연락도 주지 않았다.

위원장의 배신으로 조직은 빠른 속도로 와해되기 시작했다. 조직원들의 임원에 대한 신뢰가 깨지면서 조합에서 개별적으로 이주 협상을 하는 사람이 늘어났다. 일부 임원도 실망감에 조직을 탈퇴했다. 3동모임의 활동가들은 대책을 논의했다. 주민들이 조직을 재정비해서 끝까지 투쟁하겠다면 함께 싸우고, 조직을 정리하고 이주를 선택하겠다면 조합과 세대위 조직원

사이에서 중재를 하는 것으로 방향을 정했다. 남은 임원들과 조직원들은 긴 회의 끝에 철거 싸움을 계속하는 것보다 임대아파트에 이주해서 안정적인 주거 환경을 마련하자는 쪽으로 결론을 내렸다. 3동모임은 이를 받아들이고 마지막 한 사람까지 이주할 수 있도록 중재 역할을 했다. 그리고 2000년 5월, 철거가 거의 끝나는 시점에 꽃망울글방이 마지막으로 이사를 했다.

이로써 봉천 3·6동 주민회준비모임은 산동네에서 주민을 조직해 철거에 대비하고 공동체성을 지켜내는 것을 목적으로 1990년부터 시작된 이후, 다양한 지역 활동과 6동 재개발 과정을 거친 후 관악주민연대 봉천 3동모임으로 전환해 3동 재개발 과정에서도 일정한 역할을 해 그 임무를 다했다. 그러나 6동과 3동 재개발 과정에서 활발하게 움직였던 주민조직(세입자대책위원회)이 가이주단지와 이후의 임대아파트 주민조직으로 이어지지 않아서 결과적으로 '주민회'를 만들어내는 데는 성공하지 못한 셈이 되었다. 3동모임의 대표였던 민경자는 1989년 3동에 들어와 철거를 대비하는 주민조직을 만들기 위해 12년 동안 열심히 노력했지만, 결국 주민들이 각 지역으로 흩어지는 모습을 보면서 큰 아쉬움을 느낄 수밖에 없었다.

> 지역에서 뭔가를 더 해보고 싶었는데 결과적으로 잘되지 않아서. 물론 우리 지역은 가이주단지를 따내는 것이 목표가 아니었지만 조직이 그렇게 흩어지고 주민들이 다 각자 떠나고 나니까 속상했어. 아쉬운 점은 나는 다른 지역 할 때는 끝까지 적극적으로 연대했는데, 막상 우리 지역 할 때는 활동가들이 나중에 지역을 떠나고 거의 막바지에는 함께하는 힘이 잘 안 붙어서 그게 많이 아쉬웠어. 그렇지만 지역에서 만났던 아이들이 이제 성인이 되고 가정을 꾸리면서 지역 주민이 되었는데 거의 그쪽에 많이 살거든. 이 친구들이 지역에서 새로운 모임을, 새로운 공동체를 가지면 좋겠다는 생각을 해. 기회가 되면 또 그런 일을 하고 싶다. _민경자

봉천 3·6동 지역의 연대 활동 결과를 평가하는 데는 몇 가지 시각이 존재한다. 우선 봉천 3·6동 주민회준비모임에는 금호·행당 지역이나 난곡 지역과는 달리 오랜 기간 그 지역에서 활동하면서 큰 영향력으로 방향을 제시하고 중심 역할을 하는 관록 있는 대표 활동가가 없었다. 그 대신 서로 다른 종교와 운동 배경으로 하는 활동가들이 센터를 운영했다. 또 센터를 운영하지 않는 활동가들도 지역에 함께 있었다. 이들은 주민회 조직화에 대해 누구도 분명한 길을 알고 있지 않았기 때문에 오히려 자연스레 함께 고민하고 의논하면서 조직화의 방향을 더듬어 찾아가야 했다. 그래서 연대 활동을 최우선으로 생각하고 그렇게 활동했다. 이런 연대 활동 문화는 곧 관악구 각 지역 간의 연대 활동으로 연결되어 관악주민연대 결성에 직간접적으로 기여했다.

또 다른 평가는 재개발 이후에 주민조직은 이어지지 못했지만, 함께했던 주민 중 상당수는 당시의 기억과 경험을 간직한 채 여전히 지역에 남아 있다는 것이다. 재개발 이후에 센터들은 이전했지만, 인근 지역으로 이주한 자모들이나 주민과의 관계는 지속되었다. 1999년에 개최되었던 관악주민연대의 밤 따기 행사에 500명이 넘는 주민들이 참여해 그 관계성을 실제로 확인할 수 있었다.

주민 협동경제의 희망을 품은 봉천 5·9동의 지역운동

봉천 5동과 9동은 국사봉을 뒤로하고 관악산을 바라보며 산비탈에 위치한 달동네로, 5동이 9동보다 약 두 배 정도 넓다. 1966년부터 서울의 여러 지역에서 철거민들이 와서 정착해 관악구에서도 가장 넓은 빈민 주거지역이 되었다. 이곳에서도 역시 1980년대부터 빈민운동을 하기 위해 지역에 들어와 살던 활동가들이 센터를 운영하고 있었다.

가장 먼저 활동을 시작한 센터는 희망교회였다. 희망교회는 1984년 봉천 9동에서 목회 활동을 시작했다. 원래 정명기 목사가 1975년도에 사당동에서 빈민선교 활동을 하기 위해 감리교 선교국의 지원을 받아 희망교회를 설립했었는데, 박성규 목사가 교회를 맡게 되면서 봉천동으로 옮겨 이어가게 된 것이다. 그리고 5년 후인 1989년부터는 전춘우 목사가 교회를 맡아 운영하면서 지역 활동을 함께했다. 전춘우는 1979년 부산에서 대학생으로 부마항쟁을 경험했고, 1980년 감신대학교에 입학한 이후 민중운동에 관심을 갖게 된 인물로, 1988년 시흥에 있던 새봄교회를 거쳐 1989년 희망교회 목사로 부임하게 되었다. 그는 이 동네에 처음 왔을 때 주민들을 만나면서 '왜 이 사람들은 걸핏하면 술에 취해서 싸우기만 하는 걸까' 하고 생각했다. 그러나 얼마 지나지 않아 '어떻게 하면 주민들의 이런 역동적인 에너지를 모을 수 있을까'로 고민을 돌려 지역 주민을 만나고 그들과 함께하는 일에 관심을 쏟았다.

　희망교회가 목회 활동을 하던 시기에 5·9동에서 센터 활동을 가장 먼저 시작한 곳은 '봉천동애기방'이었다. 봉천동애기방은 1986년에 김선희 씨가 봉천 5동에서 처음 문을 연 곳이다. 김선희와 그의 동료들은 빈민운동을 하기 위해 들어왔지만 무엇을 어떻게 시작해야 할지 정하지 않은 상황이었다. 일단 주민에게 필요한 것이 무엇인지 조사하기 시작했다. 맞벌이하는 젊은 부부들이 많았기 때문에 낮 동안 혼자 지내는 아이들이 많아 저렴한 탁아소가 필요했다. 이에 주목해 비영리 민간 탁아소를 만들기로 결정했다. 처음에는 주변에 함께할 센터가 없었기 때문에 지역 활동보다는 아이들의 엄마를 모으는 데 더 집중했다. 그래서 자모회에는 두 번 빠지면 아이를 받지 않는 것을 의무 참여 규칙으로 정했다. 모임에서는 주로 아이들에 관한 이야기를 많이 나누었지만, 이외에도 엄마들이 궁금해하는 것이나 탁아 정책, 재개발사업, 의료 문제 등 아이들과 직접 맞닿아 있는 이야기도 나누었다. 또 센터 운영과 재정에 엄마들이 참여하는 방법에 대해서도 자주 의논했다.

아이들이 점점 늘어나면서 애기방 운영비는 갈수록 부족해졌다. 재정이 어려워지자 식비를 아끼기 위해 엄마들이 순번을 정해 반찬을 만들어 보내기로 했다. 아이들은 자기 엄마가 반찬을 해 오는 날이면 "우리 엄마가 해 온 반찬이다"라고 자랑하면서 기가 산 모습을 보였다. 엄마들은 해마다 장터와 하루 주점을 함께 열어 그 수익을 재정에 보태기도 했다. 힘든 과정이었지만 자모회가 더욱 적극적으로 애기방 운영에 참여하는 계기가 되었다.

1990년에 들어서면서 봉천동 성공회 나눔의집이 문을 열었다. 송경용 신부는 1986년부터 상계동, 삼양동, 서초동 꽃동네 등에서 활동하다가 김혜경, 박병구 등의 천도빈 회원들의 제안을 받고 봉천동으로 온 것이다. 송경용 신부는 정봉수 씨[16]의 도움으로 집을 계약했고, 이영선 씨[17]와 최은광 씨[18]에게 나눔의집 간사를 부탁했다. 나눔의집이 동네에서 자리를 잡는 데는 이 두 사람의 도움이 컸다. 송경용은 나눔의집의 운영 방향을 세 가지로 세웠다.

첫째, '누구나 올 수 있는 열린 교회'를 만들고자 했다. 당시에는 가난한 지역에 교회가 세워져도 신자의 수가 늘고 자금이 어느 정도 모이면 그 지역에서 빠져나가는 경우가 있었다. 가난한 사람들이 교회에서 소외되는 일이 발생하자 가난한 사람들의 곁에서 그들이 언제든 올 수 있는 열린 교회를 만들고자 했다.

둘째, 가난한 사람의 삶에 '구체적인 도움이 되는 교회'를 만들고자 했다. 주민 스스로 욕구를 파악하고 해결책도 찾는 민중 복지운동을 하는 곳

---

16 정봉수는 봉천동 원주민으로 봉천 9동에서 평화의집을 시작했고, 애기방과 공부방을 운영했으며 지역발전추진위원회를 함께했다.
17 이영선은 당시 천주교도시빈민회의 남부 대표였던 박병구의 아내다.
18 최은광 역시 봉천동 토박이로, 당시 나라사랑청년회에서 회장을 맡고 있었다.

이 되고자 고지대에 연탄과 쌀을 배달하는 등 주민이 서로 도울 수 있는 자족적인 조직을 만들었다. 또 청소년 쉼터, 가정폭력 문제, 장애인 문제 등과 같이 가난한 주민에게 일상적으로 일어나는 문제에 적극적으로 개입하고, 이를 해결할 수 있는 활동을 적극 추진했다.

셋째, 가난한 사람들이 생활상의 권리로부터 올바른 사회적 권리를 찾을 수 있도록 '돕는 교회'를 만들고자 했다. 그래서 나눔의집을 주민 모임의 장소로 이용할 수 있게 개방했다. 나눔의집은 막걸리도 먹고 회의도 하는 각종 모임의 장이 되었다.

5·9동 연대 모임의 시작, 지역발전추진위원회

1990년 초 5·9동에 센터들이 자리를 잡자, 서로 연대해 지역운동을 풀어보려는 활동이 시도되었다. 센터 활동가들과 의식이 앞선 주민들이 함께 '지역발전추진위원회'(이하 지발추)를 만들었다. 지발추에는 희망교회, 성공회 나눔의집, 봉천동애기방의 정은진, 두리하나공부방, 재롱둥이아가방, 빈민사목위원회 소속으로 아일랜드에서 오신 오기백 신부님, 미국 신부님 두 분, 평화의집 정봉수, 박병구, 나라사랑청년회 소속 지역 청년들이 참여했다. 지발추는 다가오는 5·9동 재개발사업에 어떻게 대응할 것인지, 지역 주민들을 어떻게 조직할 것인지를 논의하고, 재개발사업 관련 법률과 시행 과정에 대한 공부도 함께했다.

봉천동은 서울에서 가장 넓은 재개발 지역이었기 때문에 재개발에 대한 주민의 불안감이 높았지만, 당장 닥친 상황이 아니었기 때문에 가장 낮은 단계에서 주민을 모으는 작업부터 시작하기로 했다. 마을 신문을 만들어 주민의 관심을 높이는 한편, 단오한마당 축제, 농산물 직거래 사업, 고지대 연탄 배달 사업 등을 벌여 주민의 참여를 이끌어냈다. 처음에는 노래자랑대회를 준비했다. 진행된 행사에 동네 주민이 2000명 넘게 모였다. 가

수가 와서 노래 부르고 연예인이 와서 사회 본다는 소문 때문에 동네 사람이 더 많이 모여들었다. 행사는 성공적으로 끝났고, 덕분에 센터 활동가들은 주민과 더 활발히 관계를 맺을 수 있었다.

센터들이 위치한 골목은 주민 모임의 장이었다. 저녁이 되면 막걸리 파티가 열리기도 했다. 청년층 사이에서는 축구 모임이 결성되었고, 장년층들의 술자리 모임도 활발하게 진행되었다. 엄마들이 모여 수다를 떠는 사랑방 모임이 만들어지기도 했다. 주민이 모이는 자리에는 어김없이 재개발에 대한 이야기가 흘러나왔다. 과거에 사당동에서의 철거 경험이 있는 주민들은 목소리를 높여 당시의 상황을 무용담처럼 이야기했다. 이처럼 지역에서 활동가들이 벌이는 여러 활동은 주민들을 모임에 참여하게 하는 계기가 되었다. 그중에서도 특히 마을버스 요금 인하 투쟁은 주민들에게 열렬히 호응을 받아 지역운동에 탄력을 불어넣었다.

주민이 처음으로 승리한 싸움, 국회단지 마을버스 요금 인하 투쟁

마을버스 요금 인하 투쟁은 5·9동에서도 대중 조직의 성공적인 활동 사례로 손꼽힌다. 사건은 1993년 중반 무렵 버스 회사에서 붙인 마을버스 요금 인상 공고문에서 시작되었다. 봉천동 국회단지에서 출발해 지하철 2호선 신림역을 돌아오는 마을버스 노선이 있었는데, 이 버스는 5·9동 주민이라면 누구나 하루에 두 번 이상 이용하는 중요하고 유일한 교통수단이었다.

국회단지 앞 마을버스 종점에 붙은 공고문을 보고 주민들이 아침부터 웅성거리기 시작했다. 버스 요금을 200원에서 300원으로 인상한다는 내용이었다. 그 당시에는 연탄 한 장 값이 350원이었기 때문에 100원은 적은 돈이 아니었다. 100원이 인상되면 하루 왕복 200원이 추가로 지출되고, 한 달이면 5000원이니 연탄 16장과 맞먹는 금액이었다. 일부 주민이 활동가들을 찾아와서 불만을 토로했다. 회사를 욕하는 사람도 있었다. 동네 전체가 술렁거릴 만큼 심각한 문제였다. 활동가들은 "이래서는 안 된다. 같이 사장을 만나러 가자"라고 주민들에게 제안했다.

몇몇이 함께 회사를 찾아갔다. 처음에는 사장이 만나주지 않으려 했지만 주민이 더 많이 몰려오자 전무이사와 함께 나타났다. 주민들은 "미리 알리지도 않고 요금을 갑자기 100원이나 올리는 법이 어디 있냐? 이런 것은 우리와 의논해야 하는 것 아니냐?"라고 따졌다. 사장은 "요금 올리는 것은 우리 마음이지 왜 당신들과 의논을 해야 되냐?"라고 강하게 맞섰다. 활동가들이 구청의 허가를 받은 건지 묻자, 사장은 요금을 인상하는 데 구청 허가가 왜 필요하냐며 무시했다. 사장의 태도에 주민들은 화가 나서 "당신들 따지고 보면 동네 주민들이 마을버스 이용하는 덕에 먹고사는 거 아니냐?"라고 큰소리로 항의했지만, 사장과 전무이사는 상대할 가치가 없다는 식으로 전혀 의사를 굽히지 않았다.

결국 이 사람 저 사람이 서로 한마디씩 하려는 통에 난리만 피우다가 성과도 없이 돌아왔다. 사무실로 돌아온 주민들은 활동가들과 이 문제를 어떻게 할지를 의논했다. 누군가가 마을버스 요금 인상은 구청의 허가가 필요한 사항이라는 말을 들었다고 해서 확인해보니 사실이었다. 사장은 구청의 허가 없이 요금을 인상했던 것이다. 활동가들은 먼저 주민에게 요금 인상의 부당함을 알리는 것이 좋겠다는 결정을 내렸다.

다음 날 활동가들과 주민들은 벽보를 만들어 동네 곳곳에 붙이기 시작했다. 버스 회사가 구청의 허가도 없이 불법으로 요금을 인상했다는 내용이었다. 벽보를 본 주민들은 너 나 할 것 없이 분노했고 회사를 욕했다. 주민과 활동가들은 벽보에 대한 반응이 뜨겁자 이번에는 요금을 다시 내릴 때까지 마을버스 승차를 거부하자고 제안했다. 출퇴근 시간에 버스를 이용하지 말자는 것이었다. 아침 출근 시간에 전철역으로 걸어 내려가는 사람이 늘기 시작했다. 그리고 며칠 되지 않아 아침마다 수백 명이나 되는 주민이 국회단지 고갯길을 걸어서 내려갔고, 저녁마다 또 수백 명이 걸어서 올라왔다.

이렇게 시작된 마을버스 승차 거부 투쟁은 일주일이 지나도 멈출 기미가 보이지 않았다. 상황이 이렇게 되자 버스 회사 사장은 당황해했다. 그는 전무이사와 함께 나눔의집을 찾아갔다. 사장은 송경용 신부에게 마을버스 회수권 3000장을 건네면서 이것으로 타협하자고 요구했다. 주민들은 회수권 같은 걸로 협상 안 한다, 요금을 다시 내리는 것이 유일한 해결책이라고 하며 맞섰다. 몇 번의 협상이 이어졌다. 결국 사장은 주민들의 완강한 태도에 굴복해 요금 인상을 없었던 일로 하기로 약속했다. 주민들은 처음 맛보는 승리에 스스로 놀라고 기뻐했다. 이는 부당한 상황에 대해 주민이 조직적으로 싸워 승리한 중요한 사건이었다. 특히 주민들이 센터와 활동가들에 대해 '아 우리 동네에 이런 좋은 사람들이 있구나' 하고 인식하게 되는 계기가 되었다.

이처럼 주민들이 버스 요금 인하 투쟁에 적극적으로 호응했던 이유는 두 가지로 손꼽힌다. 첫 번째는 당장 피부로 느껴지는 생활상의 큰 문제였다. 노인들이 봉천동의 가파른 오르막을 오를 때는 반드시 마을버스가 필요했다. 또 봉천동 주민 대부분이 비정규 노동자였는데, 하루에 200원이 더 나가는 것이 실제로 적은 돈이 아니었다. 식구별로 따지면 더 큰 금액이 되었다.

두 번째는 버스 회사가 구청의 허가 없이 요금을 인상한 사실을 확인했고, 절차상의 부당함을 주민에게 알렸다. 회사에서 감독관청의 허가도 받지 않고 마음대로 한 것이 잘못이라는 사실을 주민에게 정확하게 알렸고, 그 부당함에 분노해서 적극적인 행동으로 이어질 수 있었다. 투쟁이 끝난 후에 주민들은 조직된 힘이 얼마나 강한지에 대해 많은 이야기를 나누었다. 예전에는 무언가 정해지면 그대로 따랐는데, 이렇게 힘을 모아서 맞서면 바꿀 수 있구나 하는 것을 알게 되었다.

버스를 한 대 사서 동네에서 직접 마을버스를 운행하자는 이야기도 있었다. 절차에 대해 직접 알아보기도 했다. 그러나 당시 주민들이 같이 출자해서 회사를 차리기도 어려웠고, 구청의 허가도 받아야 했고, 이권이 큰 사업인지라 경쟁도 치열해 해결하기 쉬운 문제가 아니었기 때문에 그 생각은 접어야만 했다.

봉천 5·9동 재개발사업과 세입자 모임 조직 활동

그동안 소문만 무성했던 재개발사업이 5동부터 본격적으로 시작되었다. 5동은 1994년 10월에, 그리고 9동은 1995년 5월에 시행 인가가 나면서 센터와 활동가들은 그동안 고민했던 대응 활동을 구체적으로 준비하기 시작했다. 그러나 5동보다는 9동의 세입자를 조직하는 데 더 집중했다. 5동에는 이미 봉천 2동에서의 철거 투쟁 경험이 있는 전철연(전국철거민연합회)이 들어와서 주민조직을 만들고 있었기 때문이다. 물론 5동에는 센터들이 그동안의 활동으로 관계를 맺고 있던 주민도 많이 있었고, 전철연의 투쟁 방식을 우려해서 직접 조직하자는 내부 의견도 있었다. 그러나 주민 간의 불필요한 오해와 갈등에 따른 분열을 원하지 않았기 때문에 활동가들은 5동에 대해서는 적극적으로 조직 활동을 하지 않았다. 5동 주민들은 전철연의 도움을 받아 김인태를 위원장으로, 윤현봉을 부위원장으로 세워 철거민대책위원회(이하 철대위)를 만들어 막무가내식 빈집 철거에 항의하고, 주거 대책을 요구하는 활동을 시작했다.

9동은 5동에 비해 재개발사업이 8개월 정도 늦게 시작되었기 때문에 준비할 시간적 여유가 있었고, 센터들이 주로 9동에 위치하고 있었기 때문에 나눔의집 등을 중심으로 세입자들에 대한 교육과 조직화가 체계적으로 시작되었다. 당시는 관악주민연대가 막 출범한 때였기 때문에 2동과 6동의 재개발 경험을 바탕으로 해서 치밀하고 체계적으로 준비 전략을 세우는 데 주민 연대가 도움이 되었다.

송경용, 선동수[19] 등의 활동가들과 관악주민연대 사무국장인 강인남과 신장식 간사가 결합해 세입자 모임을 어떻게 조직할 것인지 논의를 계속 진행했다.

우선은 재개발사업에 대해 자세히 모르는 활동가도 많이 있었기 때문에 먼저 활동가들이 공부를 했다. 한국도시연구소의 재개발 전문가를 모셔다가 교육을 받고 사례를 공부했다. 다음 단계로 주민을 모으는 작업을 진행했다. 먼저 재개발사업의 문제점을 알리는 유인물을 만들어 집집마다 배포했다. 유인물을 서너 차례 배포한 후에는 벽보도 붙이기 시작했다. 홍보 작업으로 주민의 관심을 불러일으킨 후 센터별로 자모들과 주민을 모아서 재개발사업을 설명하는 자리를 마련했다. 일부 적극적인 주민이 모임에 참여하면서 재개발 소식을 전하는 유인물 배포와 벽보 작업은 주민과 함께 하게 되었다. 주민의 관심이 높아지자 본격적으로 사람을 모으기 위해 계획을 세웠고, 선의복지관의 강당을 빌려서 재개발사업 주민설명회를 열었다. 100명이 넘는 주민이 설명회에 참여했다. 이 중에서 적극적인 주민들이 앞장서고, 관심 있는 주민들이 이에 참여해서 대책위원회를 설립하기로 했다. 활동가들은 세입자 조직을 발족하기 이전에 예비 임원들과 함께 다른 철거 지역을 방문해서 경험을 듣기도 하고, 자체적으로 교육도 진행하면서 조직을 준비했다. 마침내 9동 주거대책위원회(이하 주대위)가 1995년 3월에 설립되었다.

재개발사업이 시작되었을 때 센터의 활동가들이 한마음으로 헌신적으로 열심히 했던 것 같다. 가장 기억에 남는다. 봉천 5동이 조금 더 빨리 재개발이

---

19 선동수는 1991년 자원 활동으로 희망교회와 인연을 맺고 지역 활동을 시작한 활동가로, 5·9동 모임의 간사 역할을 담당했고, 이후 목사로서 희망교회를 맡아 운영하기도 했다. 재개발 당시에는 나눔의집의 박진규 실장과 더불어 5·9동 책임 활동가로서의 역할을 하고 있었다.

시작되었기 때문에 5동을 먼저 조직했다. 유인물 만들어 돌리고, 벽보도 붙이고, 주민들 모아서 설명하고 조직을 만들어 세우는 과정 등이 모두 기억에 남는다. _선동수

주대위가 만들어지고 얼마 지나지 않아 5동 철대위의 부위원장이던 윤현봉을 중심으로 몇몇 세입자들이 관악주민연대와 함께 재개발 대책을 논의하고 싶다고 연락해왔다. 이들은 전철연의 활동 방식과는 다른 무언가를 원했다. 그래서 활동가들과 관악주민연대는 이들을 만나 이야기를 나누고 향후 대책을 논의하면서 함께할 생각이 있다면 돕겠다는 결정을 내렸다. 이들은 '한마음주거대책위원회'라는 이름으로 세입자 조직을 만들었다. 그러나 전철연이 먼저 세입자 조직을 운영하고 있었기 때문에 이 과정이 문제가 되었다. 관악주민연대는 양측의 주민들이 서로 만나 의견을 조율하고, 가능하면 하나의 세입자 조직으로 재개발에 대응할 수 있도록 중재 자리를 마련했다. 그러나 논의 자리에 철대위가 참여하지 않아서 두 조직이 따로 활동을 진행할 수밖에 없었다.

두 조직은 철거 투쟁 과정에서 지속적으로 갈등을 겪었다. 전철연은 강력한 투쟁을 통해서만 가이주단지 쟁취가 가능하다는 입장이었다. 철대위는 철탑을 세우고 화염병과 화염방사기 등을 갖추어 용역들과 강경한 투쟁을 벌였다. 결국 그 과정에서 주민 한 명이 사망하는 사태까지 발생했다. 그러나 관악구청과 관악경찰서는 폭력 사태를 막거나 중재하지 않고 방관했으며, 오히려 조합 측 입장과 같이 사태가 주민들의 책임이라는 식으로 대처해 비판을 받았다.

관악주민연대는 협상이 우선이고, 투쟁은 협상을 이끌어내는 수단이라는 원칙이 있었다. 그래서 투쟁 과정에서 협상 가능한 요구 조건을 걸고, 이 결과로 이주 대책과 가이주단지 설치에 대한 협상을 벌이는 방식을 취했다. 관악주민연대 소속으로 철거 투쟁을 했던 2·6동의 세대위, 9동 주대

위, 그리고 5동 한마음주대위는 전철연의 방식과는 다른 명확한 입장 차이가 있었다. 이들은 전철연이 지역에 들어와 세입자를 조직하는 데 우려와 불만을 품고 있었고, 네 개 세입자 조직의 대표였던 2동의 이경민 위원장은 조직들을 대표해 강경한 입장을 취했다.

이러한 갈등은 결국 5동 철대위 주민들과 2동 세대위 주민들 간의 싸움을 일으키는 원인이 되었다. 5동과 2동은 서로 인접해 있었는데, 5동 철대위가 2동에 들어와서 새로운 세입자 조직을 만들려고 하자 세대위 주민들이 막아선 것이 발단이 되어 두 조직 간에 폭력 사태가 벌어졌다. 경찰과 철거 용역까지 현장에 나타나 일촉즉발의 위험한 상황이었다. 당시 관악주민연대 공동 대표였던 송경용과 강인남 국장이 현장에 나서서 중재하면서 상황이 일단락되었지만 불씨는 꺼지지 않았고, 이후 지속적으로 갈등 상황이 생기면서 각 조직 간의 동력을 깎아 먹는 결과를 초래했다.

활동가들과 관악주민연대는 조직 간의 갈등 문제를 해결하기 위해 많은 노력을 했으나, 봉천 2·5·6·9동 등에서 동시다발적으로 일어나고 있는 재개발 강제 철거 현장을 쫓아다니기도 힘겨운 상황이었다. 활동가들은 철거 투쟁이 가이주단지의 쟁취에만 머무르지 않고, 재개발 이후에도 주민들이 마을공동체를 지키고 발전시키기를 희망했다. 이는 성동의 사례에서 보고 배운 것이다. 그래서 주대위 주민과 함께 가이주단지에서의 생활을 설계했고, 이후 임대아파트에 들어가서도 공동체성을 이어갈 수 있는 활동에 대해 고민했다. 그러나 관악구에서 광범위하게 벌어지고 있었던 재개발사업과 주민 간의 갈등 문제에 대처하느라 시간도, 인력도, 에너지도 부족했다. 그 당시의 어려움을 송경용 신부는 다음과 같이 회고했다.

관악구는 다른 철거 지역과 달리 지역이 넓고, 시기적으로도 동시에 철거가 시작되어 어려움이 컸어. 양평동이나 사당동 같은 곳은 행정구역으로 '동' 중에서도 일부 지역이었지만, 관악구는 봉천동, 신림동을 포함해서 13개 동에 세입자만 8만 명이나 되는, 구 자체가 하나의 거대한 산동네라고 할 수 있었지. 이런 곳에서 동시다발적으로 재개발사업과 강제 철거가 진행되는데, 당시에는 어느 한 동에 집중한다는 것 자체가 불가능한 것이었어. 봉천 5동에서 한 분이 돌아가시고, 6동에서 성추행당하고, 전철연이 와서 분열 일으키고 등등 많은 사건들이 있었지. 5동에는 철대위가 당시 아시아 최대라고 불릴 정도로 거대한 철탑을 세우고 화염병 2000개에 화염방사기까지 갖춰 강력한 투쟁을 벌였고, 조합과 용역 깡패들도 무차별적인 폭력으로 일관했어. 5동과 9동은 잘 진행되다가 분열되면서 분위기가 흐트러졌어. 관악주민연대 차원에서 나름대로 계획을 가지고 재개발 이후의 일까지 계획을 하면서 조직해오고 하던 것이 흐트러지고, 그게 제일 아쉽다. _송경용

그러나 5·9동의 활동가들과 관악주민연대가 재개발 과정에서 대응했던 활동에서는 큰 성과들도 있었다. 재개발 역사상 최초로 지자체, 주민, 조합이 올바른 재개발사업을 위해 서로 합의해 협약서를 만들고, 그 내용에 순환식 재개발, 미해당자 문제, 강제 철거 금지 조항까지 포함한 것이다. 이를 관악구 차원에서 만들어낼 수 있었던 것은 각 철거 지역의 주민조직과 활동가들이 하나로 뭉쳐 공동으로 대응했기 때문이다. 또 활동가들은 재개발 이후의 우리나라에서 가장 큰 임대아파트 단지 활동을 꿈꾸기도 했다. 결과적으로 너무 넓은 지역적 한계, 지역 내 주민의 분열, 활동가들의 의식과 경험의 차이 등으로 실현되지는 못했지만, 5동과 9동에서 준비했던 공동체기획단 역시 마을공동체를 만드는 미완성의 창조적인 실험이었다.

봉천 5·9동 공동체기획단, 미래를 꿈꾸었던 창조적 실험

1996년 하반기가 되면서 5동과 9동의 철거 작업이 막바지에 접어들었

다. 5동에서는 그동안의 투쟁의 결과로 101세대의 가이주단지 입주가 확정되었고, 9동 역시 1997년 초에 가이주단지 건립에 대한 공중을 마친 상황이었다. 활동가들은 관악구에서도 성동처럼 재개발 이후에도 임대아파트로 주민공동체가 이어지기를 바랐으나 그때까지 관악구에서는 성공한 사례가 없었다. 임대아파트로 들어가더라도 주민들이 다 뿔뿔이 흩어져 조직의 힘으로 남아 있지 못하는 경우도 있었다.

활동가들은 관악주민연대와 5·9동이 함께 재개발 이후의 미래를 준비하는 새로운 무언가를 논의할 필요성을 느꼈다. 관악주민연대에서는 1996년 10월부터 4개월 동안 성동 하왕 2-1지구의 10년 준비 계획 사례를 연구해 공동체기획단을 전략적으로 준비했다. 그리고 1997년 1월이 되자 5동과 9동 주대위 주민에게 함께해보자고 공식적으로 제안했다. 주민들은 새로운 미래를 준비하자는 제안에 큰 기대를 안고 움직이기 시작했다. 9동 주대위장 방래 부위원장이 공동체기획단의 단장을 맡아서 중심 역할을 했다. 이는 현실의 힘겨웠던 철거 투쟁이 끝난 이후에 이제는 가난한 사람들의 공동체로 자신들의 미래를 함께 만들어가자는 일종의 선언이었기 때문이다. 주민들은 투쟁과 가이주단지만 생각했었지 그 다음을 따로 상상해본 적이 없었기 때문에 활동가들은 교육부터 준비했다.

주민들과 활동가들이 공부도 엄청 많이 하고 회의도 엄청 많이 했어. 박재천, 김영준, 김진홍, 김성훈 이런 분들도 직접 오셔서 도움이 되는 말씀을 많이 해주셨지. 하왕 2-1지구에 가서 유영우 회장님 만나서 공동체 사례에 대한 이야기도 많이 들었지. 그렇게 교육과정이 한 학기가 끝나면 워크숍을 같이 가서 우리 계획을 함께 짰어. 공동체기획단 통해서 이루어졌는데 주민들이 나름대로 공부한 것, 말씀 들은 것, 본 것으로 상상력이 많이 생겨서 10년 후 그림도 함께 그렸던 거야. 엄청난 작업을 한 것인데 현실로 이루어진다면 얼마나 좋을지 기대가 많았지. 주변에서도 관심 많이 가져주시고, 박재천 선

생님도 오셔서 활동가 만나서 격려도 많이 해주셨다. _선동수

교육이 끝나고 실천 활동으로 가이주단지 설계에 참여하는 작업을 시작했다. 동별로 입주 준비 팀을 꾸렸고, 활동가들이 참여했다. 이 팀의 역할은 가이주단지를 설계할 때 주민이 원하는 것을 조사해 조정하고 반영하는 것이었다. 그래서 욕구 조사를 시작했다. 또 공동체성을 키우기 위한 주민 교육도 함께 준비했다. 강인남, 신장식(당시 관악주민연대의 간사), 이문국, 오기백, 조영훈, 송순녀, 선동수, 연영 등이 공동체기획단 활동가 모임에 참여해 교육 기획과 자료 준비를 맡았다. 1996년 11월부터 미리 36가구에 대해 가이주단지에 관한 설문조사를 세 차례 실시해 필요한 정보를 모아놓은 상황이었다. 가이주단지 입주 후 공동체운동을 하는 것으로 교육 방향을 잡고, 설문조사 결과를 함께 해석하는 것, 공동체에 대해 공부하는 것, 주민협동공동체 사례, 송학마을 사례, 임원 교육 등의 내용으로 교육을 구성했다.

그때 모델 자체가 성동 지역이었기 때문에 협동공동체라고 해야 하나? 뭔가를 좀 함께 그런 것도 많이 생각했다. 구체적으로 협동조합을 만들자 이런 건 아니었지만 화두가 협동공동체였기 때문에 이후에도 같이 먹고 자고 하는 것을 꿈꾸었고, 기존에 있는 센터들도 이후의 전망을 같이 잡았던 거지. 가이주 단지에도 공부방이라든지 같이 들어가는 것도 생각했었고. _선동수

공동체기획단에서는 1997년 초부터 한 해 동안 주민과 활동가들이 함께 하는 교육과 워크숍을 진행하면서 구체적인 사업을 설계했다. 당시 송학마을을 모델로 삼아 신용협동조합과 생산협동조합, 생활협동조합 등의 경제공동체를 기획했으며, 전국교직원노동조합의 도움을 받아 교육공동체를 설계했다. 또 환경운동연합과 한국도시연구소의 도움을 받아 환경

및 복지공동체도 기획했으며, 은빛나라와 푸른영상의 도움을 받아 문화공동체도 함께 설계했다. 당시 2·5·6동의 철거 싸움이 다 정리되어 관악주민연대가 공동체기획단에 더 집중할 수 있는 여건이 마련되었다. 공동체기획단원은 조합에 대해 철거 투쟁과 협상을 하는 동시에 기획단 활동을 준비했기 때문에 생계유지의 어려움에 직면하기도 했다. 이 외에도 관악지역자활센터와 연계해서 주민들이 할 수 있는 사업을 구상하고, 실제로 사업을 진행하기도 했다. 청소, 집수리사업단의 형태로 주민들이 사업에 참여하기도 하고, 주대위 회관에서 배추나 무청을 삶아 시래기를 만들어 팔기도 하면서 생산공동체를 만들고자 했다.

그러던 중 9동 주대위의 가이주단지 입주가 어려워지는 상황이 발생했다. 9동이 5동에 비해 부지가 좁았기 때문에 지역 설계에서 학교 부지와 공원 부지가 제외된 것이다. 조합에서 제공한 설계도를 전문가와 함께 수차례 검토해보았지만 가능성이 없다고 결론이 났다. 가이주단지를 공용부지에 짓기로 했던 계획이 무산되었다. 가이주단지가 사라지자 공동체기획단에서 그렸던 그림을 실험할 수 있는 장이 사라지게 된 것이다. 주민 대부분이 실망했고 의지도 꺾였다. 9동 주대위 주민들은 결국 이주비를 받고 이사하기로 결정했다. 또 봉천동애기방이 센터를 정리하기로 결정하고, 공부방 같은 센터들이 철거 지역 밖으로 이전할 계획을 세우면서 기획단의 활동은 점차 동력을 잃어갔다. 관악주민연대의 신장식 간사 등은 '살기좋은봉천9동만들기모임', 일명 살구모임을 만들어 지역공동체의 그림을 이어가고자 했으나 기획단의 주체인 주대위 주민들이 따로따로 이주하게 되면서 더 이어지지 못했다.

기획단이 지속되지 못한 이유는 크게 세 가지로 생각해볼 수 있다. 우선 가이주단지가 들어설 수 없는 상황이었다. 가이주단지를 설계하던 때부터 공동체 활동을 기획했지만, 정작 이를 실험할 수 있는 장 자체가 사라지자 주민들은 임대아파트에 들어가기 전에 이주비를 받고 흩어졌다. 그래서 기획단 운영의 동력이 떨어진 것이다.

두 번째는 재개발로 센터들 역시 자기 전망을 찾아야 했기 때문에 집중력이 떨어졌다. 특히 5·9동은 주민과 센터의 밀착력이 매우 높았다고 평가되는데, 공부방이나 애기방 등은 주민이 흩어져 그 지역에서 더 운영되기가 어려운 상황에 직면해 문을 닫거나 다른 지역으로 옮기게 되었다. 관악주민연대가 조직적인 정비 작업에 들어가면서 집중력이 약해진 경우도 같은 맥락으로 해석할 수 있다.

세 번째는 기획단에서 고민했던 주민들의 경제협동공동체를 당시 시범사업 중이던 관악지역자활센터를 통해 풀어보고자 했던 부분이다. 성동이나 삼양 지역의 경우 별도의 외부 협력이 없었기 때문에 지역에서 자체적으로 풀어야 했지만, 5·9동의 경우 관악지역자활센터를 통해 자활사업단에 참여하는 형태로 접근이 가능했고, 또 실제로 주민들이 먹고사는 문제 때문에 당장 일을 해야 했기 때문에 기획단에 대한 집중력이 약해졌다고 볼 수 있다. 그리하여 관악구에서 처음이자 마지막으로, 산동네에서 임대아파트로 이어지는 마을공동체를 준비했던 공동체기획단은 1997년 1월부터 9월까지 14차례에 걸쳐 교육, 현장 견학, 워크숍을 통해 주민공동체 실현을 위한 행동 전략과 구체적인 계획까지 만들었으나, 실천 단계에 접어들지 못하고 아쉽게 막을 내렸다.

재개발 이후 1990년대의 관악구 빈민지역 운동

1973년 난곡을 시작으로 봉천동, 신림동 곳곳에서 빈민지역 운동을 해왔던 탁아소, 공부방, 민중교회, 도서관, 야학 등의 다양한 20여 개 기관은 1990년에 '재개발'이라는 주민들의 이슈에 관심을 갖게 된다. 1992년 신림 10동, 1993년 봉천 2동과 6동 주민들은 주거권 투쟁 중이었고, 1994년 봉천 5동은 철거를 눈앞에 두고 있었다. 각 동네에서 주민들의 일상적인 삶의 문제를 함께 풀어오던 활동가들은 관악구 곳곳에서의 재개발이 지역과 주민들에게 미치는 영향력에 주목했다. 하나는 재개발 때문에 가난한 주민들이 당면하게 된 주거권 문제였고, 다른 하나는 산동네 해체에 따라 주민들이 삶의 터전을 잃고 흩어지는 문제였다.

당시 철거가 되면서 주민이 흩어지면 어떻게 활동할 것이냐? 관악구 단위로 활동을 하자 이제 지방 정치가 가능해졌다. 관악구 전체를 대상으로 하는 운동이 필요하다. 힘을 하나로 모으는 게 필요하다. 철거로 빈민지역이 없어져도 가난한 사람은 있다. 그들을 위한 활동이 필요하다. 그리고 생활 정치 측면에서 전체 관악구 주민들과 함께하는 활동도 필요하다. _이호

물론 1980년 말부터 각 동(洞) 단위로 연대 모임들이 구성되어 크고 작은 지역 활동을 해왔으나, 재개발의 경우에는 구(區) 단위로 모여서 조직적으로 대응할 필요성이 있었다. 1991년 지방자치제 부활이라는 제도의 변화에 맞물려 지역운동을 더 활성화하고, 동 단위로 해왔던 활동을 구 단위로 수렴하고 모아냄으로써 영향력을 확장할 필요가 있었다. 구 단위로 대중조직을 건설하고 대중운동을 해야 한다는 의식이 확산되었다.

1995년 3월 '관악주민연대'가 창립총회를 열며 공식적으로 결성되었다. 관악주민연대가 결성되고 시작한 첫 활동은 '재개발 문제 개선을 위한 주민청원' 운동이었다. 청원의 내용으로는 '강제 철거 금지', '선대책 후철거', '가이주단지 보장' 등이 포함되어 있었다. 이 청원을 이루기 위해 관악구민 1만 명 서명운동을 함께 진행했다. 당초 1만 명 서명을 목표로 했으나 목표를 넘어서 거의 2만 명 서명에 육박할 정도로 성공적이었다. 각 지역별 센터의 활동가들과 주민들은 전철역, 시장 등과 같이 사람이 많이 왕래하는 곳에서 지속적으로 서명을 받았다.

관악 주민 1만 명 이상의 서명을 받고, 철거민 대표가 상임위에 참석해

발언하고, 구의회가 회기를 연장해 상임위원회에 주민 대표들을 불러 진술을 듣고 하면서 의회에서 결의안을 채택하게 되었다. 이 과정을 통해 관악주민연대가 만들어졌고, 조직이 관악구 안팎으로 존재를 알렸으며, 주민연대에 소속한 활동가와 주민들도 큰 자긍심을 갖게 되었다.

관악주민연대 공동 대표는 송경용 봉천동 나눔의집 신부, 민경자 봉천 3동 꽃망울글방 대표, 김기후 봉천 6동 세입자대책위원회 임원이 맡았다. 신장식, 강인남이 간사로 활동하게 되면서 관악구 지역에서 동시다발적으로 진행되던 재개발사업 현장에 더 적극적으로 결합해 주민조직을 지원할 수 있게 되었다. 또 그해 6월, 봉천 3·6동에서 발간하던 지역신문은 ≪관악주민신문≫으로 제목을 바꿔 창간되었다. 이어서 10월에는 송경용 대표가 빈민지역의 새로운 이슈로 '사회복지'에 집중해야 한다는 제안을 했다.

재개발은 물리적 환경이 바뀌는 것이다. 생활양식, 의식, 사회적 관계가 바뀐다. 그럼 재개발 이후 산동네에서 활동하던 탁아방, 공부방 등은 어떻게 할 것이냐? 환경과 주민이 달라지는 데 좀 더 다층적이고 종합적인 운동적 접근이 필요하단 생각이 들었다. 당시 미국, 일본을 다니며 보니 사회복지가 온정적이고 개량적인 것이 아니라 정책에 영향을 미치는 것들을 봤다. 그래서 '사회복지를 운동으로 보자. 가난한 사람들의 삶의 질을 어떻게 높일 것이냐' 이런 생각에서 관악 사회복지를 제안했다. 그런데 당시 활동가들과 갈등이 생겼다. 복지를 여전히 온정적·개량적으로 보는 시선이 있었다. _송경용

송경용 대표는 재개발 경험을 통해 재개발 이후의 변화에 맞춰 사회복지 활동을 하는 안정적인 조직 구조로 법인을 마련할 필요성을 느꼈다. 당시 활동가들은 사회복지를 운동의 이슈로 보기보다는 시혜적이고 잔여적인 복지 영역으로 여겨, 주민운동과 결합해 '복지운동'으로까지 확대하자는 의견은 소수였다. 향후 가난한 주민들에게 사회복지 이슈는 밀접한 주

제가 될 것이며 관심과 실천이 연결되는 활동을 해야 한다는 데 공감은 하고 있었다. 그러나 조직 구조를 법인으로 제도화하는 것에는 쉽게 동의하지 못했다.

당시 관악주민연대 복지분과에서 이 논의를 했고, 준비위원회에서는 아니었는데 법인으로 하자고 하니 이것은 운동과 결이 다르다. 법인으로 하자면 이사진을 구성할 때 외부에서도 와야 하고 사회복지사도 있어야 하고 그러면서 주민연대 복지분과는 준비위원회까지만 결합했어요. 초기에는 주민연대가 결합하고 동의해서 복지운동으로 특화해보자 했는데, 법인 이야기가 나오면서 관악주민연대와 관악사회복지를 별도로 추진하게 된 거죠. _김기돈

관악구 단위의 사회복지 운동에 대한 논의는 결국 독립법인체로 관악사회복지를 설립해 관악주민연대와 긴밀하게 협력한다는 중재안으로 마무리되었고, 1995년 12월 사단법인 관악사회복지가 창립되었다. 당시 법인 설립에 필요한 재정은 박승한 사장이 후원했고, 정책을 마련하는 데는 지역에서 복지운동에 관심이 있었던 사회복지사 이문국, 이용표가 함께 참여했다. 이사진은 조흥식 등 사회복지학과 교수와 민경자 등 관악구 활동가로 구성했다. 초대 대표는 당시 관악구 의원이었던 김혜경이 맡았고, 사무국장은 김경환이 맡았다. 이후 1996년 조연희, 한재랑이 간사로 활동을 시작했고, 무료법률 가정상담소 운영, 청소년 자원봉사 교육, 푸드뱅크 사업 등을 시작했다. 봉천동에서 활동하던 임미경도 1년간 간사로 활동했고, 1997년 홍선이 합류해 현재까지 활동 중이다.

1996년 6월에는 관악지역자활센터가 문을 열었다. 보건복지부 시범 사업으로 저소득 주민의 고용 창출과 경제적 자립을 위해 공동 작업장을 열었고, 용역 사업 등을 시작했다. 이 사업은 당시 송경용 신부가 관할 사제로 있던 봉천동 나눔의집의 부설로 설립되었고, 관악구의 저소득 주민뿐

만 아니라 철거 세입자들도 사업에 참여했다.

1990년 중반 이후에 설립된 관악주민연대, 관악사회복지, 관악지역자활센터 세 곳은 독자적으로 일상 활동을 하고 있고, 관악구 내외 주민들의 삶의 이슈나 정책에 관해서는 긴밀한 연대 활동을 꾸준히 펼치고 있다. 관악주민연대는 1990년 후반부터 올바른 지방자치 실현을 위해 정책제도와 관련한 활동을 했고, 재개발 및 주거권 관련 활동, 실업 및 고용에 관한 활동, 다양한 주민 소모임을 중심으로 한 활동 등을 하는 등 관악구 내의 영향력 있는 지역단체로 뿌리내리고 있다. 관악사회복지는 청소년·여성·어르신 교육 및 당사자 주민 모임 조직 활동, 주민 거점 공간인 이웃사랑방 운동, 사회복지 정책 이슈 개입 활동, 상상력 강좌를 비롯한 주민 대중 강좌 등을 중심으로 관악구 내의 풀뿌리 주민조직으로 성장해가고 있다. 관악지역자활센터는 시범 사업 당시부터 지금까지 청소업체 '푸른환경 코리아', 건설업체 '비전', 도시락 사업단 '나눔푸드' 등 성공적인 자활공동체와 사회적기업을 조직해 지역자활센터의 모델을 만들고 있다.

맺음말

관악구 빈민지역 운동의 가장 큰 특징은 빈민 밀집 주거지역이 매우 광범위하고, 다른 지역보다 센터와 활동가들이 월등히 많았다는 것이다. 그래서 1970년대에 난곡에서 시작된 관악구의 빈민지역 운동은 센터와 활동가 간의 연대의 중요성이 일찍부터 인식되어왔기 때문에 1990년대에 관악주민연대에 이르러 관악구 전체를 조망하는 통합적인 운동으로 발전할 수 있었다.

1990년 초반부터 관악구 전 지역에서 동시다발적으로 진행된 재개발사업 때문에 그동안 센터들이 주민과 함께 쌓아온 기반이 파괴되기도 했다.

특히 재개발 과정에서 가이주단지를 통해 마을공동체를 이어가려는 노력들이 결실을 맺지 못함으로써 주민조직과 마을공동체를 지켜내지 못했다는 한계도 있었다. 그러나 네 개 지역의 주민조직과 관악구 전체의 활동가들이 하나로 모여 관악구 차원의 연대 활동을 펼쳐서 구 단위의 행정과 정책을 바꾸고, 여러 구의원을 배출하는 성과도 만들어왔다. 또 센터들이 그동안 각 지역에서 뿌린 씨앗들이 2000년 이후로 관악구에 새로운 시민사회 운동을 불러일으키는 데 큰 역할을 했다. 각 센터들은 여전히 지역에 뿌리를 내리고 활동하고 있으며, 이전보다 더 많은 활동가들이 관악구에 모여들어서 또 활동을 하고 있다.

이제는 그동안의 경험을 기반으로 빈민뿐 아니라 여성, 노인, 아동, 노동자 등 관악구 주민 전체를 포괄하는 관악공동체 마을 만들기를 생각하며 정치·사회·문화 등 다양한 영역에서 활발한 활동을 펼쳐낼 것을 기대한다.

서울 노원·도봉

가난한 주민과 함께 일군 지역공동체

재개발 현장에서 피어난 상계동 빈민지역 활동

상계동 지역은 1980년대 말까지 도시빈민들이 주로 살았던 대표적인 판자촌이다. 상계동은 한남동, 청계천 일대가 재개발되던 1960년대 당시, 강제로 내몰려 집단 이주한 철거민과 농촌 이주민이 하나둘 모여들어 형성된 무허가 판자촌인 철거민들의 정착지였다. 당시 경기도 양주군에 속해 있었던 상계동은 벽돌 공장과 배밭이 많은 허허벌판이었다. 그곳에는 서울시에서 철거민에게 지어준 8평의 무허가 벽돌집이 있었는데, 방 한 칸, 부엌 한 칸에 온 가족이 생활하면서 공동 화장실과 공동 수도를 사용하는 환경이었다. 이들은 손수 수도와 전기를 끌어오고 시장도 형성하며 자연스레 '마을'을 일궈나갔다.

1986년 아시안게임과 1988년 서울올림픽을 앞두고 대대적인 도시재개발사업이 진행되었다. 세계인의 축제인 올림픽의 성공적인 개최를 위한

1980년대 초 상계동 나눔의집 주변

도시 정비는 이들이 정착해 어렵게 일궈낸 삶의 터전을 밀어내고, 그 자리에 대규모 아파트 단지와 4호선 전철역을 세웠다. 이들은 다시 포천으로, 부천으로, 남양주 별내 등지로 내몰렸다. 대대적으로 진행된 철거 과정에서 1984년 목동, 1985년 사당동에 이어 상계동에서는 폭발적인 철거 싸움과 철거민 운동이 진행되었다. 다큐멘터리 영화 〈상계동 올림픽〉의 현장, 상계동 173번지에서 대규모 철거 싸움이 한창 진행되었던 1986년도에 상계동 나눔의집이 설립되었다.

달동네에 세워진 상계동 나눔의집

4호선 상계 전철역이 들어서고 상계역 주변 173번지 세입자들의 철거 싸움이 한창 진행되던 1986년 9월, 상계동 나눔의집이 문을 열었다. 종교계 사람들과 많은 빈민지역 활동가들이 지역으로 들어와 결합해 철거 싸움을 벌이던 시기였다.

당시 상계동 지역에는 10여 년간 운영되던 적십자 청소년학교라는 야학이 있었는데, 도시재개발에 따른 지역 철거로 이 야학이 폐쇄되는 상황에 이르렀다. 적십자청소년 야학 교사로 활동했던 성공회 신자 김미령과 신학생 송경용 등은 철거 때문에 흩어진 야학생들이 다시 모일 수 있도록 성공회 교구에 상계동 지역에 야학을 세우자고 제안했다. 한국 교회가 적극적으로 사회 변화와 관련된 현장 사역을 활발히 하고 있을 때, 성공회 안에서도 그동안 단절되었던 사회선교의 역사를 회복하고 사회 변화의 현장에 적극적으로 참여하고자 새로운 사회선교 현장을 찾고 있었다. 또한 성공회 대학로 교회를 중심으로 민주화운동의 경험을 쌓은 성공회 청년과 신학생들이 가난한 지역에 들어가 사회선교 활동을 하기 위한 모임과 학습을 하고 있었다. 1980년대 중반 민중선교에 대한 학습과 준비를 하던 연세대 신학과 4학년이자 성공회 성직 후보자였던 김홍일, 연세대에서 성공회대 신학과에 편입한 신학생 송경용, 청년 모임에 참여하던 김선옥, 정종운 등이 함께한 제안을 적극 받아들인 성공회 교구의 초기 지원금 650만 원으로 당고개 도깨비 시장통에 10평 남짓한 전셋집이 마련되었다. 그리하여 1986년 9월 나눔의집이 문을 열었다.

송경용은 1980년 연세대 재학 당시, 상계동 적십자 야학 활동으로 상계동 지역의 청년들과 인연을 맺었고, 함께했던 선배를 통해 성공회를 알게 되어 신학의 길을 걷게 되었다. 나눔의집 활동은 자연스럽게 인생의 방향을 정하는 계기가 되었다. 이후 송경용은 야학 시절을 활동을 선택할 수 있었던 삶의 동기이자 목표가 될 사람들과의 만남이 이루어진 신앙의 못자리였다고 고백한다.[1]

함께 나눔의집 활동을 시작했던 김홍일은 연세대 신학과에 재학하던 당시부터 어려운 사람들이 사는 지역에서의 사목을 생각하고 있었다. 열악한 공장 생활과 야학 생활도 했었고, 쭉 산동네에서 생활했던지라 가난한 지역의 주민들과 함께 살아야겠다는 생각을 자연스레 하고 있었다. 그것이 신학과를 선택한 이유이자 나눔의집 활동을 시작하게 된 계기이기도 했다. 또 한편으로는 같은 동문인 빈민운동가 고 김홍겸, 백석근(전 전국건설일용노조 위원장) 등과 함께 빈민지역에서의 활동을 고민하는 모임을 나

---

1   송경용, 『사람과 사람: 송경용 신부의 나눔 그 아름다운 사랑의 이야기』(생각의 나무, 2007),
     104쪽.

가며 졸업 이후의 전망을 논의하고 있었다. 당시는 목동 철거 싸움부터 시작된 변혁적인 운동을 하던 학생운동 그룹들이 빈민운동 진영으로 유입되던 시기였다. 이들과의 네트워크를 토대로, 가난한 사람들과 함께하는 성공회 대학로 교회에서의 현장 사역을 준비하는 모임 과정에서 나눔의집 활동이 시작된 것이었고, 이곳에서의 활동은 김홍일에게도 자연스러운 선택이었다.

상계동 나눔의집에서 공동생활을 시작한 김홍일, 송경용, 김선옥, 정종운 등은 6개월 동안 그냥 살기만 했다. 당시 주민운동 활동가 교육에서 강조했던 것처럼 그냥 주민으로 살면서 마을과 주민을 만나고, 관계를 맺으며 지역과 주민의 필요를 알아가기로 했다. 공동생활을 하면서 차차 지역 청년들과 성서를 공부하기 시작했고, 무료 진료 봉사자도 모집하고, 마을과 주민의 욕구를 파악하기 위해 집집마다 방문하며 지역을 조사했다.

공동생활을 하던 네 명 외에도 지역의 야학 출신인 지성희(현재 성공회 신부), 이병호 등 상계동 지역의 청년 자원봉사자가 함께 활동했는데, 지역을 잘 알고 있는 이 청년 자원봉사자들은 활동가 이상으로 든든한 후원자였다. 당시 나눔의집 운영을 위한 교구 지원은 전무한 상태여서 활동하는 모두가 활동가이자 봉사자였고 후원자였다. 그런 점에서 나눔의집 운동의 출발은 신자들의 운동이었고, 봉사자들의 운동이었다.

나눔의집은 신앙공동체이자 생활공동체였다. 신학생과 청년 활동가들은 모두 나눔의집에서 공동생활을 했다. 나눔의집은 항상 사람들로 북적거렸다. 젊은 청년들이 중심이 되어 생활하는 곳이어서 밤늦게까지 지역의 공장에 다니는 청년과 야학생들이 모이는 장소가 되었다. 주식은 항상 라면이었지만, 온종일 공장에서 먼지와 중노동에 시달리다가 돌아온 이들에게는 어느 곳보다 편안한 쉼터였다.

나눔의집에서의 공동생활은 이후로도 계속되었다. 초기 활동가들의 공동생활 공간은 거처가 필요한 야학생들의 숙소가 되었고, 갈 곳 없는 청소년의 가정이 되었고, 지역 실업자의 거처가 되기도 했으며, 실무자의 생활 공간이 되기도 했다. 나눔의집은 항상 이들과 함께 생활공동체를 만들어 가려는 시도를 했다.

아마 우리는 컵라면이 없었으면 굶어 죽었을지도 모른다. 봉지 쌀 사 먹으며, 넉넉지 않은 살림 탓에 주식은 적십자에서 주는 도시락 컵라면이 되기 일쑤였다. 청원경찰 하며 그중 고소득자였던 지성희 형이 가끔 사주던 목쉰 아주머니네 닭갈비와 닭내장탕에 소주를 마시며 함께 신앙과 활동을 얘기하는 것이 행복했다. 어느 날 외국 수사님이 방문하면서 사 온 통닭을 맛있게 먹고 난 다음 날, 전날 먹고 남은 닭 뼈는 훌륭한 닭곰탕으로 변신해 아침상에 놓였고, 다들 아무 거리낌 없이 맛있게 먹었다.[2]

정종운은 당시를 이렇게 회상했다.

1986년 나눔의집을 기억하면서 나는 고작 라면 생각이 앞선다. 그때 적십자에서 사시사철 우리에게 공급해준 컵라면. 이미 동네에 포진하고 있던 상계 야학 졸업생, 새로 입학한 야학생, 야학 교사, 도서관에 오는 아이들, 동네 라벨 공장 친구들, 실무자들 ……. 그룹별로 분류를 해봐도 열 그룹은 족히 넘었을 수많은 사람들이 그 컵라면을 먹었다. 도대체 나눔의집에 무슨 매력이 있었을까? 4호선 종점 상계역에서 내리면 『이상한 나라의 앨리스』에서처럼 세상이 확 바뀌는 서울의 끝. 땀을 흘리며 올라와서 몇 시간을 버티면 겨우 컵라면으로 허기를 달래주는 나눔의집에 무슨 이유로 그렇게 사람들이 들끓었는지 ……. 특별히 열흘에 한 번은 상계 전철역 화장실 신세를 져야만 했고, 뉘 집 사생활이든 허술한 담벼락을 타고 골목으로 새어 나오고, 라벨

---

2   김선옥, 『나눔 함께 만드는 행복 노원나눔의집 15주년 기념 자료집』(성공회 노원나눔의집, 2001), 106쪽.

공장과 요꼬 공장의 소음이 아무 여과 장치 없이 동네를 지배하던 상계동에서의 '나눔'은 새로운 가치였고 새로운 정신이었고 내 삶의 대안이었다. 어디 나뿐이겠는가. 컵라면을 들이켜던 수많은 사람들의 생각이었으리라. 나의 시간과 애정과 에너지를 부었던 곳이지만 그래서 진정한 젊음을 부여받은 곳이기도 했다. 지금은 멀찍이 물러나 한가롭게 바라보는 자리에 있어도 아직도 내 생활을 견제하는 역할을 하는 곳이다.[3]

나눔의집에서는 6개월간은 그냥 살면서 주민과 만나고, 지역에서 함께 할 사람도 알아보고, 일일이 가정방문을 하면서 지역 주민의 욕구를 조사하는 등의 활동을 했다. 그 결과로 처음 시작된 사업이 청년야학, 탁아방, 마을문고였다.

청년야학, 탁아방, 마을문고

1987년 상계동 나눔의집은 교구의 지원으로 지금의 나눔의집 터인 당고개 언덕 꼭대기에 자리 잡고 있던 30여 평 규모의 주택으로 이사하게 되었다. 언덕 꼭대기 산동네에 있는 낡고 오래된 주택이었지만, 방과 거실에서 불암산이 내다보이는 곳이었고, 나눔의집까지 힘겹게 언덕길을 올라다니던 사람들에게는 그 끝에서 마주선 불암산을 바라보는 것도 큰 행복이 되던 그런 장소였다.

6개월간 지역에 생활했던 경험과 지역 조사에 근거해 처음 시작한 사업은 맞벌이 부부를 위한 탁아 사업과 지역 영세하청 공장의 노동자들을 위한 검정고시 야학, 그리고 지역 어린이와 청소년들을 위한 마을문고였다.

나눔의집 주변에는 소규모의 봉제, 요꼬, 라벨 공장들이 많았다. 남자들

---

3   정종운, 『노원나눔의집 20주년 기념 자료집』(2006).

은 건설일용직으로 일하고, 여자들은 라벨 공장에서 일하는 대부분의 맞벌이 가구에서는 아이들을 돌보는 탁아가 절실한 상황이었다. 그리하여 나눔의집에서 탁아소를 시작했다. 탁아소 선생님들은 아침 8시부터 저녁 8시까지 장시간 노동을 하고도 끝나면 가정방문을 갔다. 아이들의 부모를 만나서 이야기하며 부모 모임을 꾸렸다. 자모회만이 아니라 남자들까지 함께 모아서 자부회도 만들었다. 이후에 마을단오제 및 마을 신문 편집위원 역할을 했던 장영란 등도 자모회를 통해 발굴된 주민 지도자였다.

마을문고는 부모들이 아이들에게 동화책을 사주지는 못하니 아이들이 책을 빌려서라도 볼 수 있기를 바랐던 주민의 욕구에 의해 시작되었다. 아이들이 책을 금방 보는데, 색지에 두꺼운 종이로 된 동화책이 비싸니까 그런 책을 좀 볼 수 있으면 좋겠다는 것이었다. 신자들이 책을 모아서 마을도서실을 만들었다. 주변의 아이들과 중고생까지 이용하게 되면서 회원이 600여 명에 이르기도 했다. 도서실을 이용했던 아이들 이홍권, 강영훈, 김희순은 이후에 성장해 나눔의집 활동가로 일하기도 했다.

나눔의집 인근에서 가내수공업을 하거나 하청 생산을 하는 소규모 공장에 다니는 노동자들을 대상으로 시작한 야학은 4기까지 운영되었다. 야학생 대부분이 중학교를 졸업하지 못한 학생들이었고, 야학 교사는 모두 자원봉사자였다. 대학생과 직장인 등 20여 명의 교사진이 지속적으로 수업을 진행했으며, 이들은 야학에서뿐 아니라 나눔의집 모든 과정에서 열정

적으로 활동했다. 교사 회의는 매주 토요일에 열렸는데, 이 자리에서는 야학의 모든 행사를 논의하고 담당했다. 이때 야학 교사로 인연을 맺었던 많은 봉사자들은 현재까지 사제, 나눔의집 신앙공동체, 자원봉사자, 활동가로 남아 연을 이어가고 있다.

> 1986년에 상계동에 들어왔을 때 지역 주민들의 직업 구성이 다 정규적인 사업장에서 있는 사람들이 아니라 일일 노동자거나, 임시직 아니면 가내수공업 같은 작은 사업장에서 일하는 사람들이었기 때문에 이런 사람들을 지역을 단위로 모아야 한다는 생각을 가지고 있었어요. 지역 주민을 조직하고 그 주민들 속에 다양한 직업 조직도 생길 수 있고, 사안별 조직이나 이런 것들이 가능할 것이라고 생각을 했어요. 그래서 지역 주민들이 필요로 하는 욕구들을 조사했는데, 인근에 작은 공장들에서 일하는 친구들이 대개 열다섯에서 열일곱 그 또래인 청년 노동자들이 많았어요. 그래서 그 노동자들을 위한 야학을 시작하게 되었죠. _ 김홍일

당시 야학 교사이자 나눔의집과 지역 청년들과의 고리 역할을 했던 지성희 역시 도시빈민이었고, 그는 상계동 적십자 야학생 출신으로서 상계동 나눔의집과 인연을 맺었다. 청원경찰을 하며 같이 활동했던 나눔의집 사람들을 물심양면으로 지원했고, 상계동 토박이로 초기 활동의 든든한 자원

봉사자로, 야학 교사로, 좋은 형으로, 선배로 함께했다. 이후에는 성공회 성직 후보자로서 나눔의집의 살림을 챙겼고, 나눔의집과 함께 성장하며 역사를 함께했다. 지성희는 나눔의집에서 동료 야학 교사였던 양정숙과 결혼하고 성공회 사제가 되어 현재는 일본에서 사역을 담당하고 있다.

또 한 명의 야학 교사였던 인정현은 1987년 격변기에 대학 생활을 하면서 사회적으로 의미 있는 일을 하고 싶어 했다. 그러던 와중에 선배에게 제안을 받아 나눔의집에서 야학 교사를 시작하게 되었다. 당시 야학을 통해서 만났던 학생들은 제 발로 찾아온 젊은 친구들이었기에 이들과 함께 사회변혁을 꿈꾸어갈 수도 있겠다는 생각을 했다. 상계 4동 버스 종점, 골목골목을 누비면서 풀과 전단지를 들고 전봇대에 야학생 모집 광고를 붙이고 다녔던 기억은 아직도 생생하다. 2년여의 야학 교사 생활이 1989년 당시의 급변하는 정세 속에서 너무나 더디고 미온적인 활동이었다고 생각한 인정현은 좀 더 치열한 변혁운동을 하겠다고 노동자대학으로 활동의 근거지를 옮겼다. 시간이 지나 가끔씩 나눔의집의 소식을 들어보니 생산공동체를 시도하는 등 새로운 시도와 활동을 끊임없이 이어가고 있었다. 굼벵이처럼 느껴졌던 나눔의집이 여전히 그 자리에 있어 참으로 감사했다. 그는 당시의 활동을 "남들에게 도움을 주는 봉사 활동이라고 시작했는데, 돌이켜보니 삶의 변화를 가져오는, 삶을 어떻게 살아나가야겠다는 깨달음을 주는 장이었다. 아주 큰 도움을 받았다"라고 회상했다.

야학을 처음 시작할 당시에는 졸업 이후에 청년 노동자들을 지역 노조와 같은 형태로 조직하려고 생각했었다. 그러나 야학생 모집이 점점 어려워지자 4기 졸업생을 끝으로 야학을 정리하게 되었다. 그냥 해산할 수 없었던 야학생들은 청년 취미교실을 열었고, 이후 노동자 문화센터로 도예반, 사진반, 역사 기행반 등을 운영하며 만남을 지속해나갔다. 또한 4기까지의 졸업생을 중심으로 '새날청년회'라는 이름으로 지역 청년회를 구성했다. 15명 정도의 인원이 참가하면서 상계동 지역의 교회와 천주교 청년회와 연합 활동을 했고, 공정선거감시단에 참여하는 등의 활동을 했다.

당시 야학 교사부터 공부방 교사에 이르기까지 수많은 자원봉사자가 활동했다. 경미숙, 김성락, 김성용, 민원규, 여광천 등 앳된 청년이던 봉사자들이 훌쩍 성장해 사오십 대에 이르게 된 현재까지 이들의 인연은 나눔의집의 봉사자로, 교회 신자로 남아 이어지고 있다.

서서히 해체되는 지역과 주민 조직화를 통한 새로운 모색

1989년 이후 지역재개발이 본격화하면서 이에 따른 영세 하청업체들은 서울 인근의 경기도 지역으로 이동했다. 1990년대 초반부터 시작된 재개발로 불량 주택이 밀집해 있었던 동네는 서서히 연립주택으로 변화되었다. 이러한 지역 변화에 따라 야학 활동은 조금씩 위축되었고, 탁아소 활동에 대해서도 빈민 탁아가 반정부 운동과 연계되는 것에 위기의식을 느낀 정부가 새마을유아원을 확대하면서 빈민 탁아소의 교사 자격 문제, 시설 기준을 근거로 폐쇄를 명령하기에 이르렀다. 이 같은 변화를 겪으면서 나눔의집은 활동의 전환을 새롭게 모색하게 되었다.

1989년 김홍일은 상계동에서 활동하면서 본격적인 활동의 근거지로 성남을 지정해 그곳에서의 교회 개척을 준비하고 있었다. 그런데 그동안 상계동 나눔의집에서 시무하던 이수상 전도사가 건강 문제로 휴직을 하게 되

나눔의집 청소년공부방 아이들

면서 김홍일은 1990년에 정식으로 나눔의집 전도사로 파송되었고, 1991년에 사제 서품을 받고 나눔의집의 주임 사제가 되었다. 변화하는 상황에 맞춰 나눔의집의 활동에 대해서도 몇 가지 새로운 시도를 했는데, 4기 졸업생 이후로 더 이상 운영하기 어려워진 야학을 청년노동자 문화교실로 재편했고, 탁아소와 도서관의 문을 닫고 중학생 공부방을 시작했다. 공부방 활동은 다시 1994년 10월, 청소년 문화교실로 전환해 동아리 활동으로 재편했다.

나눔의집을 중심으로 지역 활동이 진행되던 1988년 당시, 상계 3동에 예수교장로회가 만든 소망공부방이 설립되었다. 초중고생을 대상으로 하는 청소년공부방 외에도 인도주의실천의사협의회와 무료 일요 진료소를 열고 부모회를 조직하는 등의 활동을 했다. 소망공부방에서는 김은옥 전도사를 중심으로 주로 북부 지역의 대학생들과 인근 덕성여대 학생 등을 포함한 수많은 자원봉사자가 함께했다. 상계 4동 언덕 꼭대기에는 나눔의집의 공부방이, 당고개역 반대편에는 소망공부방이 자리를 잡고 활동하면서 활동가들의 교류 방향과 지역 활동에 대해 함께 논의하고, 지역 모임도 함께하는 주요한 조직이 되었다.

1990년에는 지역의 부녀자나 자모회를 위한 문해 교육을 하는 차원에서 소망공부방과 나눔의집이 함께 어머니학교를 시작했다. 경제적·사회적 형편과 가정 내에서의 성차별 때문에 교육받지 못했던 어머니들이 아

이들을 보냈던 공부방 자모회나 탁아방 자모회 활동을 통해 자신들도 공부하고 싶다고, 교육의 기회를 제공해달라고 요청하면서 어머니학교가 시작되었다. 절반이 넘는 수의 어머니들은 건축, 미싱, 행상, 파출부 등의 직업을 가졌거나 가내수공업을 하는 등 사정이 어려운 분들이었다.

수업은 나눔의집과 소망공부방 두 곳에서 이루어졌는데, 1993년 상계 3동에 위치했던 소망공부방이 폐쇄되면서 다른 수업 공간이 필요하게 되었다. 교사와 어머니들, 지역 인사들을 중심으로 상계 어머니학교의 교실 마련을 위한 추진위원회를 결성해, 다양한 수익 사업을 하고 후원금을 모금했다. 그리하여 1995년 9기부터 상계 3동에 독립 공간을 마련해 교실을 운영할 수 있게 되었다. 비록 지하의 열악한 공간이었지만 어머니들이 대학 대동제나 졸업식장 등에서 커피, 빈대떡을 팔아 모은 기금으로 마련한 귀한 공간이었다. 이때부터 어머니학교는 나눔의집과 소망공부방에서 독립해 운영되었다. 이후 5년여 동안 꾸준히 운영해 2000년, 주민자치와 지역공동체를 지향하는 지역 주민 단체 마들주민회로 거듭났다. 초기에는 소망공부방의 김은옥을 교장으로 해서 최창우, 최광기, 노정원, 이지현 등의 실무자가 함께했다. 많은 자원 교사도 함께 활동했는데, 인근 덕성여대의 선후배 관계인 자원봉사자들이 많았다.

어머니학교 교사였던 최창우는 본인의 경험이 있어서인지 대학을 다니면서 야학 교사를 해야겠다는 생각을 자주했다. 지리산 청학동에서 청소년기를 보내고 15살이 되어 처음으로 초등학교에 들어갔고, 공장 생활, 야학, 검정고시 등을 거치며 남다른 청소년기를 보냈다. 시골에서 올라온 가족과 제대 후에 정착한 곳이 상계동이었고, 이후 18년의 세월 동안 16번이나 이사하는 철거민으로서의 생활 속에서 수없이 쫓겨나고 옮겨 다니면서 주거 권리, 교육 기회의 균등, 경제적 평등 등에 대해서 많은 고민을 하게 되었다. 도시에서의 삭막한 삶은 항상 공동체를 생각하게 했다. 30대 초반에 시국 사건에 연루되어 수배되었을 때 야학 교사를 하기 위해 이곳저곳을 알아보던 차에 전봇대에 떨어질 듯 달려 있었던 야학생 모집 전단지를 보고 연락한 곳이 나눔의집이었다. 그때 막 시작되었던 어머니학교 1기부터 교사를 맡게 되었다. 초기에는 나눔의집 청년들과 함께 직접 전단지를 만들고 배포하면서 홍보, 교육, 상담 등을 했다. 평상시에 고민하던 교육의 기회균등과 막연하게 그리던 공동체를 어머니들과 함께 동네에서 조그마하게나마 이루어나가고자 했던 어머니학교의 활동은 재미있고 보람 있었다. 수업만 진행한 것이 아니라 일일이 가정을 방문해서 관계를 형성하고 조직하는 활동을 했던 경험을 통해 이후 신설동에 어머니학교를 새로이 신설해 운영하기도 했다. 최창우는 현재 나눔의집에서 운영하고 있는 주거복지센터에서 활동하며 여전히 마들주민회의 어머니학교에서 교육을 하고 있다.

에피소드

어머니학교 출신 어머니 중에는 당고개에서 노점을 운영하시다가 나중에 대학에 진학하신 분도 계셨다. 한글을 배우기 위해 학교에 다니신 1기생 동막골 할머니가 졸업할 당시에는 전국에 흩어져 살고 있던 아들, 딸, 사위, 며느리가 다 올라와 졸업을 축하했는데, 그 모습이 감동적이었다. 할머니는 졸업 소감을 이야기하면서 "이전에는 마을버스가 어디로 가는지 몰라서 꼭 물어봐야만 했었는데 이제 동막골이라는 세 글자를 읽고 버스를 탈 수 있게 되어 여한이 없다"라고 하셨다(최창우의 인터뷰 정리).

1992년에는 천주교 성심수녀회에서 운영하는 마음터공부방이 설립되었다. 나눔의집 바로 아래에 자리 잡은 마음터공부방은 수녀님 세 분이 공동생활을 하며 운영하는 곳이었다. 산동네 중턱에 위치한 허름한 주택이었지만, 수녀님들의 관심과 애정 어린 돌봄이 있었고 무료 공부방이기도 해서 항상 아이들이 넘쳐나 많을 때는 초중고생이 120여 명이 되기도 했다. 대개 맞벌이를 하는 부모와 단칸방에서 살았던 이곳 아이들은 일반 학원에 다닐 형편이 여의치 않아서 무료인 마음터공부방에 들어오기 위해 수개월을 기다리기도 했다. 수녀복보다 바지를 자주 입었던 마음터 수녀님들은 동네 가까이에서 쉽게 만날 수 있었다. 수녀님들은 아이들뿐만 아니라 주민과 함께하며 이들에게 가장 필요한 도움을 주면서 더불어 살고 싶어 했고 좋은 이웃이 되고 싶어 했다. 옆집 할머니에게는 좋은 말동무가 되어주고, 공정선거감시단 활동도 하고, 마을 신문도 만들고, 지역 모임도 함께하면서 작은 지역공동체를 만들어나가고자 했다. 나눔의집, 소망공부방에 이어 마음터공부방이 생기면서 지역에서 함께 활동하며 지역 문제를 논의하는 활동가 모임도 진행되었다. 마음터공부방은 현재에도 지역아동센터로 꾸준히 운영되고 있다.

인근에 마음터공부방이 생기면서 나눔의집은 공부방 활동을 접었다. 바로 인접한 곳에 위치한 마음터공부방의 수녀님들의 열정 어린 돌봄에 비해 나눔의집 공부방은 경쟁력이 없었던 이유도 있었다.

이 시기 나눔의집에서는 가정 결연 사업을 새롭게 시작했다. 일방적인 지원 중심의 활동을 지양하는 방향성이 있었으나, 사회가 변화하는 과정에서 밀려나 비참한 생활을 지속하고 있는 주위의 많은 이웃의 절박한 상황을 방관할 수 없다는 절실함 때문에 시작한 것이다. 가정 결연 사업을 통해 만났던 사람들은 주로 독거노인, 조손, 장애인 등 지역사회의 도움이 필요한 분들이었다. 나눔의집에서 찾아오는 봉사자가 없으면 온종일 말하는 사람도 없이 누워 지내야 하는, 혼자 사는 정말 어려운 분들이 많았다. 이분들에게는 그 어떤 지원보다 말벗이 필요했다. 자원봉사자와 함께 김홍일도 결연 가구를 직접 방문하며 이들의 어려운 이야기를 한동안 들어주고 오고는 했다. 지금은 돌아가신 김승기, 송인순, 김학래 할머니 등 ……. 누구보다도 어려운 상황에서 혼자 생활하시던 분들인데도 찾아뵈면 언제든지, 뭐든지 챙겨주셨다. 가난하지만 선한 마음을 가지려고 했던 이분들이야말로 김홍일에게는 선생님 같은 분들이었다.

> 앙상한 뼈마디와 주름진 손으로 어린 손주 셋을 데리고
> 차마 감을 수 없는 눈 치뜨고 살아가시는 할머니를
> 늦은 밤 찾아가 만나고 돌아왔다.
> 새마을 취로사업 이야기며,
> 얼마 전 이사하는 사람이 버리고 간 것을 주워
> 이만오천 원 운임비를 주고 장만하였다는 헌 옷장 이야기
> 일주일째 학교를 가지 않고 있다는 둘째 이야기
> 첫째 선영이가 철들어 동생들을 돌볼 수 있을 때까지 살고 싶었는데
> 점점 자신이 없다는 할머니
> 돌아오는 길에
> 뿌리치지 못하고 받은
> 검은 비닐봉지에 담긴 소주 네 병과 조기 네 마리
> 산비탈을 내려오는 길에서
> 나는 내내 슬픈 하느님의 형상을 생각했다.
>
> _김홍일의 「가난한 노래」에서

가정 결연을 위해 후원자 그룹도 조직하고, 지역사회 의료진과 방문 간호도 진행하고, 이를 지역사회 복지 체계와도 연계시키면서 나눔의집은 지역사회 민간 안전망으로서의 역할을 톡톡히 했다. 후원자이면서 또한 봉사자로 결연 가정을 방문하고 함께 나들이도 진행했던 봉사자들은 이후

에 '나눔봉사회'라는 결연 봉사자 그룹을 만들어 20여 년이 지난 현재까지 운영하고 있다. 가정 결연 사업을 통해 나눔의집은 지역사회와 더 밀접하게 결합할 수 있었고, 현재에도 결연 사업은 나눔의집의 고유한 목적 사업으로 지속되고 있다.

1990년대에 들어서면서 프로그램을 통한 주민 조직화 방안에 대해 반성과 성찰의 과정을 겪으면서 새로이 모색한 방안은 주민 지도자를 발굴하는 것이었다. 활동가들이 시행하는 1~2년의 프로그램과 교육을 통해서는 주민 지도자와 조직가를 양성하기 어렵다는 한계를 인식했다. 지역사회 안에는 이미 수십 년의 세월 동안 만들어진 주민 지도자가 존재하고 있다는 점을 활동을 통해 알게 되었다. 주민 지도력을 가진 분들이 지역사회를 조직하는 역량은 한 센터의 활동 역량이나 여러 활동가들의 조직화 역량 그 이상이었다.

나눔의집 프로그램을 통해 발굴한 주민 지도자는 탁아소 자녀 아버지 가운데 지역에서 비디오 대여점을 오랫동안 운영해오신 분과, 마을 통장을 하고 계신 어머니학교 졸업생 장영란 이렇게 두 분이었다. 이 두 분 외에도 새로운 지역의 주민 지도력을 발굴하기 위해 김홍일은 마을에서 오랫동안 거주한 야학 교사 출신의 청년을 야당의 선거운동원으로 선거 국면에 참여하게 했다. 청년 정생기는 선거 시기에 등장하는 많은 지역사회의 지도력과 접촉하면서 정당색이 옅고 지역사회 운동을 함께할 만한 주민 지도자 한 사람을 발굴했다. 그분이 이후에 마을 신문의 편집장을 맡기도 했던 고 김판옥 씨다. 김판옥은 사람들의 신뢰를 받으며 지역 관계망을 형성하고 있었다. 나눔의집과의 인연을 통해 지역 활동을 접하면서 의미 있는 일을 하게 되어서 항상 고맙다고 말하곤 했다. 이후 그는 행사를 하거나 나눔의집과 지역의 중요한 사안을 논의할 때 정말 큰 힘이 되어주었다. 행사를 할 때 버스 한 대를 채울 정도의 조직력을 갖추는 것은 이분에게는 쉬운 일이었다. 생업에 종사하면서도 항상 의미 있는 일을 하려고 했고, 중심을 놓지 않으려고 했던 훌륭한 분이었다.

또 다른 경로로 알게 된 주민 지도자는 당고개 전철역이 들어오는 과정에서 발생한 보상을 둘러싼 싸움에서 주민 편에 서서 지원 활동을 펴며 지도력을 발휘한 여성 지도자였다. 윤명중 씨는 부모님 세대부터 마을에서 부동산을 운영해오면서 많은 인적 네트워크를 형성해온 분이었다. 주거연합 등과 함께 영세 상인들의 보상 싸움을 지원하는 활동을 하면서 만났는데, 지역 토박이고 부동산 전문가였다. 당시 구청장과 담판을 하는 데 너무 조리 있게 반박을 하니까 운동권 학생으로 오해하기도 했다. 이런 과정에서 만난 주민 지도자들을 지역사회의 건강한 주민 지도 그룹으로 모으기 위해 활동 방향을 고민하면서 함께 마을단오제를 기획했다.

1991년 6월부터 4년여에 걸쳐 매년 단오큰잔치를 개최했다. 1992년의 마을단오제는 마을신문사, 상록축구회, 서로사랑하는모임, 성공회 나눔의 집, 노동청장년회, 청솔회, 소망공부방, 어머니학교, 동문회, 일심회, 천주교회 공부방, 청년연합회, 평우회 등 마을의 13개 단체 1000여 명의 주민이 참여하고 민속놀이, 노래자랑, 대동제 등이 진행되었던 단오큰잔치였다.

주민 지도자들은 지역에서 20~30년을 살던 분들이어서 행사를 하면 경품도 모금해오고 사람도 다 모아왔다. 인맥이 워낙 넓으니까 지역에서 활동가들이 10년을 활동했어도 이분들과는 비교가 안 되었다. 이때부터 주민 지도자를 모아서 이들이 주축이 되어 운영하는 방식으로 활동 방향을 전환했다. 그러면서 마을단오제는 주민 스스로 만드는 잔치, 주민공동체를 형성하는 장으로 펼쳐졌다. 지역의 주민 지도자로 발굴된 분들을 준비위원회에 참여시키고 마을축제를 함께 기획하고 준비하는 과정을 통해 이들도 친근한 관계가 되었다. 마을축제를 마치면서 함께 만들어낸 마을의 큰 행사에서는 서로의 역량을 확인하고 모으는 경험을 함께할 수 있었다. 이들은 단오제 이후에도 흩어지지 않고 지속해서 함께할 수 있는 일을 찾기 시작했고, 곧 마을 신문 발행을 기획했다.

단오제 이후에도 준비위원회는 해체되지 않고 그대로 마을신문준비위원회로 개편되어 신문 발행 활동을 했다. 주민 기자들이 중심이 되어 1991년 9월에 창간한 마을 신문은 1996년 6월까지 월간으로 상계 3·4·5동 지역에 4500부가량 배포되었다. 주로 나눔의집의 청년, 야학생, 교사 등과 지역 공부방 학생, 주민들이 직접 집집마다 배달했다. 김홍일도 초기 편집장으로 기획 회의와 기사 작성 등의 중심적인 활동을 같이하면서 마을 신문 제작을 적극 도왔다.

마을 신문을 제작하는 과정에 적극 참여했던 윤명중은 4호선 당고개역 연장 계획이 있었던 당시 연장 구간에 포함되는 철거 대상 가옥에 살고 있었고, 보상을 둘러싼 구청과 주민 간의 마찰 과정에서 주민의 이익을 대변하는 역할을 맡았다. 보상 싸움이 끝나자 함께했던 주민들이 우리 마을 소식지의 필요성에 대해 공감하는 목소리를 냈다. 지속되는 지역개발, 재건축, 공공시설 확충 등 주민 주거 환경과 관련한 많은 이슈가 있었는데, 이를 주민들에게, 주민의 입장에 서서 알 기회를 제공하고 방향을 제시할 알림이가 필요했다.

윤명중은 마을 신문 발간에 적극 참여했다. 1991년 당시 31살이었는데, 기사 쓰고 교정 보고 배포까지 일일이 다했다. 편집디자인 학원에도 6개월 동안 다니면서 디자인 배치, 헤드라인 설정법 등을 배웠다. 마을 신문의 제작 비용은 모두 후원금으로 충당했다. 항상 예산이 부족해 지면도 네 면으로 제한했는데, 성공회의 소개로 알게 된 저렴한 인쇄소를 이용하면서 비용을 줄일 수 있었다. 편집위원을 구성하고, 기획 회의를 하고, 역할을 분담해 기사 작성까지 하는 이 모든 과정을 전문 인력이 아닌 주민들이 해냈다. 꽤 많은 시간을 투자해야 하는 일인데도 남의 문제가 아니라 내 삶의 문제라 여겼다.

당시는 철거 과정에서 만족할 만한 보상이 이루어지지 않아 가옥주도 세입자도 손해를 볼 수밖에 없는 상황이었고, 주인도 세입자도 대부분 갈 곳 없는 신세였다. 이 과정을 보면서 절실하게 '빨리 알려줘야겠다'는 필요를 느꼈다. 정보가 없어서, 먹고살기 바빠서 제대로 대응하지 못하는 상황에서 제때 빨리, 제대로 알려주는 매체를 통해 함께 대응하는 것이 절실했다. 마을 신문의 발행으로 지역의 다양한 사안과 문제를 발굴하고 그 문제에 대응하는 역량이 높아졌다. 특히 주민들이 민감하게 여긴 재개발 문제나 교통·도로 문제, 보안 문제, 복지 문제 등 다양한 문제를 다루게 되면서 이에 대한 대응력이 강화되었다.

초기에는 신문에 대한 주민들의 호응도 좋았고 후원도 잘되었다. 점차 후원금이 줄었고, 전담 실무 인력의 한계, 이슈 발굴의 어려움 등으로 정체 국면을 맞게 되었다. 그러나 주민의 힘으로 만든 지역신문을 1991년부터 1995년까지 월간으로 지속적으로 만들어 배포한 것은 대단한 일이 아닐 수 없다. 이때 마을 신문의 주민 기자로 활동했던 김영수 할아버지는 여든이 넘은 현재에도 신문 제작과 지역의 주거 문제와 관련된 활동을 계속하고 있다.

윤명중은 현재에도 중심 지도력이나 여전히 필요한 매체의 중요성을 이야기하고 있다. 뉴타운이 훑고 간 후 당고개 지역은 정체되었고 빠른 속도로 슬럼화되고 있는 실정이라고 했다. 허물어질 것을 예상해 방치된 동네 곳곳의 흉한 모습을 조금이나마 관리하기 위해 한때 동네 벽화를 그리기도 했다. 윤명중은 당시의 활동 경험으로 생각의 폭을 확장할 수 있었고, 단편적으로 보던 것을 다각도로 보는 시각을 갖게 되었고, 일의 영향이나 파장의 연계성 등을 살릴 수 있게 되었다고 말했다. 또 주민의 삶에 미치는 행정의 파급효과도 살피는 등 사람과 사람살이에 대한 기본 틀이 어떠해야 하는지를 많이 성찰해보는 계기가 되었다고 했다.

1992년 10월 19일 상계지역주민단체협의회가 창립총회를 열었다. 주민단체협의회는 상계동 지역의 주민자치와 지방자치의 실현과 마을의 주민 공동체 형성을 위해 만든 단체였다. 마을단오제 행사를 함께 준비했던 주민 단체들이 3개월 동안 준비해 창립했다. 이후 주민단체협의회는 대선 기간에 공정선거감시단 활동을 펼쳤고, 마을 단오대잔치도 준비하는 주체로 활동해나갔다. 주민단체협의회에 참여하는 단체는 11개 단체에 달했다.

이후에도 계속 단체들을 참여시켜야 했는데, 참여 단체를 늘리기가 쉽지 않았다. 주민단체협의회가 만들어지고도 제 기능을 다하지 못했다. 무엇보다도 사업을 기획하고 추진할 수 있는 실무 역량이 부족하다고 평가되었다. 지역에서 일상 사업을 발굴하기 위해 연구와 기획을 하는 단위가 없었고, 이를 힘 있게 추진할 실무 역량이 없었다.[4] 이 과정에서 나눔의집은 프로그램을 축소하는 위험을 감수하면서 두 명의 실무자 가운데 한 명을 프로그램을 담당하지 않는 지역 실무자로 배치해, 지역사회의 조직 활동을 지원하도록 했다. 하지만 실무자의 역량이 부족했다. 또한 협의회 조직들 간의 연대 사업을 활성화하거나 조직이 확장되어야 하는데 이슈가 없으니 친목 모임 수준에서 벗어나기가 어려웠다. 결국 주민단체협의회는 일상 사업을 위한 이슈를 찾지 못하고 중단되었다.

---

4   이호, 「기획연재: 빈민지역운동 평가」, 《도시와 빈곤》, 제3호(1994).

노동자 생산협동조합의 실험 '실과바늘'

'실과바늘'이 창업된 1992년에 즈음해 도시빈민 지역 활동을 하던 활동가들은 그간의 주민들의 교육 문제나 탁아 문제, 주거 문제를 중심으로 한 활동의 문제점에 대해 고민하는 한편, 생산과 소비생활을 매개로 하는 주민조직을 건설하는 데 관심을 두고 있었다. 그때쯤에 허병섭 목사를 중심으로 탄생한 월곡동의 일꾼 두레와 스페인 몬드라곤협동체의 소개는 나눔의집의 야학 졸업생을 중심으로 추진해오던 도급제 형식의 공동 작업장을 협동조합 모델로 전환해 준비하게 되는 결정적인 계기가 되었다.

처음에는 지역 조직을 우선적으로 고민했었고, 그 일환으로 청년 노동자들을 대상으로 한 야학을 매개로 해서 야학을 졸업한 이후에 지역 노조 같은 것이 가능하지 않겠는가 이런 생각들을 은연중에 했어요. 4기까지 마치고 난 다음에는 학생 모집이 어려워지고 해서 야학을 정리하면서 남은 게 야학 졸업생들의 동문회 모임이었어요. 그런데 그게 시간이 갈수록 점점 사람들이 떨어져 나가게 되고······. 또 하나는 이 친구들이 다니는 직장을 통해서 체육대회 같은 것도 해보고 지역 노동자들을 야학 동문을 중심으로 해서 더 폭넓게 조직해보고자 했었는데, 그게 능력도 잘 안 됐고······. 하여튼 이렇게 저렇게 잘 안 됐어요. 그러니까 남아 있는 사람들에 대한 고민들이 한 부분 되었죠. 남아 있는 사람들과 어떻게 계속할 수 있을까 이런 생각을 하고 있었죠. 후속 조직들이 다 생명력이 길지가 않았어요. 그 이유가 뭘까 생각하다 보니까 사람들이 가지고 있는 가장 일차적인 문제가 먹고사는 문제다 해서 생산 활동이나 소비 활동을 매개로 해서 조직되어야겠다는 생각을 하게 되었지요. 그러면서 청년들도 청년들의 노동이나 생산 활동 이런 것들을 매개로 해서 조직을 해보자 이런 생각을 하게 되었죠. 몬드라곤에 대한 공부를 조금씩 하기 시작했어요. 비디오도 보고 조금씩 자료들을 번역해서 공부하다 보니까 김성오 씨가 『몬드라곤에서 배우자』 책을 번역한다는 소문을 들어서 같이 만났죠. 만나서 얘기하다가 청년들, 야학 졸업생들끼리 공장을 만들어보자. 공장 조건도 열악하고 남의 밑에서 눈치 보고 일하는 것보다 우리 스스로 전세방이든 월세방이든 얻어서 도급제 형식으로 일 받아다가 같이 일하면 어떻겠느냐 제안을 해서 청년들이 준비하던 모임을 협동조합 형식으로 준비해보자고 했더니 청년들도 동의를 하고. 그래서 그때부터 협동조합 공부도 하고, 자금도 모으고, 다음에 건물도 임대할 준비를 하고……. 약 6개월을 준비했던 것 같아요. _김홍일

1992년 4월 야학 졸업생 세 명이 논의해오던 공동 작업장을 1992년 6월부터 생산협동조합으로 전환해 준비하기로 결정하고, 졸업생 중 세 명을 더 보충해 총 여섯 명[미싱사 두 명, 보조 세 명, 오바사(오버로크 하는 사람) 한 명]이 협동조합 일반에 대한 학습과 자본금 형성 방법, 하청 관계 등을 준비하는 격주 모임을 시작했다. 1992년 9월에는 재단사 한 명과 미싱사 한 명이 합류해 여덟 명이 준비 팀이 되었다. 이때 일본에 프로젝트를 제출해 받은 창업 지원금 500만 원과 교회 지원금 500만 원, 조합원 출자금 800만 원으로 공장을 임대하고 미싱 네 대와 인타 한 대를 구매해 1993년 3월부터 실과바늘 공장을 가동하기 시작했다.

처음에는 나산실업의 청바지 앞판 부분 작업을 하청받아 7개월 정도 했다. 조합원들의 월급과 운영비를 제하면 남는 게 없는 빠듯한 운영을 해나갔다. 재하청 과정에서 발생하는 하청 공임이 손실되고 본공장 사정으로 작업이 중단되는 등 경영 능력의 취약성을 체감하면서 1993년 10월부터는 가능한 한 대기업의 원청을 받아 재단, 봉제, 완성 라인을 갖추기 위해 준비를 하기 시작했다. 1개월을 준비하는 동안 조합원들은 월급을 받지 못했고, 기계를 새로 구입하기 위해 700만 원의 부채를 얻어 완성 라인에 필요한 기계와 오버로크용 미싱을 구매했다.

11월부터 이랜드에서 라운드 티셔츠를 원청받아 작업하기 시작했다. 처음 7개월간 발생한 문제들은 주로 작업 방식이나 태도를 둘러싸고 일어난 조합원들 사이의 인화(人和)의 문제나 노동규율과 체계의 부재에 따른 생산량의 저조, 경영을 두고 발생한 지도력과 집행력의 취약 등과 관련한 문제였다. 시간이 지나면서 그런대로 문제가 해결될 즈음에 새로운 희망에 부풀어 시작했던 이랜드 작업은 또 다른 문제를 야기했다. 재단과 완성 작업에 적정 인원 배치 문제, 지속적인 작업을 위한 원단 창고나 공장 등 공간 확보 문제, 본사와 작업 일정을 조정하고 작업 중단 시 대체 일감 확보 문제 등 취약한 경영 능력과 관련된 것이었다. 재하청을 원청으로, 부분 작업을 완성 작업으로 바꾼 후에도 공장 운영 문제와 재정적 어려움을 해결하지 못했다. 무엇보다 숙련공 부족으로 기술이 뒤떨어진다는 것도 큰 문제였다. 이랜드 작업 과정에서 한 달에 평균 5~7일 정도 주기적으로 발생한 작업 중단은 중단 기간에 대체 일감을 마련하거나 숙련공을 고용해 생산량을 높이지 않으면 공장 문을 닫아야 하는 최후의 선택의 상황으로 실과바늘을 몰아가고 있었다.

1994년 12월 조합원들은 돌파구를 찾을지 공장 문을 닫을지를 결정해야 했다. 조합원 아홉 명은 5 : 4로 그간의 부족했던 부분을 보완해 새로이 시작하기로 결정하고 일단 공장을 정리했다.

실과바늘과 함께했던 이홍권은 고등학교 3학년 때 나눔의집의 독서 토론반 모임에 참여하면서 인연이 닿아 생산협동조합 준비 모임에 들어갔다. 봉제 경험이 전무했던 이홍권은 6개월간 학습 모임에 참여한 이후 실전을 쌓기 위해 일반 봉제 공장에 취업했다. 그는 이 공장에서 일하는 동안 오히려 봉제에 거부감이 생겨 이후로 봉제 일은 너무 하기 싫어졌다. 그러나 실과바늘에서는 매일 야근을 하는 등 근무 조건이 열악했음에도 선배들과 함께할 수 있다는 자체가 너무 좋았고, 준비 과정에서는 사람들의 희망을 간접적으로 느끼면서 무작정 함께하고 싶어졌다. 같이하면 뭔가 될 것만 같은 환상을 가지고 있었고, 김홍일 신부에 대한 신뢰가 있었다. 학습하는 동안 알게 된 몬드라곤의 사례는 크게 다가와 우리 지역을 그려보고 꿈꾸게 했다. 하지만 현실은 냉정했다. 조건이 너무 좋지 않았다. 산꼭대기 일반 가정집에 위치해 있는 작업 공간은 습기가 많아서 원단이 다 젖기 일쑤였고, 차가 올라가지 못하는 지형이라 아래에서부터 원단을 다 지고 날라야 했다. 좁은 공간에는 작업 라인이 형성되지 않았고, 재하청이었던 초기 물량은 적자를 내고는 했다. 시간이 지나면서 적자가 계속 누적되고 임금을 받지 못하는 상태에 이르자 사람들도 지쳐갔다. 미래가 보이지 않았다. 결국 해산 절차를 밟고 부채는 신부님과 나눔의집에서 부담하게 되었다. 실과바늘이 운영된 2년여 동안 좋은 날보다 힘든 날이 많았지만 어느 누구도 먼저 나가겠다고 말하지 못했다. 믿음에 대한 배신이 가장 두려웠다. 서로가 서로에게 누가 되지 않으려 노력했다(이홍권의 인터뷰 정리).

나눔의집 야학 3기 출신으로 실과바늘의 공장장을 맡았던 장현수는 열아홉 살부터 남대문 봉제 공장에서 일하면서 공장 기숙사 생활을 했다. 시키는 대로 해야만 하는 일하는 기계 같았다. 중노동이었다. 상계동에 있는 공장으로 직장을 옮기면서 나눔의집을 알게 되었고 야학에도 참여하게 되었다. 힘든 봉제 공장 일과 야학 생활을 하면서 나눔의집에서 공동생활을 했다. 이때 제안을 받은 우리들의 공장을 만들어보자는 권유가 너무 좋았다. 공부 모임을 시작하면서는 계속 같이 하면 좋겠다는 생각이 들었다.

우리가 주인인 기업, 지금보다는 힘들지 않은 우리들의 작업장에 대한 기대를 품고 실과바늘을 시작했다. 그때가 22살이었다. 지속적으로 일감을 확보하기 위해 김홍일 신부가 백방으로 노력했다. 하지만 열악한 환경과 기술력 부족으로 일감은 항상 부정기적으로 들어왔다. 새로운 대안을 계속 모색해나갔다. '같이하는 우리들의 작업장'이라는 것을 느낄 수 있었던 때는 회의 시간이었다. 주간 회의를 통해 일하는 사람들이 참여하고 같이 결정하는 과정이 좋았다.

장현수는 실과바늘에 다니면서 결혼했다. 결혼식 전날까지도 밤샘 야근을 하고 부리나케 달려가 결혼식을 올렸다. 기술력, 공장 운영 경험, 자본, 환경 등 어느 것 하나 녹록한 게 없었지만 같은 처지인 사람들이 모여서 함께한 시간이 지금까지도 좋은 경험으로, 삶의 계기로 작용하고 있는 듯했다. 함께 쉴 수 있었고, 즐길 수 있었고, 살아 있었다. 나의 삶에, 문화에 주도권이 있었다. 하지만 아이가 아파서 수술을 해야 하는 상황에 놓이자 먼저 실과바늘을 그만두었다. 그 상황에서도 후회하지 않았다. 계속 가고 싶었다. 나중에 청소 사업으로 다시 협동조합을 모색한 것도 다시 해보고 싶은 생각이 있어서였다. 나눔의집은 인생의 전환점이었고 세상을 바라보는 눈을 뜨게 해준 곳이었다. 장현수는 현재 사회적기업 사랑의손맛에서 일하고 있다(장현수의 인터뷰 정리).

　실과바늘의 해산 과정을 거치며 모두가 한 약속은 나중에 다시 해보자는 것이었다. 실과바늘에서 협동조합 운동을 시도했던 노동자들은 자신들의 경험을 무용하게 생각지 않았다. 이후에도 협동조합의 경험을 발판으로 자신이 평생 해볼 만할 가치 있는 일이라 여겼다.

　1996년 지역자활센터가 생기면서 '실과바늘'과 '우리품새'라는 봉제협동조합을 재창업해 노동자 협동조합을 지속적으로 운영하려고 노력했으나, 결국 사양 산업인 봉제업은 문을 닫게 되었다. 이때 야학과 실과바늘에서 함께했던 장현수, 이홍권, 유진호 등은 현재에도 사회적기업 등에서 일하고 있다. 함께했던 동료들은 '실과바늘'이라는 모임을 아직도 지속하고 있다.

1990년대 초반 몇몇 달동네를 중심으로 시작된 생산공동체 운동은 아주 미미하고, 작은 운동이었다. 그 같은 작은 움직임들이 정부 자활지원 사업의 제도화로, 그리고 이제는 사회적기업과 사회적경제 운동이라는 우리 사회에 새로운 지평을 여는 단초가 되었다는 점에서 그 시기의 실험은 매우 중요한 의의를 갖는다. 여러 한계들을 지적할 수 있음에도 그 시절이 오늘의 현장에 있는 사람들에게 건네는 교훈은 무엇일까. 그것은 아마도 가난한 사람들에 대한 애정과 헌신, 그리고 새로운 사회와 공동체를 향한 열망일 것이다. 생산공동체를 지원하던 활동가들은 봉제 공장 현장에서, 건설노동 현장에서 주민들과 함께 일했고, 한 마을에서 살며 자신들과 주민들을 분리시키지 않으려고 노력했다. 그들은 주민들 가운데 한 사람이 되려고 했다. 활동가들이 삶과 실천으로 보여주는 애정이 주민들의 마음을 움직였고, 주민들로 하여금 활동가를 신뢰하게 했고, 그들의 꿈을 함께 나눌 수 있게 했다. 1990년 초반 달동네의 생산공동체들은 그 신뢰와 꿈 위에서 시작되었다. 또 다른 교훈은 자신들이 속한 개별 공동체만이 아니라 빈곤과 소외를 재생산하는 사회를 변화시키기 위해 마을과 사회를 새로운 공동체로 형성해가려는 비전과 꿈이 있었다. 그것은 세상을 향한 비전이기도 했지만 생산공동체들이 독점과 경쟁이 치열한 시장에서 자신의 지속 가능성을 지키기 위한 근거이기도 했다.[5]

가난한 주민과 함께하고자 구 단위 활동으로 확대(1996~2000)

1990년대 중반은 빈민지역 운동이 새로운 재편을 맞이하게 되는 시기

---

5   김홍일, 「달동네에서 시작된 생산공동체 운동에서 제도화까지」(미발간 자료, 2006).

였다. 빈민운동에서 주민운동으로, 동 단위 운동에서 구 단위 운동으로, 공동체운동과 대안운동에 대한 관심과 시도가 있었던 시기였다.

나눔의집은 동 단위 활동이라는 지리적 한계에서 오는 공동 사업과 이슈 발굴의 어려움, 전담 실무 인력의 한계 등으로 정체 국면을 맞아 활동 범위를 구 단위로 확대하는 방안을 모색했고, 지역재개발 과정에서 임대아파트로 거주지를 옮긴 지역 주민을 따라 임대아파트 지역공동체 활동에 대해서도 관심을 갖게 되었다.

김홍일은 이때부터 구 단위 활동에 대해 적극 고민하기 시작했다. 실제적인 예산이며 모든 것이 다 구청에 있었고, 활동을 운동으로 발전시키려면 구 단위로 활동하는 단체가 필요했다. 시민 모임을 구상하면서 어떻게 구 단위로 활동할 수 있을지 고민하기 시작했다.

또 지역이 개발되면서 가난한 사람들이 임대아파트로 옮겨 가자 활동 반경이 고민되었다. 전담 지역실무를 두고 임대아파트로 활동 거점을 옮기는 방안을 고민했지만, 실질적인 활동을 보장할 수 없었다.

나눔의집에서 일어났던 가장 큰 변화는 1996년에 자활지원센터를 위탁받은 일이었다. 자활지원센터를 위탁받아 활동 역량이 강화되었고, 자연스레 활동의 범위도 구 단위로 정해, 구를 대상으로 하는 다양한 사안에 결합력을 높일 수 있었다. 생산협동조합 실험도 다시 시작했고, 임대아파트 활동과 자활 사업과의 연계도 할 수 있었다. 지역을 근거로 큰 그림을 그리기 시작했다.

그 첫 번째가 구 단위 활동을 위한 연대 활동으로 시민 모임을 구성한 것이었다. 1996년 지역 실무자가 지역 주민과 주민 단체를 조사해 시민 단체 조사집을 냈고, 1997년 북한어린이돕기 노원운동본부를 결성해 노원구 시민 모금 활동을 벌이고 지역사회의 자원을 총동원해서 북한어린이돕기 음악회행사를 개최하기도 했다. 이러한 지역사회의 역량을 모아 지역의 시민 단체 및 의식 있는 개인들이 모여 노원시민모임을 구성했다. 나눔의

집은 시민모임을 통해서 노원구 지역금고 조례 제정 운동 등의 연대 활동 형태로 지역 활동을 하기 시작했다.

시민모임은 이후 총회를 거쳐 대표단과 집행위원장, 사무국장을 따로 선출하면서 독립적인 형태로 발전해갔고, 노원구 지역의 청소년 교육 문제를 주된 이슈로 하는 노원 새교육공동체를 만들어나갔다.

다른 한편으로는 지역복지 이슈를 발굴하고 토론하는 지역복지 포럼을 운영했다. 시민사회의 동의와 지원 없이 당사자 주체의 대응만으로는 빈곤 문제를 해결하기 어렵다고 판단했기 때문이다. 지역 내에서 사회복지사, 사회복지 전문 요원, 복지학 교수, 복지에 관심 있는 구의원 등이 참여했다. 노원 복지포럼은 노원구 지역 내의 다양한 복지 관련 이슈를 공론화하고 대책을 함께 모색하는 등의 활동을 펼쳤고, 지역사회 자원봉사자 학교 등을 개최하면서 활동 영역을 넓혀나갔다. 그러나 점차 정치적 성향이 뚜렷한 구성원을 중심으로 운영되었던 한계점이 드러났고, 복지 관련 회원들의 피로감 등으로 모임이 이루어지지 않게 되었다. 이후 노원 복지포럼은 시민 단체로서의 발전 전망을 모색했으나, 구성원 간의 모임에 대한 이해 간극이 벌어져 단절되었다.

두 번째 그림은 임대아파트 주민 활동을 진행할 수 있는 지역 실무자를 배치하고 살기 좋은 임대아파트 만들기 운동을 진행한 것이다.

나눔의집의 정체성이 가난한 사람인데, 가난한 사람이 임대아파트에 살고 있는데 임대아파트가 주된 타깃이 되지 않으면 나눔의집의 정체성이 없는 거라고 생각했어요. 실은 지금도 임대아파트 주민조직 사업이 중요한 사업이었다고 생각해요. 그게 나중에 그렇게 다루어지고 있는지 잘 모르겠지만. 나눔의집은 임대아파트 입주자 대표 조직도 하고 자활 사업도 연결시키고 해서 실제로 가난한 사람들과 뭔가 계속할 수 있는 사업의 고리였는데, 그거는 동네에서 충족될 수 없는 것이었다고 봐요. 나눔의집 동네는 다 연립주택으로 바뀌었으니까. 그 동네에서 뭘 한다고 하는 것은 나눔의집이 가난한 빈민들하고 뭔가 한다는 것을 포기하는 것이라고 생각했어요. _김홍일

임대아파트 주민조직 사업으로 노원 지역 임대아파트 입주자 대표 조직의 건설 지원 활동이 주로 진행되었다. 노원구는 전체 주거 비율 중 아파트가 차지하는 비율이 80퍼센트에 이르는 아파트 밀집 지역이다. 그 가운데 영구 임대아파트가 8개 단지, 공공 임대아파트가 세 개 단지에 이르며 약 1만 6400세대가 거주하고 있다. 높은 영구 임대아파트 비율이 보여주듯이 노원구는 서울시 수급자의 24퍼센트가 밀집해 있는 서울시에서 수급자 비율이 가장 높은 지역이다.

이와 같이 빈곤 계층이 밀집한 임대아파트에는 주민 생활에 많은 문제점이 나타나고 있다. 조사를 진행한 결과 주민들이 불안정하고 열악한 고용 상태에 놓여 있어 경제적 빈곤은 물론이고 임대료와 관리비 문제, 공간 관리에 대한 주민 참여 배제, 자녀 교육 문제, 사회복지 공간의 부족, 인근 분양아파트 주민과의 갈등, 획일적이고 좁은 주거 공간의 문제 등 주거 생활에 대한 불만이 매우 높은 것으로 나타났다.

이러한 많은 현실적인 문제에도, 임대아파트 주민은 세입자이기 때문에 아파트 관리에 참여할 주민 대표 조직도 없었고, 제도적인 통로도 부재한 상태였다. 활동 공간을 임대아파트로 옮기면서 진행한 사업을 통해 발굴

한 단지 내의 주민 지도자들을 중심으로, 1997년부터 '살기좋은임대아파트만들기학교'를 개설했다.

교육 프로그램을 기획하기 위해서 몇 차례 모임을 열었는데, 나눔의집, 도시연구소 두세 명, 주민 세 명이 참여했다. 주민들을 참여시킨 것은 주민 스스로 선택하고 계획하고 평가하도록 하면서 주민들의 역량을 강화시킬 수 있을 것이라 기대했기 때문이었다. 임대아파트 단지 내의 부녀회, 관리 사무소, 복지관 등의 도움을 받았다. 임대아파트 단지 내에 포스터를 부착하면서 시비와 항의, 실랑이가 벌어지는 등 우여곡절 끝에 '살기좋은 임대아파트만들기학교'가 시작되었다.

처음에는 주민 40~50명이 참여했다. 여섯 번의 강좌에는 매회 주민이 스스로 이야기할 수 있는 전체 토론, 분임 토의 등을 배치했다. 그러나 점점 참여 주민이 줄어 마지막에는 15명 정도의 인원만이 끝까지 참여하게 되었다. 토론에 익숙지 않은 주민들의 참여가 점차 저조해졌다. 강좌와 실생활의 연계가 부족한 점 등이 원인이었다.

1997년 말에는 교육 프로그램에 참여했던 주민들을 중심으로 '노원구 임대아파트 주민모임'을 구성했다. 일곱 개 단지에서 한두 명이 한 달에 한 번씩 열리는 모임에 참여했다. 나눔의집의 지역 실무자를 중심으로 해서 교육의 후속 모임을 열심히 준비했다. 지속적인 교육과 소식지 발간, 모임 경비 마련 등을 나눔의집에서 담당했다. 주민모임에서는 1998년 4월 '임대아파트 주민 참여를 위한 공청회'를 열었다. 공청회 준비 과정에서는 도시연구소와 나눔의집이 중요한 역할을 했는데 주민 주체의 역할도 적지 않았다. 이런 과정들은 임대아파트의 주민 대표 조직을 건설하는 데 기반이 되었다. 임대아파트 관련법을 중심으로 한 관리 현실을 알아보고, 외국의 사례를 중심으로 입주자 대표 조직을 통한 관리 참여 사례와 필요성을 살펴보았다. 또 주민들의 참여와 토론을 토대로 노원구 임대아파트의 문제점과 실천 과제 등을 정리했다.

참여했던 주민들을 중심으로 해서 먼저 법적으로 보장되어 있지 않은 입주자 대표 조직의 건설과 관리 참여를 위한 제도화 운동을 시작했다. 구 단위로 공청회와 서명운동을 실시했고, 참여연대의 아파트공동체 학교, 서울 신림동, 제주, 청주의 주민들이 함께 임대아파트 관리법 제정운동 등에 참여해 제도화 활동을 하는 동시에 지역 내 임대아파트의 입주자 대표 조직 건설 활동을 지원했다. 그 결과로 영구 임대아파트 세 개 단지, 공공 임대아파트 두 개 단지에서 전체 주민의 동의를 얻은 입주자 대표 조직이 건설되었다. 참여연대와 도시연구소가 함께했고, 이후에 소식지 발간, 임대아파트 신문 제작, 주민공동체 행사 등을 진행했으나 임대아파트 주민 모임이 점차 주민공동체 형성을 우선하기보다는 소수의 이해관계를 중심으로 운영되면서 성격을 달리하게 되었다.

1997년 말 외환위기를 맞으면서 대량 실업 사태가 벌어졌다. 서울 북부 실업자사업단 활동은 이 시기 가장 먼저 피해와 위기를 겪었던 지역의 일용 건설 노동자 등 불안정한 저소득·임시직 실업자들의 문제를 지역 간의 연대와 협동을 통해 해결하려고 시도된 활동이었다. 대량 실업사태가 일어나자 성북 지역에서는 자활지원센터와 연계해 '고용안정센터'를 개설하고 취업 알선, 무료 급식, 쉼터 운영 등을 통한 실업자 지원 사업을 실시했다. 노원 지역에서도 '고용지원센터'를 개설해 같은 사업을 진행하자 실업자들이 모이기 시작했다. 강북 지역에서는 삼양·정릉 지역 세대위 주민들의 실업 문제가 심각해지면서 지역 단위의 대응책을 고민하며 협동공동체 창업 등을 준비했다. 1998년 9월, 이 같은 각 지역의 활동을 결합해 실업자들의 조직화와 일자리 창출에 맞추어 공동으로 대응하자는 제안에 각 지역이 동의해 준비 모임을 시작했다.

실업자 지원활동의 목적은 크게 세 가지였다. 첫째, 취업 알선과 공공 근로 위탁 등을 통한 일자리 창출, 둘째, 저소득 비정규직 실업자를 위한 실업대책 요구, 셋째, 지역사회 민간 안전망 구성을 통한 위기 실직 가정의 생계

| 실업자대회 | 서울북부실업자사업단 2000년 가을 운동회 |

지원이었다.

1998년 11월 광운대 강당에서 회원 250명이 참여한 가운데 서울북부실업자사업단을 발족했다. 당시 기존 민간의 활동은 주로 지역사회 민간 안전망 구성과 결연 사업과 같은 구호성 사업이 중심이었던 것에 비해, 실업대책 활동은 일자리 창출과 실업자 조직화에 중심을 두고 시작한 활동이라는 측면에서 많은 주목을 받았다. 활동 6개월 만에 1200명으로 회원이 늘었고, 2000여 명의 등록 회원이 생겼으며, 약 400명의 회원이 사업단에서 만든 일자리에서 일하게 되었다.

실업자사업단에서 일하고 있는 회원들은 각 사업 현장을 중심으로, 매주 정기적인 회의와 교육을 통해서, 일에 참여하지 못하는 회원들은 회원들이 거주하고 있는 곳의 지역별 모임을 통해서 관리되었다. 회원들에게 필요한 정보를 제공하고 교육과 친교를 중심으로 모임을 진행했으며, 실업자사업단 신문을 월간으로 발행해 대외적으로 사업을 홍보했다.

실업자사업단의 활동으로 실행된 공공 근로 민간 위탁을 통해서 협동공동체가 형성되었고, 음식물쓰레기 재활용 사업, 24시간 간병인 사업, 컴퓨터 재활용 사업, 생명의 숲 사업 등 제 3섹터형 사업들이 실험되었고, 한편으로는 이 사업들을 제도화하기 위한 노력도 진행되었다. 또한 일용 건설 노동자를 중심으로 하는 지역 노조 설립을 준비하기도 했다. 또 한 가지, 실업자사업단의 지역별 모임과 기존의 임대아파트 입주자 조직을 연계해

폐컴퓨터 재활용 특별취로사업단　　　　　음식물 재활용 특별취로사업단

지역 주민조직으로 정착시킨다는 목표로 소비, 교육, 주거와 같은 회원들의 생활상의 주제를 중심으로 하는 다양한 지역 모임을 꾸려나가는 활동도 모색했다.

상계동 지역에서의 활동 구심은 나눔의집이었다. 지역에 필요한 것을 찾아내고, 사업을 기획하고, 그림을 구상하고 제안하는 등 많은 부분이 김홍일 신부를 통해서 시작되었다.

내가 일 욕심이 많았던 것 같아. 나는 상당히 직감적인 사람이라 뭔가 보이면 그냥 가는 편이라서 ……. 실무자들이 많이 힘들었을 수도 있었을 것도 같고 ……. 일을 하면서 힘들어서 일을 접겠다는 생각은 없었던 것 같아요. 주민과의 관계에서 정말 많이 배우고 성장했다고 생각해요. 반면 사람에 따라 정치적인 입지를 넓히려고 하는 분들을 볼 때는 좀 안타깝기는 했어요.

김홍일은 지역에 연결망을 만들고 환경을 만드는 일을 할 수 있었던 많은 부분이 사제라는 신분이었기에 가능했다고도 생각했다. 지금에 와서 당시의 활동을 반추해보면 우리 역량을 고려하면서 지속적으로 밀고 갔으면 좀 더 할 수 있었고 내실도 있지 않았을까 하는 아쉬움이 있다고 했다.

그때는 의욕이 많이 앞섰어요. 일례로 복지포럼, 시민 모임, 인터넷 지역신

문 등을 고민했는데 ……. 그때 펼치지만 말고 하나로 모았으면 어땠을까 하
는 생각이 이제는 들어요. 근데 그때는 뭔가 떠오르면 밀고 나가는 편이었던
것 같아요.

김홍일은 오래 숙고하면서 활동을 어떻게 전개하는 것이 좋았을까 하는
고민이 더 필요했다고 말했다. 그때는 지역에서 그런 고민을 같이하는 사
람이 적었고, 지역 일에 관심 있는 사람들이 많지 않았다며 전략적인 고민
을 함께할 수 있는 사람이 있었으면 하는 아쉬움을 토로했다.

지금의 나눔의집이나 지역의 활동을 볼 때, 전체적인 운동이 너무 프로그램
화되어 있어서 지역을 네트워킹하고 또 서로 시너지를 만들 수 있는 지점이
나, 관계들을 조직하고 그를 통해서 새로운 영역을 확장하는 부분이 부족한
것으로 보여요. 사회적경제도 지역이라고 하는 환경 속에서 작동하는 것이
기 때문에 지역이 얼마나 잘 네트워킹되고, 지역의 활동이 연계되느냐에 따
라 영향을 받는 부분인데 분절적으로 사업화되는 것 같아 안타깝죠.

김홍일은 "현재 활동하고 있는 후배들을 보면 사람들이 너무 바쁘다. 좀
놀아야 한다. 놀다가 일이 되는 경우도 많다. 친해지고 신뢰가 생기면 같
이해보자 하는 일도 생기게 되고. 아마도 프로젝트 재원을 중심으로 활동
이 이루어져서 그런 것 같다. 상상력이나 시간을 내는 문화가 점점 없어지
고 ……. 가끔은 판을 벌여서 노는 자리도 필요하다"라고 말했다.
김홍일 신부는 상계동 활동에서 가장 기억에 남았던 부분은 일을 하면
서 좋은 사람들과 인연을 맺고 그 사람들과 만났던 점이라고 한다.

결국은 일도 또한 사람들과 함께하는 거지요. 운동은 좋은 만남을 많이 주선
하는 것, 사람들 마음 안의 선한 의지를 조직하는 것이라고 생각해요. 거기

에 이익이나 이해관계가 작동하는데, 이익이나 이해관계로만 모이는 모임은 생명력을 갖기가 어렵지요. 요즘에 사람들의 마음에 더 관심이 가고, 사람의 마음을 조직한다는 부분이 운동의 토대가 되는 것이 중요하다고 생각하고, 그런 부분이 여전히 가장 남는 부분이죠. 상계동에서의 활동이 그랬고, 좋은 사람들을 만날 수 있었던 곳입니다. 상계동 나눔의집은 문화가 있고 오래 남아 있는 사람들이 많이 있죠. 그런 부분이 다른 곳과는 다른 문화나 전통이 될 수 있을 것이고 이런 부분이 후배들에게 잘 전수되었으면 합니다.

하계동 지역: 아파트 숲속의 빈민촌, 양돈마을 영은공동체

하계동 양돈마을은 현재 행정구역상 공릉동에 속하는 지역이다. 1980년대 후반에는 판자와 블록, 천막과 슬레이트로 대강 지어진 집들 사이로 한 사람이 겨우 지나다닐 만한 골목길을 따라 양옆으로 즐비하게 늘어선 무허가 빈민촌이 있었다. 1980년대 초만 해도 제법 큰 축사들이 있었던 이곳은 주로 소, 돼지를 키우던 곳이었다. 1986년 서울 아시안게임과 1988년 올림픽을 앞두고 있던 1984년부터 서울 시내에서 가축을 기르는 것을 금지하자 소, 돼지는 경기도로 옮겼고, 대신 가난한 사람들이 들어와 축사를 개조해 살기 시작했다. 양돈 단지였을 때에는 150여 세대에 불과했던 주민 수가 1980년대 후반에는 800여 세대, 주민 2000명에 달할 정도로 증가해 급격히 빈민촌이 형성되었다. 서울 시내 어느 곳보다 집값이 저렴했기 때문이다. 1987년 상계동·중계동·하계동 일대에 산재해 있었던 빈민촌이 거의 철거되고, 대단위 아파트 단지들이 들어서고 있는 한 구석, 벽돌 공장과 레미콘 공장에 둘러싸여 있던 양돈마을에 영은교회가 창립되었다.

영은교회 오용식 목사

가난한 사람들의 작은 교회였던 영은교회에서 10년간 목회와 빈민선교를 통해 빈민지역 활동을 해온 분이 오용식 목사이다.

어릴 적부터 농촌 지역에서 교회를 다녔기 때문에 자연스레 농촌목회를 꿈꾸며 1974년 한국신학대에 입학한 오용식은 학교 휴업령이 내려졌던 1975년, 인생의 전환점이라 할 수 있는 놀라운 경험을 하게 된다.

당시 '수도권특수지역선교위원회'의 허병섭·박형규 선배들에게 청계천변의 판자촌에서 2개월 동안 선교활동 현장 체험을 받고 있었는데, 그때 본 청계천 판자촌의 모습은 참으로 충격적이었다. 농촌목회를 꿈꾸던 신학도가 격동하던 유신 시대에 충격적일 만치 열악한 환경 속에 있는 청계천 판자촌의 고통받는 주민들을 만나면서 '이들 또한 대부분 농촌에서 이주한 사람들인데 ……. 도시에서 이들과 함께하리라'는 결심을 하게 되었다. 도시빈민 활동을 시작하게 된 전환점이었다. 이때 허병섭 목사와의 인연으로 1976년부터 동월교회에서 활동하기 시작했다. 1981년도 '사회선교협의회' 훈련 과정 도시빈민 분과 1기생으로 1개월간 숙식 훈련을 받고, 이후 1년간 현장 활동을 한 이후 다시 1개월간 합숙 훈련의 과정을 거친 후 본격적인 도시빈민 지역의 활동가가 되었다.

그 후 기독교, 천주교 연합으로 주민선교위원회(위원장 장성용 목사)를 결성해 김영준과 함께 도시빈민 선교 지원 활동을 본격화했다. 당시 안양, 과천, 목동, 상계동, 사당동, 도화동, 오금동, 석촌동 등으로 이어진 철거 지역에서 철거 싸움을 지원했고, 자료를 수집하고, 교육하고, 조직하는 등 주로 대외적인 연대 활동을 했다. 1985년부터 기빈협, 천도빈 등의 조직이 생겨나면서 철거 싸움을 통한 활동에서 중심을 옮겨 "지역에 들어가서 지역 주민의 필요에 의거한 활동으로 지역 주민을 조직화하는" 지역운동의 방향으로 빈민지역에서 주민 활동이 활발하게 진행되기 시작했다.

오용식이 양돈마을에 들어와 영은교회를 통해 지역 활동을 시작한 시점이기도 하다. 1987년 7월 허병섭 목사로부터 영은교회에서 목회자를 찾는다는 소식을 듣고 처음 양돈마을을 방문했을 때 마을 모습을 보고는 절로 탄성이 나왔다. 벽돌 공장의 높은 모래언덕 위로 올라가 동네를 바라보니 굴딱지같이 다닥다닥 붙어 있는 판잣집, 꼬불꼬불하고 지저분한 골목길, 지붕 위를 가로지르는 전기선, 벽돌 찍는 모습과 뽀얀 먼지, 유난히도 많은 노인들과 아이들이 한눈에 들어왔다. 어렵사리 찾은 천막 교회 주변의 훤히 다 보이는 화장실과 시큼한 시궁창 냄새에 현기증이 나는 양돈마을. 영은교회에서 목회를 결심하는 것은 어렵지 않았다. 청계천 판자촌에서의 놀라운 경험 덕이기도 했다.

서른넷이던 1987년 8월에 양돈마을에서 목회를 시작했다. 1988년부터는 가족들과 함께 양돈마을에 거주하기 시작했는데 당시의 생활은 열악하기 그지없었다.

가장 어려웠던 점이 주택 문제였던 것 같아. 특히 집사람이 ……. 슬레이트 지붕의 방 두 개짜리 무허가 집을 얻어서 생활하는 데가 낮에도 햇빛 한 줄기 들어오지 않는 좁고 어두운 집이었는데, 항상 쥐가 들락날락하고, 여름에는 덥고 겨울에는 추운 곳이었어. 제일 힘들 때는 비가 올 때였는데 하수구가 역류하기 일쑤고, 여름만 되면 폭우로 침수가 되고 방까지 오염된 물이 넘쳐서 이 집 저 집 다니며 똥물을 퍼내기 바빴어. 천장에서 떨어지는 빗물 때문에 항상 그릇을 받쳐놓고는 했지. 다섯 가구 정도가 함께 공용 화장실을 쓰고, 지하수를 사용하는 동네에서는 끊임없이 다툼이 일어나는 생활이었어. 지금 생각하면 어찌 살았나 싶지만 다들 그렇게 살았고, 나도 두 아이를 키우며 5년여를 그 방에서 살았어. __오용식

양돈마을에서의 다양한 활동

오용식이 영은교회에 부임하면서 제일 먼저 한 일은 열 명 남짓한 신자들을 심방하면서 지역을 익히고, 자원봉사자들과 함께 지역 조사를 한 일이었다. 그때 제일 먼저 눈에 들어온 건 아이들이었다. 방치된 채 벽돌 공장과 레미콘 공장 주위에서 먼지를 뒤집어쓰고 노는 아이들, 술과 담배, 본드에 무방비로 노출된 많은 청소년들 ……. 아이들에게 갈 곳이 필요했고 돌봄이 필요했다. 부임한 첫해에 천막 교회에 공부방을 열었다. 초등학생 공부방으로 시작해 중고등생까지 대상을 넓혀갔다. 공부방은 실무자와 전도사, 독일인 루츠(Lutz) 선교사, 수많은 자원봉사자에 의해 운영되었고, 점차 아이들이 변화하는 모습과 지역의 작은 변화의 모습도 찾아볼 수 있게 되었다.

당시 중학생으로 청소년 공부방에 다니며 이후 청년회장을 맡았던 이재형은 그곳이 양돈마을에 살고 있는 말썽꾸러기 학생들이 모였던 공부방이었다고 기억한다. 부모들은 일 나가고, 학교에서 늘 야단맞고 길거리를 헤매던 아이들이 교회에 와서 친구 언니 오빠와 함께 정을 나누었다. 항상 웃는 얼굴로 맞아주는 공부방에서 여러 활동으로 아이들이 조금씩 영향을 받았다. 나중에는 자발적으로 방범대를 만들어 밤에 지역을 돌기도 하는 등 변화하는 모습을 눈으로 확인하며 큰 보람을 느꼈다. 매년 열리던 '민들레합창'에 출연해 수천 명의 관중에게 당당히 박수를 받았을 때는 아이들에게 잊지 못할 추억이 되는 순간이었다. 공부방에서 성장한 아이들이 이후에 교회 청년부를 이끌어가기도 했다.

교회 주변에는 유난히 어린 유아들이 많았는데, 벽돌 공장과 인근의 작은 봉제 공장에서 일하는 엄마 옆에서 실밥을 뒤집어쓰고 놀거나 언니, 오빠가 다니는 공부방 밖에서 종일 기다리며 교회 밖을 서성이곤 했다. 이런 아이들을 위해 1988년에 영은어린이집을 개원했다.

영은어린이집 아이들

아침 9시부터 오후 7시까지 아이들 20여 명이 함께 생활했는데, 저렴한 비용과 헌신적인 교사와 자원봉사자들에 의한 다양한 활동들이 소문이 나서 주변의 맞벌이 가구에서뿐 아니라 떨어져 있는 공릉동 지역에서도 아이들을 보냈다. 이 외에도 경희대 의대생과 한의대생들의 무료 진료 활동도 꾸준히 이어졌으며, 1992년도에는 열린책방, 평안한집(노인정) 등을 운영했다. 모든 활동은 마을 주민의 필요와 자원봉사자들과의 논의 속에서 만들어나갔다.

제대로 된 공간 하나 없이 무허가 건물에서 실무자 한두 사람이 운영하다가 지역사회의 도움으로 조금씩 공간과 활동 범위를 넓히면서 점차 영은공동체를 함께 만들어나가는 꿈을 꾸게 되었다. 가난으로 방치되고 소외된 많은 아이들, 청소년들, 노인분들이 수없이 오가는 공간이자 고향이 되어갔다. 하지만 이러한 과정이 순탄하지만은 않았다.

지역에서 오해도 많이 받았지. 아무리 지역사회를 위한 프로그램을 해도 목사가 교회에서 기도나 할 것이지 엉뚱한 짓을 한다고 공격하고 ……. 1992년에 큰돈을 들여서 공부방을 수리했는데, 주민 중에 동사무소에 신고를 하는 사람도 있었고. 철거하려고 몰려왔을 때는 정말 암담했지. _오용식

영은공동체는 신앙공동체인 교회를 중심으로 공부방, 탁아소, 도서관,

무료 진료소, 노인 주간 보호시설 등을 운영하며 10여 년 동안 빈민지역 주민의 삶의 작은공동체를 지향하며 활동했다. 그사이 10여 명이었던 교인은 5개 구역의 70여 명으로 늘었다. 헌신적인 활동가들과 수많은 자원봉사자가 함께했다. 모든 프로그램은 자원봉사자들과 함께했는데, 당시 빈민지역에서 활동을 같이하려고 하는 젊은 청년들이 많아서 자원봉사자가 하루에 네다섯 명은 상시로 오갔고 많게는 10명 이상이 오기도 했다. 무료 주말 진료를 담당했던 경희대 의대, 한의대생, 그리고 공부방과 탁아방 자원 교사를 맡았던 서울여대, 경희대, 고대, 성균관대 학생 등……. 변변한 활동비도 없이 후원과 자원봉사로 이끌어나갔던 살림에 운영 경비를 마련하기 위해 일일 찻집을 매년 열어갔던 사람도, 때론 성금을 내어 후원을 했던 사람도 자원봉사자였다. 일회적인 봉사자가 아니라 활동가이자 후원자였다.

실무자로, 목회자로, 지역 주민으로 어려운 길을 함께한 여러 전도사들. 어렵고 삭막한 삶이었지만 집에 있는 음식을 싸 들고 와서 함께했던 교인들의 공동 식사. 자원봉사자들의 끼니를 열심히 챙기고, 살림을 해주신 교인들……. 이들이 함께 만든 양돈마을의 영은공동체는 못생기고, 작고, 초라했지만 또한 이들에게 가장 따뜻하고, 가장 크고, 감사한 곳이었다.

영원한 동반 사역자, 루츠 드레셔 선교사

1989년 양돈마을에 들어온 독일인 루츠 드레셔(Lutz Drescher, 도여수) 선교사는 오용식에게 큰 힘이 된 동반 사역자였다.

훌륭한 활동가이자 지도자였어. 항상 낮은 곳에서 함께 생활하기를 자처했고, 사람에 대한 애정과 헌신이 넘쳐났고 농담도 잘했어. 한국말도 잘해서 아이들, 노인분들, 실무자들까지 격의 없이 잘 사귀는 긍정적인 사람이야. 아이고 어른이고 다들 좋아했어. 루츠가 처음에 지역에 들어와서 나한테 요구한 사항이 네 가지 있었는데, '주일학교 교사를 하게 해달라, 공부방 선생을 하게 해달라, 다섯 개 구역 예배 중 한 개 구역 예배를 맡겨달라, 한 달에 한 번은 설교를 하게 해달라'는 거였어. 처음에는 이 사람 참 일 욕심이 많은 친구구나 했는데, 정말 열과 성을 다하는 모습이 감동을 주는 친구야. 설교할 때도 독일어 설교문을 작성해서 고대 독문과 친구들에게 번역시켜가지고 더듬더듬 한국말로 설교를 하곤 했어. 수염이 더부룩하게 난 모습에 술과 담배를 즐겨했는데, 첫인상과는 달리 삶에 대한 진지한 태도와 성실함, 밝은 에너지로 사람들과의 만남을 주도하고……. 나에게는 친구이자 동반자이고 정말 고마운 분이야. _오용식

고국인 독일로 돌아가기까지 이곳에서 8년여 동안 생활고와 질병에 시달리는 빈민지역 주민들의 선생님으로, 이웃집 아저씨로, 삼촌으로 오용식 목사와 함께 치열한 삶의 현장에 있었던 루츠 선교사는 독일에서도 한국의 사회선교 방식으로 활동하다가 현재는 동북아시아의 선교 사업을 담당하며 일 년에 한 번 정도 한국을 방문하고 있다. 여전히 당시의 양돈마을 실무자와 자원봉사자들과 오용식 목사는 일 년에 한 번씩 만남을 이어가고 있다.

철거와 지역의 해체

이곳 양돈마을에 철거가 시작된 것은 1996년 11월이었다. 당시 양돈마을의 무허가 건물은 700여 채에 달했고 영은교회 인근에도 무허가 건물 50여 채가 남아 있는 상황이었다. 무허가촌이었지만 생활의 기반인 여기에서 대책 없이 돼지 내몰리듯 쫓겨나는 주민들이 최대한 보상을 받을 수 있도록 하기 위해 영은교회도 함께 싸우고 보상 활동을 벌였다. 하지만 이렇다 할 성과도 없이 대부분의 집들이 다 강제 철거로 헐려나간 1997년, 영은교회도 철거될 상황에 놓이게 되었다.

한국기독교장로회 서울 북노회에 영은교회 철거대책위가 만들어져 철거 반대 투쟁을 함께하면서 막무가내식 철거를 막아내기도 했다. 이러한 노력에도 1997년 5월, 영은교회를 마지막으로 지역이 다 철거되었다. 상가 입주권을 받아냈지만 민선 구청장과의 구두 약속은 지자체 선거로 구청장이 교체되면서 물거품이 되었다. 보상비도 이주비도 없이 쫓겨나 다시 천막 교회 생활을 하게 된 것은 영은교회가 세워지고 나서 꼭 10년 만이었다.

이후 영은교회는 인근에 상가 자리를 얻어 교회를 이어갔지만, 이미 지역이 해체되어 신자도 많이 줄었고, 교회도 포천으로, 또 강동구 천호동으로 이전하게 되었다. 현재는 천호동 하늘샘교회로 통합해 교회공동체를 이어가고 있다. 오용식은 노원 지역 시민 사회단체의 연대 모임인 노원시민모임의 운영위원장을 맡아 노원 지역 활동을 3년여 동안 지속하다가 현재는 무주로 내려가 지역자활센터를 운영하고 있다.

이미 공부방도 노인정도 교회 사택도 다 철거되어 동네가 다 무너진 상태에 덩그러니 영은교회만 남았을 때였다. 일어서면 머리가 닿을 듯 낮은 천장에 허름하기 그지없는 교회에 십자가 철탑만 쓰러질 듯 지키고 있는 상황이어서 구청과 다음 주에 철거하기로 합의한 상태인 어느 날이었다. 어버이 예배를 위한 꽃을 만들고 있던 청소년들만 교회에 남은 날, 갑자기 들이닥친 철거반원들이 교회를 헐기 시작했고, 아이들은 오열하며 막아서며 난장판이 되었다. 그때 급히 돌아온 오용식 목사가 철거반원들을 돌려차기와 해머로 막고, 호통을 쳐서 쫓아냈다. 항상 '하하, 허허' 웃는 착한 목사님인 오용식의 이날의 활약상은 전설적인 일화로 두고두고 회자되었다.

오용식은 당시의 활동을 회고하면서 지역에서의 활동과 대외 활동 중심으로 바쁘게 움직이면서 교회목회에 소홀했던 부분, 수많은 지역 활동이 가난한 지역 주민의 쉼터로 정착하지 못하고 해체된 점, 수많은 아이들과 자원봉사자들, 실무자들과 뿌리는 일에만 열심이었지 거두고 더 성숙한 선으로 만들어나가는 부분은 없었다는 점을 아쉬워했다. 또한 여전히 빈민지역과 그 지역 주민들이 늘어나 사회 문제가 될 텐데 이를 준비해야 하며 사람이 필요하다고 강조했다.[6]

천도빈이 뿌린 씨앗, 도봉 지역 공부방 활동을 중심으로

1980년대부터 1990년대 중반까지 도봉동, 방학동 일대의 빈민지역 활동은 천주교도시빈민회(이하 천도빈)를 중심으로 이루어졌다. 방학동, 도

---

6   영은교회, 『물가에 심기운 나무처럼: 양돈마을에서의 10년』, 영은교회 10주년 자료집(1997).

봉동 지역에서는 공부방, 탁아방(당시 애기방) 등의 활동을 주로 했고, 천도빈은 조직적으로 활동가를 파견했다.

방학동 뚝방길에서는 문경수(카타리나)가 뚝방아이네와 다솔공부방 등을 운영했고, 도봉동 지역의 3~4평 쪽방촌에서는 여자 선교사 세 명이 애기방과 한마음공부방을 운영했으며, 김영실, 이강옥 등은 도봉동 지역의 나란히글방에서 활동했다. 이들은 각자 지역에서 활동하면서 한 달에 한 번 천도빈 모임을 통해서 서로의 방향을 공유하고, 서로의 활동을 강제해 나갔다. 숨을 쉬기 위해서는 바깥으로 나가야 하는 열악한 환경 속에서 진행한 활동이었지만, 공통적인 신앙의 기반이 있어서 헌신적으로 활동을 이어나갈 수 있었다. 그러나 1990년부터 도시재개발이 시작되어 도봉 지역 주민 활동의 기반이었던 공부방과 탁아방이 철거되었고, 이 활동들도 중단되거나 이전하게 되었다. 다음에서는 나란히공부방을 중심으로 도봉 지역의 주민공동체 활동을 정리하고자 한다.

나란히글방

이강옥(로사)은 대학 2학년 때부터 검정고시 야학 활동과 노동야학 활동을 하고 있었다. 대학을 졸업하면서 선배들 대부분은 공장에 투신했는데, 이강옥은 공장 투신은 체력적으로 자신이 없었고, 무엇을 할 수 있을까 고민하다가 마리스타교육관에 있는 천도빈의 문을 두드렸다. 이곳에서 김중미(『괭이부리말 아이들』 저자), 박준영(당시 천도빈 총무) 등과 스터디를 하고, 천도빈 회원 활동에 1년여간 참여하면서 도시빈민 활동의 전망을 세웠다. 그러던 중 도봉동 빈민지역에 공간을 마련해 살고 있던 윤순녀 씨가 같이 공동생활을 할 사람을 찾는다는 소식을 듣게 되었다. '천주교 여성공동체' 소속의 윤순녀는 공동으로 주거하며 지역 활동을 할 사람을 모으고 있었다. 천도빈을 통해서 소개받은 이강옥과 상계동 철거 투쟁 현장의 탁아소에서 일한 경험이 있었던 김영실(안나)이 합류해 1987년 9월부터 공동 주거 생활을 시작하게 되었는데, 이때 이강옥의 나이 27살이었다. 이 시기부터 나란히공부방도 운영했다. 공부방 활동을 목적으로 하기는 했지만, 초창기에는 공동체 생활에 적응하는 것이 먼저였다.

처음 공동생활을 시작할 때는 너무 어려웠다. 윤순녀는 검소하고 근검절약하는 프로로서의 생활 모습을 철저히 갖출 것을 요구했다. 매일 아침 성서 읽기와 묵상으로 하루를 시작했다. 20대 젊은 활동가에게 긴장감과 자기 성찰의 시간을 갖도록 한 것이었으나, 철저히 생활인이 되어야 한다는 요구는 전혀 준비가 되어 있지 않은 이들에게는 몹시 힘든 부분이었다. 윤순녀는 생활인으로서의 철저함이 활동에 대한 책임이라는 듯 부족한 그들을 가르치고 배우기를 종용했다. 이강옥은 이러한 부분이 25여 년이 지난 지금은 무슨 뜻이었는지 이해되지만 당시에는 많이 어려웠고, 활동에 대해서는 열정은 순수했지만 개념적으로 파악하고 있었기에 자신을 단련시키려는 윤순녀의 마음을 두려움과 스트레스로 받아들이면서 혼란스러워했다고 한다. 이들의 공동생활은 4년여 동안 지속되다가 1991년 무렵 독일 미제레오르의 지원으로 윤순녀의 집은 인수되었고, 이곳은 이후 전적으로 공부방으로만 활용되었다.

도봉 2동에 마련한 공동 주거 공간이자 공부방 활동이 이루어지던 공간은 골목과 골목 사이가 1미터가 채 되지 않았고, 천장이 방죽보다 낮아서 한여름에도 전등을 켜지 않으면 깜깜해 동선을 구분할 수 없는 한밤중과 같았다. 공중화장실을 사용했는데 문이 낡아서 밖에서 안을 들여다보는 일이 많았다. 열악한 환경에서 시작한 공부방 활동을 바라보는 주위의 시선도 곱지만은 않았다. 무상 돌봄교육을 이해하지 못해서 나중에는 교육자가 무슨 보상을 바랄 것처럼 여기며 피해 의식을 가지고 공부방을 바라보는 시선들 때문에 아이들도 쉽게 모이지 않았다.

그래서 처음에는 종교적인 신뢰가 있는 천주교 신자를 중심으로 학생을

모집했고 자모회도 구성했다. 어떻게 알았는지 서울시 소속 대학생 봉사 동아리 단체인 '애지'가 자발적으로 공부방을 찾아와 초등학생과 중학생의 공부를 꼼꼼하게 봐주기 시작했고, 아이들을 돌보는 작업도 안정적으로 정착되기 시작했다. 재정은 후원금과 부모 모임의 회비 3000원이 전부였다. 항상 옹색한 살림에 먹고사는 문제를 해결해야 했고, 활동비는 전혀 생각하지 않았다. 가장 큰 후원금은 미아 3동 성당의 후원금이었는데, 한 달에 한 번 공부방에서 후원자 미사를 했고, 준비한 식사도 나눠주었다. 이렇다 보니 항상 재원을 마련하기 위해 다양한 시도를 하게 되었다.

교사들이 자모회와 함께 대학축제를 중심으로 캠퍼스를 돌며 음식을 판매하고 일일 찻집을 운영했으며, 자모회가 성당(도봉동, 상계동 성당 등) 행사에 합류해 국수 및 먹거리 판매 등으로 재정의 일부를 충당했다. 활동가들은 자모들이 제공한 정보로 아이들이 학교에 가고 없는 오전에는 구슬꿰기 등의 부업도 하고, 일시적이었지만 공장에 다니기도 했다. 재정적인 이유도 있었지만, 더욱 중요한 것은 주민들을 이해할 필요에서 시작한 활동이었다는 점과 스스로를 가난한 이들에게 적응시키기 위한 목적이 강했다는 점이다. 그러나 그다지 성공적인 경제활동은 아니었다. 일상적인 공부방 활동이 끝나고 나서 저녁 8시쯤 자원봉사자들과 함께하는 식사 메뉴는 주로 라면이었고 고기를 먹는 일은 아주 특별한 경우였다.

공부방에는 매년 여름 3박 4일간 여름 캠프를 가는 활동이 있었는데 공부방에 다니지 않는 아이들도 이 캠프에는 관심이 많았다. 이들은 대개 공

여름 캠프

부방을 한 번쯤은 거쳐 간 고교생이었다. 공부하기보다는 어울려 다니면서 다른 아이들에게 위협적인 행동을 하고 공부 중심으로 이루어지던 돌봄의 테두리 안에 들어오지 않아 스스로 떠난 아이들이었다.

여름 캠프를 강원도 현리에 있는 분교로 가기로 결정한 어느 해, 캠프에 대한 기대치로 들뜨던 시기에 이 학생들에게도 소문이 흘러갔다. 캠프를 떠나기 며칠 전, 실무자가 지나다니는 골목에 아이들 5~6명이 모여서 힘을 얻은 아이 중 한 명이 실무자가 걸어가는 코앞에 유리 조각을 던져 위협을 가했다. 자기들도 캠프에 참여하고 싶다는 표현을 한 것이다. 교사들은 고민 끝에 이들을 합류시키면 다른 아이들이 위축될 뿐 아니라 교사의 통제 아래에 순순히 들어오지 않을 경우 어떤 불상사가 일어날지도 모른다고 판단했다. 결국 이들의 합류를 거절했는데 그 분풀이를 한 것이다. 아이들은 시비를 걸고 창문에 화약을 던지기도 하면서 부정적인 방식으로 자기들이 배제된 억울함을 표현했다.

결국 아이들을 자제시키도록 부탁하고자 부모를 소집해 자리를 마련했다. 자녀가 무슨 짓을 하는지 알면서도 모른 체할 수밖에 없는 부모들에게도 이 아이들은 버거운 짐임을 확인하는 자리였다. 그 아이들이나 공부방에 오는 아이들이나 너 나 할 것 없이 가정 형편이 어려웠다. 술에 절은 아빠와 살며 이를 보다 못해 집을 나간 엄마의 빈자리를 느끼는 아이, 사랑에 목매며 공부방 교사들에게 그것을 요구하는 아이, 엄마가 매일 일을 다니느라 방치된 아이, 도벽이 일상이 된 아이, 결손가정이거나 조손가정 등에 있는 아이들은 반항하며 갈등을 겪었다. 아이들 때문에 고민하기는 부모나 공부방 실무자나 마찬가지였고, 이들을 어떤 방식으로 끌어들여야 할지 모르는 것도 마찬가지였다. 그 때문에 사춘기의 방황과 어른들의 방관 속에 자기 통제력을 잃은 아이들이 때때로 나란히공부방의 교사들과 함께 울고 웃기도 했지만, 반항과 저항의 방식으로 공부방에 대항하기도 했다.

공부방 활동에 필요한 교구나 교재 등도 만들어 썼다. 주로 공부방 활동을 전담했던 김영실은 일일이 악보를 그려 노래 책자를 만들고 배포하기도 했다. 아직도 그때를 즐거웠던 시절로 생생하게 기억하고 있다.

어느 날 일요일 저녁에 신부님이 갈비를 사주시겠다는 거야. 안나와 같이 갔다가 10시 반쯤 돌아오는데 공터 앞에서 술을 먹은 아이랑 공부방 근방에 사는 고등학생 녀석이 갑자기 지나가는 우리에게 다가오더니 "안나야!" 하고 부르는 거야! 순간적으로 그냥 놔두면 이것들이 얕잡아보겠다 싶어 주먹을 불끈 쥐고 정말 주둥아리를 후려갈겼어. 덕분에 내 어깨가 며칠 동안 뻐근했지만. 무슨 이유에서인지 집행유예 선고를 받은 아이였는데 이 녀석이 얼떨떨했나 봐. 한 대 갈기고는 집으로 왔지. 가슴이 덜덜 떨리더라고. 녀석이 무슨 복수를 할지 몰라서. 아니나 다를까 잠시 후 녀석이 현관 유리문을 쾅쾅 두드리는 거야. 갑자기 아득해지는데 마음을 가다듬고 문을 열면서 왜 그러냐고 호통을 쳤지. 그랬더니 웬걸, 아직도 술이 덜 깬 목소리로 고개를 90도로 꺾으면서 "죄송합니다" 하는 거야. 가슴을 쓸어내렸어. 목숨까지 내놓고 활동해야겠다고 다짐하고 있었는데 ……. 그 후 그런 일이 한 번도 없었지. _이강옥

나란히글방은 주민 조직화와 공부방, 두 가지 활동이 중심축이었다. 두 개의 축은 분명히 다르면서도 연관성이 있었다. 운영 책임을 맡은 이강옥은 주민 조직화와 대외 활동을 주로 맡았으며 탁아소 경험이 있던 김영실

은 공부방 내부 살림을 도맡아 했다. 붙임성이 있고 상대에게 부드러운 친밀감을 주는 김영실은 아이들에게 인기가 많았고, 자모들도 동생처럼 편하게 대한 반면, 이강옥은 호랑이 선생님으로 통했다. 자연스레 둘의 역할이 분담되었다. 이들은 지역에서 공부방을 통해 자모회와 지역 주민 모임을 조직하는 한편, 천도빈을 기반으로 한 도봉·방학 지역의 한 달에 한 번씩 열리는 회원 정기 모임과 기빈협을 포함한 북부 지역의 빈민 활동 연대 모임, 당시의 국민운동북부지부 모임 등에 참여하면서 빈민지역 활동의 고민과 어려움을 나누었고, 서로에게 위안이 되는 말을 주고받으며 방향성을 다졌다.

대내외적 활동 중 일주일에 한 번 시흥 보금자리 회관에서 선후배 회원들과 만나 천도빈 활동을 점검하고 친교를 나누었던 자리는 그들의 활동에 커다란 동력이 되었다. 천도빈 조직 내의 분과별 소속 모임과 가톨릭 사회복지협의회 소속 공부방 모임 등의 다양한 활동이 폭넓게 진행되었다. 그러나 이러한 모임은 어떤 면에서는 현장에 대한 집중도를 떨어뜨리고 헌신적인 실천력보다 개념적인 정의로 활동을 들뜨게 하는 측면이 있었다. 대외적인 활동보다 아이들을 돌보는 데 집중했던 도봉동애기방의 경우, 자모들과 소통하고 종교적인 헌신으로 아이들을 돌보는 등 현장 장악력이 뛰어났다. 또한 애기방의 실무자들은 애기방 자모들과 같은 연령대로 함께 공감하고 소통하는 토대를 갖추고 있었다.

나란히 실무자들이 다양한 활동 속에서 주민들과 정서적 공감대를 형성하는 대신 목적의식과 지향성을 가지고 활동했다면, 도봉동애기방에서는 선교라는 명목을 가지고 예수의 사랑을 몸으로 마음으로 실천하는 속에서 주민들을 자발적으로 행동하도록 끌어올리는 데 더 성공한 것으로 보였다. 의도하지는 않았지만 애기방 실무자들은 자신들을 향한 주민들(아기 엄마들)의 욕구를 누구보다도 충실하게 충족시켜주고 있었다.

1989년부터 시작된 도봉동 지역의 철거는 1990년부터 본격적으로 진행

뚝방길 아이들   철거되는 지역

되었다. 이 시기 나란히공부방에도 변화가 생겼다. 내부 살림을 차분히 꾸려가던 김영실이 결혼을 하면서 공부방을 떠나게 되었고, 그 전에 주은미가 생활자로 새로이 합류해 김영실이 떠나기 전에 실무자 세 명이 함께 호흡을 맞추게 되었다.

또한 지역 철거 싸움에 결합하면서 세입자 중심의 모임을 구성해 활동하기 시작했다. 타 지역 철거 싸움의 성과로 도봉동 지역에서는 투쟁 없이도 가이주단지의 입주 혜택을 받게 되어 2000여 세대가 이주했고, 공고 3개월 전(1989년 8월 공고이므로 5월까지)의 세입자까지 혜택을 받게 되었다. 그 이후 지역에서 2년 이상 산 세입자들이 제외되면서 이들을 중심으로 세입자대책위원회가 구성되었다. 할 수 있는 모든 방법을 동원해서 구청에 항의하고 거듭 대책 투쟁을 하는 과정에서 추가로 구제되어 가이주단지로 이주한 일부 세입자들이 대책위에서 빠지게 되었다. 입주에서 제외되어 실망한 세입자들도 하나둘씩 대책위에서 빠져나가 세입자대책모임은 그 규모가 크게 줄어들었고, 대책위의 중심을 잡고 갈 인력이 고갈되었다.

격한 싸움 대신에 끈기 있게 버티는 인내력 싸움으로 모임의 형세가 바뀌어가기 시작했다. 손바닥만 한 곳이었지만 뚝방과 우리들의 집터를 지키면서 물러나지 않는 것으로 지난한 싸움을 시작했고, 그 속에서 남은 아이들의 공간으로 소박한 공부방에 함께 손잡은 사람들이 모여들었다. 남

은 30여 가구는 서로에게 힘을 주려고 애썼고 그런 마음은 따뜻했다.

철거가 공고되면서 마을이 들썩이기 시작했다. 세입자대책위가 꾸려질 시기인 1991년, 결혼하고 첫아이를 출산한 이강옥은 아이를 업고 대책위 사무실을 들락거렸고 철거 싸움의 현장을 뛰어다녔다. 주민 지도자를 발굴해 활동하려 했으나 쉽지 않았다. 치열하게 생존해 어떻게 사는 것이 최후에 살아남는 방법인지를 삶의 밑바닥에서부터 터득해온 주민들을 끌어안고 가기에는 20대 후반인 여자 활동가의 삶의 경험은 너무 단순하고 짧았다. 세입자 활동에 적극적인 주민 중에는 이미 상계동이나 사당동에서 철거를 겪고 보상금의 맛을 본 사람들도 있었고, 이들은 자기 이권을 챙기는 데 능란했다. 이권을 챙기기 위해 철거 투쟁에 참여한 이들은 곧 회유되어 조직을 떠났지만 초창기의 어수선한 틈 속에서 조직을 꾸려나가는 데는 많은 장애가 되었다. 공부방을 중심으로 이권을 챙기기 위해 모여드는 이들과 섞여 무언가를 도모해나가는 건 젊은 여자 활동가로서는 쉽지 않은 일이었다. 외곽의 조직적인 활동에 능숙한 선배들이 보기에는 이러한 상황이 활동가의 미숙성이 드러난 것이나 주민조직의 방향성이 부재한 탓으로 보였고, 그것은 무능력에 대한 비판으로 이어졌다.

세입자 투쟁 과정에서 최후에 남은 세입자는 일곱 가구였는데, 이들은 뚝방에 천막을 쳐서 투쟁을 이어나갈 의지를 굳혔지만 대부분이 단독 세대였다. 물에 빠져 지푸라기라도 잡겠다는 심정이었지만 한편으로는 막막함이 앞섰고, 이 적은 숫자로는 이미 승산이 없다는 무기력감을 느껴 싸움을 이어갈 동력을 잃은 상태였다. 더구나 이미 동네의 대다수 가옥들이 허물어졌기에 어둠이 내리면 범죄가 발생할 수도 있어 점점 금단의 지역이 되어가고 있는 상황이었다. 공부방을 찾는 아이들은 모두 동네를 떠났고 주은미는 혼자 공부방에 거주하기가 어렵게 되었다. 사람들은 더 이상 뚝방을 지키는 사람에게 관심을 두지 않았다. 이강옥은 이미 그 가운데서 활동가로서의 존재감을 잃어 무기력하고 어정쩡하게 서 있었고 제대로 된 역할을 하지 못했다. 함께 밥 먹고 수다를 떨고 이야기를 나눴지만 결과적으로 이들을 끈끈하게 엮어내지도 못했고, 이권으로 뭉치고 흩어지는 생존의 원리에 길들여진 세입자들 사이에서 상처를 받았다. 게다가 철거가 시작되면서부터는 조직 내 선배들의 비판에 휘청였고, 내부적으로는 실무자 사이의 소통의 문제에 당면했다.

대학을 졸업하고 정의로운 사회를 만드는 한 모퉁이의 돌이 되고자 했던 20대 여자들의 순수한 마음만으로는 처절한 삶의 현장을 껴안기에는 역부족이었다. 가난한 이들을 위한 헌신은 치열함이 아니라 낭만일 뿐이었음을 깨닫게 되었다. 천도빈에는 낭만적인 헌신을 치열함으로 치환시킬 교육도 없었고, 총체적인 인간의 삶, 사람의 삶을 함께 심도 있게 고민할 수 있는 구조도 준비되어 있지 않았다. 그들의 활동은 처음에 슬그머니 시작되었던 것처럼 슬그머니 마무리되었다. 활동의 성과는 사람을 얻는 것이라 했는데, 오히려 끝까지 남았던 몇몇 사람들도, 활동가라는 이름으로 합류했던 실무자들도 상처를 안고 뿔뿔이 흩어지고 말았다.

1992년 철거에 따른 지역 해체로 공부방 활동은 공식적으로 중단되었다. 1992년 1월 가이주단지로 이주한 자모회 회원들을 모아 계모임을 만들었다. 10여 명이 한 달에 2만 원씩 내서 공부방 아이들이 자라면 필요한 학비 등의 장학금을 주기로 하고, 계모임을 시작했다. 이 모임은 20여 년이 지난 지금까지 유지되고 있다. 이제 아이들은 훌쩍 자라 모두 성인일 뿐 아니라 학부모가 되었다. 이들은 이제 환갑잔치를 함께 열고 있다.

이강옥은 도봉동 지역의 활동을 회고하며 어렵고 힘들기만 한 것은 아니었다고 말한다.

뒤늦게 알았지만 삶의 너무나 많은 것을 알게 된 때이기도 한 것 같아. 당시 공부방은 내게 성당과 같았어. 당시 나를 되돌아보는 데 기도는 가장 큰 힘이 되었고 ……. 젊은 시절 내 삶을 거론하는 데 그때의 활동을 빼놓고는 할 얘기가 별로 없을 것 같아! 지금의 남편도 공부방에서 만났고. 가난한 사람들과 함께하면서, 내게 너무나 큰 삶의 화두를 던졌던 친정엄마의 그악스럽던 생활력과 사람보다 돈이 먼저여야 했던 지역 사람들을 보면서 부모님을 이해하게 되었고 ……. 사람이 어디까지 이기적일 수 있는지도 보게 된 것 같고. _이강옥

없는 사람들의 솔직함, 가난한 마음이라는 것, 이해, 연민, 그리고 부정적인 측면으로 이기성과 비인간성 등 다양한 삶의 모습을 접하고 처음에는 받아들이기 힘들었지만, 지금은 오히려 다양한, 그리고 인간의 있는 그대로의 모습을 이해할 수 있게 되었다.

자모회 계모임은 회원들의 삶이 앞으로 어떻게 전개될까 하는 궁금증에서 시작된 것이었다. 여전히 가난이 이들의 발목을 잡을까 어떨까 하고.

20년 이상을 함께했지만, 여전히 이강옥은 공부방 로사 언니로 통한다. 그들과 함께 늙어가니 그들의 이야기는 이제나 20년 전이나 별로 다른 것이 없다. 물론 20년이라는 시간은 이들의 관심사를 변하게 했다. 주름살이 늘었고, 일 년에 한 번 12월이면 어김없이 노래방에서 그토록 열창을 했었는데, 이제 노래방에도 그다지 흥미가 없다. 아이들에게 장학금을 주던 사업은 작년으로 끝났다. 마지막 막내까지 아이들 모두가 커버렸다. 20년이 지날 동안 한 달에 한 번 모이는 계모임에도 한두 번의 고비가 있었다. 그러나 지금은 이 모임만은 끝까지 유지해야 한다고 입을 모은다. 이제는 돈을 위한 모임이 아닌 서로를 위로하는 모임이 되었다. 생활 방식은 다양하게 바뀌었고 때때로 고만고만한 상처를 주고받기도 하지만, 서로가 마음을 푸는 방법도 알게 된 것 같다. 함께 늙어가고 있다.

서울 성북·강북

공동체운동의 새로운 실험지

성북 지역: 월곡동을 중심으로

가파른 언덕바지와 산 정상까지 빼곡히 들어선 집들, 어떻게 오르내릴까 염려스러울 정도로 경사가 급한 골목길들, 일용 노동자와 값싼 노동력을 이용한 소규모 공장이 있는 곳, 수도 사정이 좋지 못해 공동으로 급수를 하고 공동 화장실이 있는 곳, 농촌에서 무작정 상경한 사람들과 도심에서 집이 철거당한 사람들이 주로 모여 사는 곳. 산동네 하면 떠오르는 모습들이다. 1990년대 중반까지만 해도 쉽게 볼 수 있었던 도심 속 풍경의 일부다. 지금은 대부분 재개발로 아파트 숲으로 바뀌었다. 월곡동 지역도 마찬가지다. 이 글을 쓰기 위해 다시 찾은 그곳은 너무나도 변해 있어서 옛 흔적을 찾기 어려웠다. 상전벽해는 이럴 때 쓰는 말이지 싶었다. 고층 아파트가 빼곡히 들어섰고, 상가 지역은 고급스럽고 세련되어 보였으며, 도심을 잇는 고가도로와 지하철 역사가 들어와 있었다. 무허가 건물이 즐비하고 가난한 이들이 살았던 지역이라는 기억은 이제 옛 기억일 뿐이다. 현재 이곳에 살고 있는 이들은 대부분 새로 들어온 사람들이다. 그래도 당시 그 지역에서 살았던 이들을 만나 이야기를 들을 수 있어 다행이었다.

월곡동은 1949년 8월 경기도에서 서울시로 편입되어 1970년에 월곡 1·2동, 다시 1975년에 월곡 1·2·3·4동으로 나뉘었다. 월곡 1·2동에는 주로 중산층과 서민층의 주택가와 영세 가내 하청 공장이 형성되었으며, 그 공장들은 섬유·봉제 공장이 70퍼센트를 차지하던 소규모 하청 생산업체들이었다. 이곳 공장들은 영세하고 낙후된 업체들로 월곡 3·4동의 주민들이 주로 많이 취업해 있었으며, 1동 주변에는 일명 '텍사스촌'이라고 하는 곳을 비롯한 유흥가가 있었다.

월곡 3동과 4동은 도시빈민들이 밀집해 살았던 동네로, 1967~1968년 서울 용두동·청계천 등지의 철거민들과 이농민들이 배재학당 소유지인 곳에 무허가 판자촌을 이루고 살면서 형성된 곳이다. 1975~1976년의 서울시의 양성화로 남은 무허가 주택은 5퍼센트에 불과했다. 한국전쟁 이전만 해도 이곳은 밤나무가 울창해 일명 '밤나무골'이라 불리기도 했으며 동네 뒷산이 돌산이라 '돌산마을'이라고 불리기도 했다(재개발이 이루어진 2015년 기준, 이 지역은 월곡 1·2동으로 다시 통합되었다).

월곡동 지역운동 이야기

허병섭 목사가 1976년 6월에 하월곡동에 들어와 지역 조사를 실시해 지역을 살핀 후 그해 12월에 동월교회를 세우면서 월곡동 지역운동의 역사가 시작되었다. 정치적인 탄압 속에서도 독특한 목회 방식과 지역 주민의 필요와 어려움을 헤아리는 다가섬으로써 '지역 주민의 교회'로 자리를 잡아갔고, 그 태동기가 1980년대 초까지라고 할 수 있다. 교회 안에 탁아소인 '똘배의집'을 열고 1985년 지역 센터로서 '산돌공부방'이 생겨나기 전까지는 주민운동의 밑바탕을 다진 시기라고 할 수 있다. 산돌공부방 설립 이후부터 정치적인 해빙기를 맞아 주민자치 조직의 성격을 띠는 '우리마을발전추진회'가 설립되기 전까지는 주민조직이 형성된 시기라고 할 수 있으며, 우리마을발전추진회가 활동을 시작한 때부터 '월곡동주민단체협의회'가 본격적으로 움직인 시기는 주민조직이 체계화된 시기이자 '건축일꾼두레', '월곡여성생산공동체' 등의 새로운 협동경제 운동이 시작된 시기이기도 하다.

동월교회와 '건축일꾼두레' 이야기

하월곡동에서는 허병섭 목사가 이곳에 '동월교회'를 세워 들어오면서부터 빈민(주민)운동이 시작되었다고 봐야 한다. 유신 독재가 기승을 부리던 1970년대 중반에는 긴급조치를 비롯한 초법적인 독재가 각종 운동을 탄압하고 있었다. 주민운동에는 종교라는 울타리가 필요했다. 전태일 분신 사건을 기점으로 현실에 밀착된 각종 운동론이 나오기 시작했고, 서구 보수신학에 뿌리를 두고 있던 개신교에도 우리 현실에 기반을 둔 신학적 논의가 불붙기 시작했다. 곧 민중신학은 민중교회를 세우는 근거가 되었다.

청계천 지역을 비롯해 빈민지역에서 활동했던 허병섭 목사는 합법적인 울타리 안에서 지역운동을 하기 위해 자연스레 동월교회라는 민중교회를 세우게 된다. 이 교회는 '지역 주민이 주인이 되는 교회', '민주적으로 운영하는 교회', '민족성을 반영하는 교회'를 표방했다. 교회가 가난한 지역으로 올라가 기존의 보수 신학을 내려놓고, 있는 그대로의 주민을 만나 함께 일하고 가난을 살며 그들의 가능성을 찾고, 스스로 말하게 하고 문제를 돌파해나가도록 도운 것이다. 다음은 당시 동월교회에 출석했던 강설원의 이야기다.

고2 때(1977년 무렵) 처음 동월교회에 나가기 시작했지. 원풍모방 사건으로 쫓겨난 이들을 교회가 받아주기도 했어. 그때 노회찬 의원의 부인인 김지선 씨도 만났지. 크리스마스 때에는 서울제일교회 사태로 중부경찰서 앞에서 예배를 봤던 박형규 목사님을 찾아가 연극 공연을 했던 것이 기억나. 동월교회는 실험적이었고 새로움이 넘쳐났어. 우리는 〈어둠의 자식들〉 영화에 엑스트라로 출연도 했지. 국악 예배도 새로웠고 판소리 창으로 예배를 드리기도 했고, 유명한 영화예술인들이 교회에 나오기도 했지. 배우 안성기, 이보희, 국악인 김영동, 영화감독 이장호·배창호, 판화가 이철수, 소리꾼 임진택 등을 가까이에서 볼 수 있는 것이 새로웠고, 청년 목회자 그룹들이 들어와 신학 공부도 했고 사회과학 공부도 했지. 야학도 활성화되었고 동월교회에서 아시아연합 주거권 쟁취대회(ACHR)도 치렀지. _강설원

인터뷰에서 언급된 연극 공연은 1981년에 동월교회 창립 5주년을 맞아 청년들이 〈살아가는 이야기〉라는 제목으로 그동안의 자신들의 삶을 연극으로 만들어 발표한 것이다. 홍석화가 연출을 맡고 김영동이 주제곡을 맡아 준비해 서울제일교회에서 공연을 올렸는데, 이 연극이 대내외적으로 큰 공감을 불러일으켰다. 연극에 참여했던 청년들은 자긍심을 느끼며 교회에 대한 주인 의식을 갖게 되었다.

허병섭 목사는 직접 나서기보다는 주민들의 가능성을 찾아 믿고 끌어내는 데 뛰어난 재주를 보였다. 다음은 당시 동월교회에서 학생회 교사 활동을 했던 윤혜숙의 말이다.

항상 주민을 대할 때도 눈높이를 맞췄어요. 그들의 언어를 썼고 '가르친다, 이끈다'고 생각하기보다는 그들 스스로 말하게 하시고, 스스로 행동하게 하시고, 세상 사람들에게 무시를 받는 못 배우고 거칠고 뒷골목 주먹패 같은 이에게도 평등하게 대해주셨으며, 작은 것이라도 칭찬거리가 있으면 아낌없

이 칭찬을 해주시고 그들의 가능성을 보셨던 것 같아요. 그래서 목사님 주변에는 늘 사람들이 따랐지요. _윤혜숙

허병섭 목사는 빈민들의 기질이나 형태를 교인답게 바꾸려는 생각은 아예 하지 않고 오히려 그들의 야성적인 기질이나 불안정한 정서까지 그대로 수용했다. 월곡동에 들어오기 전, 허 목사가 발굴했던 대표적인 주민 지도자 중에는 이철용이 있다. 그는 이철용과 만나면서 자신의 지식인적 언어나 기독교적인 행실이 전혀 도움이 되지 않는다는 것을 알게 되었다. 이철용의 장기인 뛰어난 화술이 주민들의 마음을 움직이고 행동하게 하는 것을 보고 그의 장점을 살려 주민 지도자로 삼았다. 그는 주민이 스스로 나서서 행동할 수 있도록 뒤에서 든든한 배경이 되어주었다. 동월교회에서의 그의 목회 활동도 마찬가지였다. 다음은 그 당시 동월교회에 출석하며 중고등부 학생회 활동을 했던 염원숙의 이야기다.

동월교회 학생회 활동을 했는데 참 잘해주셨어. 교회에서 모임이 있으면 목사님이 우리를 위해 밥을 해주시고 그랬어. 여느 목사님처럼 권위적이지 않았고 학생들과 매우 친밀했지. 늘 동등한 관계로 우리를 존중해주시고 계신다는 느낌을 받았지. 교회 학생회 행사 준비를 하면서 리플릿을 만들었는데 아무 지시나 설명도 없었어. "너희가 만들어보아라. 너희들은 할 수 있는 능력이 충분하다. 하고 싶은 대로 해라"라고 하셨어. 우리들 사이에서 스스로 하게 하셨지. 일절 간섭이 없었어. 이래라저래라 하시지 않았어. 지금 생각해보니 그분은 모든 사람들의 가능성을 믿었던 것 같아. "네가 할 수 있는 능력이 많다!"며 우리 안에 있는 가능성을 끄집어내주셨어. _염원숙

또 하월곡동 산동네 주민들과 스스럼없이 어울렸고, 주민들의 모임 공간으로 기꺼이 교회 공간을 내놓기도 했다. 1년에 한 번씩 관광버스를 빌

려 주민과 함께 새벽 출발로 설악산 같은 곳으로 단풍 여행을 다녀오기도 했다. 교회 모임 자체가 즐거웠고, 지역 주민들도 스스럼없이 함께했다. 이들을 찾아와 배우고 돕는 이들도 많았다. 오용식 목사를 이어 김광수, 김성훈 목사 등이 이곳에서 함께 활동하며 주민조직 활동을 도왔고, 주민운동을 널리 퍼뜨리는 데 일조했다.

1979년부터 이 지역에 노동자를 위한 야학을 개설해 2년 동안 학생 40여명을 배출했으며, 교회 중고등부 학생들과 마을 청년들을 모아 청년회를 조직하기도 했다. 청년회는 이 지역에서 공정선거감시단 활동과 마을 발전을 위한 여러 가지 활동을 했으며 야학 운영에도 적극 참여했다. 지역 주민들의 고단한 삶과 어려움을 살피던 허병섭 목사는 1981년, 당시에는 드물었던 탁아소를 만들어 주민의 육아 부담을 덜어주었고, 이후로 주민과 더욱 가까이하게 된다. 이 탁아소는 '똘배의집'으로, 1991년 국가적인 차원에서 탁아소를 설립하고 지원하는 입법과 제도화 추진에 좋은 선례가 되었다.

주민을 조직하고 지역 활동을 하면서도 끊임없이 민중교육론의 틀을 고민했고, 1981년에는 한국기독교민중교육연구소를 설립해 빈민지역 선교 활동에서 얻은 경험을 사회운동으로 확산시키는 방법을 모색했다. 그는 지역 활동과 병행해 그동안의 경험을 이론화하면서 1987년 4월, 민중교육 이론서라고 할 수 있는 『스스로 말하게 하라』를 펴냈다.

허병섭은 1988년 한국기독교장로회 교단에 목사 사직청원서를 제출하고, 주민들과 같은 일용 노동자가 되어 직접 건설 현장에 뛰어들었다. 주민과 똑같은 모습으로 살겠다는 생각에서였다. 일반적인 목회에서 내려와 직접 현장으로 들어간 것이다.

목사님은 주민과의 소통을 고민하셨어. 그래서 아마 목사라는 직분까지 내놓으신 것 같아. 주민과 대등한 관계에서 만나고 대화하고 싶어 하셨지. 주민과 대화하는 것을 보면 누구를 가르친다는 느낌을 받을 수 없었어. 그가

스스로 깨치기를 기다리신 것 같았어. __윤태호

　일용 건설 노동자와 희로애락을 함께하며 건설 현장의 부조리를 체험하고 우리나라 최초의 일용 노동자 공동체라고 할 수 있는 '월곡동 건축일꾼두레'를 만들었다. 건설 현장의 관습인 하도급 구조에서 발생하는 모순을 전통적인 협동조합 정신이라고 할 수 있는 두레 방식으로 돌파하려 한 시도였다. 이것은 하도급의 중간 단계를 생략해 건축주와 건축 노동자 사이의 직거래를 성사시키기 위한 생산협동공동체라고 할 수 있다. 월곡동지역의 일용 노동자 15명으로 시작해 공동 생산·공동 분배를 원칙으로 삼아 월급제와 하루 8시간 노동제를 실시했다. 이 시절의 이야기는『일판 사랑판』이라는 이름의 책으로 엮어 나오기도 했다.

　허병섭은 교회 목회직을 내려놓고 동월교회를 후임자(김한중 목사)에게 물려주었다. 지방에서 일을 다니며 기술자가 되어 돌아와서는 동네 사람들과 함께 건축 노동일을 나가기 시작했다. 그가 아주 열정적으로, 그리고 기술자로서의 실력을 갖추고 일하는 모습을 보고 주민들은 '목사님이 진짜 노동자가 되었구나'라고 생각했다. 허병섭은 다소 거리감이 느껴지는 목사라는 존재가 아닌 동네 친구, 동네 선배로서 그들에게 다가간 것이다. 허병섭에게도 주민과의 만남은 훨씬 자연스러운 일이 되었고, 함께 일하는 사람들도 자신들과 똑같이 노동하며 먹고사는 그의 모습을 보면서 변화를 체험하게 되었다.

　처음 건축일꾼두레를 계획하고 모임을 제안할 당시, 허병섭은 모임의 성격을 뚜렷이 규정하거나 방향을 선명하게 제시하지 않았다. 술자리를 함께하며 공사 현장에 대해 이야기하고 문제점을 발견하는 과정에서는 노동자들이 점차 '무언가 할 수 있는 가능성'을 생각해보도록 유도했다. 그러고는 일감을 맡아 와서 실제 구상한 대로 지역 노동자들이 함께 일할 수 있는 조건을 마련했다. 함께 일하는 과정에서 회원들은 스스로 가치를 깨닫고 노동자로서의 자부심을 키워나갔다. 두레에서 일감을 맡아 오는 일은 주로 허병섭이 했기 때문에 두레 회원들은 그가 일감 찾는 일만을 전문적으로 하기를 원했다. 하지만 허병섭은 회원들과 함께 직접 노동하며 현장에서 노동한 만큼의 일당만을 받겠다고 했다.

건축일꾼두레는 ≪한겨레≫ 등에 실리면서 더욱 주목을 받게 되었고 많은 이들에게 크게 홍보되었다. 당시 신문에 난 기사의 일부를 옮기면 다음과 같다.

이제까지 아무도 생각해보지 못했던 새로운 '실험'이 건축업계의 현장에서 조용히 시도되고 있다. 하청에 하청을 거듭하고 있는 건축 공사업계의 관행을 깨고 건축주와 공사 현장 노동자가 직접 연결되는 '직거래'가 추진되고 있는 것이다. '건축일꾼두레'. 서울 성북구 하월곡동에 사는 일용 노동자 20여 명이 모여 만든 이 단체가 바로 그 주역이다. "중간상인을 배제한 채 생산자와 소비자가 농산물을 직접 사고파는 것과 같은 이치입니다."

이들 일용 노동자들은 모두 건축 현장에서 10~25년씩 갈고 닦은 솜씨를 자랑하는 베테랑들. 구성 인원도 목수, 미장공, 보일러공 등 집짓는 데 필요한 모든 분야의 사람들이 망라되어 있어 건축을 위한 완벽한 '진용'을 갖추고 있는 셈이다. 이들이 이 같은 계획을 구상하게 된 것은 보통 3~4단계씩이나 도급·하도급을 거치고 있는 현행 건축 관행에 따른 불필요한 낭비를 없애고 실제 현장 노동자들이 직접 '주인'이 되어 일해보자는 취지에서이다.[1]

하지만 처음부터 참여자들이 적극적으로 참여한 것은 아니다. 허병섭은 모임을 계속 이어가면서 구체적인 예를 들어 두레의 경제성을 설명해나갔다. "우리가 1억짜리 공사를 하는 경우에는 업자가 몇 퍼센트를 먹으니까

....
1   박찬수, "건축 품팔이 직거래합시다", ≪한겨레≫, 1990년 8월 12일 자, 15면.

얼마 먹고, 오야가 얼마 먹고, 하급 오야가 얼마 먹는다. 그래서 우리의 일
당으로 돌아오는 것은 얼마다"라고 업자와 중간상인에게 돌아가는 중간
마진을 계산해서 밝히고, 이런 중간 마진을 빼면 노동자들이 지금과 비교
해서 얼마씩을 더 받을 수 있는지 보여주었다. 즉 "1억 공사를 하게 되면
30퍼센트인 3000만 원은 증발한다. 이걸 다 노동자들에게 공평하게 분배
하면 3만 5000원 받던 사람은 4만 2000원을 받게 되고, 4만 원 받던 사람
은 6만 원을 받게 되고, 5만 원 받던 사람은 7만 5000원을 받게 된다"라고
구체적으로 계산해서 보여주었다. 그러자 사람들은 "아! 한번 해볼 만하군
요. 한번 해봅시다"라며 인식을 달리했다.

　일감이 점점 늘어서 회원을 모집하게 되었다. 동네에 벽보를 붙이는 등
의 홍보를 하자 이것을 보고 찾아오는 이들도 있었다. ≪한겨레≫를 통한
홍보 효과도 컸다. 자신의 집을 고친다든지 건물을 짓는데 맡아줄 수 있겠
냐는 문의가 줄을 이었다. 청년건축인협회에서는 이들이 맡은 공사 설계
에 협력하겠다는 제의를 해왔고, 철강을 값싸게 공급받을 수 있도록 철강
회사에 다리를 놓아주겠다는 사람들도 있었다. 또한 많은 독자들이 새로
운 방식을 지향하는 건축일꾼두레를 응원했고 격려차 전화를 주기도 했
다. 건축일꾼두레는 회원들의 자유의사에 따라 일당에서 5퍼센트씩 회비
로 받았다. 강제는 아니었지만 회원들이 자발적으로 회비를 냈고, 이 돈은
사무실 운영과 공동체를 위한 일에 쓰였다.

　참여자들은 이런 변화하는 모습을 보며 신이 났다. 하루에 8시간을 노
동하고도 전보다 높은 임금을 받으며 오야 없이 동네 사람들과 함께 일하
는 데서 노동의 기쁨을 느꼈다. 이런 작업환경에서 일하는 것을 두고 어떤
이들은 "노가다판의 혁명"이라고 하며 흥분하기도 했다. 회원들은 자신의
노동일에 자부심을 느끼기 시작했다. 이런 변화가 가능했던 것은 허병섭
에 대한 믿음이 바탕에 있었기 때문이다. 일거리가 계속 이어지고 수입이
안정적으로 변하니 삶도 한결 여유로워졌다.

허병섭은 이해관계가 다양한 일용 노동자들을 모아야 한다고 생각했다. 지역운동의 관점에서 보면, 정당한 노동조건을 갖추기 위해서는 한동네에 사는 사람들의 실제적인 이해관계를 매개로 주민을 조직해야 했다. 활동가들이 실제로 자신의 삶에서 일용 노동자들과 같은 것을 경험하면서 이들이 함께 느낀 것을 해석하고 방법을 찾아야 한다는 것이다. 또한 노사 간의 대립 차원에서만 문제에 접근하지 말고, 생산자와 소비자의 문제로 보고 접근해야 한다고 생각했다. 이렇게 소비자 대중의 지지를 받아야 대기업의 횡포를 뚫고 조직화를 이루어내기 수월하다는 것이다.

그러나 시간이 지나면서 여러 문제점이 발생해 건축일꾼두레는 아쉽게도 중단되고 말았다. 참여자들은 생활개선과 자존감 상승 등과 같은 의미 있는 성과를 거두기도 했지만, 이 공동체의 궁극적인 목표와 이상에 흔쾌히 동의하지도 이해하지도 못했고, 또한 갈수록 일상생활을 완벽하게 보장받지 못할 수도 있겠다는 불안감에 휩싸이게 되었다. 공동체 교육을 위한 인적·물적인 토대가 전혀 마련되지 못했던 사정도 컸다. 생산협동공동체를 발전시키기 위해서는 어느 정도의 자본과 모양새(틀)가 필요하며, 구성원들의 공동체에 대한 인식과 상호 간의 조화와 협력이 바탕이 되어야 하는데, 이것들이 부족했다. 또 자금 부족 및 공동체에 대해 미흡했던 교육 방법, 불안정한 교육 진행이 공동체 성장의 한계로 다가왔다. 건축주의 무리한 요구와 비용 체불 등으로 적자가 발생하는 등 경제적 어려움도 있었지만, 허병섭은 건축일꾼두레를 접게 된 이유로 두레 일꾼 회원들의 안이해진 자세(상호 불신, 공동체보다 자신을 먼저 생각하는 마음)를 들었다.[2]

하지만 열악했던 노동 현장을 깨고 건축 노동자가 중심이 되어 생산협동공동체를 통해 공동 생산·공동 분배를 실험한 건 획기적인 일이었다. 허병섭이 노동자들처럼 노동자로 살면서 신뢰를 바탕으로 일군 건축일꾼두

<hr />

2 〈인물현대사: 꼬방동네 허병섭 목사〉, KBS1에서 2004년 12월 24일 방영.

레에서의 4년여에 걸친 실험은 비록 실패로 끝났지만, 이 실험은 탈빈곤 사례의 하나로 1996년부터 정부가 세운 자활후견기관(현재의 지역자활센터) 의 중요한 밑돌이 되었다.

산돌공부방과 어머니회 이야기

동월교회 허병섭 목사로부터 시작된 월곡동의 지역운동은 이후 주민들의 참여와 새로운 활동가들의 유입으로 다양한 형태로 퍼져나갔다. 1985년에 는 산돌공부방이 문을 열었다. 산돌공부방은 여성학자, 성직자, 여성 신학 자, 주부 환경운동가들로 구성된 산돌여성모임이 주축이 되어 만든 곳이 다. 동월교회와는 협력·연대 관계를 유지해가면서 점차 독립적인 지역센 터로 성장해갔다. 이 공부방의 학부모를 중심으로 어머니회가 결성되어 지역에 점점 뿌리를 내리게 되었다. 이 절에서는 산돌공부방과 산돌어머 니회의 이야기를 살펴보려고 한다.

1985년 2월 유미란은 지역에 들어왔다. 여성 신학과 관련한 논문으로 대학원을 마친 그는 가난하고 소외된 자를 돌보셨던 예수의 자취를 따르 겠다는 결심으로 이곳에 들어왔다고 한다. 지역에 들어와서는 새마을 공 동 작업장, 하청 공장, 결혼회관 등에서 부업을 하며 아주머니들과 사귀면 서 주민에게 필요한 것이 무엇인지를 찾으려 했다. 지역의 노인정과 유아 원 등도 찾아다녔으며, 세 들어 살던 주인집 아주머니와도 친해졌다. 주인 집 아주머니는 "언니는 우리보다 많이 배웠으니 우리 아이들을 틈틈이 가 르쳐주었으면 좋겠다"고 제안했다. 그러자 아이들과 그 친구들까지 몰려 들어와 자연스레 공부방이 시작되었다. 1985년 11월 동네 반상회를 통해 홍보를 하고 정식으로 '산돌공부방'이라는 간판을 내걸었다. 공부방에는 많은 아이들이 몰려왔다. 초등학생(저학년·고학년부)과 중고생(야간부·주간 부)을 나누어 반을 꾸려나갔다.

동월교회에서는 이미 1981년부터 맞벌이 부부를 위한 탁아소 '똘배의 집'을 운영하고 있었는데, 시간이 흐르자 탁아소를 졸업하는 6~7세 아동을 위한 공간이 필요했다. 1987년 2월 공부방을 독채 전세로 옮기면서 오전 시간에는 유치원을 열기로 했다. 유치원의 이름은 '산돌이네'로 지었고, 그간 공부방을 오가며 언니를 돕던 유미옥이 실무를 담당했다.

유미옥은 원래 유치원 교사로 활동하고 있었다. 매주 토요일마다 이곳에 와서 공부방 아이들의 미술 지도도 하고 언니와 많은 이야기를 나누면서 자신의 삶에 대해 깊이 생각하다가 유치원을 그만두고 월곡동에 들어와 함께 활동하게 된 것이다. 그 후 정부 정책으로 '88탁아소'가 생기자 1990년 2월에 산돌이네를 정리하고 언니와 함께 공부방과 어머니학교를 담당했다. 빈민지역에 살면서 사회의 구조적인 문제를 해결하기 위해 빈민지역 활동가 교육 프로그램인 '한국교회사회선교협의회 훈련 과정'에 참여하기도 했다. 또한 기독교 도시빈민선교협의회에 소속되어 허병섭 목사에게도 많은 영향을 받았다.

동네일은 그 동네 사람들이 주체적으로 이끌어가는 것이 제일 좋다고 확신했기에 공부방을 진행하면서도 그 과정 속에서 지역 출신 활동가를 발굴해내는 일에 주력했다. 당연히 점차적으로는 공부방도 이곳 주민의 참여로 운영해야 한다고 보았다. 실제로 공부방 출신 청년들이 앞장서서 마을청년회를 만들도록 이끌기도 했다. 산돌공부방이 지역에 어느 정도 홍보되어 틀을 마련해갈 때 '산돌공부방 어머니회'를 꾸렸다. 7세 전용 탁아소 '산돌이네'와 산돌공부방 어머니들을 함께 묶어 어머니회를 시작했다.

활동가들은 그간의 활동을 통해 어머니들과 깊은 유대 관계가 형성되었다고 믿고 어머니들이 주체적으로 참여하기를 원했지만, 처음부터 쉽게 이루어지지는 않았다. 단독 공간을 얻어 공부방을 옮기는 데 어머니들의 참여가 소극적이었다. 활동가들은 내심 어머니들이 십시일반으로 공부방 전세금도 보태고 운영에도 참여하기를 기대했는데, 곧 성급한 기대였음이 드러났다. 몇몇 어머니를 제외하고는 어머니들 대부분이 돈 이야기가 나오니 한발 물러나 꼬리를 뺐다. 공부방 운영에 자발적·주체적으로 참여해주기를 기대한 활동가들의 바람을 부담스러워했던 것이다.

어찌어찌 새로운 집으로 공부방을 옮긴 후 한 달간의 집수리를 마쳤지만, 당분간은 문을 닫기로 했다. 실무자들은 '정말 이 동네에 공부방이 필요한가'라며 근본적인 문제를 제기하기도 했다. 이를 고민하면서 만일 주민의 요청이 없다면 공부방을 과감히 정리하기로 결심했다. 공부방을 쉬는 동안에 활동가들은 공부방 어머니회의 회칙도 만들고 아주머니들과 놀러 다니며 지냈다.

이렇게 되자 아이들은 숙제도 제대로 안 해왔다. 공부방 문을 열어달라는 아이들의 요구가 빗발치기 시작했고, 어머니들도 자발적으로 찾아와 공부방을 다시 열어달라고 간청했다. 이에 활동가들은 아이들 교육은 부모와 함께해야 한다고 강조하면서 부모들이 공부방에 주체적으로 참석할 것을 역설했다. 1988년 10월, 그간 열심이었던 어머니들을 중심으로 해서 어머니회를 만들고 회칙도 만들어 어머니회에 참석하는 자모들의 자녀들만 받기로 했다.

어머니회가 시작되면서 공부방에 변화가 오기 시작했다. 우선 어머니들이 어머니회에 참석하자 걸핏하면 공부방에 나오지 않던 아이들의 버릇이 점점 사라졌다. 책임감 있게 나오게 된 것이다. 고려대 학생들로 구성된 교사들의 모임도 새로워졌고, 매달 어머니회를 통해 자녀 교육과 공부방 운영뿐만 아니라 지역 문제에 대해서도 논의할 수 있는 자리가 마련되었다. 처음에는 이런 주제에 거부반응을 보이는 어머니들도 있었지만, 활동가들은 자식의 문제가 부모와 무관하지 않으며 부모의 일이 지역 일과 무관하지 않음을 인식시키며, 한 명의 어머니라도 떨어져 나가지 않도록 허심탄회하게 서로 이야기하는 분위기를 만들려고 애썼다. 새롭게 시작된 전교조, 주거환경개선사업, 지역의료보험 등의 문제도 함께 논의했다. 어전자오락실이 성행하면서 공부방에 다니는 아이들은 물론 이 동네 아이들이 오락실에 다니느라 학교에 가지 않거나 돈을 훔치는 경우가 생겼고, 오락실에 가서 돈을 빼앗기고 오는 경우도 많아지자 어머니회에서 이 문제를 거론했다. 그러자 한 어머니가 회의 끝나고 오락실에 한번 찾아가자고 제안해 어머니들이 우르르 몰려갔다. 활동가가 뒤에 따라가니 어머니들이 "선생님이 말을 잘하니 앞장서라"라고 했으나 어머니들이 해야 한다고 말했다. 그래서 그날은 우왕좌왕하면서 20여 명이 모두 한마디씩 해 오락실 주인을 얼떨떨하게 만들었고 싸움만 하다가 왔다. 두 번째로 방문할 때는 어머니들끼리 말할 대표를 선정하고 이야기할 내용까지 만들어 찾아갔다. 그다음에는 다시 대책 회의를 열어 대표가 오락실 할아버지네와 그 친척집까지 찾아다니며 다음과 같은 사항을 합의했다. 오락실 주인도 생계가 걸린 문제이므로 문을 닫을 수는 없고, 우선 '아이들이 학교 가는 아침 시간에는 문 닫기', '저녁 8시 이후에 문 닫기', '큰돈을 가지고 오는 아이는 돌려보내기' 등을 합의했다. 이 과정에서 활동가는 회의에만 참석했고, 행동은 어머니들끼리 했다.

어린이 여름문화교실(1989년 8월)

산돌공부방 어머니회는 월곡동 어린이들이 유익한 여름방학을 보낼 수 있도록 8월 15일부터 3일간 우리마을발전추진회 교육분과와 공동으로 어린이 여름문화교실을 실시했다. 여기에서는 어린이들이 직접 각본을 써서 꾸민 아동극과 노래극을 올렸고, 어린이 공동 벽화 작업을 진행했다. 어린이 공동 벽화는 동네 놀이터 벽에 자유롭게 동네의 모습을 함께 그리는 작업이다. 어른들이 술 먹고 떠드는 모습, 방 안에서 화투 치는 모습, 엄마가 빨래하는 모습, 비가 새서 기와를 잇는 모습 등 동네 사람들의 생활 모습이 그대로 드러났다. 그러자 동네 벽에 허락도 없이 그림을 그렸다고 동사무소에서 간섭을 해왔으며, 학교에서는 벽화를 그린 아이들에게 벽에 그림을 그리는 건 나쁜 일이라고 꾸중하기도 했다고 한다. 그런데 텔레비전에 이 공동 벽화 작업이 동네에서 일어나는 생활 주변의 일을 사실대로 그려 보인 것이라는 호의적인 보도가 나가자 주민들도 이 벽화에 많은 관심을 보이기 시작했다. 1990년대 이후부터는 동사무소에서 페인트까지 사다 주면서 "칠이 벗겨졌으니 다시 그려달라"라고 해서 아이들과 다시 그림을 그렸다.

떤 때는 노사분규 등의 문제도 다루었다. 어머니들은 "왜 공부방에서 저런 얘기를 하는지 모르겠다"라고 삐죽거리기는 반응을 보이기도 했다.

어머니들은 아이들의 문제로 모였기 때문에 교육 문제에 가장 관심이 많았다. 활동가들은 우선 어머니회의 목표를 '아이들을 위해 좋은 교육 환경을 만드는 데 앞장서는 어머니를 만드는 것'이라고 보고, 교육 문제를 통해 사회구조적 문제를 우회적으로 제기할 수 있도록 방법을 달리했다.

이때부터 공부방 어머니들을 교육 전문가로 키우는 데 주력하기로 하고, 토론 시간을 늘리고 교육·여성·지역 문제를 주제로 잡았다. 또한 아이들 문제와 관련된 텔레비전 프로그램이나 비디오도 같이 보고 토론했다. 외부 강사보다는 공부방 활동가나 어머니들의 이야기가 훨씬 현실감이 있기에 되도록 이들이 토론을 이끌어나가도록 했다. 머지않아 어머니회는 지역 문제에 적극적으로 참여하게 되었다.

유미란·유미옥의 초기 목적은 자녀들을 통해 만난 어머니들을 교육해 이를 작은 실천으로 옮겨 개인과 집단의 의식을 변화시키고, 이들이 속한 집단의 힘을 강화해 어머니들이 현 사회에 대해 바르게 인식할 수 있도록 하고 지역 문제 해결에 주체적으로 나서도록 하는 것이었다. 그리하여 어머니회가 지역 수준의 여성 조직으로 발전할 수 있기를 바랐다. 이러한 목적을 실현하기 위해 어머니회에서는 자녀 교육 문제뿐 아니라 가정·지역

어머니회 생일잔치

문제, 정치적 사안(선거, 정책 등) 등을 함께 논의하며 자녀 교육에 대한 적극적인 지원 및 운영 방향에 대해 의논하고 책임을 분담하고자 했다.

하지만 초기에 어머니회에 참여했던 이들의 생각은 공부방이 학원보다 싸고 아이들의 성적을 올리는 데 도움이 될 것이라는 단순한 데 있었다. 이렇게 활동가와 참여자의 의도가 달랐기 때문에 많은 혼란을 겪을 수밖에 없었다. 엄마들은 공부방에서 아이들 이야기를 하고 싶어 했는데, 활동가는 어머니회를 튼튼한 주민조직으로 만들고 싶은 욕심에서 시국이나 마을 일 등을 이야기하니 서로의 관심사가 맞지 않았다. 어머니들은 활동가를 간첩으로 의심하기도 하고 활동가의 이야기에 동조하는 척하기도 했다. 이런 갈등 속에서 활동가들은 어머니의 욕구와 흥미에 초점을 맞춰 자아 정체성을 확립하고 공동체 의식을 강화하는 프로그램을 재편성했다. 회의에서는 교육 문제를 주로 다루었고, 어머니들을 위해 생일잔치를 열거나 각자 이름 불러주기 등을 실시했고, 소풍, 산돌잔치, 오락 행사 등을 열었다. 동월교회 여신도회와 공동으로 매년 돌산장날을 개최해 수익금으로 어려운 이웃을 돕는 등의 활동도 했다. 그러자 어머니들이 흥미를 느끼고 꾸준히 참석하기 시작했다.

유미란은 그 당시의 활동을 되돌아보며 "섣부르고 조급한 목적의식을 앞세워 의식 변화, 정치·역사·여성 의식 고취 등을 바탕에 깔고 서둘렀던 것 같다. 삶으로 녹아 들어가 어울리고 그들 스스로에게 이런 의식이 우러나올 때를 기다려주지 못한 점이 아쉽다. 활동가들이 너무 주도적으로 호흡과 속도를 빨리하면 주민들은 따라오기 힘들다"라고 했다.

어머니회를 통해 서서히 참여자들이 변하기 시작했다. 어머니들의 의식 변화는 3단계 과정을 거쳐 일어났다. 초기는 매우 가족중심적·자기중심적으로 "우리 아이만" 하고 감싸는 단계다. 그러다가 어머니회를 통해 지역 문제에 관심을 기울이게 되면 삶의 환경이 좋아야 아이들을 잘 키울 수 있다는 것을 이해하게 되고 행동하게 된다. 그 변화의 하나로 오락실 항의 방문 등이 가능했던 것이다. 이런 과정을 거치면서 가장 크게 변화한 것은 어머니들이 바쁜 삶 속에서 자신을 까맣게 잊고 살다가 이름표 달기, 생일 잔치 등을 통해 자신에 대해 생각하게 되고 자신을 되돌아보게 되고 재발견하게 된 모습이었다. 처음에는 신세 한탄에서 출발해 차차 삶에 대한 의욕을 느끼게 되고 찌든 삶을 변화시킬 방법을 찾게 된다.

어머니회 출신 중에는 아이들이 졸업한 후에도 여전히 공부방 일이나 동네일에 적극 참여하는 이들이 많았다. 다음으로 소개할 '산돌어머니학교'에 참여하는 사람들도 많았다.

유미란·유미옥 자매는 지역 활동을 통해 활동가들에게 가장 중요한 점은 '자신을 있는 그대로 사랑하는 것'임을 알게 되었다고 말한다.

처음 일을 시작할 때에는 흔히 목적의식이 강하기 때문에 주민들과의 관계나 그들의 상황 등을 배려하기보다 우선 자신이 구상한 프로그램의 운영이나 당면 사안에 쏠려서 활동하기 쉽다. 또 한편으로는 이미 자신의 몸에 밴 습성이나 태도를 무시하고 지역 주민들과 똑같은 모습으로 보이려 한다. 그러나 그렇게 하다 보면 스스로도 곧 지치게 되고 주민들과도 좋은 관계를 맺을 수 없게 된다. 주민들은 활동가의 모습이 비록 주민들과 다른 모습일지라도 스스로 자신의 모습을 솔직하게 내보이고 자신의 한계를 인정하면서 만

낮을 때 더 진솔하게 여기고 이해하며 받아들인다는 점이다. 그리고 이와 같은 신뢰 관계가 형성되었을 때 비로소 지역에서 활동을 시작할 수 있다. 활동가들이 이처럼 느긋하게 지역에서 지내면서 주민들에게 배우고, 프로그램을 할 수 있는 자세가 바로 활동가 자신의 약점까지도 있는 그대로 수용하는 자기 이해에서 나온다.[3]

어머니회 프로그램은 점차 주민들과 함께 의논해서 짜게 되었다. 예전에는 주민들이 프로그램의 대상이었기에 프로그램을 기획하는 과정에서 주민들은 소외되었다. 활동가가 주민들과 인간관계를 맺고 이들을 폭넓게 알게 되면 이후에 프로그램을 할 수 있다는 걸 알게 되었다. 그리고 꼭 프로그램을 통하지 않더라도 자연스럽게 주민들을 만날 수 있게 되자 "이 프로그램을 하면 사람들이 이렇게 변화되리라는 환상"을 내려놓고 좀 느긋하게 때를 기다리며 일할 수 있게 되었다.

이들은 활동하면서 매일매일 그 날 있었던 주요 일과 사건, 프로그램, 행사, 주민의 변화 과정 등을 기록·정리했다. 처음에는 커다란 의미를 두지 않았지만 기록의 힘은 컸다고 한다. 반성과 성찰에 도움이 되는 것은 물론 다음 활동에 좋은 평가 자료가 된다는 것을 깨달았다.

또 오랜 기간 활동하면서 깨달은 것은 사회 밑바닥에서 다양한 삶을 경험한 주민들이 활동가의 속을 훤히 들여다보고 활동가의 입맛에 맞는 이야기를 해주는 경우가 많다는 것이었다. 이를 보고 대중의 의식이 깨었다고 착각하면 곤란하다는 것이다. 아무튼 공부방을 시작으로 어머니회가 결성되었고, 어머니회가 스스로 움직이게 되면서 지역 내의 여러 조직과 어울려 마을의 주민조직으로 발전하게 되었다.

3 　도시빈민연구소, 『굴레를 깨고 일어서는 사람들: (빈민)지역운동 사례집』(도시빈민연구소, 1991), 34쪽.

월곡동어머니학교 이야기

　월곡동어머니학교는 월곡동에 들어와 활동하던 유미란이 세 들어 살던 집 옆방에 사는 아주머니의 요청으로 시작되었다. 아주머니는 새마을 공동 작업장의 반장이었는데, 한글을 몰라 사람 이름이나 품목 매수 등을 다 머릿속에 넣어두고 있었다. 글을 모르는 것을 부끄럽게 여겨 남편과 아이들에게도 비밀로 하다가 유미란과 친해지자 장부 기록을 부탁했으며, 공장 일이 끝난 후 밤에 찾아와서 한글을 배우기도 했다. 이를 계기로 1987년에 탁아소 산돌이네 어머니들의 요청으로 한문반을 열게 되었다. 시작 당시에는 어머니들끼리 친목을 다지는 정도였다.

　그런데 한문반을 진행하다 보니 전혀 따라오지 못하는 어머니들이 의외로 많았다. 개인 면담 결과, 그 어머니들이 한글을 모른다는 것을 알게 되었다. 그리하여 밤에 따로 운영하는 한글반을 개설해 비공개로 진행했다. 그즈음 동월교회 대학생 팀이 주부야학을 운영하기 시작해 유미란은 밤에 한글만 가르치기로 하고 '어머니교실' 희망자를 야학 팀에 넣었다. 하지만 대학생들과 어머니들은 서로 공감대를 형성하지 못했던지라 어머니들이 야학 팀에 가기를 꺼렸다. 대학생들도 그만두게 되었다. 결국 유미란·유미옥은 어머니교실을 열었다. 유씨 자매는 교사를 새로 모아 영어반, 한문반을 만들었고 한글반도 계속 진행했다.

　영어와 한문을 가르치게 된 것은 어머니들의 요청이 있었기 때문이다. 신문이나 구청, 동사무소에서는 한자를 많이 사용했고, 아이들의 가정환경 조사서 등에도 한자로 기록하는 칸이 많았기 때문에 어머니들은 한자를 배우고 싶어 했다. 또한 파출부 일을 나가는 어머니들의 경우, 간단한 영어(예를 들어 ON, OFF)를 몰라 가전제품을 망가뜨리거나 공장에서 영어 라벨을 잘못 붙여 불량을 내는 경우가 많아 영어를 배우고 싶어 했다. 이렇게 어머니들은 생존을 위한 생계 활동의 절실한 필요가 있었기 때문에

영어와 한자를 배우고자 했다.

어머니교실을 통해 다양한 변화가 생겼다. 어머니들은 일주일에 한 번 진행되었던 공부 시간에 거리낌이 없이 자신의 문제를 털어놓고 자연스레 자아를 발견해갔으며, 못 배운 한이 차차 풀리는 동시에 표정이 밝아졌고 삶에 대해 적극적인 태도를 지니게 되었다. 이러한 변화는 가정으로까지 이어져 부부 관계도 부드러워지고 아이들과의 대화 시간도 늘었다.

어머니교실을 통해 배우고자 하는 욕구가 점점 커지자 글을 전혀 모르는 어머니들도 '한 살이라도 더 먹기 전에 배우겠다'는 결심을 하게 되었다. 그래서 한글 기초반을 만들어 공개적으로 벽보를 붙여 학생을 모집해 가르쳤다. 한글을 어느 정도 깨친 이들은 글쓰기를 통해 자신을 되돌아보고 새롭게 삶을 바라보게 되는 극적인 변화를 경험했다. 1990년에는 글쓰기반 참여 학생들이 『밝은 내 모습을 찾아서』라는 문집을 발간하기도 했다.

이렇게 체계를 갖추게 되자 어머니교실은 '산돌어머니학교'로 발전했다. 나중에는 아랫동네의 봉제 공장과 텍사스촌에서 종사하는 여성과, 북부 지역의 가난한 여성들의 참여로 '월곡동어머니학교'로 부르게 되었다. 입소문이 나고 케이블 텔레비전 등에 한 줄 광고가 나가자 한글을 배우기 위해 멀리 경기도 마석에서 찾아오시는 분도 생겼다.

나의 꿈

이 세상에 태어나 누구에게나 소원과 꿈이 무엇이냐고 물어본다면 단 한 사람도 소원과 꿈이 없는 사람은 없을 것이다. 나는 어려서부터 꿈이 그리 크지 않았다.

소원이 있었다면 남 다 가는 중학교 가보는 것이 소원이었지만 소원은 이루어지지 못했다. 시골에서 살면서 일이 너무도 힘들어, 일하는 것이 지겨워, 지게질하는 것도 너무 싫증이 나고 짜증스러워 우리 마을 길을 넓혀 리어카가 다니게 하는 것이 조그마한 소원 중의 하나이기도 했었다.

그러나 그런 꿈이 나에게는 어느 날 바뀌고 탈바꿈해 복잡하고 공기가 탁한 서울에서 살게 되었다. 서울에서 사는 것도 소원 중의 조그마한 소원인지도 모른다. 시골에 살면서 서울에 한 번 가보고는 싶었다. 그러나 서울에서 자리 잡고 산다는 것은 너무도 힘든 일이었다. 직장에서부터 남편을 만나 살면서 숱한 어려운 점도 많았다. 사글세 방에서 살면서 꿈을 꾼 것은 전세방을 얻는 것이 꿈이어서 힘든 줄 모르고 허리띠를 졸라매고 어린아이를 유아원에 맡기면서 하루도 빠짐없이 일을 열심히 해서 전세방에 대한 꿈을 이루었다.[4]

어머니학교의 교육 내용은 일상적인 삶과 취업 활동에 필요한 내용과 함께 개인 및 집단의 의식 변화를 위한 것들이었다. 즉 한글, 한자, 영어 등 기초 문자 해독 교육에서부터 장부 정리 방법, 서식 작성법, 인간관계 기술을 향상시키기 위한 특별 프로그램, 여성의식과 사회 현실을 인식할 수 있는 내용 등이었다. 교재는 자체 제작해 사용했다.

월곡동어머니학교를 마친 분들이 보조 교사로 활동하기도 했다. 전문적인 교수법 수준에서는 떨어질지 몰라도 배우는 이의 심정을 잘 알기에 마음이 통했고, 배우는 분의 눈높이에 잘 맞춰 진행하니 효과가 컸다. 이런

---

4   월곡동 어머니학교, 『밝은 내 모습을 찾아서』, 도시빈민연구소 자료집 4(1990.8.11).

교육을 통해 어머니들의 성취감도 높아져갔고, 더욱 열심히 배우며 목표도 늘어나 자신도 언젠가는 교사를 해보고 싶다고 말하기도 했다.

어머니학교 참여자들은 어머니회 참여자들보다 훨씬 적극적이고 빠르게 변화하는 모습을 보였다. 자신들의 구체적인 문제를 내놓고 이야기하며 풀어갔기 때문이다. 어머니들의 문제를 끄집어낼 수 있는 교과서(과목)가 있다는 점도 작용했다고 본다. 어머니회가 월 1회의 정기적 모임이었다면, 어머니학교는 주 1회의 모임이었다.

특히 글쓰기반의 경우 자신의 삶을 이야기하며 같이 웃고 울면서 크게 동지의식을 느껴 보이지 않는 끈끈한 정이 생겼다. 그리고 배움의 과정을 통해 지도력과 학습 능력이 생겼고, 성취감을 느끼게 되어 그동안 못 배운 것에 대한 열등감이나 멸시받은 것 등에서 오는 한이 어느 정도 치유되기도 했다. 가족과의 관계도 좋아졌고 사회생활을 하는 데도 한층 자신감이 생겼다. 나중에는 남편의 권유로 오는 여성들도 많아졌다. 공부 과정에 가족들의 지지와 지원이 이어지는 경우도 많았다.

월곡동어머니학교의 성과는 곧 지역의 주민운동 판에 알려졌고, 마들(노원), 도봉, 성동, 관악 지역 등으로 어머니학교가 확산되는 계기가 되었다. 당시 이곳에서 활동했던 유미란의 이야기를 들어보자.

주민들과 어느 정도 친해졌을 때 지역 아주머니들은 나를 '언니'라고 부르며 반말을 해요. 그동안 교회에서는 꼬박꼬박 '전도사님'으로 존대를 받았는데 나름 충격이었지요. 자신들의 아이들을 가르쳐달라고 하며 나를 '과외 선생님' 정도로 생각하는 것 같았어요. _유미란

한편 그들에게 활동가들은 외부에서 들어왔다가 언젠가는 떠날 사람으로 보였다. 지식인, 학생운동 출신들이 동월교회 등을 배경으로 들어왔다가 나가는 경우도 많았다. '떠날 사람들이다. 난 너희들 안 믿는다. 너 언

제까지 있는지 보겠다' 이런 부정적인 시선들이 있었다. 그래서 활동가들은 사람들과의 끈끈한 유대 관계를 유지하기 위해 끝까지 지역에 남아 얻어먹고 지내야 한다고 생각했다. 후원회에서 20만 원을 후원받기도 했지만 못 받을 때도 있었다. 어머니들의 월급날에 가끔 어머니들과 곱창집에 가서 2500원짜리를 먹는 것이 나름의 영양 보충이었다. 집집마다 돌아가며 식사를 함께하기도 했다. 함께 먹고 마시면서 그들과 가까워진 것 같았다. 아무튼 활동가들은 스스럼없이 잘 얻어먹으며 재개발로 이곳 공동체가 다 없어질 때까지 현장에 남아 있었다. 스승의날이면 아직도 어머니학교의 동창생들이 밥 사주겠다고 연락을 해온다.

에피소드

박○○ 씨는 하월곡동에 사시는데, 어머니학교 동문이다. 처음 학교에 오셨을 때 운전면허 시험 원서를 들고 있었다. 거기에는 더 이상 인지를 붙일 데가 없어 보였다. 한글이 서툴러 문제를 읽고 풀 시간이 부족해서 매번 떨어진 것이다. 어머니학교를 통해 한글, 영어, 한자 등을 배우셨다. 농촌에서 일찍 서울에 올라와 공장 생활을 했었고, 원치 않던 임신으로 결혼을 하게 된 이후 이곳에 정착하게 되었다고 한다. 전쟁 같은 삶과 일상 속에서 쳇바퀴 돌리듯 생활하다가 어머니학교를 통해 만난 동창과 선생님이 그녀에게 새로운 세계를 열어주었다고 한다. 마음을 터놓고 이야기할 친구가 생겼고, 글자 때문에 겪었던 사회생활의 어려움을 극복할 수 있었으며, 늘 한으로 남아 있던 학교생활을 조금이나마 누릴 수 있었기 때문이라고 한다. 어머니학교를 다니면서 소풍도 가고 장기자랑도 하며 가난했지만 서로 나누었고, 서로가 서로에게 힘이 되어주는 경험을 누릴 수 있었다고 한다. 그때를 행복하고 살 만했던 시절로 회고했다.

우리마을발전추진회와 월곡동주민단체협의회

'우리마을발전추진회'는 1988년 9월, 이 지역 주민 운동의 센터 역할을 했던 동월교회가 증축 과정에서 무허가 건물이라는 이유로 구청으로부터 두 차례 강제 철거를 당하는 데서 시작되었다. 교회 인근의 9·10통 통장과 배드민턴 조기운동 모임에 나오는 지역의 장년층이 중심이 되어 이 문제를 구청에 진정하자는 여론이 나돌면서 교회 집사 두 사람이 진정서의 서명 용지를 제작했다. 그동안 동월교회가 해온 일의 가치와 존재 의미에 대한 장문의 진정서를 써서 철거를 중단하게 했고 개축 허가를 이끌어냈다. 이 진정서에 서명한 주민은 무려 500여 명에 달한다. 이런 주민의 힘으로 동월교회는 연말에 개축을 하게 된다.

허병섭 목사는 '증축된 교회는 교인은 물론 주민의 힘으로 지어진 건물이므로 이 건물은 주민을 위한 공간이 되어야 한다. 그러므로 주민들이 건물을 이용하고 건물의 주인이 되어달라'는 취지로 제안했다. 교회 내의 지역사회부에도 빈민 문제에 대해서 단순한 상담 차원을 넘어서 지역사회 문제를 연구하고 이에 대처하는 활동을 해달라고 제안했다. 이런 사업 내용에 주민들의 지지가 필요하다는 생각에서 지역사회의 유지와 동네 문제에 관심 있는 사람들을 모아 회의를 개최했다.

이 같은 동월교회의 제의로 1989년 2월, 지역사회부 구성을 위한 예비 모임이 열렸다. 교회 주변 7개 통의 통반장들을 비롯한 지역 유지, 교인 등을 비롯해 모두 40~50여 명이 모였다.

통반장이 함께 참여하는 모임이 가능했던 데는 당시 5공 청산과 광주 민주항쟁에 대한 국회 청문회가 열리는 등 사회 상황의 여파로 통반장들의 머릿속에 앞으로 동월교회를 무시해서는 안 된다는 생각이 깔려 있었던 점도 하나의 원인으로 작용했다. 민주 사회가 열리면서 우리도 스스로 무언가 할 수 있어야 한다는 기대감도 팽배했다. 실제로 모임에 참석한 통반장 중에는 "지금까지의 생각을 바꾸겠다. 지난 일들을 용서해라"라고 발언하는 이도 있었다. 한편 주최 측이 통반장들의 참여를 막지 않은 이유는 도시빈민 지역 사회의 문제를 해결하기 위한 주민조직은 전체의 이익을 하나로 뭉쳐 공동 회의로서의 역할을 해야 하므로, 이들을 굳이 배제해야 할 필요성을 느끼지 않았던 것이다. 이날 지역사회부 구성 예비 모임에서는 참석한 주민과 활발하게 질의하고 토론을 나누며 지역사회의 문제와 관심사에 관한 쟁점들을 모았다.

첫째, 지역사회의 주거 개선과 도로 확장에 관한 문제를 논의했다. 둘째, 일용 노동 등에 종사하는 주민들의 빈곤을 해결하기 위해 주부 등의 유휴 노동력을 소득 향상과 연결시킬 수 있는 방법을 찾기로 했다. 셋째, 학교에서 아이들이 차별받고 있는 실정을 살피며 학교에 건의할 수 있는 공동 대책의 필요성 등을 논의했다.

토론 과정에서 지역사회 주민들의 공통 생활 문제를 발견하는 동안 모든 사람들의 마음속에는 교회에서 벗어난 주민자치 조직이 필요하다는 생각이 스쳐 지나갔다. 첫 모임에서 지역사회 문제를 해결하기 위한 주민자치 조직을 결성하는 데 참석자 모두가 동의했고, 2월 말에 발기인대회 준비 모임을 열기로 하고 산회했다.

이에 따라 2월 말에 '지역사회발전위원회'(가칭) 발기인 모임이 열렸는데, 이곳에서 주민 한 명이 '우리마을발전추진회'라는 조직 명칭을 건의했다. 이 모임에서도 사업 목표와 내용에 대한 열띤 토론이 오고 가면서 '정관작성 소위원회'와 '창립총회 준비위원회'를 구성해 구체적인 조직 작업에 들어가기 시작했다. 그리고 우리마을발전추진회의 역할과 사명을 세우는 정책 회의를 통해 '발전'의 개념을 '인간 발전'(의식화) 및 '지역 발전'(공동체 의식 향상과 주택·도로의 발전)으로 규정하고 공감대를 형성하는 데 힘썼다. 준비 과정에서 처음에 모였던 통반장들이 많이 빠져나갔는데, 통반장들에 대한 외부의 압력도 한 요인이 되었던 것 같다.

이렇게 40여 일간 모임과 토론을 거쳐 조직 체계와 정관을 준비하고, 1989년 3월에 창립총회를 열었다. 총회에서는 80~90여 명의 주민들이 모여 열띤 토론을 벌인 끝에 정관을 확정했고, 투표에 따라 사업집행위원인 공동의장 세 명, 사업국장 한 명, 감사 두 명을 선출했다. 또한 지역사회 내의 30대 청년들이 사업 집행의 실무자로 나서서 각 분과 활동의 책임을 맡게끔 조직 구성을 체계화했다. 그리하여 기존에 동월교회가 맡았던 지역사회 조직 사업은 주민들이 주체가 되어 활동하는 우리마을발전추진회의 사업으로 바뀌어 확장되었다.

우리마을발전추진회는 철저하게 지역 상황 속에서 주민들을 괴롭히고 있는 문제가 무엇인지를 발견하고 이를 해결하는 데 그 과제를 두었다. 우리마을발전추진회의 정관에서 밝히고 있는 조직의 목적은 "하월곡동 주민이 삶의 자리를 쾌적하게 하고 삶의 조건을 풍요롭게 하며, 올바른 생각과 자세를 가짐으로써 서로 돕고 사랑하는 공동체를 가꾸고 사람다운 삶을 살아가는 데에 이바지"하는 것이다.

이를 달성하기 위해 전략으로 세운 활동으로는 첫째, 삶의 자리를 쾌적하게 만들기 위한 '주거 환경 개선을 위한 소모임', 둘째, 올바른 생각과 자세를 갖추기 위한 '월요 강좌, 단오 마을 잔치, 생활야학, 마을 신문, 도서 대출, 어린이 여름문화교실', 셋째, 삶의 조건을 풍요롭게 하기 위한 '주부 공동 부업, 생활 상담, 취업 안내, 알뜰바자회, 공동 구매' 등을 꼽을 수 있다.

총회는 1년에 한 번 열리며, 이 자리에서는 사업집행위원회를 구성하는 공동의장, 사업국장, 각 분과의 위원장을 선출하고 각 분과 위원회를 조직한다. 이렇게 총회에서 선출된 각각의 지도자들은 우리마을발전추진회를 대표하며, 사업집행위원회는 월 1회 정기적으로 모여 총회가 위임한 각 분과별 사업을 의결한다. 그리고 일상적인 지역사회의 안건을 토의하고 세부 계획을 수립하며, 각 분과별로 집행의 직무를 수행하게 함으로써 자연스럽게 권력의 분산과 분업을 가져와 각각의 역할을 발휘하게 한다. 분과위원회에는 개발분과·복지분과·교육분과·홍보분과가 있는데, 각 분과별로 기획되어 있는 사업 내용은 다음과 같다.

첫째, 개발분과에서는 삶의 자리를 쾌적하게 하는 사업으로 주민의 뜻에 따른 도로 확장과 정비 사업, 주민의 뜻에 따른 주택 개량과 개발 사업, 공용 부지의 활용과 공공건물 유치, 기타 개발과 환경 정비에 관한 사업을 다룬다. 그리하여 주거 환경 개선을 위한 소모임 활동(주택 개량, 도로 정비 확장, 오물 처리, 공공 편의시설의 유치 및 활용에 관한 기획·입안)이 진행되고 있다.

둘째, 복지분과에서는 삶의 조건을 풍요롭게 하는 사업인 주부 공동 부업, 공동 구매, 어린이·청소년·노인을 위한 사업, 취업 안내와 기술 훈련, 의료 및 후생 사업(정기 진료의 활성화, 의료 기관 알선), 폐품 수집 등 기타 복지에 관한 사업을 하고 있다.

셋째, 교육분과에서는 올바른 생각과 자세를 갖추도록 하는 사업들로 생활야학, 청소년 독서실 운영, 생활 교양 강좌(월요 강좌), 지역 문제에 대한 조사·연구 모임, 어린이 여름문화교실 등을 진행하고 있다.

넷째, 홍보분과에서는 지역 조사, 회보나 신문 발간, 기타 홍보나 섭외에 관한 사업을 실시한다.

이는 그동안 주로 동월교회에서 행해온 활동들로, 우리마을발전추진회에서는 주민의 요구를 모아 이런 활동들을 주민자치 활동으로 꾸리고자 했다. 사안에 따라 산돌어머니회, 마을청년회, 월곡동어머니학교 동문회, 동월교회 남녀신도회 소속의 주민들의 참여도 이루어졌으며, 각 분과에서 펼친 주요한 활동을 살펴보면 다음과 같다.

월요 강좌

월요 강좌는 1989년 4월부터 시작되었는데, 주민의 상담 이용률을 높이고 주제별 내용에 대한 의식화를 높이고자 하는 목표가 있었다. 그 내용은 법률, 정신 건강, 자녀 교육, 장애인 문제, 공해 문제, 의료보험 등이었고, 구체적인 주제는 '도시 재개발법 무엇이 문제인가?', '빈곤에서 오는 스트레스의 극복', '장애인 문제의 원인과 처방', '생명을 위협하는 식품공해', '올바른 아동교육', '도시지역 의료보험의 문제점' 등이었다. 강좌에 참여한 주민을 연령별로 보면 40대, 30대, 50대, 20대 순이었다.

우리마을발전추진회에서 교육 자료를 준비하고 각 분야의 전문가를 초청하는 방식으로 강좌가 이루어졌다. 처음에는 60여 명이 참석했으나, 이후에는 평균 15~20명 정도의 주민이 참여하게 되었다. 우리마을발전추진회는 6회에 걸친 월요 강좌에 대한 평가에서 지역사회의 현실과는 거리가 먼 주제가 있었음을 지적했고, 앞으로는 전문가가 강의하는 방식보다는 발제를 짧게 하고 토의를 길게 함으로써 주민의 토론 능력을 향상시키는 데 중점을 두기로 의견을 모았다.

주부 공동 부업

우리마을발전추진회 복지분과에서는 주부들에게 알맞은 일자리를 찾아주고 가계의 수입이 늘도록 돕기 위해 1989년 5월부터 주부 공동 부업을 시작했다. 월요 강좌에서 식품공해에 대한 강의를 맡아준 것을 계기로 '한살림공동체 소비자협동조합'의 실무자와 얘기가 되어 사업이 연결된 것이다. 처음에는 주부 세 명이 모여 시작했는데, 이후 인원이 차츰 늘어 예닐곱 명이 참가하게 되었다.

한살림공동체 소비자협동조합에서 일감을 받아와 우리마을발전추진회 복지분과의 주관으로 미숫가루를 만들었다. 공동 부업에 참여하는 주부들은 오전 9시부터 오후 6시까지 일하고 일당으로 1만 원씩을 지급받았다. 이것이 대중 언론에까지 보도되어 우리마을발전추진회에 대한 주민들의 기반을 넓히는 기회가 되기도 했다. 당시의 공동 부업 일지를 통해 주민들의 삶의 자세와 주부 공동 부업이 지역사회 안의 협력에 어떠한 영향을 미쳤는지를 살펴볼 수 있다.

ㅇ월 ㅇ일 흐린 후 맑음
아침 여섯 시, 일어나자마자 하늘을 올려다본다. 구름이 잔뜩 끼어 금방이라도 비가 내릴 것 같다. 날씨가 궂으면 부업에 지장이 있어 걱정이다. 하는 일이 미숫가루 만드는 작업이라 날씨와 관계가 많아서 하늘을 살핀다거나 일기예보를 듣는 버릇이 생겼다. 아침 식사 준비와 아이들 등교 준비, 설거지며 집안 청소, 빨래까지 한바탕 분주한 시간을 보내고 숨 돌릴 새도 없이 작업장에 도착한다. 함께 일하는 사람들의 얼굴도 찌푸린 하늘만큼이나 어둡다. 아직도 눅눅한 재료(찐 곡식)를 널면서 '제발 햇볕이 내리쬐어 오늘 안으로 건조가 끝났으면 좋겠다'고 빌어본다.

이 부업의 내용은 보리쌀과 현미를 솥에 찌는 일, 건조장에 너는 일, 완전히 건조한 것과 볶은 콩을 방앗간에서 가루로 빻는 일, 1킬로씩 포장하는 일 정도여서 한 번의 공정(102킬로)은 3~4일에 끝난다. 그러나 도중에 비라도 내리면 작업에 큰 지장이 생기며 장마철에는 아예 쉬어야 한다.

처음 우리마을발전추진회의 복지분과 위원이 되어 공동 부업을 시작할 때는 시답잖은 생각도 들었다. 공동 부업이라는 경험도 없고, 함께 모여 일한다는 것이 잘될 것 같지 않아서였다. '한살림 소비자협동조합'에서 '미숫가루 만들기'를 부탁받고 일할 사람을 모았지만 아무도 나서지 않아 우선 셋이서 시작했다. 그러나 부업이 꾸준히 추진되자 하겠다는 사람들이 늘어나서 지금은 두 개의 작업 팀이 번갈아 일을 하게 된 것이다.

그동안의 부업을 통해 거둔 수입에 못지않게 중요한 것이 '하면 된다'라는 자신감을 갖게 된 것이다. 공동 부업의 성공과 실패는 일거리에 달린 것이 아니라, 서로 어려운 사람들끼리 이기심을 버리고 어떻게 마음과 힘을 모으느냐에 달린 것이다. 서로 사랑하고 서로 돕고 함께 나누려는 생각을 가지고 열심히 참여해 일거리를 찾아갈 때 공동 부업은 활발히 이루어질 것이고, 우리 동네 주부들이 놀지 않고 소득을 높일 수 있다고 생각해본다.

"어머나, 해님이 나오네요!"

함께 일하는 새댁의 맑은 목소리에 고개를 든다. 어느새 구름 걷힌 하늘에서 밝은 햇살이 눈이 부시도록 쏟아져 내리고 있다.

하지만 이후 부업 팀에 참여하는 주민 수가 늘어나면서 팀원들 사이에 갈등도 나타났는데, 이는 동월교회 여신도회의 회원인 사람과 다른 주부들과의 갈등이기도 했다.

단오 마을 잔치

우리마을발전추진회는 고유 명절인 음력 5월 5일 단오를 맞이해 동네 노인정 앞 놀이터에서 '단오마을 잔치'를 열기로 계획했다. 지역 주민들을 한자리에 모아 잊힌 풍속을 되살리고 흥을 돋우기 위함이었다. 마을 잔치에 동회의 협조를 구하기 위해 동장을 만나러 갔으나 모욕적인 대접을 받고 돌아왔다.

"우리마을발전추진회가 무엇 때문에 필요한가? 동네 방범에 개선이 필요하면 방범위원회에 들어가고 청소년 문제가 심각하면 청소년 선도위원회에 들어가고 하면 되지. 우리마을발전추진회가 필요 없는 것 아니냐?" 동장은 놀이터 장소도 빌려줄 수 없으며 참석도 할 수 없다고 했다. 그리하여 우리마을발전추진회는 동사무소의 협조 없이 단독으로 마을의 돌산에서 단오 마을 잔치를 열 계획을 세운 뒤 사업 준비에 들어갔다. 이에 사업 재정을 마련하고 마을 잔치를 홍보하기 위해 일주일 전부터 지도부들이 교대로 두세 명씩 오후 8시에서 10시까지 네 차례에 걸쳐 주민들을 직접 찾아뵙고 잔치를 홍보했다. 이를 통해 거두어들인 모금액은 15만 원에 달했다. 지역 국회의원 사무실에 재정 협조를 의뢰해 후원금을 받아 사업에 필요한 비용을 충당했다. 주로 기념품비와 각 프로그램의 참여자 1·2·3등에게 줄 상품을 마련하는 데 재정을 사용했다.

이 같은 준비 과정을 거쳐 6월 11일, 주민 300여 명이 참여한 가운데 동네의 돌산에서 단오 마을 잔치가 성황리에 열렸다. 《우리마을》 소식지에는 이날의 흥겨웠던 상황이 다음과 같이 기록되어 있다.

아침부터 놀이판을 만들고 물건들을 옮기느라 마을 청년들은 땀을 비 오듯 흘렸다. 오후 1시부터 풍물패는 길놀이를 하면서 잔치 문을 열었다. 공동의 장의 개회사가 있을 즈음 벌써 음식 코너에서는 손이 안 보일 정도로 바쁘게 음식이 팔려 먹고 마시며 흥을 돋우었고, 또 접수처에는 놀이에 참가할 많은 사람들이 붐볐다. 놀이가 시작되면서 "모다!", "도다!" 외치는 윷놀이판, 마을의 건강한 청년, 장년들이 마음껏 기량을 겨루는 씨름판, 아주머니들의 옛 솜씨를 발휘해 널판을 밟을 때마다 곳곳에서 환성이 울렸다. 또한 잔치의 마지막 순서인 노래자랑대회에서 많은 참가자들의 흥겨운 노래와 곁에서 덩실덩실 춤을 추는 모습은 진정 우리가 도시 생활에서 찾아보기 어려운 정겨운 광경이었다.

우리마을발전추진회는 지방자치제를 앞두고 주민자치 능력을 함양시키기 위한 장이었으며, 동회의 통반 조직과는 다른, 주민들의 자치 조직이라는 데 그 생명이 있다. "그것은 자기 개인의 생활에 지쳐 거기에만 얽매여 살아가는 지역 주민들이 공동의 삶으로의 변화를 추구하게 하는 역할을 할 것이다"라고 허병섭은 밝혔다. 사실 이 변화는 주민들의 삶의 모든 영역에 걸쳐 이루어져야 했기에 단기적 목표로 달성될 성질의 것도 아니었다. 우리마을발전추진회가 주민들에게 준 의미는 '우리도 스스로 무언가 해야 하고 할 수 있다'는 정신을 일깨우고, 더 나아가서는 자주적인 주민조직에 대한 하나의 모델 사례를 창출했다는 데 있다. 그 결과는 지역 내에서 관변 세력과 주민 자주적 세력 간의 일정한 역학 관계에 변동을 일으켰다.
　우리마을발전추진회의 지방자치 분과에서는 산돌공부방 어머니회, 마을청년회 등의 지역 주민 단체들과 공동으로 1회 지자체 선거에 구의원 주민 후보를 내고 선거운동에 적극 참여하기도 했다. 조기찬은 이 마을 사람들의 도움으로 구의원에 당선되어 나중에는 성북구의회 의장까지 역임했다.
　우리마을발전추진회는 활동가가 구상한 조직의 목적과 방향에 대해 참

여자들과의 인식 공유가 되지 않았던 점, 참여자들의 이해와 욕구가 서로 달랐던 점, 주민조직 운동에 대한 관점을 지닌 활동가가 없었던 점, 조직의 목적에 부합하는 일상 활동보다 실무자가 주도하는 일회성 행사를 중심으로 프로그램이 운영되었던 점, 구심체로 세워야 할 기존의 훈련된 지역 주민 단체의 소속 회원들의 참여가 저조했던 점 등으로 오래가지는 못했다. 하지만 이러한 많은 과제들은 이후 지역 주민 운동의 협의체에 대해서 고민하게 되는 계기가 되었다. 활동가들은 우리마을발전추진회의 단기적인 활동 경험에서 얻은 교훈과 과제를 더 적극적으로 풀어내고자 다른 형태의 대안적 주민조직을 구상하기 시작했다.

1990년대에 '월곡동주민단체협의회'가 발족되었다. 월곡동주민단체협의회는 그동안 지역 주민 운동 단체에서 발굴되고 훈련된 여성·청년·주민들을 주민 지도력으로 이끌어내는 역할을 했다. 월곡동마을청년회, 동월교회여신도회, 일꾼두레, 월곡동어머니학교동문회와 주민출신교사회, 산돌어머니회, 월곡여성생산공동체와 이 단체들에 속하지 않았던 일반 주민들도 참여했으며, 이들 중에는 산돌공부방 출신의 청년들이 여럿 있었다. 이들은 당시 월곡동주민단체협의회의 총무였던 유미옥을 도와 실무를 보조하며 주민들을 챙겼고, 온갖 궂은일을 도맡아서 하거나 장시간 동안 저임금으로 일하는 여성들의 자녀를 위한 '산돌이네 놀이방'을 만드는 등 지역을 위한 일에 큰 몫을 감당했다. 40대 후반이 된 이 산돌 졸업생들은 현재까지도 '언덕배기'(월곡동 산동네의 지형을 표현하는 이름)라는 모임으로 만남을 지속하고 있다. 유미란과 유미옥은 계속 관계를 이어가고 있는 이들 중 한 사람을 소개했다.

> 저희는 월곡동 지역운동의 결실로 지역 출신 활동가 지은희를 손꼽을 수 있어요. 마을청년회 회장으로 산돌공부방 1회 졸업생 지창식의 누나인 지은희 (당시 19세, 현재 52세)는 유미란 유미옥과 함께 산돌이네 탁아소 자원봉사자, 어머니학교 교사, 지역 무료 진료 활동 주민 대표, 산돌이네 놀이방 설립 교사, 월곡동주민단체협의회 서기와 주민풍물패 대표, 월곡여성생산공동체 재정 담당, 사랑과기쁨의공간산돌 감사 등으로 다양한 활동을 30년 넘게 하며 현재까지도 산돌의 운영을 총괄하는 주요 활동가로서의 삶을 살고 있지요. 30년이 훌쩍 넘은 지금도 성실하고 꿋꿋하게 한결같은 모습으로 활동하는 동지예요. _유미란·유미옥

월곡동주민단체협의회는 매년 단옷날에 월곡동 주민노래자랑을 열었다. 일반 주민들도 행사 준비에 참여할 수 있는 주민준비위원회를 조직해 주민 참여를 확대했다. 행사에는 약 1500명의 월곡동 주민들이 함께했다. 또한 협의회는 복지분과의 생산공동체 준비 모임과 실험적인 활동을 하고, 주거 문제를 논의했으며, 대통령 선거와 국회의원 선거 때 정책토론회를 개최해 주민에게 각 정당의 후보들의 정책을 비교해 투표할 수 있는 토론회 자리를 마련해주었다. 월곡 4동 구의원 후보 선거운동과 북부 지역 시민사회 단체들과 연대해 부정선거 감시와 공정선거감시단 활동을 했다. 나아가 월곡, 강북, 노원의 빈민지역 주민 지도력들의 연대 모임을 제안해 가난한 사람들의 주거와 생존권 문제를 함께 해결하려는 정책을 논의하고, 각 지역별 사안을 공유하고 친목을 다지는 등 다양한 활동을 펼치기도

했다. 당시 유미옥은 이 단체의 총무로서 실무를 총괄했다.

저 개인적으로는 오랜 센터 활동을 통한 한계에 부딪히면서 좀 더 주민들의
삶과 지역의 변화를 위한 적극적인 활동의 필요성이 느껴져서 산돌의 주요
활동을 정리하고 주민단체협의회로 활동의 장을 옮기기로 했어요 ……. 이
시기부터 서울 동서남북 각 지역의 빈민지역 운동 활동가들이 센터 중심의
활동에서 주민조직 중심의 활동으로 전환할 필요성에 대한 논의를 시작했던
것 같아요. _유미옥

초기에는 동월청년회 출신의 강설원과 서종곤, 산돌 출신의 지은희와
이상희가 월곡동주민단체협의회(이하 주단협)의 구심점이 되었다. 이들은
각 단체에서 발굴된 주민들의 참여를 이끌어내며 일상 활동을 통해서 주
단협의 방향을 수정하고, 지속적으로 활동을 펼쳐나갔다.
주단협 사무실은 밤마다 주민들이 스스럼없이 드나드는 동네 사랑방으
로, 지역의 일을 함께 발굴하고 공유하는 마당이었다. 또한 마을 청년들과
어머니들이 함께 어우러져 풍물과 기타를 치며 노는 문화 나눔의 방이기
도 했다. 새벽에는 일꾼 두레 회원들이 모여서 작업 도구와 일정을 배분하
는 곳이었고, 밤에는 두레 아저씨들이 막걸리 한잔 마시며 말싸움도 하며
아옹다옹하는 곳이었으며, 낮에는 동네 어머니들이 휴지 갑 만들기나 구
슬 꿰기 등의 부업거리를 가져와서 함께 마음을 나누며 일하는 작업장이
기도 했다.
이름은 월곡동주민단체협의회였으나 주민회의 성격이 강했다. 이웃 마
을인 월곡 3동의 천주교 탁아소 '밤골아이네'와 연대를 시도하는 등 주단협
의 저변을 확대하기 위한 노력을 기울였다. 하지만 주단협에 대한 월곡 3동
활동가들의 인식 부족으로 주민 연대 활동으로는 발전하지 못했다. 주단협
활동을 하면서 활동가 유미옥은 다음과 같은 변화를 경험했다고 한다.

월곡동주민단체협의회 시기부터 지역 활동은 기존의 활동가 중심에서 주민
중심으로 전환되는 변화가 뚜렷이 나타났지요. 우리 마을의 작은 일에서부
터 이웃 마을, 나아가 북부 지역과 가난한 사람들의 삶을 둘러싼 불합리한
문제들을 함께 발굴하고 해결하려는 주민들의 주체적인 모습을 이 시기에
가장 많이 보았어요. 활동가로서 주민들과 함께 치열하고 다채로운 활동을
했던 시기이자 주단협 참여자들과 부대끼며 지역운동에 대해 머리보다 몸으
로 더 많이 배우고 익힌 시기로 기억합니다. __유미옥

주민단체협의회는 재개발이 완료되는 1999년 말까지 초기 구심점을 세
운 주민 지도력들의 헌신으로 지속되었고, 이후 마을이 해체되면서 참여
자들의 열악한 경제 상황으로 구성원들이 여러 지역으로 흩어지면서 활동
이 종료되었다.

월곡여성생산공동체

산돌공부방과 월곡동어머니학교를 운영하던 유미란·유미옥 자매는 1990년
대 초부터 산동네에서 생산공동체를 준비했다. 그간 1980년대 중반부터
이 지역에서 활동하면서 자연스럽게 그 연장선으로 주민들의 삶과 직결된

경제활동을 도모하려 했다. 주민들과 더 밀착된 삶에 다가가려는 시도였고, 주민과 함께 먹고사는 문제를 해결하기 위한 노력이었다. 활동가들은 주민들과 이곳의 봉제 공장, 새마을 공장, 식당 등을 직접 체험하기도 했다. 이미 주민들 중에도 '우리마을발전추진회'와 '월곡동주민단체협의회' 복지분과가 주관하는 한살림협동조합 하청의 미숫가루 만들기 사업과 손재주를 이용한 소품 만들어 팔기 등의 공동 생산을 체험했던 이들이 있었다. 공동 생산을 통해 지역 여성의 경제적 자립 방안을 마련하고, 외부 후원에 의존하지 않는 센터(공부방) 운영비와 지역 활동(주민단체협의회 경비)의 자립 자금을 마련하는 것을 목표로 했다.

생산공동체 준비 모임을 통해 협동조합의 이념과 원리, 공동 생산의 장점, 몬드라곤의 사례 등을 학습했다. 동월교회여신도, 산돌어머니회와 어머니학교 출신의 여성들이 주축이 된 준비 모임에서 사업 아이템으로 자신들이 기술을 가지고 있는 봉제 업종과 관련된 하청 일을 요구했다. 특히 그중의 한 명은 그 계통의 일감에 대한 정보를 소상히 알고 있다며, 자신이 중개인 역할까지 하면 별도의 수입을 얻을 수 있다고 계산하면서 매우 적극적으로 발 벗고 나섰다. 그러나 유미옥은 현장에서 유사 업종을 조사한 이후 봉제 계통은 성공 가능성이 없다고 판단했다. 주위에서 실패 사례를 너무 많이 보았고, 준비 모임 참여자들의 기술도 시장에서 요구하는 경쟁력 있는 기술은 아니었으며, 봉제 하청 일의 높은 노동강도를 견딜 만큼 이들의 체력이 강하지 않다는 사실을 알았기 때문이다. 이렇게 활동가의 반대 의견에 부딪히자 참여자들은 크게 실망했고, 준비 모임은 몇 달 동안 열리지 않게 되었다. 이때 생산공동체의 핵인 민주적 의사 결정 과정에 대해 많은 고민을 했다고 한다.

그러던 중 한 동네 아주머니가 '레몬 화장수'라는 것을 들고 와서 제조법을 알아봐 달라고 부탁을 해왔다. 수소문 끝에 만드는 법을 알게 된 유미옥은 준비 모임의 여성들과 함께 레몬 화장수를 만들어 써보고, 다양한 재료를 첨가해 실험해 이를 다시 주위에 나누어줘 사용해보게 하는 과정을 되풀이했다. 의외로 반응이 좋았고 동네 사람들은 레몬 화장수를 팔아보라고 권유하기도 했다. 시중의 화장품보다 품질이 좋다는 평가도 많았다.

시장조사를 해보니 시중에 천연 화장품이 없다는 사실을 알게 되어 천연 화장품 개발에 필요한 지식을 얻기 위해 공부를 하기 시작했다. 1990년대 초는 안전한 먹거리에 대한 관심이 일기 시작한 시기였고, 천연 화장품에 대한 관심은 아직 나타나지 않던 단계였다. 그러나 향후에는 천연 재료를 이용한 천연 화장품에 대해 수요가 있을 것이라고 판단했다.

언니 유미란은 '자연미용법화장연구회'라는 단체에서 실시하는 6개월의 전문 연구생 과정을 이수했고, 유미옥은 천연 화장품의 원료가 되는 식품의 특성을 알기 위해 인근 대학의 식품영양학과와 화학공학과에서 청강을 했다. 공부하면서 계속 천연 화장품의 제조 방법을 연구하고 시험적으로 만들어보았다. 레몬 화장수는 보존 기간이 짧은 단점이 있어서 원료를 알로에로 바꾸어보았고, 알로에의 찬 성질을 중화시키기 위해 한약재를 첨가했다. 이렇게 시험적으로 만든 알로에 화장수가 주위 사람들에게 호평을 받자 이때부터 본격적인 생산과 판매에 들어갔다.

처음에는 50병을 만들어 주로 교회와 단체를 중심으로 유통했다. 점차 소문이 나자 '한살림' 등의 생활협동조합에서 주문이 들어왔다. 활동가들은 참여 여성들과 함께 '월곡여성생산공동체'(이후 산돌여성모임)의 사업자 등록증을 내고 본격적으로 개인, 생협, 단체를 대상으로 삼아 판매와 홍보 활동을 시작했다. 고객(소비자)을 대상으로 새로운 제품을 팔아야겠다는 생각에 세숫비누의 대안품인 세안제와 자연 팩을 개발했다.

1994년 하반기에는 생활협동조합의 납품이 증가하면서 생산량도 두 배로 증가했고 작업 인원도 12명으로 늘었다. 남성도 참여자로 받아 재료 운반 등의 일을 맡겼으며, 유기농 생산품을 취급하는 개별 매장 및 지방의 생활협동조합에도 공급을 시작했다. IMF 경제 위기도 넘기며 월곡여성생산공동체는 성장해갔다. 초기 수익금이 주로 센터 운영과 지역 활동의 경비로 사용되면서 그동안 후원금에 의존해왔던 센터와 지역 활동의 경비를 자립적으로 해결하는 경제적 토대가 만들어졌다.

유미옥과 유미란은 오늘날 안정적이고 자립적인 조직 활동의 재정 기반을 만들 필요성에 대해 다음과 같이 강조했다.

오늘날에는 예전에 비해 정부, 지자체, 기업, 재단 등에서 나눠주는 지원금이 넘치는 상황인데, 그 조직의 재정적 기반에 외부 지원금이 높은 비율을 차지한다면 되짚어봐야 한다고 생각합니다. 외부 지원금은 조직의 재정적 기반이 취약한 상황에서 단기적으로 활용하면 효과적이겠지만, 장기적으로 높은 비율을 차지하는 지원금 사업으로 조직이 운영된다면 참여자들의 자발성과 지속성, 조직의 건강함과 생명력, 고유성, 독창성 등에 어떠한 영향을 미칠 것인지 깊이 성찰해봐야 하지 않을까요? 당시 월곡여성생산공동체는 오늘의 사회 환경과 차이는 있으나 과거 유미란과 유미옥이라는 여성 활동가들이 이룬 특정한 사례가 아니고, 오늘날에도 여전히 사회경제나 지역운동 단체의 조직 활동을 하는 이들에게 유효하며 보다 발전적인 형태로 나아가기 위한 실천이 각 현장에서 필요하다고 생각합니다. _유미옥

본격적인 재개발을 앞두고 1999년에는 하월곡동 지역 활동을 마감하고 이전을 준비했다. 2001년 11월에 도봉여성의집(방학동 소재, 이후 '사랑과기쁨의공간산돌'로 개칭)의 지하로 작업 공간을 옮겼다. 2000년 상반기부터 매출이 크게 증가했고 소비자도 계속 늘었다. 적립된 기금은 도봉구 센터 구입과 증개축 비용으로 사용했고, 센터 운영비와 지역 활동 경비로 매월 지출되었다. 이 외에도 외부의 종교 시민 사회단체에서도 요청이 있을 때마다 후원금을 보내기도 했다.

천연 화장품은 재료의 특성상 완제품이 생산되기까지 총 8개월(세안제와

| 천연 화장품 생산 공정 | 원료를 숙성시키는 모습 |

자연 팩은 2~3개월)이 걸리지만, 그동안의 실제 작업 일수는 화장수가 한 공정당 약 12일, 세안제와 자연 팩이 17일 정도에 불과하다. 따라서 참여자들에게는 상시적인 일자리가 아니라 작업 기간에만 모여서 반짝 일을 하는 부업 자리인 셈이다. 작업이 있을 때마다 참여한다고 해도 한 사람이 1년 동안 일할 수 있는 날은 90일 정도다. 전적으로 여기에만 생계를 의존하기는 어려운 수준이다. 그러나 당시 참여자 다수는 식당 등에서 일용직으로 노동하는 지역 여성들이었으므로 이 일자리는 가계에 보탬이 되었다.

한편 입소문과 생협 매장을 이용하는 소비자를 통해 천연 화장품의 우수성이 알려지자 화장품 매장이나 피부 미용실, 인터넷 판매업자 등을 거쳐 납품 요청이 들어왔다. 그러나 일반 시장으로는 진출하지 않기로 했다. 그 이유는 다음과 같다.

첫째, 품질관리 인원이 부족해 증가량에 대한 품질관리가 여의치 않았다. 둘째, 양질의 재료 수급이 어려웠다. 천연 화장품은 자연에서 재료를 얻는데, 환경오염 등으로 양질의 재료를 지속적으로 공급받기에는 한계가 있다고 보았다. 셋째, 영리를 추구하는 일반 시장에 공급하는 것은 생산공동체의 지향과 이미지에 부합되지 않았다.

공동체를 이끈 활동가들은 기본적으로 다음과 같은 생각을 바탕으로 삼아 생산공동체를 시작했다. 첫째, 돈이 되어야 한다. 초기 참여자들의 가정 형편과 지역운동 단체의 재정은 매우 열악해 지역 여성의 경제적 수익(반찬값이라도)을 창출하고, 외부 후원에 의지하지 않고도 역량껏 일할 수 있는 지역운동체의 운영비를 만들려고 했다.

둘째, 품질 좋은 제품으로 10년 이상 살아남는 생산공동체이어야 한다. 지역의 남성 일용 건설 노동자 조직(건축일꾼두레)의 쇠퇴 과정을 보면서 시장에서 현상 유지하며 생존하는 어려움을 간접경험하며 공동체가 10년 정도 생존하면 성공적이라 생각했다. 자본과 기술 없이 생존하기 위해서는 양질의 제품을 생산해야 하고, 이를 위해서는 제조 과정에서의 품질관리가 생존의 관건이 된다고 생각했다(제품의 질 문제로 소비자에게 받는 좋지 않은 평가는 곧바로 생산공동체의 생존에 치명적인 피해를 줄 수 있다는 인식을 공유하기도 했다). 또한 소비자들은 다양한 종류의 제품을 생산하기를 요구했으나, 한 종류의 제품의 질을 향상시켜 소비자로부터 제품에 대한 신뢰를 얻는 것이 더 중요하다고 생각했다(공동체의 인적·물적 역량으로 다품종을 생산하기 어려운 조건이었다).

셋째, 사회 변화에 기여할 수 있는 생산공동체가 되어야 한다. 천연 화장품은 화학 화장품보다 공해 발생이 적어 수질오염 등을 최소화할 수 있기 때문에 환경 친화적이라고 보았다. 제품 사용을 통해 건강한 마음과 몸(피부) 만들기를 추구했고, 행복한 생산 활동을 중요하게 여겼다. 만드는 사람들이 행복하도록, 생산 활동 참여에 대한 자부심을 느끼도록 이끌었다. 대안적인 경제조직으로 자본주의 생산구조의 폐해를 뛰어넘어 참여자의 수동적 역할, 비인간화, 불평등을 극복하는, 이들이 주체가 되는 진정한 의미의 경제공동체를 추구했다. 수익금의 일부는 사회 변화를 위한 기금으로 환원했다.

넷째, 지속적인 수요가 있는 상품이어야 한다. 초기에 천연 화장품이라는 아이템은 대중화된 상품은 아니었지만 생활수준의 변화에 따라 수요도 증가하리라고 보았다. 이 예상은 적중해 2000년대 들어 천연 화장품에 대한 소비자의 욕구가 확산되면서 관련 시장의 증가와 더불어 수요도 증가했다. 소비자의 욕구에 따라 한발 앞선 상품으로 응답하는 것이 지속적으로 수요를 유지시킬 수 있는 지름길임을 깨달았다. 소비자는 물건을 구매할 때 기업의 철학(가치)도 함께 구매한다는 점을 감지했다. 시대 변화에 준비하고 대응하기 위해서는 생산공동체가 변화해야 했다.

2003년 3월에는 '산돌여성모임'으로 공동체의 이름을 개칭하고 법인 사업자로 등록해 생산공동체를 이어갔다. 공동체의 초기 회원들은 이민이나 재개발로 다른 지역으로 이주해 다섯 명에서 두 명으로 줄었다. 새로운 회원을 받아들였고, 변화하는 시장 상황에도 공동체의 매출액은 꾸준히 증가했다. 하지만 천연 화장품 시장에 대기업이 뛰어들고, 생협에서도 자체적으로 주문생산 체계를 갖추어나갔으며, 소비자 스스로 만들어 쓰는 천연 화장품 제조 방법이 활성화되는 등 시장이 요동치며 변화했다. 또한 지속적으로 양질의 재료를 수급하는 문제가 발생했고 품질관리, 기술 개발도 과제로 떠올랐다.

공격적인 마케팅 전략이 요구되는 시장 환경의 변화에 따라 산돌여성모임도 천연 화장품 업계로 생존하기 위한 전환 시점을 맞으며 일반 시장에 진출하는 방안을 놓고 고민도 했지만, 치열한 시장 경쟁 활동에 대해 활동가들이 회의적인 태도를 보인 점, 센터의 안정적인 재정 기반이 마련된 점, 지역 활동가로서 자리매김하기를 바란 점 등의 이유로 일반 시장으로 나가지 않기로 했다. 결국 생산공동체의 천연 화장품 사업은 사회 변화를 위해 헌신하는 조직에 기증하기로 결정했다. 여러 가지 검증을 통해 천연 화장품의 제조권·판매권·상표권을 2011년에 한살림연합에 넘겼다. 한살림연합은 산돌로부터 제조 기술과 노하우를 전수받아, '참고아라' 브랜드를 받은 산돌 제품 3종을 산돌 방식으로 생산하고 있으며, 판매 수익금의 1퍼센트를 동자동 쪽방마을 공동체 '동자동사랑방' 등에 보내는 등 소외된 이웃을 위한 사회 변화 활동을 하고 있다.

생산공동체가 기증을 결정하기까지는 여러 논의가 활발하게 이루어졌다. 월곡여성생산공동체는 초기에 빈민지역 운동에 뿌리를 두고 활동을 시작했는데, 재개발로 하월곡동 지역 활동을 마감하게 되었고, 초기 참여자(지역 여성)도 재개발에 따른 지역 해체로 흩어지게 되었다. 또한 생산공동체를 이끌면서 자발적이고 민주적인 운영 원리와 생산성·효율성을 조화시키는 것도 쉽지 않았다. 시장에서 살아남기 위해서는 생산성과 효율성을 선택하게 되는데, 이러한 선택이 참여자들을 일당만 받는 수동적인 존재로 전락시키는 결과를 불러오는 게 아닌가 하는 활동가들의 성찰도 있었다. 요컨대 지역 활동을 지속시키기 위한 주요 수단으로서 마련한 생산공동체의 설립 초기 목적이 변화와 성장의 과정을 거치고 목표보다 충족된 현시점에서는 유효하지 않다고 판단하고, 산돌이 20년 동안 지켜왔던 가치와 지향을 잘 살려 변화된 시장 환경에 대응할 수 있는 조직에 기증하기로 했던 것이다.

월곡여성생산공동체의 천연 화장품 사업은 엄격한 품질·생산관리로 소비자만족도와 신뢰도를 높인 성공한 생산공동체 사례로 손꼽힌다. 앞을 내다보는 혜안으로 천연 화장품이라는 사업 아이템을 찾아내 제품화하고 20여 년을 성장하며 걸어온 과정은 많은 시사점을 남겼다.

이상에서 성북 지역(월곡) 빈민운동의 과정을 살펴보았다. 1976년 허병섭 목사가 이 지역에 동월교회를 세우고 들어와 가난한 달동네 주민들과 함께 살았던 것은 주민공동체 운동을 벌인 것이라고도 볼 수 있다. 주민의 필요와 형편에 맞게 탁아방과 공부방을 열었으며, 경제적인 문제를 해결하기 위해 노동자를 모아 일꾼 두레를 만들고 지역사회의 주민조직이라고 할 수 있는 우리마을발전추진회도 만들었다. 헤어날 수 없는 숙명처럼 받아들이던 가난을 협동경제를 통해 해결할 수 있다고 느낀 유쾌한 경험도 주민과 같이했다. 그 밑바탕에는 교육과 훈련이 함께 있었다. 어머니학교를 통해 문자를 깨치고 자신감을 회복한 이들이 경제적 대안을 모색하며 천연 화장품을 생산하는 월곡여성생산공동체에 참여해 뜻을 이뤘던 것도 시사하는 바가 크다.

주민 스스로 말하고 움직이며 노동의 기쁨과 보람을 나누고, 이웃과 더불어 살아가는 사랑의 공동체를 추구했던 많은 밀알들의 헌신과 희생이 성북 지역(월곡동) 빈민운동 판에 분명 있었다. 갈수록 커지는 거대 자본에 맞서 가난하고 약한 사람들이 살아갈 수 있는 길은 서로 돕고 연대하는 데 있다. 요즈음 들불처럼 번지고 있는 마을 만들기 사업과 협동조합 운동 등에서는 당장 눈앞에 보이는 성과에 연연하기보다는 길게 호흡하며 주민 속으로 녹아 들어가는 것이 중요하다. 주민이 스스로 변화를 주도할 때 그 일의 온전한 뜻이 뿌리를 내리고 열매를 맺을 수 있다. 마을공동체 운동의 앞선 역사를 살피고 오늘에 그 참뜻을 되살리는 일이 더욱 중요해졌다고 본다.

강북 지역: 삼양동 정릉 4동을 중심으로

1970~1980년대에 산동네(또는 달동네)는 서울 여러 곳에 있었다. 그곳은 늘 재개발, 무허가, 가난, 정(情), 막노동, 무작정 상경 등의 단어를 연상시켰고 여러 문화를 만들어왔다. 그 안에는 가난할지라도 이웃과 더불어 살아가는 사람들의 정이 있었고 나름의 공동체 문화가 있었다. 하지만 정부는 이곳을 불량 주택 밀집 지역, 재개발 지역으로 정해 주민들과 끊임없이 재개발(철거) 문제로 줄다리기를 해왔다.

1988년 서울올림픽을 앞두고 대대적인 달동네 재개발사업이 시작되었다. 자본의 운동 법칙대로 가진 자들은 이곳을 황금 알을 낳는 거위처럼 여겼다. 1990년대 중반에는 달동네 대부분이 아파트 단지로 변해갔고, 최근에는 뉴타운 사업으로 이어져 많은 곳이 용적률을 극대화한 고층 아파트 군락으로 변해갔다. 달동네에 자기 집을 가진 자도, 세를 사는 세입자도 모두 머릿속으로는 언젠가 재개발로 이곳에서 밀려날게 될지 모른다는 위기의식과 불안감을 안고 살았던 것도 사실이다. 그곳에 사는 대다수 주민의 뜻과는 다른 방향으로 개발이 강행되었고, 일반인들은 이러한 개발이 당연한 흐름이고 발전이라고 여기는 시대를 살았다.

삼각산 아래 양지바른 마을이라는 뜻의 '삼양동'은 소나무와 샘이 많아서 '솔샘'이라 불리기도 했다. 이곳은 1957년경부터 한강 수재민, 남창동 화재민, 청계천·신설동 등의 철거민과 1960년대 후반 개발독재 정권의 저임금·저곡가 정책에 희생된 이농민들의 유입으로 형성된 마을이다. 현재는 철거가 되어 대단위 아파트 단지로 상전벽해와 같은 변화를 겪은지라 그 흔적이 남아 있지는 않지만, 40여 년간 미아 1·6·7동, 정릉 4동은 약 1만 세대가 넘게 살고 있었던 서울의 대규모 빈민 밀집 지역이었다.

1995년 11월 1일 미아 6동을 시작으로 재개발사업이 진행되었고, 정릉 4동에는 1996년 3월, 미아 7동에는 1996년 5월, 미아 1동에는 같은 해 5월 30일 사업 시행 인가가 떨어져 합동 재개발사업이 시행되었다. 여러 가지 우여곡절과 주민의 유출입 끝에 현재의 대규모 아파트 단지로 탈바꿈했다. 산동네(달동네)의 정겨움과 이웃 간의 어우러짐은 옛 이야기가 되어버렸고, 동과 호수로 획일화되고 규격화된 주거 공간에 새로운 사람들이 유입되어 전혀 다른 삶의 모습을 보여주고 있다.

삼양동·정릉동 주민운동의 역사

삼양·정릉 지역에서 주민운동이 시작된 때부터 IMF 경제 위기 시기까지 대강을 살펴보면 다음과 같다.

주민운동 출발기(1985~1988)

1985년 7월 미아 7동의 어린이사랑방(탁아소) 설립을 시작으로 미아1·6·7동과 정릉 4동에 주민운동 센터들이 설립되어 '센터 중심의 주민운동'을 시작했다. 이 시기 설립된 주민운동 센터로는 미아 1동의 솔샘애기방(1987년), 미아 6동의 돌산교회·돌산공부방, 미아 7동의 어린이사랑방과 새뜻교회(공부방), 정릉 4동의 나눔의집(대한성공회)·밝은집(탁아소)이 있다.

어린이사랑방은 임혜숙이 맡아 시작했다. 그는 이미 양동 지역에서 활동하다가 이곳에 들어와 마땅히 돌봄이 필요한 어린이들을 맡아서 돌보고 있었다. 부모들은 주중에 아이를 맡기고 주말에 데리러 왔다. 그래서 어린이사랑방은 탁아소라고 불리기도 했다. 차츰 주 단위로 아이를 맡기는 부모의 수는 줄어들고 미아 7동에 사는 아이들이 중심이 되어갔다.

어린이사랑방은 그 지역 주민들의 센터 역할도 담당했다. 동네 아주머니들이 남편에게 두들겨 맞으면 이곳으로 피신해 와서 함께 자기도 했으며, 연탄가스가 새는 집을 고쳐주기도 했다. 어린이사랑방에 아이를 맡기던 부모들은 자모회·자부회를 조직해 바자회나 어린이날 행사 등을 함께 치렀다. 주민들과 함께 먹고 자면서 헌신적으로 활동하던 임혜숙이 전세 사기 사건을 겪고 쫓겨날 위기에 처하자 지역민들과 자모회 등이 앞장서서 전세금을 마련해준 일도 있었다. 넉넉한 분들이 아니었는데 지역에 꼭 필요한 일을 하고 있는 사람을 알아보고 팔을 걷어붙인 것이다.

1988년 4월부터 김선미, 한순영, 김경태 등이 교사협의체를 구성해 어린이사랑방을 이끌어나갔다. 지역의 대학생들이 자원 활동을 하며 돕고 뜻을 함께하는 이들이 다달이 후원금을 보내주어 알뜰살뜰 살림살이를 꾸려나갔다. 아이를 맡기는 부모들과도 정기적으로 만나면서 자모회를 활성화했다.

1989년 10월에는 여러 지역의 탁아소·공부방 어머니들이 한데 모여 홍익대 실내체육관에서 어머니큰잔치를 열기도 했다. 어린이사랑방의 어머니들도 참여했다. 부부 싸움을 주제로 한 연극을 올려 '일하는 어머니상'을 받았다. 전문적이지는 않았지만 생활 속에서 일어날 수 있는 부부간의 갈등과 달동네 생활을 실감 나게 그려 많은 박수를 받았고, 참여자들은 자연스레 어린이사랑방의 일에 주체적으로 참여하게 되었다.

또한 이 지역 여러 단체들이 공동으로 치렀던 '우리동네 노래자랑'에도 어린이사랑방의 학부모들이 참여해 열창하기도 했다. 어린이사랑방에서는 수익 사업으로 커피를 판매했고 장터에서 도토리묵을 판매하기도 했다. 어린이사랑방이 세 들어 있던 집의 주인이 계약 기간이 끝나면 나가달라고 통보했기에 이전하는 데 보태기 위해 열심히 자금을 모았다.

어린이사랑방에서 함께 활동했던 김경태는 양육 문제, 여성 취업 문제, 주거 문제, 부부 문제 등에 관심이 많았고, 특히 탁아 문제는 국가가 해결해야 하는 문제로 여겨 '지역사회탁아소연합회'를 중심으로 삼아 탁아법 제정 촉구운동에 힘을 쏟았다. 연합회의 회장으로 일하면서 1992년 영유아보육법의 입법에 크게 기여했다.

1986년 11월에 이철용 등이 중고생을 위해 새뜻공부방을 시작했다. 미아 7동 달동네 새뜻교회 내에 50여 명이 이용할 수 있는 공부방을 마련한 것이다. 교양서적도 2000여 권을 비치해 작은 도서관을 운영했다. 이대 도서관학과 출신이 봉사자로 활동했고, 지역 주민들의 생활 수기도 공모하고 영화도 상영하며 지역에 자리를 잡아나갔다.

1988년 11월, 김기석 신부가 미아 7동에 전세방을 얻어 대한성공회 삼양동나눔의집의 문을 열었다. 이듬해에 정릉 4동으로 자리를 옮겨 본격적으로 빈민선교를 펼쳤다. 나눔의집은 공부방, 야학, 어머니교실, 주민 도서관, 가정 결연 사업과 우리동네 노래자랑대회, 어린이날 행사 등의 연대 활동을 펼쳤다. 김선옥, 김정숙, 전수경, 왕성옥, 김성희, 나성권, 박윤태, 김영준 등이 나눔의집을 터전으로 잡고 활동했다. 그들은 솔샘공부방을 중심으로 삼아 어린이는 물론 청소년을 대상으로 하는 활동과, 노동자를 위한 야학, 주부교실 등을 벌이며 주민조직 활동을 펼쳤다. 또한 지역 청년 모임을 꾸려 청년 20여 명이 참여하는 규모로 발전시켰으며, 이후 청년 모임은 지역 연대 활동이었던 노래자랑, 선거운동의 활동력으로 자리를 잡았다. 재개발을 겪으며 삼양동나눔의집은 돈암동으로 옮겼다가 하월곡동에 자리 잡게 되었고, 이름도 '성북나눔의집'으로 바뀌어 현재에 이르고 있다.

에피소드

대한성공회 삼양동나눔의집 화재와 재건축

지역 어린이들의 공부방이며 도서관이고, 청소년들의 쉼터이며, 저녁에는 야학이 열리고 노동자 교육이 펼쳐지던 대한성공회 삼양동나눔의집에 원인을 알 수 없는 화재가 발생해 모두 불타버리는 일이 발생했다. 이 지역 청소년들이 자주 이용했던 곳이자 내 집처럼 드나들던 장소가 당장 없어지자 청년들과 마을 주민들이 힘을 모아 나눔의집을 다시 짓기로 했다. 하지만 구청에서는 이곳 재개발 지역에서는 벽돌 하나 쌓는 일도 일절 할 수 없다며 집을 짓지 못하게 했다. 어이없고 억울한 일이었다. 주민들은 서명운동을 벌이고 청원서를 넣었고, 지역 방송에다가 주민 인터뷰도 하고 관청에 찾아가 항의도 했다. 결국 나눔의집을 새로 지을 수 있게 되었다. 자발적으로 마을 주민들이 품을 내어 건축 자재를 마련해 스스로 지었다. 지나고 보니 이것이 우리가 지역에 살았다는 것을 보여준 게 아니었나 싶다(당시 활동가 김선옥 인터뷰에서).

솔샘애기방은 정금자가 처음에는 기도 모임으로 진행하다가 만든 것이다. 여기에서도 애기방 자모들을 중심으로 모임을 열며 센터로서 지역 주민을 위한 일들을 했다. 맞벌이 부부의 자녀들이나 마땅히 돌봄이 필요한 지역 내의 어린이들을 돌봐주면서 주민들과 만나며 지역에 뿌리를 내리기 시작했다.

주민운동 조직 활동 시기(1989~1993)

1988년 나눔의집이 들어서면서 지역 모임을 준비하게 되었다. 각 센터를 다니면서 모임을 제안하고, 이후 지역 모임을 만들기 시작했다. 센터 활동가들이 조직적으로 움직이면서 지역의 다양한 이슈를 찾아냈고 지역운동을 활발히 했다. 드디어 센터들은 빈민지역 운동론에 기초해서 동 단위 활동을 함께 전개하기 위해 1989년에 연대 모임인 '삼양정릉지역모임'을 결성했다. 삼양정릉지역모임은 정기적으로 모이면서 정보를 공유하면서 지역운동을 전개했다. 당시에는 빈민운동이라 하면 철거 투쟁, 노점상 투쟁을 언급했던지라 '지역운동'이라는 말이 생소했지만, 모임에 참석할 때마다 주제를 선정해 강의를 듣고 논의를 나누었으며, 『지역운동론』 1~3권(한국도시연구소 펴냄)을 집중적으로 공부하면서 지역 모임을 만들어나가려고 노력했다.

> 이 지역에서 센터들은 지역에 골고루 자리를 잡고 자신들의 몫을 해내고 있었어요. 지역 모임을 통해 주민과 만날 수 있는 자리를 넓혀나가고 지역의 문제에 좀 더 다가갈 수 있는 대중적인 활동을 고민했어요. 그때 이 동네 토박이라고 할 수 있는 정구호·정호성 님이 모임에 참여하게 되었는데 우리에게 큰 힘이 되었죠. 그분들은 지역의 문제를 세세하게 알고 있었기에 함께 프로그램을 진행하는 데도 우리는 힘을 받게 되었지요. 이 모임을 통해 우리도 이 지역에 뿌리를 내릴 수 있겠구나 생각했죠. _ 김선옥

삼양정릉지역모임은 상호 협력하는 지역 연합 행사로 우리동네 노래자랑을 5회 개최했고, 총선 시 공정선거감시단 활동을 했으며, 지방자치 선거에도 참여했다. 이 밖에도 어린이와 청소년을 위한 문화 행사를 진행했고, 지역신문 《평화촌》도 발행했다. 또한 관심별 소모임으로 성직자 모임,

탁아소 분과 모임, 공부방 연합 수련회, 신문편집위원회 등을 운영했다.

지역신문 ≪평화촌≫은 무가지 타블로이드판으로 월간 약 5000부씩 발행되었다. 총 5회 발간하는 데 그쳤지만 지역 주민의 이야기와 주민에게 유익한 동네 소식을 담아내려고 노력했다. 맞벌이 부부들을 위해 유아를 맡길 만한 유아원에 대한 정보를 제공하고, 독자 투고를 받아 주민의 의견을 싣기도 했다. 예를 들어 미아 7동 아이들의 통학로에 횡단보도가 없어 위험하다는 투고를 받고 관계 기관에 건의해 횡단보도를 설치하도록 하기도 했다. 또 많은 주민들이 TV 난시청으로 유선방송비를 내고 시청하고 있는 문제를 심층 취재해 주민의 공감을 불러일으켰으며, 방송국(KBS)에 이 문제를 해결해달라고 탄원하기도 했다. 또한 가난하지만 순박하게 살아가고 있는 이웃들의 이야기를 실었다.

사별한 남편의 뒤를 이어 24시간 문을 열어놓고 펑크를 때우는 '조빵구 아주머니' 이청자 씨 이야기, 돈 벌러 일본에 갔다가 돈은커녕 삶과 죽음의 경계를 넘나들다가 돌아온 타일 기술자 박병화 씨, 일제강점기에는 일본에, 해방 후에는 중공군·소련군·미군에 이리저리 치이면서 살아온 김일모 노인의 생생한 개인사를 소개하기도 했다. 이 모두가 함께 살아가는 이웃의 이야기로 주민들에게 인기가 있었다고 한다.

이 시기 미아 1동에 솔샘공동체(천주교 빈민사목 공소), 미아 7동에 희망의집놀이방, 정릉 4동에 다솔공부방이 설립되었다. 천주교 솔샘공동체는 1991년 세워져 이기우 신부 등이 활동했고, 1992년 11월에는 뉴질랜드 출신 안광훈 신부도 이 지역에 들어와 활동했다. 안 신부는 자신의 전셋집을 세입자대책위원회의 회의실로 제공하고 세입자의 권리 보장과 임시 거주지 마련을 정부에 요구하는 등 주민들의 생존권 투쟁을 돕는 데 힘썼다. 1998년에는 삼양동선교본당이 설립되어 안광훈 신부는 초대 주임 신부로 부임했다.

이 지역에서는 비슷한 활동을 하는 단체들 간의 연대 활동도 활발하게 벌어졌다. 대한성공회 삼양동나눔의집과 어린이사랑방은 힘을 합쳐 1990년 봄에 공동 주최로 '제1회 일하는 어머니들을 위한 주부교실'을 열었다. 4월 15일부터 7월 15일까지 진행된 주부교실은 12명이 신청해 네 명이 졸업했다. 문화, 여성 문제, 자녀 교육, 시사, 등산, 비디오 슬라이드 감상, 등공예 등 다채로운 주제로 주말 동안 주부교실이 진행되었다. 교재에는 신문 칼럼과 시사만화, 민요, 노동가요 등을 넣고 함께 나눌 이야깃거리를 실었다.

시사 주제로는 지역 문제이기도 한 주택 문제, 재개발, 광주 민중항쟁 등도 다루었다. 여성 문제와 자녀 교육은 더욱 비중 있게 다루었는데, 성평등, 참교육, 전교조 이해 등을 목표로 했다. 수업 분위기가 딱딱해지지 않도록 토론을 하고 생활의 예를 끌어와 진행했으며, 등산과 노래 부르기 자리를 마련해 자연스레 친해지고 문제의식을 가지도록 안내했다.

비록 온 과정을 마친 이가 적었지만, 일하는 어머니들도 새롭게 배우고 익히는 일에 관심이 많다는 사실과 이러한 모임을 통해 지역 주민들이 만나 지역 일에 참여하는 첫걸음이 이루어질 수 있음을 확인하는 자리이기도 했다.

이 시기 상계동 나눔의집에서 활동하다가 삼양동 지역에 들어온 김선옥에 따르면, 그 당시의 운동은 조직적인 지역운동이라기보다는 센터들이 곳곳에 포진한, 느슨한 형태의 활동가 중심의 운동이었다고 한다. 1988년 서울올림픽을 앞두고 시작된 빈민지역 철거와 재개발이 이곳에도 닥칠 것을 대비해 준비를 해서 들어오게 되었다고 한다. 먼저 이 지역에 방을 얻고 공부방을 시작했다. 어린이사랑방을 비롯한 새뜻교회 등의 활동을 지켜보며 청소년과 청년들을 만나기 시작했고, 정릉 4동의 대한성공회 나눔의집을 근거지로 삼아 활동했다. 솔샘공부방과 야학을 만들고, 노동자들을 만나기 시작했다. 지역 청년들을 모아 교육 활동에 참여하게 했다. 야학에 오는 노동자들은 대개 마을 곳곳에 위치한 봉제 공장에 다니고 있었다. 그들과 함께 야학에서 세미나도 하고 야유회도 가며 친해졌다. 나아가

사회과학 공부를 하며 노동자들이 자기 목소리를 낼 수 있도록 이끌었다. 그 결과 청년 조직이 만들어졌고, 이들은 지역이 연대해 진행했던 마을 행사에서 풍물 공연도 하고 지역 이슈에 참여하기도 했다.

강경규와 정낙묵은 정릉 4동 지역에 들어와 활동하면서 이곳 주민들이 소규모 봉제 하청 공장에서 일하고 있다는 사실에 주목해 이들을 조직하려고 했다.

이곳 산동네에는 가내수공업 또는 영세 하청 공장이 옹기종기 널려 있습니다. 요리조리 꼬불꼬불 나 있는 골목길을 걷다 보면 여기저기서 미싱 돌아가는 소리, 횡편기 좌우로 돌아가는 소리가 꼬방집에서 새어 나옵니다. 요꼬나 미싱 기계 한두 대씩을 살림집에 설치해놓고 가족끼리 일하는 경우를 흔히 볼 수 있습니다.[5]

요꼬 일을 하던 조규성 등을 발굴해 1990년 6월에 '한걸음일자리방'을 열었다. 미싱 두 대와 인타 한 대로 시작했다. 영세 하청업체가 대부분인 이 지역에 봉제 공장들의 생산자협동조합을 만드는 것이 목표였다. 그 목표를 세우게 된 데는 다음과 같은 고민이 있었다.

일감이 있으면 일할 사람이 부족하고, 일할 사람을 구하면 일감이 마땅치 않은 악순환을 거듭하고 있었다. 숙련된 미싱사를 구하기는 하늘의 별 따기다. 이러한 인력난에 모두가 어려워하고 있는 현실이 갑갑하고 여간 짜증스러운 게 아니다. 또한 비수기에 접어들면 인력난이 조금 해소되는데 일감이 줄어들어 수지타산이 안 맞는다. 일감의 원활하고 꾸준한 공급과 인력난의 해소는 영세공장이 공동으로 직면한 문젯거리이다.[6]

5   강경규, 「한걸음일자리방 1주년을 맞으며」, ≪쪽가위≫, 제5호(1991.7.28).

이를 해결하기 위해서는 지역 업자들의 협동조합과 노동자들의 친목 모임을 통해 서로 협조가 이루어져야 한다고 보았다. 협동조합이 만들어진다면 첫째, 일감의 공동 모색과 기술제휴 등을 통해 비수기를 슬기롭게 극복할 수 있고, 둘째, 인력난에 대해서는 공동으로 기능사를 배출할 수 있다고 보았고(실제로 한걸음일자리방에서 실시한 기술 강좌에는 고급 미싱 기술을 배우겠다는 아주머니들이 많이 찾아왔다), 셋째, 마을에서 기계 한 대로 부업을 하시는 숙련된 봉제 기술을 지닌 아주머니들이 상당수에 이르렀는데, 이러한 아주머니들께 충분한 일감을 안정적으로 제공할 수 있게 되어 인력난 해소에도 큰 도움을 줄 수 있다고 보았다.

일거리를 매개로 지역 활동가와 주민들과의 만남을 이어가고 주민 조직화를 해나가며 그 지역에 풀뿌리 생활정치의 터전을 마련하고자 했다. 천주교도시빈민회 소속이기도 했던 강경규는 한걸음일자리방은 복음 속에 나오는 사람들처럼 이웃과 함께하는 나눔의 공동체가 되어야 하고, 능히 그 역할을 다할 것이라고 말했다.

한걸음일자리방에서는 강경규를 비롯한 주민들이 직접 봉제 일을 했다. 강경규는 활동가이면서 미싱사이기도 했다. 주위에 많은 봉제 업체 간의 교류와 소통을 통해 일감을 안정시키고 기술제휴를 맺어 제품의 질을 높이는 방법을 고민하기 시작했다. 우선 일감을 공동으로 공유하고 분배하는 일과 인력난에 대비해서 기술제휴를 맺어 유능한 기능사를 교육하고 배출시키는 일을 추진했다. 또한 미싱 한 대를 가지고 집에서 혼자 일하는 숙련된 아주머니들이 많이 있다는 사실에 주목해, 이들을 한데 묶어 충분한 일감을 공동으로 제공받고 안정된 소득을 올릴 수 있는 방법이 생산자협동조합임을 알려나갔다. 영세 하청업체가 대부분이던 이 지역의 봉제사업을 바탕으로 삼아 생산자협동공동체를 이루고자 한 것이다.

---

6   강경규, 같은 글.

한걸음일자리방에서 내던 소식지 《쪽가위》에는 지역 소식을 비롯한 노동자 수기, 노동조합 사례, 시사 문제, 협동경제나 섬유업계의 흐름 등을 실었다. 또한 "일감에 대한 소개나 정보, 일자리(직장)를 찾거나 일할 사람 (미싱사, 시다,[7] 사시사,[8] 아이롱사,[9] 편직공, 기타 기술자)을 찾는 경우, 공장을 팔거나 구입하시는 경우, 또는 각종 기계(미싱기, 횡편기[10] 등)를 팔거나 구입하시고자 하는 경우" 한걸음일자리방으로 연락을 달라는 광고를 실어 영세 하청업체가 대다수였던 이곳 봉제 공장들 사이의 다리가 되고자 했다.

한걸음일자리방은 봉제 공장에서 일하는 노동자들의 연대 모임을 이끌며 노동자 교육과 연대 활동을 활발히 했다. 재하청 문제를 비롯한 부조리한 노동 문제를 해결하기 위해 노력하기도 했다.

1992년에는 대통령 선거를 앞두고 연대 조직인 '삼양·정릉지역 공정선거감시단'이 출범했다. 이기우 신부와 김성훈 목사가 공동 대표를 맡고 정구호가 공정선거감시단장을 맡아 활동했다. 지역을 돌며 선거참여 캠페인을 벌이고 부정 선거운동을 감시했다. 금전 살포, 물품 살포, 관권 개입, 흑색선전, 특정 정당 입당 강요 행위 등을 고발하고 부재자투표 제도 등을 알리고 선거 참여율을 끌어올리기 위해 노력했다. 지역 연대 활동인 만큼 청년들과 여러 센터들이 힘을 합쳐 일을 나누고 활발하게 활동했다.

재개발 준비 시기(1994~1995)

1990년대 초반에 재개발이 발표되면서 1994년부터는 재개발에 대비한 지역 모임이 바쁘게 돌아갔다. 재개발이 동별로 진행되었기에 지역 모임

---

7   시다는 일본어(したばたらき)에서 온 말로, 남의 보조나 조수, 온갖 허드렛일을 해주는 사람을 뜻한다.
8   사시사는 스웨터나 편물 제품의 봉제 작업을 전문으로 하는 사람을 뜻한다.
9   아이롱사는 다림질(ironing)을 전문으로 하는 사람을 뜻한다.
10   횡편기는 스웨터 등을 짜는 기계(V-bed knitting machine)이다.

외에도 동별 대책 모임을 열기 시작했다.

동별 대책 모임의 내용은 다음과 같다. 미아 1동 모임에는 솔샘공동체, 솔샘애기방, 둥근나라어린이집이 참여했다. 모임에서는 주로 재개발 지역의 주민을 교육하고 설문 작업을 실시했으며, 솔샘스카우트를 만들어 출범시켰다.

미아 6·2·8·9동 모임에는 돌산교회·공부방, 민초한의원, 햇살놀이방, 노루목배움터가 참여했다. 모임에서는 재개발, 지자체 실무자 교육을 진행했으며 주민교실을 열어 주민 조직화를 꾀했다.

미아 7동 모임에는 어린이사랑방, 희망의집놀이방, 새뜻교회, 하나둘셋유아원, 삼양건축 외에도 개인들이 참여했으며, 재개발 설문조사, 마을 신문 ≪평화촌≫ 준비, 주민 교육용 홍보물 작업 등을 진행했고, 지자체 선거에 후보를 내서 지원을 했다.

정릉 4동 모임에는 나눔의집, 밝은집, 다솔공부방이 참여했으며, 재개발 준비를 위한 교사 교육, 성탄맞이 헌 옷 바자회, 어머니교실, 설문 작업, 주민교실 등을 진행했다.

1995년 '지역모임'은 지역 재개발 대책 활동을 우선시하면서 지자체의 올바른 지역 정치 실현을 위해 활동하고 회원 상호 간의 친목을 도모하는 것으로 방향을 잡고, 다시 한번 정구호를 지방선거 후보자로 추대해 지방선거에 대응했다. 그리고 그해 가을, 3년 만에 '제5회 불우이웃돕기 우리 동네 노래자랑'을 미양초등학교에서 개최했으며 ≪평화촌≫에 노래자랑 결과와 불우이웃 돕기 현황을 공개 발표했다.

미아 6동에 재개발사업 시행 인가가 난 1995년 11월부터 재개발에 의한 이주와 강제 철거에 대응하기 위한 활동으로 지역모임을 재개발대책위원회로 전환시켜, 임시 주거 시설 쟁취 및 확실한 임대아파트 입주를 요구하는 주민 조직화 활동을 시작했다. 이 과정에서 많은 주민운동 센터들이 지역을 떠났고, 미아 1동에는 솔샘공동체와 솔샘애기방이, 미아 6동에는 돌산교회(공부방)가, 미아 7동에는 희망의집놀이방과 어린이사랑방이, 정릉 4동에는 나눔의집과 다솔공부방만 남아 활동하게 되었다.

김성훈 목사는 1982년 동월교회 허병섭 목사를 만나 빈민운동에 대한 교육 훈련을 받았다. 교육 훈련을 받고 난 이후 직접 노점을 하며 도봉 2동 판자촌에 들어가 생활했다. 주민을 만나고 주민 속에서 살았다. 기독교빈 민선교협의회 사무국장을 하면서 알게 된 미아 6동에서는 비어 있던 교회 를 인수해 1990년 6월에 돌산교회를 세웠다. 돌산교회는 청소년 야학, 무 료 진료 사업을 실시하고 공부방을 운영했으며, 1994~1995년 철거 투쟁 때는 주민들의 구심점이 되었다. 1998년 6월에 재개발이 시행된 이후 돌 산교회를 중심으로 조직된 주민의 힘으로 임대아파트에 들어가기까지 임 시로 거주할 임시 주거 시설(가이주단지)을 얻어냈고, 그곳에서 5년간 공동 체적인 삶을 살았다. 미아 6동의 가이주단지는 돌산마을이라 불렸으며 이 지역에서는 임덕균, 유명자 등이 주민 지도자로 활동했다.

미아 7동에서는 장경혜, 이재남을 중심으로 세입자대책위원회가 조직 되었고, 1999년 4월에는 가이주단지 미양마을에 입주했다. 이 지역에서 활동한 인물로는 이철용, 정구호, 정호성, 정명자, 송영기, 김선미, 양미애 등이 있다.

장경혜는 공부방 교사로 활동하며 빈민운동에 참여하게 된다. 가톨릭대학 신학생과 지역 대학생들의 연합모임인 '희망의집젊은이모임'에서 1988년에 공부방 활동을 시작했다. 금호·행당동 지역에서 공부방 활동을 하던 그는 1993년 삼양동 지역으로 옮겨 활동을 이어갔다. 탁아소 실무자가 암으로 활동을 중단하게 되어서 그 일을 대신하게 되었다. 이 지역에서는 센터 중 심의 활동을 하면서 지역 모임에 대한 요구에 따라 삼양정릉지역모임이 꾸준하게 이어졌다. 지역의 일을 의논하고, 지역운동의 흐름과 정보를 나 누고, 지역 일과 관련해 연대 활동을 하는 자리였다. 1996년에는 삼양정릉 지역모임의 대표를 맡아 활동했고 동시에 미아 7동의 세입자대책위원회에서 교육부장으로 일했다.

활동가들은 '동별 대책 모임'을 통해 동별로 '세입자 주민 교육'을 실시했다. 처음에는 주민 대부분이 재개발이 시작되면 보상을 받아 이사할 생각을 했다. 그러다가 이사를 가지 않고 남을 수 있는 방법을 알아보게 되었다. 임대아파트를 신청해서 살 수도 있고 재개발되는 동안에는 가이주단지로 옮겨 사는 방법도 있었다. 금호·행당동에 철거 주민들이 가이주단지를 짓고 사는 것을 보고 우리도 그렇게 할 수 있겠구나 하고 생각했다. 이렇게 해서 세입자대책위원회를 조직했으며, 세입자 주민들과 함께 가이주단지 쟁취를 목표로 투쟁했다. 가이주단지를 건설하는 데 드는 비용과 터를 두고 재개발 건설회사와 줄다리기가 시작되었다. 투쟁과 협상을 거듭하는 과정에서 많은 주민이 다치기도 했고 경찰에 끌려가기도 했다. 마침내 공원 부지에 가이주단지를 짓는 것으로 협상이 타결되었다. 이 시기 미아 7동에 봉제생산협동조합인 '솔샘일터'(2017년 현재 활동 중)가 창립되었다.

천주교 빈민사목을 위해 이곳에 들어온 이기우 신부는 솔샘공동체를 이끌면서 1993년에 봉제생산공동체인 솔샘일터를 세웠다. 이 신부는 동네에서 이혼 후 어렵게 아이들을 키우며 살아가는 동네 아주머니에게 "처지가 비슷한 사람들끼리 모여 공장을 경영해보자"고 했다. 창업 아이템으로는 천주교 성직자들의 수도복을 택했다. 수요가 고정적이고 외상이 없다는 장점이 있었다.

이 신부가 천주교 빈민사목위원회의 명례방 협동조합에서 종잣돈으로 2200만 원을 빌려 왔다. 이 조합에서는 천주교 신자와 후원 회원들의 돈을 모아서 저소득층에게 저리로 빌려주었다. 조합에서 빌린 돈으로 가정집 1층을 전세 놓고 봉제 공장을 시작했다. 패션학원 디자이너 정진숙 씨가 솔샘일터 직원 세 명에게 재단과 바느질을 가르쳤다. 이기우 신부와 수녀들은 전국 여러 수도회에 솔샘일터의 개업을 알리는 공문을 보냈다. 먼저 지방 수녀원에서 전화로 주문이 들어왔다. 이후 안정적으로 일감이 들어왔고,

공장은 본궤도에 올랐다. IMF를 넘겨 지금도 운영되고 있으며, 2014년 교황의 한국 방문 때는 교황이 입는 전례복을 만들기도 했다.

건축일꾼두레의 영향을 받아 삼양건축과 우리건축 등은 협동조합 방식을 추구하며 이 지역에 사는 사람들의 경제 문제를 해결하기 위해 뛰어들기도 했다. 삼양동 지역의 일용 건설 노동자 15명이 모여 1992년 9월에 노동공동체 '삼양건축'(대표 정구호)을 열었다. 배운 것 없고 가난한 이들이 손쉽게 선택하는 일이 건설 일용 노동인데, 불안정한 일감과 하도급 제도로 정당한 임금을 받지 못하는 문제 등이 발생해 생활 자체가 불안정해지고 가난의 악순환이 되풀이되는 경우가 많았다. 노동공동체의 이점은 안정적인 일감을 확보할 수 있고 노동자로서의 자긍심을 가지고 일할 수 있으며, 생활의 이익을 불러와 생계를 안정시킬 수 있는 기반을 조성할 수 있다는 점이다. 김민교, 임석천 등의 회원들은 목수, 미장공, 잡부, 보일러공 등으로 팀을 구성해 직거래 방식으로 일감을 받아와, 서로 돕고 함께 일하고 수익금을 공동 분배하는 방식으로 운영되는 노동공동체 삼양건축의 운영에 큰 힘이 되었다.

1994년 7월에는 협동조합 '우리건설'(회장 김성훈, 대표 김진택)도 문을 열었다. 미래를 창조하는 건설 노동자 공동체를 지향하며 공동 투자·생산·분배, 협동 운영으로 건설노동자의 새로운 삶의 대안을 창출하고자 했다. 하지만 아쉽게도 철거 싸움으로 지역 문제에 집중이 쏠리면서 이런저런 시도들은 오래 이어가지 못했다.

철거 투쟁을 통한 주민운동 조직의 활동 시기(1996~1999)

1996년 3월 3일 미아 6동 세입자대책위원회 결성을 기점으로 해서 6월 9일에는 미아 7동 세입자대책위원회, 7월 21일에는 미아 1동 세입자대책위원회를 결성해 세입자대책위원회별로 매주 주민총회와 교육을 실시했다. 그러나 정릉 4동에서는 동 모임과는 별도로 세입자대책위원회가 결성되어 초기에 어려움을 겪었다.

1996년 '지역모임'은 재개발 소식지를 발간했다. 활동가가 중심인 '지역모임'을 주민과 활동가가 함께하는 '기획단'으로 전환시키기 위한 준비 작업의 필요성을 논의하고, '금호행단기획단'의 주민운동 사례를 공부했다. 그리고 그해 10월, 미아 1·6·7동 세입자대책위원회는 미양초등학교에서 삼양권 체육대회를 개최하며 연대를 다짐했다.

에피소드

1996년경 이 지역이 재개발 확정으로 철거되는 과정에서 철거를 반대하는 주민들과 철거 깡패들과의 싸움은 나날이 거세져 갔고 부상자도 속출하게 되었다. 대치 상황이 계속되자 종암경찰서 정보과에서 주민들의 신망을 얻고 있는 정구호에게 세입자대책위원장과 재개발조합장이 만나 합의하도록 중재해달라고 부탁해왔다. 정구호는 가구주였지만, 세입자와 원주민이 계속 이 지역에 살수 있는 방안을 찾기 위해서 몇 년 전부터 주민 1000여 명의 서명을 받아 관계 기관에 진정서를넣거나 직접 국가를 상대로 개인 돈을 들여 소송하기도 했다. 그의 중재로 철거를 하더라도 가이주단지를 만들어달라는 세입자의 요구와 폭력으로 인한 부상자의 치료비 문제를 해결했고, 대화를통해 문제를 해결하겠다는 약속 등을 담아 합의서를 작성했다. 극한의 대치 상황에서도 협상을 통해 가이주단지 건설을 이끌어내는 데 일조한 셈이다.

철거 투쟁으로 미아 6·7동은 가이주단지(임시 주거 시설)를 확보했다. 가이주단지 건설이 가시화되던 1997년 3월에 '지역모임' 활동가들은 먼저 '삼양·정릉 지역 희망 만들기 구상교육'을 4회에 걸쳐 실시했다. 그 당시 이 지역은 아침저녁으로 철거에 동원된 포클레인 소리와 세입자대책위원회의 비상 사이렌 소리가 뒤섞여 마치 전쟁터와 같았다. 철거가 진행되면서 나날이 빈집이 늘어나 섬뜩한 느낌마저 주었다. 재개발로 많은 사람들이 떠났고 남아 있던 주민들은 앞날에 대해 불안해했다. 가이주단지라는 공간을 확보했다 하더라도 그 이후를 준비하는 것이 중요했다. 자신의 권

합 의 서

미아 1-1지구 재개발 조합과 (이하 조합이라 한다) 미아 1-1지구 세입자
대책 위원회(이하 세대위라 한다)는 보다 원활하고 무리없이 재개발을 추
진하고 아울러 세입자 문제를 해결하기 위하여, 아래와 같이 약속하고 이를
지킬 것을 합의 한다. 아울러 이 합의서를 2통 작성하여 조합, 세대위가
각각 한 통씩 보관한다.

1. 조합은 세대위에서 요구하는 가수용 시설을 설치 하기 위하여 세대위와
   꾸준히 협의 한다.

2. 10.29때 발생한 이 현재씨 생가 피손은 가옥주, 세입자, 조합, 세대위
   가 함께 만나 협의 한다.

3. 10.29때 발생한 부상자에 대한 치료비 900만원을 즉각 지급 한다 ...

4. 조합은 재개발 사업을 추진 하는데 세입자와 관련 된 모든 사항은 주...
   반드시 세대위와 협의 하며 지속적인 대화를 통하여 해결 하며, 공가 ...
   완파시 쌍방 협의 하에 협조 한다.

5. 10.29때 세대위가 고소한 부분을 취하한다.

• 위 합의 사항은 재개발 사업이 완료 될 때 까지 유효 하다.

조합 뛰인도 주민도 채기로, 짧기로한다

1997년 3월 22일

미 아 1 - 1 지 구 재 개 발 조 합
조 합 장   이   기 태

미 아 1 - 1 지 구 세 입 자 대 책 위 원 회
위 원 장   송   영 기

철거 투쟁 합의서

리를 찾고 서로 협동하는 공동체마을을 만들기 위해 준비해야 할 것이 많
다고 보았다. 가이주단지에서 어떻게 생활할 것인지를 고민하고, 재개발
이후 공공 임대주택 입주로 이어질 지속 가능한 주민운동의 방향과 전망
을 함께 모색하고 준비할 필요성에 맞춰 삼양·정릉 지역 희망 만들기 구상
교육을 실시한 것이다.

1997년 6월에는 미아 1·6·7동 세입자대책위원회 임원과 활동가 55명
을 대상으로 '삼양·정릉 지역 마을 만들기 공동 교육'(7회)과 워크숍을 실
시했다. 이는 철거 이후 임시 주거 시설과 임대아파트의 주민을 지속적으
로 조직하고 주민공동체 운동을 이어나가기 위한 하나의 전략이었다. 주
민 지도자, 주민, 조직가 약 50여 명이 마을 만들기 학습과 워크숍을 통해
드디어 그해 9월 30일, '삼양정릉지역 주민자치협동공동체 실현을위한기
획단'(이하 기획단)을 창립해 활동하게 되었다.

이 기획단이 목표하는 마을은 다음과 같다. 첫째, 자연과 함께하는 마
을, 둘째, 협동하고 자치적인 마을, 셋째, 아이들과 살맛 나는 마을, 넷째, 정

을 나누는 마을, 다섯째, 늘 배우는 마을이다. 기획단은 운영위원회(공동 대표 2인, 기획실장, 6개 분과 분과장)를 중심으로 해서 지속적으로 협동조합 교육을 실시했다. 운영위 아래에 6개 분과(경제협동분과·생산협동분과·생활협동분과·주민자치환경분과·사회복지교육분과·문화홍보사업분과)를 두고 활동했다.

1998년에는 '주민자치 협동공동체'를 준비하는 데 집중하기 위해 활동가 중심의 '지역모임'을 해산했다. 1998년 3월, 미아 6동 세입자대책위원회는 가이주단지를 쟁취해 '돌산마을'이라 이름 짓고 55세대를 입주시켰다. 이어서 '돌산봉제생산협동조합'을 창립하고 다양한 주민공동체 활동을 시작했다. 1999년 5월에 미아 7동의 44세대도 가이주단지에 입주해 '미양마을'을 이루었다. 하지만 미아 1동 세대위와 정릉 4동 세대위는 중간에 다른 지역의 임대아파트를 선택해 삼양동을 떠났다.

1998년 9월, 천주교 공소였던 '솔샘공동체'는 '삼양동선교본당'으로 이름을 바꾸어 산하에 '강북평화의집'을 두고 가난한 주민들을 위한 활동을 전개했다. 돌산마을과 미양마을은 기획단 활동을 추진했다. 초기에는 6개 분과의 활동이 진행되었으나, 이후에는 경제협동분과 활동에 집중했다. 이를 통해 솔뫼협동조합이 창립되어 활동을 벌이기 시작했다(1999년 10월). 논골신협의 사례를 보고 신협을 설립하고자 했으나 신협 인가가 나지 않아서 결국 2006년에 해산하게 되었다.

IMF 위기를 맞아 1998년 11월에는 김홍일 신부를 중심으로 삼아 노원, 강북, 성북이 '서울북부실업자사업단'을 결성하고 실업극복 운동도 함께했다. 1999년 1월 삼양정릉기획단의 주민자치환경분과(위원장 이재남)가 '서울북부실업자사업단 강북지부'를 조직해 강북 자활후견기관을 위탁받았다. 이후 삼양주민연대로 이름을 바꾸고 강북 주거복지센터와 우렁각시 등을 운영하면서 이 지역 주민 운동의 새로운 구심점이 되었다.

후일담: 우리동네 노래자랑 이야기

　주민들과 함께했던 것 중 가장 기억나는 하나가 '우리동네 노래자랑'[11]
이다. 1989년 1회 대회를 시작으로 1995년 5회 대회까지의 다섯 번의 행
사는 주민과 삼양정릉지역 주민협의회가 함께 마련한 것으로 지역의 여러
모임이 어우러져 특색 있는 행사로 자리 잡았다.

　1회 행사는 1989년 10월 22일 미아 7동 마을버스 종점 위 주차장에서 펼
쳐졌는데 약 500여 명의 주민이 참가했고, 2회 행사는 1990년 10월 14일에
서경대에서 열렸으며 2000여 명의 주민이 참여했다. 이때부터 연예인들이
찬조 출연을 하기 시작했다. 3회 행사는 1991년 10월 20일 미양초등학교
운동장에서 열렸으며 약 3000여 명이 참여했고, 이후 소식지도 발행하기 시
작했다.

　행사 수익금은 동네 노인정의 연탄을 구입하는 데, 생활이 어려운 이웃
30여 가정에 생필품을 지원하는 데 사용했다. 이어서 1992년 10월 18일 4회
행사 때는 주민 약 1만 명이 참여해 성황을 이루었다. 노래자랑뿐만 아니라
대동놀이도 하는 등 왁자지껄 흥겨운 마을 잔치였다. 당시 미양초등학교 운
동장을 꽉 메운 인파로 일대 장관을 이루었으며, 이후 관에서도 무시하지 못
하는 주민자치 행사로 발전하게 되었다.

　두 해를 거르고 1995년에 5회 대회를 열었다. 행사의 수익금은 모두 불
우이웃을 돕는 데 사용했다. 5회 우리동네 노래자랑은 '삼양정릉지역 주민
협의회'에서 주최한 행사였다. 네 개동(정릉 4동, 미아 1·6·7동)에서 각각 활
동했던 여러 센터가 모여서 협의회를 구성한 것이다.

　정릉 4동에는 다솔공부방, 밝은놀이방, 삼양동나눔의집, 울림아리(4동
청년 모임), 정릉 4동 주민모임준비위원회가, 미아 1동에는 솔샘공동체, 하

11　이 지역에서 활동했던 정구호, 김성훈, 김선옥, 채금주, 김경태, 정호성 님을 모시고 그 당시의
　이야기를 들었다(2014년 2월 24일 오후 2~5시, 서울 이화동 빈민회관 2층 세미나실).

376　2부 지역운동의 발자취

우리동네 노래자랑

나둘셋유아원이, 미아 6동에는 돌산교회, 돌산공부방, 햇살놀이방, 민초한의원이, 미아 7동에는 건설노동자협동조합 삼양건축, 디딤돌, 새뜻교회, 솔뫼주민회, 어린이사랑방, 한살림 미아지부, 희망의집놀이방이 회원 단체로 있었다.

길놀이를 시작으로 오전 11시부터 본격적으로 노래자랑 및 장기자랑 대회가 열려 오후 3시까지 이어졌고, 대동놀이(동별 단체 게임, 박 터뜨리기, 강강술래)를 끝으로 오후 5시에 행사가 끝났다. 문화 행사로는 우리동네 사진전, 탁아소 공부방 사진전이, 민속놀이 코너로는 널뛰기, 제기차기, 윷놀이 등이 있었으며, 먹거리 장터와 직거래 장터, 생활용품 장터도 열려 다양하게 참여할 수 있었고 즐길 거리도 많았다. 노래자랑을 열기 위해서 준비위원회를 구성했고, 준비위원장(정구호, 김정숙), 총무부, 홍보부, 섭외부, 장터준비부, 문화행사부, 설비부로 역할을 나누었다. 우리동네 노래자랑의 실무를 도왔던 일꾼들은 대부분 센터에서 배출한 청년들이었다. 청년 모임에서는 풍물놀이도 준비하고 발로 뛰며 홍보도 했다. 해를 거듭할수록 우리동네 노래자랑에 대한 마을 주민들의 참여와 호응이 가히 폭발적으로 증가했다.

그날의 풍경은 이러했다. 행사를 알리는 풍물패의 길놀이가 시작되면 쟁과리와 북, 장구, 징소리가 마을 골목골목을 깨우며 흥을 돋운다. 노래자랑이 펼쳐질 운동장 임시 무대 한쪽에서는 막걸리, 부침개, 떡볶이, 저렴한 일용 잡화를 판매하는 일일 장터가 열렸다. 또 저편에서는 윷놀이, 널뛰기, 줄다리기 등의 놀이가 열렸고, 어느 정도 흥취가 무르익으면 임시 무대에서 일류 사회자의 뛰어난 만담과 우스갯소리가 이어지고 더불어 노래자랑대회가 시작된다.

가장 큰 고민이었던 건 노래자랑에서 곡 연주를 담당해줄 밴드를 찾는 일이었다. 다행히도 같은 지역의 서경대 밴드부가 연주를 맡아주기로 했지만, 대중가요의 다양한 레퍼토리를 소화해 연주하기에는 자신이 없었는지 행사 하루 전에 못하겠다고 연락을 해왔다. 지역의 터줏대감으로 이 지역 사람을 잘 알던 정구호는 급하게 밤무대 업소에서 일하는 동네 후배들을 소집해 음악 밴드를 맡겼다. 평소에 동네에서 형님으로 불리며 영향력을 발휘하고 있는 그의 부탁을 거절할 수는 없었다. 당시에 인기 가수 현숙, 탤런트 최주봉 등이 온 것도 큰 볼거리가 되었지만, 수많은 관객을 흥겹게 하고 노래자랑 참가자들이 편하게 노래 부를 수 있도록 받쳐준 밴드부의 활약이 인상적이었다. 이런 인연으로 그들은 그 이후로도 노래자랑의 밴드를 계속 맡게 되었다.

「만남의 기쁨과 이별의 아픔」, 「남녀의 애달픈 사랑 이야기」, 「타향살이의 고달픔」, 「노동의 고됨과 기쁨」, 「썩은 세상에 대한 풍자」 등 출연자들이 부른 노래는 우리 민중의 생활의 진면목을 무엇보다 잘 나타냈다. 중간에 들어간 유명 초청 가수의 노래는 KBS 〈전국노래자랑〉보다도 분위기를 더 흥겹게 이끌어갔다. 마지막에는 조촐하지만 푸짐한 상품이 제공되었고, 행사 수익금을 마을 발전과 어려운 이웃 주민을 돕는 데 사용하겠다는 주최 측의 푸근한 마음 씀씀이가 깃든 말이 이어졌으며, 막걸리로 얼큰해진 우리네 마음을 '이웃사촌'으로 이끌어주었다(당시 지역 소식지의 글과 참여자들의 회고에 따랐다).

주민들의 많은 관심과 참여로 성황을 이루었던 우리동네 노래자랑은 이 지역에서 활동했던 대부분의 조직이 힘을 모으고 마음을 모아 치러낸 마을 잔치였다. 해가 거듭될수록 내용도 알차졌고 주민 조직화로 넘어갈 수 있는 씨앗이 되기도 했다. 재개발로 급박하게 지역 형편이 바뀌어 5회로 끝난 점은 무척이나 아쉽지만 그 당시 그 지역에 살았던 많은 사람들에게는 아직도 회자되는 추억으로 남아 있다.

활동가들은 그 당시를 회고하면서 이런 행사를 전략적인 주민조직 활동으로 이어가지 못했던 점을 아쉬워했다. 이 지역 운동의 화두가 재개발 싸움으로 급하게 바뀌어 바닥에서부터 솟아나던 주민자치와 주민조직 운동의 싹을 틔울 수 있는 기회를 놓쳤다는 것이다.

이상에서 강북 지역(삼양동, 정릉 4동 중심) 주민운동의 내용을 살펴보았다. 이 지역의 특징은 센터들이 적절한 지점에 자리를 잡고 지역의 현안과 과제를 함께 헤쳐나갔다는 점이다. 보육과 교육을 중심으로 지역공동체를 다지며, 먹고사는 문제를 공동으로 해결해나가는 협동조합 방식으로 여러 가지를 시도하며 성과를 내기도 했다. 재개발이라는 비상사태가 닥치자 철거에 맞서 주거권 싸움을 하며 가이주단지를 얻어냈고, 그 이후 자치적으로 주민들이 살아가는 문제에 대한 해결책을 모색하고자 삼양정릉기획단을 만들어 활동했다. 여기에는 협동조합, 주민자치, 사회복지, 문화, 교육 등 협동공동체의 청사진이 있었다. 정부의 지원에 기대거나 한 개인이 주도한 것이 아니라 '주민 스스로' 힘을 모아내고자 한 것이다.

이 지역에서 활동했던 이들은 그 당시의 지역운동에서는 돈이나 머리가 아닌 몸으로 어울리고 부대끼는 것이 중요했다고 말한다. 삼각산 아래의 삼양동 마을은 이제 재개발로 지역도 바뀌고 사람도 많이 바뀌었다. 하지만 가이주단지를 거쳐 이곳에 정착한 이들과 더불어 활동하는 주민운동의 흐름은 지금도 이어지고 있다.

서울시를 비롯한 여러 지자체에서 펼치고 있는 마을 만들기 사업은 주로 의제·프로그램·단체 성과 중심이라는 평가를 받고 있다. 그 지역 주민들이 서로 관계를 형성하고 만나고 조직되면서 마을을 위해 스스로 자신의 재능이나 시간, 물질을 내놓으며 함께 만들어가는 것이 지속 가능한 마을공동체 운동이라고 말한다. 또한 사람 사이에 녹아 들어가 가능성을 끌어내고, 마음이 함께하는 활동으로 서로 간의 소통을 돕고 건강하게 지역과 주민을 살리는 것이 활동가의 몫이라고 말한다.

마을이라는 주제는 더욱 중요해지고 있다. 우리 사회의 문제를 해결하는 기본 단위로서 마을공동체를 복원시키는 것은 시급한 과제라고 많은 이들이 말하고 있다. 이 시점에 지난 시절의 주민운동 사례는 여러 가지 시사점을 주고 있다고 본다.

🏠

못다 이룬 꿈, 다시 공동체를 향하여

금호·행당·하왕 빈민지역 운동의 시작

서울의 동쪽에 위치한 성동구는 면적 16.84제곱킬로미터에 약 30만 명의 인구가 거주하고 있는 비교적 작은 지역이다. 지하철 다섯 개의 노선이 통과하고 강남과 강북을 연결하는 교통의 중심지이며, 청계천, 중랑천, 한강 등과 접해 있는 물의 도시이기도 하다. 성동구는 경공업이나 환경오염이 적은 공장을 수용하는 준공업 지역으로, 도심 내에 생산 기능을 갖추고 있는 동시에 대규모 아파트 단지들도 자리 잡고 있는 곳인데, 한국전쟁 이후 인구가 급격히 늘어나고 많은 제조업체가 생겨나면서부터 본격적으로 발전하기 시작했다.

성동구에는 구로구, 영등포구, 금천구, 동대문구 등과 같은 제조업 중심의 공업지대가 일찍부터 형성되어 있었고, 금호동, 행당동, 하왕십리동(이하 금호·행당·하왕) 등에는 1990년대 초반까지 서울 시내에서 규모가 큰 산동네가 형성되어 저소득층의 주거지로 자리하고 있었다. 그 당시 가난한 세입자들이 모여 살던 금호·행당·하왕 지역에는 여느 산동네와 마찬가지로 좁고 복잡한 골목에 작은 집들이 빼곡히 들어서 있었는데, 대현산 꼭대기에서 바라보면 그 모습이 마치 집이 아닌 게딱지와 같았다고 한다. 인근에는 청계천 평화시장과 동대문시장 등의 대규모 의류 시장이 자리 잡고 있었기 때문에 대부분의 주민은 요꼬, 사시, 미싱 등의 가내수공업으로 생계를 이으며 살아가고 있었다.

한편 1980년대를 대표하는 또 다른 산동네 지역인 삼양동, 봉천동, 신림동 등에는 많은 빈민운동 활동가들이 행동을 함께하고 있었지만, 성동 지역에서는 다른 지역보다 비교적 늦은 1987년부터 활동가가 지역에 들어와 거주하며 주민들과 함께하기 시작했다. 이렇듯 빈민지역 중에서도 소외되어 있었던 성동구를 가장 먼저 찾은 사람은 경기도 시흥시 복음자리 공동체에서 거주하던 박재천·이현옥 부부였다.

1970년대부터 청계천 판자촌, 양평동 판자촌, 시흥시 복음자리 등에서 거주하며 빈민지역 운동 활동을 했던 박재천은 1987년에 "흩어지는 공동체를 만들자"라는 조직[1]의 결정에 따라 새로운 활동 지역을 찾게 되었다. 한 달여 동안의 지역 조사를 거쳐 서울의 빈민 밀집 지역 중 활동가들이 찾지 않은 성동 지역으로 가족과 함께 이주하면서부터 금호·행당·하왕 지역의 빈민지역 운동이 시작되었다. 박재천·이현옥 부부도 공동체에서 빠져나와 개인의 삶으로 돌아왔다.

(복음자리를 떠나 활동할 지역을 찾기 위해) 지역 조사를 쭉 하니까 행당동 산동네가 활동하는 사람이 아무도 없었어요. 그때까지만 해도 북부는 노원,

---

[1] 시흥시 복음자리의 활동가 공동체를 일컫는다.

삼양권, 남부는 봉천권, 신림권, 그리고 가운데 금호, 행당권 그게 다 산동네 야. 그런데 남부권은 그때 활동가들이 많이 있었고. 그래서 여기가 좋겠다고 결정을 하고 산동네 지형 중에서도 제일 가운데쯤의 집을 알아보기 시작했 죠. 집사람하고 둘째가 아주 작을 때, 걔를 업고 가족이 전세방 얻으러 다녔 고. 마침 생각한 대로 행당동, 금호동, 응봉동, 하왕십리 이렇게 연줄연줄 되 어 있었는데, 행당 2동 산모퉁이 그쪽이 제일 중심이었거든. 그때 당시 전세 가 500만 원인가 600만 원이었어요. 그거를 얻어가지고 이사를 하고, 복음 자리의 공동체 생활양식에서 개인, 단독 삶으로 들어왔죠. _박재천

박재천은 복음자리에서 공동체 생활을 정리하고 행당동으로 이주할 당 시에 빈민운동 중앙 조직의 활동을 하기보다는 지역 주민과 같은 생활양 식을 갖추고 살아가고자 했지만, 천주교도시빈민회[2] 등의 사무국장, 회장 등을 역임하며 활동을 이어가게 되면서 그러한 꿈을 실현시키지 못했고, 지역 활동가들을 지원하고 지지해주는 역할을 계속했다.

시흥 토박이로 고등학교 시절부터 지역 주민이자 조직가로 활동했던 박 재천의 아내인 이현옥은 행당동으로 이주해 주민과 함께하는 삶을 살기 시작했다. 이현옥은 어렸을 적에도 그랬고 공동체에서 생활할 때도 경제 적으로 어려움을 겪었지만, 가난한 동네 중에서도 한 번도 본 적 없는 더 욱 가난한 동네인 행당동과 마주하며 "우리보다 훨씬 가난한 사람이 많다 는 것을 그때 처음 알게 되었다"라고 회고했다. 박재천·이현옥 부부는 몇 년 동안 복음자리 공동체 생활을 하면서 필요한 돈도 공동으로 사용했었 기 때문에 그곳을 벗어나 낯선 동네로 이주한 후에는 생계 수단을 찾는 것

---

2 천도빈협 동부지역위원회(추영호 신부, 박재천, 노기덕, 조영주, 강혜영, 김세정 등)는 지역운 동의 하나로 한겨레 금호 지국(1989년, 지국장 박재천, 실무 노기덕)을 운영했고, 우리쌀집 (1990년, 윤종철, 최효성)을 개점해 도농 직거래를 시도했다. 또 금호 1가동에 푸른하늘공부방 (1989년, 김세정, 노인경)을 개설해 아동·청소년의 교육을 담당했다.

이 막막하게 느껴졌다. 그러나 얼마 지나지 않아 이웃 사람들이 인근 시장을 상대로 옷가지 등을 만들어 생활하고 있는 것을 알게 되었고, 이현옥도 스웨터 짜는 기술을 배워서 동네 작업장에 취직해 동네가 철거되기 전까지 일할 수 있었다.

> 복음자리에서 살 때는 깡통이 하나 있었어. 그러면 그 깡통에서 내가 필요로 하는 만큼만 돈을 가져다 쓰고 했었거든요. 그런데 여기 와서 돈을 만져야 되는데 몇 년 동안 큰돈을 만져보면서 산 적이 없었던 거야. 그런데 여기에서는 어쨌든 내가 삶을 살아야 되는데 돈은 없고. 그래서 제가 이웃집들 뭐해서 먹고 사나 봤더니, 여기는 시장이 가깝잖아요. 동대문시장, 남대문시장 같은 큰 시장이 있으니까 그렇게 하면서 다들 바쁘게 먹고살더라고요. 쉐타(스웨터) 짜는 게 정말 많았어요. 그래서 제가 쉐타 짜는 기술을 배웠어요. 그래서 집에서도 하고 나가서도 하고. 그러면서 계속 살았죠. _이현옥

박재천·이현옥 부부가 행당동으로 이주했던 1987년 이듬해부터는 빈민운동 활동가와 프로그램 센터가 지역에 들어와 정착해 다양한 활동을 펼쳤다. 주로 '천주교도시빈민회'의 회원들이 많이 들어와 활동했으며, 일부는 개인 자격으로 들어와 활동하며 지역에서 살기도 했다. 1988년 오순도순애기방이라는 탁아소가 설립된 것을 기점으로 희망의집공부방, 행당배움터, 푸른하늘공부방 등이 생겨났고, 탁아방과 공부방을 중심으로 지역운동이 활발하게 전개되기 시작했다.

이렇게 활동가들이 모이기 시작하면서 박재천·이현옥 부부의 집은 활동가들이 학습하고 친목을 도모할 수 있는 모임 장소로 기능하게 되었고, 여러 고민을 나누고 새로운 활동을 모색하는 장이 되었다. 한편 1989년 말에서 1990년대에 들어오면서 빈민운동 진영에서는 '빈민지역 운동론'에 대한 논의가 진행되었다. 각 빈민지역에서는 '동 단위 모임'이 만들어졌다.

성동 지역에서는 이렇게 모이게 된 활동가들이 '이모임(This Meeting)'을 만들었고, 이후 '금호·행당지역 활동가협의회'(1991~1994), 주민협동공동체 실현을 위한 '금호·행당·하왕지역 기획단'(1995년~) 등의 이름으로 결집해 시기별로 지역 상황에 맞는 빈민지역 운동을 추진했다.

내가 들어가고 그 이듬해 어떤 친구들이 공부방 하겠다고 들어오고, 어떤 친구들은 탁아소 하겠다고 들어오고. 그래서 오순도순 탁아소도 들어오고, 행당동 공부방도 들어오고, 푸른하늘공부방도 들어오고, 무슨 도서관도 들어오고. 이런 게 많이 생기더라고요. 잘됐지. 그래서 나는 그런 분들이 오면 밥 먹고, 술 먹고, 잘 왔다 그러고. 열심히 하라고 그러고. 그래서 우리 집이 초기에는 거의 활동가들이 쉬는 집 같은. 그렇게 들어와 가지고 살면서 '이모임'을 만들었어요, This Meeting이라고. "우리 모임을 뭐라고 할까?" 하다가, "이 모임을 뭐라고 할까?" 하다가 '이모임' 이렇게 되었는데, 그때 관심사는 재개발이었으니까. 재개발이 되면 우리는 어떻게 해야 되는가가 핵심이니까. 그래서 활동가들이 모여서 재개발과 관련된 학습도 하고, 공부도 하고, 한 달에 한 번씩 우리 집에 모여서 정보도 나누고. 술 먹고 놀고. 서로 힘들고 그러니까. 그런 역할만 한 거죠. _박재천

이모임(This Meeting)
'이모임'은 1989년부터 1990년까지 지속된 모임이다. 천주교도시빈민회 동부지역위원회, 오순도순애기방, 희망의집공부방, 행당배움터, 푸른하늘공부방의 지역 조직가들이 자신의 고유한 지역의 활동을 전개하면서 자연스럽게 모임의 필요성을 느껴 만들게 되었다. 주로 도시빈민 운동과 관련된 학습 모임을 전개했는데, 특히 산동네 재개발을 염두에 두고 합동 재개발사업과 철거 반대 투쟁의 사례를 배워나갔다. 또한 지역조직 활동의 일환으로 지역 행사, 주민 교육, 각 센터 간의 연대 활동을 기획해 추진했다.

금호·행당지역 활동가협의회

금호·행당지역 활동가협의회(이하 지활협)는 '이모임'이 발전한 형태로, 1991년부터 1994년까지 지속되었다. 지활협은 공부방, 탁아소 등의 프로그램을 중심으로 진행되던 활동들에 대한 비판과 더 대중적인 사업에 대한 필요성으로 생겨났다. 지활협에는 기존의 빈민운동 활동가뿐만 아니라 금호동과 행당동 일대에서 활동하고 있던 다른 부문의 활동가들도 참여했는데, '이모임' 활동가들 외에도 성동겨레사랑주민회, 한겨레 금호 지국, 각 센터 진료소의 지역 활동가, 지역 풍물패 무쇠막과 주민 도서대여점 밀알의 집 활동가 등이 참여했다. 그리고 기존의 협의체 수준에 머물러 있었던 '이모임'보다 대중적인 공동 사업과 더 본격적인 지역사회 운동의 추진 방안을 구상했는데, 주로 금호·행당 지역의 주민 조직화를 준비하고 센터 간의 공동 행사를 마련했으며, 지방자치와 관련한 선거 국면에서의 주민 교육과 공정선거감시 활동을 하는 등 지역 전체의 활동을 기획하고 추진했다.

주민협동공동체 실현을 위한 '금호·행당·하왕지역 기획단'

금호·행당·하왕지역 기획단(이하 기획단)은 1995년 이후 지활협이 발전되어 만든 모임이다. 금호·행당·하왕 지역에서는 1993년 초부터 재개발사업이 구체화되었는데, 행당 2동은 하왕 2-1(이후 송학마을 102세대), 금호 1-6(이후 대현마을 70세대) 재개발 지구로, 금호 1가동은 금호 6(이후 바탕고을 24세대) 재개발 지구로, 하왕십리동은 하왕 1-2(이후 기존 공가를 활용해 임대주택 입주 때까지 생활 6세대), 하왕 1-3(이후 무학마을 23세대), 하왕 5(이후 푸른마을 15세대) 재개발 지구로 지정되어 재개발사업이 추진되었으며, 주거권 운동이 지구별로 일어났다. 따라서 일상적인 지역 활동은 주거권 운동을 벌이기 위한 주민 교육과 조직 활동에 집중되었으며, 또 재개발사업 이후의 주민운동을 준비해야 했다. 기획단은 각 재개발 지구별로 주거권 운동을 벌이던 주민조직 지도 그룹과 조직가들이 결합해 구성된 단체다. 지활협은 철거 반대 투쟁의 결과로 따낸 임시 거주 시설과 공공 임대 주택 생활에서의 주민들의 자치와 협동을 실현시킬 수 있도록 활동을 기획하고 추진했다.[3]

이렇게 활동가들이 시기별로 모임을 열면서 지역 문제에 대해 함께 고민하고 사업을 추진할 수 있었던 것은 박재천·이현옥 부부의 기여가 있었기 때문이다. 이들은 이미 철거에 대응해서 싸워봤고 시흥에서 공동체를 이룬 경험도 있었기 때문에 많은 정보와 노하우를 가지고 있었다. 박재천은 선배 활동가로서 젊은 활동가들에게 한 가지 방향을 제시해 이끌어가기보다는 서로 토론을 나누고 학습하며 함께 만들어갈 수 있는 환경을 조성해주었다. 그리고 활동가들이 더 능동적으로 고민하고 활동할 수 있도록 토대를 만들어주었다.

전체적인 맥락으로 보면 박재천 선생님의 천도빈(천주교도시빈민회) 정신이라든가 이런 것들이 밑받침되었다는 생각이 들어요. 어쨌든 지역에서 활동하는 저같이 어린 사람들은 선배들을 바라볼 수밖에 없고. 그 선배들은 또 그 선배들을 바라볼 수밖에 없을 때에 만약에 우리가 '행당역 지하철이 들어온다더라. 그러면 역세권이 형성되고 여기가 개발될 텐데 우리가 어떻게 준비해야 되느냐?'라고 물어볼 수 있는 사람이 있잖아요. 그때 가장 선배가 박재천 선생님이었고. '그래, 그럼 우리 거기에 대해서 학습해보자'라고 해서 학습 프로그램을 도입하고. 학습할 때 누구의 얘기를 들을 것인가. 이런 프로그램을 짜는 것은 이분이 함께 해주셨으니까 가능했던 것 같아요. …… 늘 함께하셨죠. 늘 함께하셨는데 본인이 "야, 이거 하자"라고 전면에 나서신 적은 한 번도 없고. 저 같은 경우는 되게 많이 찾아갔었거든요. 그럴 때 늘 들어주시고. _노인경

---

3   성동주민회, 『금호·행당·하왕 지역 주민 운동 20년: 회고와 전망 30프로젝트』, 지역주민운동 20년 자료집(2010)을 참조해 작성했다.

공부방, 탁아소를 중심으로 진행된 주민 조직화

성동 지역에서 재개발 논의가 시작되기 이전인 1992년까지는 공부방, 탁아소 등을 중심으로 하는 지역 활동이 이루어졌다. 1987년 3월 오순도순애기방이 성동 지역에 개설된 이래로 희망의집공부방, 행당배움터, 푸른하늘공부방 등이 개원했는데, 각각 자원봉사, 빈민지역 운동, 종교 등 활동에 중점을 두고 있는 것이 달랐다. 그러나 공부방과 탁아소의 초기 목적은 이 공간들을 매개로 삼아 지역 주민을 조직하는 것이었다. 각 조직별로 성격에 맞게 운영을 이어가고 있었지만, 별도로 활동가들의 모임인 '이모임' 등을 통해서 함께 연대할 수 있는 방법을 모색했고, 공동으로 주민 행사를 기획해 추진하기도 했다.

> 행당배움터는 빈민운동 차원에서 들어온 거고. 희망의집은 철저히 봉사 차원에서 들어온 거고. 푸른하늘공부방은 아마 현장의 활동가도 있어야 하고 센터를 만들어야 하는 그런 개념 속에서. 그리고 교회가 사회에 어떤 활동을 해야 되는지에 대한 합의 차원에서 만들어진 걸로 알고 있거든요. 그런데 활동을 하면서는 끊임없이 연대하려고 저희는 노력했었어요. 그래서 각자 공부방에 있는 활동은 충실히 하되 함께 연합해서 할 수 있는 것들. 그래서 실무자 모임도 같이 하고. 그 안에서 공동 행사도 찾아내려고 노력했고요. 그러면서 만들어진 게 그때 당시에도 생소한 '어린이날 행사를 함께 해보자' 그래서 공원에 모여서 그림 그리기 대회도 하고, 그다음에 교사들 공동 교육도 잡았었고. _노인경

1980년대에는 저소득층 가정의 자녀들이 그대로 방치되는 상황이었고, 이와 같은 시기에 도시빈민 지역 등을 중심으로 자생적으로 탁아소를 설치해 운영하는 움직임이 생겼다. 보육 시설의 필요성을 절감하는 여성들

공부방 아이들의 모습

과 사회운동 단체, 종교 단체의 지원으로 곳곳에 비영리 민간 탁아소가 설치되었다. 이 탁아소들은 지역 문제와 아동의 교육 문제를 공동으로 해결하기 위해 맞벌이 부모의 노동시간에 맞춰 아이들을 보호·교육하는 프로그램을 설치하고, 지역사회에서 탁아소가 적극적으로 실천할 수 있는 역할을 모색했다. 당시 탁아소 교사들은 대체적으로 1970년대에 노동조합 운동을 경험한 사람들과 빈민지역 활동가로 구성되어 있었다. 그리고 당시 탁아제도와 관련된 경험이 거의 없었던 상태에서 육아 문제를 해결할 수 있는 방향은 부모 입장에서 지역에 탁아소를 설치해달라고 국가에 요구하는 운동을 하기보다는 스스로 탁아소를 설치하고 아동을 돌보는 교사·운영자가 되어 이를 토대로 전체 사회 속에서 탁아제도화를 요구하는 운동을 펼치는 것이었다.

이런 흐름 속에서 오순도순애기방이 1987년 3월, 뚝섬에 개원되었다. 그러나 뚝섬 지역에는 저소득층 맞벌이 부부보다는 전문직 부모들이 많아 운동을 벌이는 의미가 축소되었기 때문에 행당 2동으로 이전했고, 그곳에서 지역 내의 다른 센터 활동가들과 함께 간담회·토론회 등을 열며 지역 문제를 해결하는 방안을 모색했다. 이 과정에서 교사들은 헌신적인 활동을 통해 본격적인 주민운동의 주체로 서기 시작했다.[4]

---

4   박정애, 「달동네의 웃음꽃 피우던 터 '오순도손애기방'의 10년」, 주민협동공동체 실현을 위한

공부방 개요

구분	지역	시기	개원 주체	목적	교사 유입
희망의집/민들레	행당동	1988~	희망의집공동체	종교적 헌신, 봉사활동	'희망의집젊은이모임', '우니타스' 연합 동아리, 친구를 통한 개별 유입
행당배움터	행당동	1989~1999	부스러기선교회	종교, 교육, 빈민운동	실무자 인맥, '서울지역공부방연합회', 학교 공고문
푸른하늘/바탕그림	금호동	1989~	천도빈 동부공소 금호동 성당	종교, 교회 활동	'금호동 천주교회', 친구를 통한 개별 유입

자료: 주민협동공동체 실현을 위한 금호·행당·하왕지역 기획단 엮음, 『금호·행당·하왕 지역 주민 운동의 10년과 미래』의 내용을 재구성.

영유아를 위한 탁아소 외에도 행당동에 희망의집공부방(훗날 민들레공부방으로 전환)과 행당배움터, 금호동에 푸른하늘공부방이 개설되어 아동·청소년을 위한 공부방 활동이 지속되었다. 공부방 활동을 지원해주던 단체는 '서울지역공부방연합회'와 '가톨릭지역아동연합회 공부방 분과' 두 곳이었다. 이 두 단체는 모두 공부방 교육의 정체성을 확립하기 위해 노력했으며 소속 단체에 대한 원조 활동을 전개했다. 또 지역 주민 조직화 사업의 하나로 자모회를 조직했던 활동은 공부방 활동에서 큰 비중을 차지했다. 자모회 활동에 많은 시간과 공간을 할애하며 이를 활동의 중심에 놓고 사업을 진행했는데, 그 결과로 자모회 조직은 어머니학교, 단오 행사 준비팀, 세입자대책준비위원회를 결성하게 되는 기반이 되었다.

희망의집공부방의 실무자였던 노인경은 대학 재학 시절에 다녔던 신학모임인 '희망의집 젊은이 모임'을 중심으로 학습 활동을 했다. 지속적으로 참여했던 토론과 학습의 결과물로 공부방을 만들기로 했다. 노인경은 인천 기찻길옆공부방, 뚝방 밤골아이네 등을 돌아보며 활동에 필요한 정보를 모으는 조사 팀에 있었는데, 이러한 활동의 결과로 1989년 행당동에 희

금호·행당·하왕지역 기획단 엮음, 『금호·행당·하왕 지역 주민 운동의 10년과 미래』, 기획단 3주년·지역운동 10주년 기념 자료집(1998).

망의집공부방이 문을 열게 되었다. 개원 당시 노인경은 자원봉사 활동을 하고 있었지만, 이후 행당동에 들어와 살기 시작하면서 실무자로도 일하기 시작했는데, 이렇게 실무자로 일하기까지 많은 고민을 계속했었다. 집안 형편이 어려워 졸업 후 돈을 벌어야 했고, 빈민운동에 대한 학습이 철저하고 엄해서 무섭기도 했으며, 다른 실무자와의 관계에서 어려움을 겪기도 했다. 그래서 중간중간 활동을 쉬기도 했지만 공부방 설립을 기점으로 현재까지도 지역에 살면서 공식적·비공식적으로 함께하고 있다.

1988년 10월부터 해서 자원봉사를 하다가 사실은 중간에 몇 달 안 했어요. 왜냐하면 대학교 3학년이라지만 아직 어렸고, 그리고 나는 공부를 하고 졸업을 해서 돈을 벌어야 했으니까. '우리 집은 가난하니까 동생들을 가르쳐야 돼' 이런 것도 있었고. 그리고 막상 공부방에 가면 그때 당시만 해도 학습이 굉장히 철저했거든요. 그런 게 무서운 것도 있었고. 그런 여러 가지 이유로 몇 달 쉬다가 '아, 이건 아니다'라고 해서 다시 자원 활동가로 시작하면서 들어오게 됐어요. …… 그러면서 1991년 8월에 공부방 실무 일을 정리를 했거든요. 정리한 배경은 사실은 공부방에서 같이 살았다고 그랬잖아요? 제가 사실은 그게 되게 많이 힘들었어요. 지나고 나니까 제가 너무 어려서 관계를 잘 못했던 것 같아요. 그래서 그만두고 한 8개월 정도 밖에서 알바를 하다가 1992년 5월에 다시 푸른하늘공부방 실무자로 들어가면서 활동을 쭉 했죠. 그리고 그 이후에는 세입자대책위원회랑 계속 같이 활동하면서 1996년에 세대위 옆으로 이전해서 하다가 아이가 한 명밖에 안 남았어요. 그래서 정리를 하고, 한참 지나서 2003년에 공공 임대아파트 지하에 공부방을 다시 만들었거든요. 그때 만드는 데 같이했고, 한 1년 가까이 활동하다가 거기 주민들이 스스로 운영할 수 있게끔 넘겨주고 저는 나왔죠. _노인경

노인경은 개인적으로 희망의집공부방을 그만두게 될 시점에 활동의 방

향을 전환하는 경험을 하게 되었다. 일상적으로 보일 수 있지만, 놀이터에서 넘어진 아이를 일으켜 세우면서 안아주는데 아이들한테 사랑받으면서 이 힘으로 살아가고 있다는 느낌을 받게 되었고, 그 이후로 아이들을 보는 시각이 달라졌다고 한다. 전에는 '내가 너희들한테 위에 있는 존재야'라는 마음으로 아이들을 대했다면, 그 이후로는 먼저 아이들의 관점에서 생각하게 되었다. 그 전에 했던 활동에서는 공부방에 찾아오는 자원봉사자, 신부님, 목사님 등에게 보이는 것에 재미를 느꼈고 아이들은 그 일부분이었다면, 이후에는 아이들이 활동의 전부가 되었고 나머지 것들은 크게 중요하지 않게 되었다고 한다.

한편 희망의집공부방 활동을 하면서는 산동네에 골목골목 길이 많았기 때문에 동네를 익힐 수 있었고, 아이들이 어떻게 사는지 환경을 알아보기 위해 현장 답사를 중심으로 해서 교사 교육을 진행했다. 자원 교사들이 중심이 되는 공부방의 특성상 서로 토론하고 소통하는 것이 중요하다고 생각해서 일주일에 한 번씩은 꼭 자원 교사 모임을 가졌고, 그 모임에 두 번 이상 참여하지 않으면 활동에 제재를 가했다. 이러한 모임을 통해서 스스로 학습하고 다른 교사를 배출시킬 수 있는 역량을 키워나갔다.

개별 공부방들은 공동 자모회에 참여해 연대의식을 형성하고, 지역 내에 공부방의 존재를 알리고 자긍심을 갖게 했으며, '이모임'의 구성 주체로서 지역 내의 문제에 공동으로 대처하고 적극 결합했다. 단오 행사를 통해서 지역 주민과 행정기관, 지역 유지들에게 공부방을 홍보해나갔고, 세 개의 공부방이 공동 행사를 추진해 아동들의 공부방에 대한 자긍심을 높여나갔다.[5] 전체 공부방을 살펴보면, 각 공부방에는 초등학생부터 중학생까지 적게는 20명, 많게는 50명 정도의 학생들이 모여들었다. 아이들의 학습을 도와주는 주요 활동 이외에도 밖에서 일하는 부모와 함께 시간을 나누

---

[5]   금호·행당·하왕지역 기획단, 같은 글.

지 못하는 아이들을 위해 특별 활동을 포함해 진행하기도 했다.

공부방의 초기 목적이었던 지역 주민의 조직화는 자모회를 통해서 시작되었다. 공부방별로 차이는 있었지만 일반적으로 한 달에 한 번 정도 모였으며, 아이들이 한 달 동안 어떻게 생활했는지에 대해 이야기하는 시간을 보내는 것 외에도 정기 야유회, 책 읽기나 비누 만들기와 같은 프로그램 등을 진행했다. 그러나 대부분의 어머니들은 일을 하고 있었기 때문에 모임을 열기가 쉽지는 않았다. 공부방 운영에 보탬이 되기 위해 각 공부방의 자모회가 모여 일일 호프를 운영하기도 했는데, 이러한 활동들을 통해 지역 주민들이 소통할 수 있는 장을 마련했고, 이는 실질적으로 재개발 과정에서 주민 모임이 조직되는 데 많은 영향을 미쳤다.

> 자모회 때는 일단 아이들이 한 달 동안 어떻게 지냈는지에 대한 거랑 공부방 프로그램이 어떤 건지, 그리고 행사가 어떤 게 있는지를 다 알려드리고 엄마들한테 끊임없이 무언가를 하려고 했던 것 같아요. 그때 당시 유행하던 운동가요 같이 부르고, 가르치고. 자모회도 1년에 한두 번 정도는 같이 밖으로 나가서 정기 야유회도 하고. 그리고 자모회 프로그램들을 만들었는데 그때 그때 필요한 것을 했던 것 같아요. 학습 같은 것도 하고. 책 읽는 것은 힘들었지만 무언가를 계속하려고 했던 것 같아요. 비누 만드는 것도 하고. 그리고 엄마들이 무엇을 요구하는지에 대해서 잘 들었던 것 같아요. 지역에 살면서 뭐가 필요한지. 그래서 우리 같은 경우는 그런 부분에 있어서 소통이 좀 잘되었던 것 같아요. _노인경

1990년 7월 탁아소·공부방의 기금을 마련하기 위해 주민노래한마당 형식으로 출발한 주민단오제는 정기 행사로 발전되어 지금도 열리고 있다. 해마다 단오 행사의 목표를 달리 설정해 지역사회의 이웃에게 도움이 되는 방향으로 기획·추진하고 있다. 주민노래한마당은 '이모임'에서 지역 문

화 사업의 일환으로 개최한 것인데, 이를 계기로 센터 활동이 지역사회의 주민과 국회의원, 지역 유지에게 홍보되었을 뿐만 아니라 주민과 활동가들을 모아 함께 준비 모임을 구성해서 행사를 진행해나갈 수 있는 주체로 만들 수 있었다.

1990년 10월에 개교한 금호·행당 어머니학교는 지역 문화 활동을 전개한 첫 시작점으로 여겨진다. 단오맞이 주민노래한마당의 주민 위원인 자모와 자모회 어머니들의 요구로 만들어진 어머니학교는 지역의 대중 교육 사업으로 추진되었고, 각 센터 담당 활동가들의 노력으로 활동이 전개되었다. 지역 어머니들을 대상으로 한글과 한문을 배우면서 글을 쓰는 프로그램을 진행하고, 특별 활동으로 생활문화와 관련이 있는 '비누 만들어 쓰기' 등을 진행하면서 1993년 10월까지 5기에 걸쳐 어머니학교가 운영되었다.

저는 공부방에서 그때 당시에 잡고 있었던 자모회라든가 이런 부분들이 주민조직에 단초가 되었다는 생각은 하거든요. 그래서 저희가 '이모임'에서 학습하고 그럴 때 나온 얘기들이 철거가 될 때 이걸 어떻게 준비하느냐에 대한 부분, 방법적으로 '그럼 자모회가 중심이 돼서 주민노래한마당을 열어보자', 주민노래한마당을 통해서 각 공부방의 엄마들이 모이는 계기를 만들었고, 그 이후에 각 공부방이 합동 자모회를 하는 것도 만들었고, 그거를 통해서 지역의 어머니학교를 한번 해보자고 해서 젊은 엄마들이 글쓰기를 하는 그런 조직을 해보자든가, 할머니들을 위한 프로그램이라든가. 이런 것을 만드는 계기가, 실제적으로 그런 활동을 하게 되는 것들이 다 공부방과 애기방, 센터를 통해서였다고 생각이 들거든요. 그리고 이후에 세대위를 조직하는데 있어서도 제일 먼저 파고 들어간 게 공부방 각 가정의 엄마들을 만나는 것부터 시작한 것이거든요. 제가 철거 시기에 금호 1가동 푸른하늘공부방 쪽에서 맨 처음에 《한겨레》 독자 모임을 시작했어요. 그때 신문사 지국을 천도빈 회원이 하고 있었는데, 거기서 알게 된 독자들 모임을 공부방에서 했었고. 그러면서 자모회나 이런 데 알리면서 같이 합류해서 세대위가 꾸려지는 것들이 있었죠. …… 요소요소마다 시기적으로 어떤 중요한 시대적인 흐름이 있을 때 늘 같이 모여서 토론하고 여기에 우리 지역이 어떻게 함께할 것인가를 고민했던 것 같아요. _노인경

　이러한 공부방·탁아소 활동 외에도 금호·행당지역 활동가협의회는 특히 1991년 지방의회의원 선거 시기와 1992년 대통령 선거 시기에 지역 빈민운동을 강화했다. 지방의회의원 선거 시기에는 주로 주민을 대상으로 선거 교육을 실시했으며, 대통령 선거 시기에는 성동구민과 지역 단체들과 연대해 공정선거감시단을 조직하고 체계적인 활동을 펼쳐 대중 활동의 폭을 넓혀나갔다.

　이후 재개발사업 시기에 공부방은 세입자대책위원회를 결성하는 일에 매진했다. 희망의집공부방을 제외하고 행당배움터와 푸른하늘공부방은 세대위의 사무실과 같은 역할을 했으며, 공부방의 실무자와 일부 교사들은 세대위 조직 결성에 필요한 촉매자 및 교육자의 역할을 했다. 한편 재개발사업으로 공부방 아이들이 급격하게 줄어들자 세대위에서 회원들의 자녀들을 보내 보충했고, 공부방 공간 또한 세대위에서 마련해주는 등 서로 도움을 주고받으며 지역사회의 위기를 함께 풀어나갔다. 하지만 이러한 과정에서 사실상 많은 교사들이 공부방 활동을 그만두었다. 세대위와의 관계에서 서로에 대한 역할 기대에 따른 갈등이 발생했고, 감당하기 힘든 조직적 활동에 대한 부담으로 개별 실무자와 교사들은 더 이상 교육이나 봉사 활동의 차원에서는 자신의 활동을 유지하기가 어려웠다고 한다. 개원 주체인 운영위원회가 재개발 시기에 지역에서 철수하고 소속 지역의 세대위가 다른 지역과 연대하지 않게 되자 희망의집공부방은 실질적으로 지역센터로서의 의미를 상실했다. 따라서 지역 공부방으로 전환하기로 하고 '민들레공부방'이라는 이름으로 다시 활동을 시작했다. 한편 푸른하늘공부

방은 가이주단지 내에 주민조직의 공간을 활용해야 한다는 요구와 공부방 고유의 교육 공간이 마련되어야 한다는 의견이 조정되지 못해 문을 닫게 되었다. 푸른하늘공부방은 이후 가이주단지에 들어가 '바탕그림방'이라는 새로운 아동 프로그램을 진행했다.[6]

재개발에 맞서 공동체를 꿈꾼 사람들

금호·행당·하왕 지역[7]에서의 주거권 운동은 다른 지역과 마찬가지로 재개발사업으로 세입자의 권리가 무시되거나 합리적인 대책이 보장되지 않은 상태에서 강제로 철거되는 사태가 발생하지 않도록 주민 스스로 단결해 투쟁하는 식으로 전개되었다. 임시 거주 시설의 설치를 받아내고 공공 임대주택에 확실히 입주할 수 있도록 함으로써 세입자로서의 인간다운 삶을 도모하는 데 목적을 두고, 민주적인 운영과 투쟁을 통해서 주거권 운동을 전개했다. 1993년부터 세대위를 통한 주거권 운동이 본격화되어 2~3년의 투쟁 기간을 거친 후 임시 거주 시설로 이주하게 되었다. 주요 활동으로는 세대위를 결성하기 위한 홍보와 주민 교육, 세대위의 결성과 현판식 거행이 있었고, 평상시의 조직 활동으로는 주민총회·통 모임·임원 회의·집행부 회의 개최와 각 조직의 분야별 활동 전개, 강제 철거 저지를 위한 투쟁과 지역 지키기, 임시 거주 시설 확보를 위한 재개발 조합과 성동구청과의 투쟁과 협상, 임시 거주 시설의 건설과 입주, 임시 거주 시설에서의 주민협

6　금호·행당·하왕지역 기획단, 같은 글.
7　금호·행당·하왕 지역은 하왕 2-1지구(송학마을), 금호 6구역(바탕고을), 하왕 1-2지구, 하왕 1-3지구, 하왕 5지구(푸른마을), 행당 1-2지구 등으로 나뉘어 재개발이 진행되었는데, 이 글에서는 공동체의 활동이 가장 활발하게 진행되었던 하왕 2-1지구(송학마을)를 중심으로 금호·행당·하왕 지역의 빈민지역 운동 과정을 살펴보고자 한다.

하왕 2-1 지구 세대위 투쟁결의대회

동공동체 실험과 준비, 공공 임대주택의 입주를 위한 준비 등이 있었다.

이러한 활동의 특징은 다음과 같다. 첫째, 주민 교육을 통해서 주민조직이 세워졌다. 주민운동 센터에서 활동하는 활동가들은 연일 통별로 재개발의 문제점 등을 주제로 주민 교육을 실시했고, 그 결과를 토대로 해서 세대위가 결성되었다. 둘째, 주민조직이 안정적으로, 그리고 스스로 활동을 벌여나가는 힘을 갖추게 되면서 연대운동을 전개했다. '주거권실현을 위한국민연합 성동지부'를 튼튼하게 꾸려나갈 수 있었던 것도 바로 각 지역의 조직들이 건강한 힘을 갖추었기 때문이다. 셋째, 철거 반대 투쟁 이후 임시 거주 시설과 공공 임대주택 생활에서 주민자치가 실현될 수 있도록 장기적인 협동체 전략을 수립하면서 활동을 전개했다.[8]

재개발에 맞선 투쟁

1990년 지하철 5호선이 금호동·행당동을 지나갈 것이라는 계획이 발표된 후 거대한 역세권과 맞물리면서 금호·행당·하왕 지역 전체가 재개발 열풍에 휩싸이게 되었다. 재개발사업을 추진하기 위해 재개발조합추진위원회가 구성되었고, 세입자들을 대상으로 해당자·미해당자 여부를 알기

---

8   성동주민회, 『금호·행당·하왕 지역 주민 운동 20년: 회고와 전망 30프로젝트』.

행정동별 활동 현황

행정동	활동 단위명	성격	활동 기간
행당 1동	세입자대책위원회(행당 1-2)	주거 안정을 위한 활동	2년
행당 2동	세입자대책위원회(송학마을)	주거 안정을 위한 활동	5년
	행당배움터공부방	초중고생 학습 지도, 특별 활동	9년
	오순도순놀이방	영유아 교육 활동	8년(중단)
	송학놀이방	영유아 교육 활동	4년(중단)
	민들레공부방(대현마을, 구 희망의집공부방)	초중생 학습 지도, 특별 활동	10년
금호 1가동	세입자대책위원회(바탕고을)	주거 안정을 위한 활동	4년
	푸른하늘공부방	초중생 학습 지도, 특별 활동	6년(중단)
	바탕그림방	초중생 그림 지도, 특별 활동	2년
하왕십리 2동	세입자대책위원회(무학마을, 하왕 1-2)	주거 안정을 위한 활동	3년
	무학봉 공부방	초중생 학습 지도, 특별 활동	2년
금호·행당·하왕/ 성동구	주민 단오한마당	주민 문화제	8년
	주거연합 성동·동대문지부	주거권확보 운동	4년
	기획단	주민협동공동체, 생활환경 개선	3년
	성동구민 연대회의	주민복지, 주거 환경, 지방자치	3년
	논골의류생산협동조합	직업(고용) 안정을 위한 활동	2년
금호·행당·하왕· 응봉·신당동	논골신용협동조합	주민 자립(경제)을 위한 활동	2년

자료: 신만수, 「자치구 주민운동 활성화 전략: 금호·행당·하왕권 단위 지역 사례를 중심으로」, 한국주민운동정보교육원 엮음, 《주민운동》, 제1호(1998.7).

위한 조사가 진행되어 1993년 초부터 재개발사업이 구체화되었다.

산동네가 술렁거리기 시작했다. 이 동네에 집을 가지고 있는 60~70퍼센트의 부재 가옥주들은 집을 비우라고 난리였으며 한집에 살던 집주인과 세입자들이 하루아침에 그동안의 정들이 깨지고 원수가 되었다. 동네 인심이 후하고 서울의 시골같이 서로 돕고 살던 공동체의 관계가 부서지기 시작했다. 산동네 주민들은 여러 이해관계를 계산하며 제 살길을 찾아 나섰다. 재개발사업은 지역을 바꾸고 사람들을 바꾸며 일대 전쟁과도 같은 혼란의 시간을 거쳐 추진되었다.[9]

성동 지역 활동가들은 재개발이 닥칠 것을 대비해서 1987년에 빈민지역

금호·행당·하왕 지역의 재개발사업 개요

행정동	지구명	면적(제곱미터)	건립 규모(가구)	재개발 인가일	입주 규모		
					계	조합원	공공 임대
행당 2동	하왕 2-1	139,366	35동 3,459	1993.3.5	2,336	1,331	1,005
	금호 1-6	107,851	26동 2,848	1993.3.15	1,945	1,217	728
금호 1가동	금호 6	117,569	23동 3,013	1993.7.3	2,402	1,188	1,214
하왕십리 2동	하왕 1-2	12,564	4동 362	1994.4.2	271	139	132
	하왕 1-3	35,355	7동 732	1994.12.10	538	301	237
	하왕 5	20,954	4동 618	1995.3.25	321	152	169
총계		433,659 (1,431,074평)	11,032		7,794	4,328	3,485

자료: 주민협동공동체 실현을 위한 금호·행당·하왕지역 기획단 엮음, 『금호·행당·하왕 지역 주민 운동의 10년과 미래』를 참조해 필자가 재구성.

운동이 시작된 이래로 여러 활동가 모임을 통해서 주민 모임을 조직하며 철거에 대응하는 학습 모임을 지속하고 있었다. 이러한 노력이 있었기 때문에 재개발이 진행되던 초기에 주민 지도자를 발굴하고 주민조직인 세입자대책위원회의 기틀을 비교적 빠르게 잡을 수 있었다. 1993년부터 세입자대책위원회를 통한 주거권 운동이 본격화되었으며, 각 지구별로 2~3년의 투쟁 기간을 거쳐 임시 거주 시설 가이주단지를 쟁취하게 되었다.

> 우리 같은 사람은 '재개발이 되면 어떻게 해야 하나?'가 관심이니까. 그래서 1987년부터 1992년쯤 되면 한 5년 정도? 이때는 주민 축제, 공부방 활동을 쭉 하고, 지활협 하고 이런 식으로 진행하다가 재개발이 딱 되니까 이때 '비상이다!' 그래서 당시 공부방 선생들, 탁아소 선생들 다 모아가지고 집중 교육을 한 거죠. 주민을 이렇게 조직해야 된다. 저는 그분들 우리 집에 모셔놓고 예행연습까지 했어요. 다 통별로 설명회 하고 조직 활동하고 그렇게 해서

---

9 박재천, 「금호·행당·하왕 지역 주민 운동 10년의 회고와 과제」, 주민협동공동체 실현을 위한 금호·행당·하왕지역 기획단 엮음, 『금호·행당·하왕 지역 주민 운동의 10년과 미래』.

세입자대책위원회를 조직하기 위해서 이런 준비 활동을 공부방 선생들이 쭉한 거죠. 그 결과로 태어난 게 세입자대책위원회예요. 세대위 싸움하면서는 본격적인 조직 활동이니까 매주 전체 주민총회, 통별 통책회의, 이런 게 계속 돌아가는 거죠. _박재천

다른 한편으로 하루하루 바쁘게 살아가던 지역 주민들에게는 재개발이 그저 남의 일처럼 느껴지기도 했다. 개발이 되면 그냥 떠나야만 한다고 인식하고 있는 경우가 대부분이었지만, 재개발이 추진되면서 지역 주민들을 대상으로 진행했던 교육과 학습의 결과로 주민이 철거 투쟁에 함께하게 되는 경우도 있었다. 하왕 2-1지구 세입자대책위원회의 위원장이었던 유영우는 하왕 2-1지구의 평범한 세입자였다. 철거가 시작될 무렵 행당배움터를 중심으로 삼아 활동가들이 세대위를 만들려고 주민 교육을 시작할 때, 유영우의 아내가 행당배움터의 자모로 열심히 그 활동에 참여했다. 이런 인연으로 활동가들과 만나 이야기를 나누게 되면서 철거 투쟁에 적극적으로 나서게 되었고, 세입자대책위원회가 발족되던 날 위원장을 맡기로 했던 사람이 갑자기 나타나지 않는 바람에 대신 위원장까지 맡게 되었다.[10] 이후 생업을 뒤로하고 철거 투쟁부터 시작해 지역 활동에 적극 참여하게 되었으며, 현재는 논골신용협동조합의 이사장을 맡고 있다.

재개발이 된다고 그러니까. 우리 애들이 공부방에 다녔잖아? 공부방에 다니면서 우리 집사람이 공부방자모회 활동을 하잖아? 재개발한다고 이사 가라고 해서, '이사 가야지' 내가 그랬더니 집사람은 아니라고 그러더라고. 이사가면 안 된대. 자모회 가서 듣고 온 거야. 세뇌당하고 온 거지. 안 된대, 이사가면. 아니 집주인이 이사 가라는데. 자본주의 사회에서 집주인이 이사 가라

10   한국도시연구소, 『지역주민운동 리포트』(1999).

는데 이사를 안 간다고, 가면 안 된다는 게 말이 되냐고. 그래서 자모회에서 재개발이 된다니까 1992년에 설명회를 몇 번 하고 그랬어. 그래서 주말에 (가평에서) 올라와서 설명회에 갔죠. 무슨 얘기를 하나 들어보니까 그 말도 맞는 것 같아. "권리를 찾아야 된다" 그런 얘기를 쭉 하더라고. 그 말도 맞는 것 같아. 근데 결정을 안 한 거지. 이사를 가야 되나 말아야 되나. 사실 이사를 갈 여력도 그때까지만 해도 녹록지가 않았어요. 그 전에 진 빚도 있었고. 그러다가 1993년도 들어와서 재개발에 대한 분위기 때문에 온 동네 상황이 더 악화되고, 많은 사람들이 이사 가기 시작하고. 매일 조그마한 산동네에 이삿짐 나르는 집들이 생겨나고. 불안해지기 시작하는 거잖아? 그러면서 동네에서 세입자대책위원회, 준비위원회 활동도 진행되었고. 집사람은 거기에 이현옥 씨하고 둘이서 거의 올인하다시피 하고. 둘이서 만날 대자보 써 붙여 가지고 온 산동네를, 좁은 골목길을 그냥 헤집고 다니는 거지. 나는 가끔가다가 일요일에 주민들 모이는 자리 있으면 가서 참석도 하고. 그때는 그냥 들어보는 정도. 뭐 어떻게 하고 있나. 집사람이 또 반강제로 가자고 하니까. 그러다가 모임 가서 끝나면 주민들하고 뒤풀이하고, 술도 한잔씩 하는 자리들이 있고. 그런 게 몇 번 있었고. 그러다가 그런 시간이 지나다가 어느 날 갑자기 나보고 위원장을 맡으라고 제안이 왔어. 되게 웃기잖아. 아무것도 모르는데. 그리고 나는 매일 동네에 있는 것도 아니고. 그래서 내가 어떻게 위원장을 맡냐고 동네에 있는 것도 아니고 가평에 있다 일주일에 한 번씩 오는데. 이 싸움이 어떻게 전개되었는지 모르는 거지 경험도 없는 거고. 그냥 남들 얘기만 들었을 뿐이지. 그래서 집사람하고 의논을 했어. "어떻게 하면 좋겠느냐?" 고심하다가 집사람이 하라고 그러더라고? 집사람도 몰랐던 거지. 이걸 하게 되면 어떻게 되는지. 삶이 어떻게 바뀌는지는 몰랐던 거야. 그냥 주민들 모이고 함께하는 정도면 되는 줄 알았던 거지. 이걸 하면 삶이, 나의 삶의 문제만이 아니라 우리 가정의 문제가 어떻게 변하는지를 전혀 몰랐던 거야. 가볍게 생각했던 거지. 그래서 하게 되었어. __유영우

하왕 2-1지구 세대위의 총무였던 문영기도 평범한 세입자였다. 철거에 맞서 싸우는 주민들을 보며 이들을 이해하지 못하기도 했지만 어느 날 우연히 철거 용역들이 주민에게 횡포를 부리는 것을 보고 철거 문제에 대해 다시 한번 생각하게 되었다. 이후 세대위 활동에 적극적으로 참가하게 되었고, 봉제 기술자였던 경험을 살려 가이주단지에서 생산협동조합을 주도적으로 이끌어가게 되었다.

하루는 동네 사는 친구가 "저 밑에 사무실이 행당 동사무소에 있는데 한번 내려가 보자"라고 하더라고. 그래서 왜 그러나 하고 한번 내려가 봤더니 그때만 해도 조합 사무실이지. 용역 사무실 비슷하게. 들어가는데 막 아주머니들이 웅성웅성하더라고. 그런데 조금 있으니까 어떤 젊은 놈들이 엄마들한테 욕을, 쌍소리를 막 하는 거야. 나도 그런 걸 보면 못 참으니까. "야, 이 새끼들아 왜 아줌마들한테 욕을 하냐?" 그랬더니 거기서 시비가 붙은 거야. 그러다 코 꿰인 거야, 이게. 그때만 해도 '야, 이거 우리 마누라도 이렇게 당하겠구나. 동네 사람들, 약한 여자들한테 이 자식들이 하는 걸 우리가 보고만 있을 수 없을 것 같다'는 생각이 든 거야. 막 싸우고 나서 그때 당시에 총무였었지. 여자 총무. 나보고 사무실로 가자는 거야. 화도 나고 그래서 사무실 가서 차 한잔 먹고 하자고. 딱 가서 보니까 공가 하나 있는 데서 조그마한 사무실 하나를 얻어놓고 거기서 활동하고 그러더라고. 가만히 얘기 들어보니까 이게 남 일이 아니구나. 어쨌든 우리 자식들도 있고 그런데 이놈들이 행동하는 거 보니까 진짜 그냥 다 몰아낼 분위기인 거야. 그래서 얘기하다가 갑자기 나한테 뭘 시켜줘. 규찰 대장인가? 나도 얼떨결에 젊은 기운에 '그래, 한번 해보자' 내가 잘 못하지만 나도 이런 모습 보니까 너무 안 좋다고 생각해서 규찰 대장을 했는데 하다 보니까 또 얼마 안 돼서, 한 두 달도 안 됐는데 총무를 시키는 거야. 진급이 막 금방금방 되는 거야. _문영기

금호·행당·하왕 지역은 이렇듯 활동가들이 비교적 오랫동안 지역에서 재개발을 대비해서 준비를 해왔고, 실제 재개발이 진행되면서부터는 주민조직을 원활하게 구성할 수 있었다. 주민 지도자들과 함께 기획단을 태동시킨 활동가들은 1년 동안 자체적인 학습과 조사·토론 등을 벌여 장기 발전 계획을 만들었다. 철거가 닥쳤을 때는 투쟁을 하고, 철거 싸움이 끝나갈 무렵에는 협동공동체를 모색했으며, 임대주택 입주가 가까워진 시기에는 주민자치회를 조직하기 위해 준비 작업을 하는 등 상황의 변화에 따라 지속적으로 적절한 활동을 변화·발전시켜왔다.

한편 성동 지역의 특징은 강한 지도력과 조직가의 적절한 결합과 역할 분담을 보여준 점이었다. 1995년 기획단을 결성할 때 지도력과 조직가가 적절하게 결합했다. 1993년부터 본격적인 주민조직 활동이 전개된 걸로 보면 2년이 경과한 시점이어서, 지도력과 조직가의 역할이 충분히 확인되었을 때 기획단으로의 결합이 이루어진 셈이다. 주민협동체 전략에 따라 내용적인 결합이 이루어져 역할 또한 분명했다. 경제협동·생활협동·생산협동·복지협동 전략에 따라 각자 특성 있는 역할을 전개했으니 지속 가능한 적절성이 채워지고 결합된 사례가 되었다.[11]

가이주단지의 쟁취와 공동체 생활을 준비하는 사람들

재개발은 고향 같은 마을이 사라지고 주민들이 아무런 대책 없이 쫓겨나는 것을 뜻했다. 공공 임대아파트 입주나 적은 이주비 가운데 하나를 선택해야 하는 조건이 전부였던 세입자들에게는 임대아파트가 지어지기 전까지 지역을 떠나지 않고 생계를 그대로 유지하면서 살 수 있는 가이주단지가 절실했다.[12] 하왕 2-1지구에서는 세대위가 만들어지면서 위원장, 부

11   성동주민회, 『금호·행당·하왕 지역 주민 운동 20년: 회고와 전망 30프로젝트』.

하왕 2-1지구 세대위의 플래카드   마을 잔치를 벌이는 모습

위원장, 총무와 같은 주민 지도자가 중심이 되어 가이주단지 쟁취를 위해 천막 농성 등을 벌였고, 이러한 과정에서 공동체에 관한 교육도 지속해나 갔다. 공동체에 관한 교육은 강의 형식으로도 진행되었지만, 마을에서 소규모 단위로 프로그램을 진행하면서부터는 자연스럽게 사람들이 모여들었고, 이 안에서 지식을 체득할 수 있도록 하기도 했다. 시간이 지나면서 조직의 결집력이 향상되어 교육의 성과가 나타났다.

> 만 3년을 투쟁했어요. 투쟁을 하면서, 무조건 투쟁만 하면 안 되니까 '주민들 스스로 뭘 만들어야 된다' 그래 가지고 공동체 교육을 계속한 거죠. 세입자대 책위 시절에 주민총회나 그런 것을 할 때 교육도 하고요. 그래서 우리 동네 웬만한 분들은 강의도 하고 그랬어요. 그리고 막판에 삼십 며칠을 가이주단 지 쟁취를 위해서 천막 농성을 했거든요. 천막 농성을 할 때 집중적으로 교육 을 하고요. 그래서 우리가 주민들이 공동체를 만들어야 했던 이유를 쭉 설명 했고 그렇게 해서 철거 싸움이 거의 막바지에 이르던 1995년 겨울부터 우리 동네뿐 아니라 인근에도 재개발이 벌어져서 주민조직이 생겼어요. 거기 있는 주민 대표들하고 우리 동네 대표들하고 활동가들하고 조직가들하고 계속 결

---

12   성동주민회, 같은 글.

합하면서 공동으로 미래를 어떻게 할 건가 작업을 했던 거죠. __박재천

세대위 위원장이었던 유영우는 주민과 소통하기 위해 '넓은 마당'이라 불리는 마을의 꼭대기에서 온종일 사람들을 기다리고 대화하면서 많은 시간을 보냈다. 큰 드럼통에 불 피워놓고 안주거리를 만들어 지나가는 사람들과 함께 나누어 먹었는데, 그 불에 옷을 많이 태워먹어 아내에게 많이 혼났었다고 그는 회상했다. "이 사람들의 관계를 알아가는 게 제일 중요하잖아요. 그런데 그 알아가는 관계가 이게 회사도 아니고, 위원장이 회사 사장도 아닌데. 일상적으로 그 사람들과 관계를 만들어가는 게 중요하다는 생각이 들었어요. …… 넓은 마당에 드럼통을 갖다 놓고 거기서 매일, 온종일 드럼통에 장작으로 불 때고 꼬막이나 쥐포를 구웠죠. 집들이 이사 가기 시작하니까 나무 구하는 건 어렵지 않았거든요. 그리고 이사 가면 이놈들이 와서 또 반파시키거든요, 완전히 철거는 안 하더라도. 거기다 나무 때고 꼬막 올려놓고, 소주나 막걸리 놓고 온종일 있는 거예요. 그럼 이 사람 저 사람 왔다 갔다 하면서 막걸리 한잔, 소주 한잔씩 하고 가죠. 또 지나가다가 안줏거리 사가지고 와서 놓고 같이 먹고 가고. 그래서 온종일 술을 먹었어요. 그걸 한 몇 개월 했죠. 그래서 사람들을 알기 시작한 거예요. 잠바에 빵꾸도 많이 내고. 마누라한테 욕도 많이 먹고. 없는 살림에 잠바도 없는데 빵구 낸다고."

거기서 농성하면서 주민 교육을 진짜 많이 했어요. 협동공동체 교육도 그때 많이 하고, 교양 교육도 하고, 의식 교육도 하고, 주민들 라이프스토리 듣는 시간도 가지고요. 인생 살아온 얘기 다 듣는 거예요. 우리는 싸움만 하는 게 아니고 공동체 프로그램을 굉장히 많이 했어요. 예를 들면 '넓은 마당'이라고 있었잖아요? 봄, 여름, 가을 춥지 않을 때는 주민총회도 하고 아이들을 위한 농구대도 사다 놓고. 추석 때는 그런 데 모여서 같이 음식 차려놓고 잔치도 하고 같이 놀기도 하고. 설날 때는 세배도 하고요. 그리고 매달 공동체 프로그램 슬로건을 만들어서 통별이나 단위별로 모여서 같이 하는 프로그램도 많이 하고요. 단순히 단결력을 고취시키고 모아내서 발등에 떨어진 이 문제로 싸우는 게 아니라 자연스럽게 주민과 주민끼리 서로 마음의 문을 열고 어

떻게 다가서고 함께하느냐 하는 거예요. 그거는 싸움을 위한 모임, 주민총회 이런 것이 아니라 다양한 방법으로 주민이 만나고 서로 이해하고 알아가는 것들이 굉장히 중요해요. 통별로 조직을 만들어놓고 각 통별로 집집마다 돌아가면서 일주일에 한 번씩 밥상공동체를 하게 했어요. 자연스럽게 사람이 모이게 되죠. 잘 모이게 되고 힘이 결집이 되죠. 그게 조직의 힘으로 나타나는 거야. __유영우

금호·행당·하왕지역 활동가협의회는 '금호·행당 빈민지역 운동의 새로운 준비토론'을 1994년 1월부터 3월까지 매주 전개했는데, 이 토론의 결과로 '금호·행당 주민운동 10년 계획'이 설정되었으며, 이 계획의 단계별 추진 방향을 기획하면서 관심을 집중시켜나갔다. 주민운동 10년 계획의 핵심은 임시 거주 시설 단지 생활에서 주민이 스스로 경제협동·생산협동·생활협동 분야, 사회복지 분야를 준비해 실험하도록 하고, 이를 공공 임대주택 단지에서 전체 주민운동으로 확산시켜나가자는 전략이었다. 이 전략에 따라 준비의 첫걸음으로 각 지구별 주민 지도자와 지역 활동가들이 결합해 '금호·행당·하왕지역 기획단준비위원회'를 구성하고 1994년 10월부터 12월까지 주민설명회를 열었다. 또 구체적인 준비 활동으로 1995년 1월부터 3월까지 총 10회 동안 '금호·행당·하왕 지역에서 주민협동공동체 실현을 위한 전체 구상', '경제협동공동체·생산협동공동체·생활협동공동체·사회복지 주민공동체 실현을 위한 방안 모색'을 주제로 준비 교육과정을 거쳐 주민공동체 실현을 위한 기획단의 체계를 갖췄다. 이러한 노력으로 1995년 4월 20일 '주민협동공동체 실현을 위한 금호·행당·하왕지역 기획단'이 발족되었다. 기획단은 주민협동공동체의 사례들을 기초로 해서 실현 가능성들을 찾고 실험하며 각 분야별로 실천 단위를 구체화해 향후의 과제와 계획을 수립했고, 금호·행당·하왕 지역에 맞는 협동조합의 모델을 만들어간다는 목표를 세웠다. 이 목표를 실현시키기 위해 기획단 전체 모

임, 운영위원회, 기획실, 경제협동·생활협동·생산협동·사회복지 주민공동체 분과를 설치하고 활동의 체계를 구체화했다.[13]

> 금호·행당·하왕 지역에 주민공동체 실현을 위해서 기획단을 만들자 그래서 주민 지도자들하고 조직가들이 같이 협력을 해가지고 그 단위로 기획단을 만들었어요. 집중적으로, 목적의식적으로 교육을 한 거죠. 그래서 네 분야로 나누었어요. 경제협동, 소비협동, 생산협동, 복지협동으로. 경제협동은 구체적으로 신협을 만드는 일이고, 소비협동은 소비자생활협동을 만드는 일이고, 생산협동은 주민들의 기술을 협동하는 거고, 복지협동은 주로 노인과 청소년을 중심으로 했는데 제일 먼저 손댄 게 신협이죠. 가이주단지 딱 들어가서 신협 만들려고 협동조합 교육하고. 연수원 같은 데 가서 계속 강의도 듣고 다른 지역 사례도 봤어요. 그때 도림신협이 서울에서는 제일 컸는데 도림신협에 견학도 갔어요. 경기도 시흥 복음신협도 가서 보고 그러면서 주민들이 '아, 우리도 할 수 있다' 이런 자신감을 가졌죠. 그래서 열이 붙어서 신협을 만들기 시작했고. 그다음 생산협동조합은 가이주단지 밑에다가 작업장을 만들었는데, 동대문이 가까우니까 동네 사람들한테 미싱이 제일 많더라고요. 그걸 모아서 의류생산협동조합을 가동했어요. 소비자협동조합은 잘 안 되더라고요. 동시에 할 여력이 잘 안 되었어요. 하긴 하자고 해서 공부방 중심으로 몇 사람이 계속했죠. _박재천

주민협동공동체 실현을 위한 금호·행당·하왕지역 기획단의 탄생은 철거 투쟁을 성공적으로 마쳐 가능했던 것이다. 철거 투쟁을 거치면서 건강한 주민 지도력을 확보했고, 치열한 물리적 투쟁을 벌이는 와중에도 적절한 대안을 제시해 싸웠으며, 국민고충처리위원회 등의 행정 기구를 유효

---

13 박재천, 「금호·행당·하왕 지역 주민 운동 10년의 회고와 과제」.

적절하게 활용했을 뿐 아니라 주민들을 대상으로 한 지속적인 교육, 특히 공동체 정신을 불어넣기 위한 교육에 많은 노력을 기울였다. 또한 이러한 전략이 활동가들에 의해서 주도되기보다 주민 지도자들에 의해 주도되었다는 점에서 주민 지도자를 발굴하고 양성하는 활동가 본연의 임무가 잘 이행되었다고 볼 수 있다.[14]

한편 가이주단지 쟁취를 위해 함께 생활하며 투쟁하는 과정에서 끝까지 남았던 주민의 대부분은 그때를 힘들었지만 행복했던 시절로 기억한다. 모두의 생활이 넉넉하지 못했지만 콩 한 쪽도 나누어 먹었고, 서로의 고민에 대해서 이야기 나누며 함께 울고 웃었던 시간들을 보냈다. 또 주민 스스로 가이주단지를 쟁취하면서 큰 성취감과 기쁨을 나눌 수 있었다. 천막에서 생활하면서 가이주단지로의 이주, 그 이후의 공동체 생활을 준비했지만, 이미 그 안에서 생활했던 주민들은 공동체를 경험한 것이다.

가장 기뻤을 때는 다 같이 몇 년 동안 싸움한 결과로 우리가 승리해서 가이주단지를 스스로 설치하고, 돈을 모아서 가건물에 들어간 거예요. 그런 것이 아마 여기에서 같이했던, 마지막까지 같이했던 주민들에게는 가장 뜻깊은 경험이었어요. 거기에서 철거 싸움이 갖는 동지애, 공동체성, 쫄쫄 굶어도 같이 함께 밥도 먹고 어울렸던 공동체성이 가장 진한 추억으로 남았다고 얘기해요. 지금 있는 사람들 중에. 그때가 가장 좋았다. 인간다운, 정말 서로 보살펴주고. 그때 나는 새로운 삶을 경험했다. 그런 게 가장 큰 것 같고. 가이주단지 들어간 게 큰 결정적인 것이었으니까 감동이겠죠. 그러고 나서도 계속 공동체 활동하고. 조금 달리 갈 수도 있었지만 그 후에 신협을 설립하고. 우리가 법적 인가를 받아서 신협을 만들어서 운영하고 공간도 얻고. 이런 과정들이 순간순간의 기쁨일 수 있고. _신만수

---

14   한국도시연구소, 『지역주민운동 리포트』.

세대위 생활을 1년 정도 하다 보니까 내 마음이 바뀐 거예요, 생각이. 옛날에는 상대방에 대한 배려라든가 이런 부분보다 '나 혼자 벌어서 먹고살면 되지 왜 남이 나 먹고사는 데 콩 심어라 팥 심어라 하냐. 너는 너대로 살고 나는 나대로 살고' 계속 그렇게 생각하면서 살다가 세대위 재개발을 통해서 교육도 받고 공동체, 더불어 사는 것 이런 것을 교육받다 보니까 머리에 세뇌가 된 거야. 그렇다 보니까 그때 삶의 행복을 느꼈어. 그 전에는 사는 것에 대한 의미 같은 것을 몰랐는데, 사람이 있건 없건 그래도 함께 '내가 안 좋은 일이 있으면 같이 얘기할 수 있는 사람이 필요하다. 안 좋은 것이 있으면 서로 나누면서 같이 해결할 수 있는, 문제를 해결할 수 있는 그런 곳이 바로 이런 곳이구나' 생각하게 된 거예요. 그러면서 그때 1년 동안 생활하면서 '아, 이런 게 바로 우리가 함께 세상을 사는 삶이구나' 이런 것을 그때 배운 거죠. _문영기

1년이 넘는 기간 동안 주민 지도자, 주민 조직가 등이 함께 가이주단지에서 다가올 공동체 생활을 준비했기 때문에 가이주단지 입주 후에는 계획했던 것들을 구체적으로 실행할 수 있었다. 주민 당사자 차원에서는 임시 거주 시설에서 생활한 기간이 공공 임대주택에 입주하기 위한 준비 기간이었고, 개인적 가난에 대해 협동해서 극복해나갈 수 있는 주민공동체를 시도할 수 있었던 계기이기도 했다. 임시 거주 시설에는 주민 생활과 관련된 공공시설이 갖춰졌는데, 송학마을(102세대)의 경우 마을 주민회관, 주민 공동 작업장, 유아 탁아소, 아동·청소년 공부방, 주민도서실, 공동 구판장이 설치되었다. 이는 임시 거주 시설 단지 내의 공공시설 공간을 적절히 활용해 협동적으로 주민 생활을 준비할 수 있게끔 마련된 방안으로, 다른 지역에도 적용되었다.[15]

---

15   박재천, 「금호·행당·하왕 지역 주민 운동 10년의 회고와 과제」.

가이주단지 들어가서 어떻게 할 거라는 준비를 교육받고 우리끼리 공부도 하고 거기에 필요한 여러 곳을 찾아다니면서 현장 견학도 하고 그러면서 준비를 해온 거죠. 낮에는 철거 싸움 하고, 밤에는 공부하고 그걸 해온 거죠. 한 1년 넘게. 그래서 가이주단지 들어가자마자 주거가 안정되어 있으니까 그거를 본격화해가는 거죠. 각 가이주단지마다 작업장을 다 만들게 하고. 미리 다 준비한 거예요. 설계를 그 전에 다 한 거지. 작업장을 만들어서 노동자생산협동조합을 하자. 아이템이야 차후에 어떤 사업 아이템이 좋을지 내부에서 논의해서 참여하시는 분들끼리 결정하고. 신협도 출자금 열심히 걷으러 다니고, 소비자생활협동조합도 공부하고. 이런 준비를 차근차근 하는 거죠. _유영우

설치하기 전 싸움 과정에서 협동공동체 운동을 했다고 했잖아요? 협동조합을 통해 주민들이 자립하고, 자치적이고 대안적인 주민 스스로가, 가난한 사람들이 스스로 일구어나가는 건 처음이었어요. 이런 것들을 학습하고 교육하고 같이 만들어가는 일을 했기 때문에 가이주단지에 들어가서도. 그 당시 재개발을 통해서 얻은 가이주단지로는 처음이었죠, 공동체를 위한 공간까지 함께 기획해서 만들고 운영했던 건. 규모로도 최초지만 거기에 생산협동조합, 마을회관, 공부방, 어린이애기방, 독서실, 매점 이런 것들을 같이 설치한 거죠. 그런 것들을 앞으로의 활동에 대한 지속 가능성이나 비전을 가지고 조성했기 때문에 이 지역의 활동들이 계속 빈민운동으로 이어질 수 있는 내용

을 확보하고 가능성을 여는 계기가 되었고요. 그런 것을 시기마다 대비하고 준비하고 만들어가고 했던 사례로는 다른 데서 보기 힘든, 돋보이는 점이라 할 수 있죠. _신만수

긴박했던 철거 투쟁이 끝나고 가이주단지로 이주하면서 주민들의 결속력은 느슨해지기 시작했다. 생업을 잠시 중단했던 것에서 다시 현실로 돌아오게 되었고, 그동안의 빚을 갚기 위해서라도 생업 전선에 다시 뛰어들 수밖에 없었다. 공동체 프로그램은 지속해서 운영되었지만, 주민들의 참여는 예전 같지 않았고 조금씩 균열이 발생하기 시작했다. 당시 주민 지도자였던 유영우는 주민들 사이에 잠재되어 있던 갈등을 지도부에서 민감하게 포착하거나 적절하게 해소시키지 못했던 것이 이후에 큰 갈등으로 나타난 것 같다고 평가했다.

발등에 불이 떨어졌다가 꺼졌잖아요? 가이주단지로 들어가니까 철거 싸움했을 때만큼 결속력이 생기는 건 아니었죠. 그리고 협동공동체 운동이라는 게 철거 싸움처럼 아주 단단하고 끈끈한 결속력을 요구하는 것도 아니고. 자발적으로 하는 일이기도 하고. 자율적인 의사 결정에 달린 일이기도 하잖아요? 그러니까 당연히 아주 끈끈하고 단단한 결속력의 체계에서 조금은 느슨한 체계로 전환이 되는 거예요. 전환되어가니까 조금씩 자기 생활에 충실해져야 했어요. 그동안 돈벌이를 제대로 못 했던 것도 있고. 이제는 돈벌이도 좀 해야 되고. 자기 생활에 충실한 체제로 넘어가니까. 그다음에 과거에 표현하지 못했던 여러 가지 갈등들, 사람과 사람 간의 갈등도 조금씩 발생하기 시작하고 이런 일들이 조금씩 일어나기 시작하는 거죠. 근데 그건 사람이 살아가면서 어디에서든지 일어나는 일이라는 생각이 들어요. 그럼에도 불구하고 계속 그런 것들이 누적되고 내재되어 있었던 거예요. 내 입장에서 보면 그것을 많이 놓친 측면도 있어요. 그런 갈등들을 더 해소하고 더 소통시켜야

했는데 고민이 부족했던 부분을 지나고 보니까 느끼는 거예요. 그 당시에는 몰랐는데. 그게 협동공동체 운동으로 가면 자연스럽게 바뀌는 것이라고 단순하게 봤던 거지. 너무 쉽게 봤던 거지. _유영우

못다 이룬 꿈, 다시 공동체를 향하여

임대아파트 입주 과정에서 나타난 갈등과 조직의 분열

가이주단지에서 공동체를 이루며 살아가던 주민 사이에서 갈등이 발생한 건 임대아파트에 들어가면서부터였다. 1998년부터 송학마을을 중심으로 '성동구 공공임대주택 주민자치협의회(주)'를 구성하고, 임대주택의 입주 준비와 입주 이후의 주민자치 활동에 대한 계획을 수립하는 활동이 전개되었다. 토론회를 개최하고 주민 생활안내서를 발간했으며, 입주 예정자들에게 입주 절차에 대한 정보 제공, 주민 교육 등을 실시했다. 그러나 입주 과정에서 이주 보상에 관한 금전적인 문제가 발생해 송학마을은 큰 혼란에 빠졌다. 이로 인해 임대주택 입주에 대비하던 일련의 활동들이 무산되었고, 임대주택에 입주한 후에도 갈등이 지속되는 결과가 나타났다. 송학마을 주민들은 이주에 대한 보상을 요구했다. 인근 몇 마을이 가이주단지의 부지 공사가 선행되어야 한다는 조건으로 이주를 약속하고 보상을 받았는데, 이를 정확히 이해하지 못한 일부 주민들이 동요한 결과였다.[16] 이 사건으로 송학마을 주민들은 임시 거주 시설 생활을 마감했고, 공공 임대주택에 입주하는 시기에 주민 간 또는 일부 주민과 지도부 간의 갈등이 폭발해 최대의 시련기를 경험했다.

---

16 성동주민회, 『금호·행당·하왕 지역 주민 운동 20년: 회고와 전망 30프로젝트』.

가이주단지를 정리하고 임대아파트에 입주하는 과정에서 결정적인 일이 벌어졌죠. 인근의 몇 개 지역이 가이주단지에서 철수하면서 임대아파트에 들어가는 과정에서 보상금을 받았어요. 한 1000만 원씩 보상금을 받을 수밖에 없는 상황들이 조금 있었어요. 우리는 임대아파트가 완전히 지어지고 입주를 하고 나서 가이주단지를 철거하고 공원으로 조성했는데, 다른 지역은 일단 우리 지역으로 이사를 왔다가 여기가 다 지어지면 자기 지역으로 가는 거예요. 그런 조건이 되어서 다른 지역은 보상금을 받았는데 그게 발단이 된 거죠. "우리도 돈을 받자" 처음에 지을 때 우리 돈이 들어갔잖아요? 그때는 돈을 조금씩 내는 것으로 다 동의를 했거든요. 그런데 살다 보니까 이기적인 것이 더 많이 드러난 거죠. 이사를 하니까 "다른 지역도 받았으니까 우리도 보상금을 받아야 된다", "우리가 들어간 돈을 뽑아야 된다" 그리고 "가이주단지 철거하는 것에 대한 값을 받아야 한다" 이런 요구들이 주민들한테서 일어났죠. 그걸 들어줬으면 된 건데 안 들어준 거예요. 단칼에 거부를 했어요.

"돈을 집행부가 왜 안 받아 오냐?", "다른 데는 돈 받고 가지 않냐? 그럼 우리도 가이주단지 고철도 팔고 할 거 아니냐?" 고철 팔아봐야 철거비도 안 나오는데 어쨌든 이주비를 받아 와라 이거죠. 집행부는 "그럴 수 없다. 우리는 그동안 살았고, 지원받기도 했고, 우리 비용도 들어갔고, 객관적으로 타당하게 이 건물 지어서 살았다. 그럼 그 약속대로 임대아파트에 들어가기만 하면 된다. 이주비를 받을 명목이 없다. 도덕적이지 않다" 이런 싸움이었죠, 계기는. 그걸 받아 오라고 하면, 받으려면 받을 수는 있어요. 세니까. 버티면 되니까. 그거 안 하겠다고 한 거지. 당연히 돈을 받으려는 주민 그룹이 형성될 것 아닙니까? 그동안 집행부가 회의에 오라고 하라고 해서 피로감도 있는데, 우리는 모임을 너무 많이 하니까. 매주 총회하고 매번 모임하고 이러는 게 많았거든. 핵심적으로는 그 문제예요. "보상을 받아라" 그러면서 그 문제가 어디로 치달았냐 하면 "쟤네들이 돈을 받고 해먹고 안 내놓는 거다", 소문에 의하면 '쟤가 은행에다 돈을 얼마만큼 넣었다더라. 1억을 넣었다더라' 이렇게 번진 거예요. '아무개가 돈을 해먹었다. 집이 두 채라더라. 아무개가 횡령했다' 뭐 이런 거요. 주민들이 막 떠드니까 말이 씨가 되는 거야. 사실이 되어버린 거야. 그러니까 대립이 되어버린 거예요. 증명할 수가 없잖아. 보여줘도 안 믿지. "다른 데 명의로 해놨는지 어떻게 아냐?" 할 수가 없잖아요. 이거는 그렇게 해서 대응할 수 있는 문제가 아니잖아요. 집행부가 끌고 가는 것에 대한 불신이 있었을 수는 있지만, 핵심적으로는 돈 문제였어요. 이거는 그 문제로 치달으면 합의할 수 있는 내용이 아니잖아요. 그리고 화해할 수 있는 지점이 아니에요.

금호·행당·하왕 지역은 임대아파트에 대한 입주 보상금 문제로 와해되었다. 이 과정에서 많은 유언비어가 돌았고 궁극적으로는 집행부가 주민들과 맞서게 되는 상황이 발생했다. 주민들은 집행부에 대한 불신으로, 주민에게 보상을 해주는 대신 집행부가 많은 돈을 받았거나 집을 더 받았을 것이라고 믿었다. 집행부는 가이주단지로 이주했던 당시 '우리가 살 집'이기 때문에 주민들이 십시일반으로 돈을 냈고, 임대아파트 보증금을 마련하기 위해 신용협동조합도 만들었으므로 약속을 지켜야 한다는 주장을 했다. 그러나 주민들은 이웃 지역이 보상금을 받자 동요하기 시작했다. 이러한 갈등은 임대아파트에 입주하기 전부터 시작되어 입주한 이후까지, 그리고 현재까지도 이어지고 있다. 집행부는 임대아파트에 입주할 시에도 입주 문제가 해결이 안 된 사람들까지 모두 들여보냈지만 그런 것으로는 주민에게 믿음을 주지 못했다. 이는 빈민지역에서 흔히 나타날 수 있는 문제였다. 철거 지역에 마지막까지 남은 주민들은 기본적으로 경제적 어려움을 겪고 있었고, 게다가 철거 싸움을 몇 년 동안 계속하면서 빚까지 생긴 상황이었다. 그리고 가장 열심히 싸운 것도 행당동 주민들이었다. 그런데 막상 임대아파트에 입주할 때 보니 다른 지역 주민들은 100만 원 이상씩 보상을 받는데 자신들은 그럴 수 없다고 하니 하나의 말이 다른 말을 낳아 갈등이 커진 것이다. 임대아파트 입주 보상금 문제에 대해서는 지금도 여러 의견이 있다. "다른 지역만큼은 아니지만 조금이라도 협상을 해서 주민들의 마음을 혜아려 달래줬어야 했다", "주민들이 많이 고생했기 때문에 조금의 보상이 필요했다", "어차피 보상금을 받아줬든, 안 줬든 집행부에 대한 불신은 이어졌을 것이다", "우리는 약속을 했기 때문에 끝까지 지키는 것이 맞았다"라는 등 그 당시를 경험했던 사람들의 의견은 분분하다.

한편 행당 지역에서의 갈등에 대해서는 지금까지 한 번도 공론화해 평가한 적이 없었다. 이에 대해서도 시간이 많이 지났기 때문에 평가하고 허심탄회하게 이야기하면 지금까지 남아 있던 상처가 치유될 것이라는 의견도 있고, 공론화하면 더 상처받을 수 있다는 등 여러 의견이 존재한다. 그럼에도 1995년에 시작된 갈등이 현재까지도 이어져 오고 있다는 것은 많은 사람들이 동의하고 있는 부분이다. 그리고 여파로 현재 지역 주민 운동에 좀 더 많은 사람들이 함께하지 못하고 있는 것에 대해서도 많은 고민을 하고 있다. 표면적으로 가장 크게 드러났던 갈등은 임대아파트 입주 시 보상금을 주는 문제였지만, 오랜 투쟁과 가이주단지 생활을 겪으면서 주민들 사이에 쌓인 갈등을 적절하게 해소시키지 못했다는 한계도 있었다. 금호·행당·하왕 지역의 주민운동은 임대아파트로의 입주가 끝난 후에 그 전과 같은 활발한 동력을 얻지 못했다.

우리의 실험은 계속된다[17]

금호·행당·하왕 지역에서 전개된 주민운동은 빈민지역에서 대중 조직

---

17 성동주민회, 『금호·행당·하왕 지역 주민 운동 20년: 회고와 전망 30프로젝트』; 유아영, 「생존권투쟁에서 주민공동체 운동으로: 금호·행당·하왕 지역의 주민운동 사례연구」(성공회대학교 NGO대학원 석사 학위논문, 2011)의 내용을 참조해 작성했다.

화를 기반으로 해서 그 활동의 맥락을 계속 반영하고 확산시키는 과정이었다. 때로는 시대적 흐름과 지역적 조건에 따라 활동 내용이 축소되거나 변화되기도 하면서, 풀뿌리 대중을 중심으로 주민운동의 역사성을 유지하고 지속 가능한 주민운동의 가능성을 타진해온 것이다.[18]

가이주단지에서 실시했던 대표적인 공동체 사업으로는 신용협동조합, 의류생산협동조합, 생활협동조합 등이 있는데, 그중 논골신용협동조합은 현재까지 이어져 오고 있으며, 생활협동조합은 그 당시에는 잘 진행되지 않았지만 현재는 성동주민회의 한 중심축이 되어 활발하게 활동을 이어가고 있다. 금호·행당·하왕 지역에서 시도했던 대표적인 공동체 사업과 현재 지역운동의 중심이 되는 성동주민회의 초기 형성 과정과 현황은 다음과 같다.

논골신용협동조합

기획단의 경제협동주민공동체 분과원들은 금호·행당·하왕 지역에서의 신협 설립 가능성을 타진하기 위해서 신협서울연합회, 신협중앙회 대전 연수원을 방문해 전문가의 조언과 교육을 받았다. 이어 지역 주민들을 대상으로 5회에 걸쳐 발기인 모집 교육을 실시했다. 교육 결과, 20명의 발기인이 모집되어 발기인회를 구성했고, 창립총회 준비분과, 정관(안) 작성분과·사업계획(안) 작성분과, 출자금수납 준비분과로 역할을 나누어 각 분과별로 세분화된 활동을 전개해 신협 설립에 필요한 준비를 본격화했다. 한편 신협의 실무를 맡아 일할 실무 책임자에 대해서는 복음신용협동조합의 협조를 받아 약 2개월에 걸쳐 현장 실습을 받도록 했다. 발기인회가 구성된 이후 약 2개월간 신협 설립과 관련된 준비 과정을 통해 사업 계획 수립, 정관 작성, 사무실 준비 등을 완료했다. 그 결과 1996년 11월 3일, 205명

---

18   신만수, 「자치구 주민운동 활성화 전략: 금호·행당·하왕권 단위 지역 사례를 중심으로」, 77쪽.

의 설립 동의자가 모집되어 출자금을 모으기 시작했다. 출자금 수납을 시작한 이후에도 설립 동의자 모집에 관한 교육 및 관계자 전체 모임, 월례회를 개최해 신협의 정신을 강화해나갔다.

한편 출자금 증대를 위해서 한 달에 두 번씩 일요일에 전체 설립 동의자의 집집을 방문해 '일요 출자'를 실시했고, 이는 출자금 조성에 큰 힘이 되었다. 이 지역에서는 1998년 2월경에 인가 요건을 갖추어 신협 설립 인가를 신청하려고 했다. 그러나 신협서울연합회와의 면담을 추진한 결과, 인가 신청 일정을 앞당길 것을 요구받았다. 이는 우리나라 금융시장의 변화와 금융권의 통폐합 조짐에 발 빠르게 대응하기 위한 신협중앙회의 정책과 맞물린 조치이기도 했다. 당초의 계획보다 인가를 빨리 신청하기 위해서는 출자금을 조성하는 것이 가장 시급했다. 따라서 수차례 설립 동의자 모임을 열어 출자금 증대를 독려하고 목돈 출자를 유도해나감으로써 인가 신청 요건인 3억 원의 출자금을 조성할 수 있었다. 그 결과 1997년 8월 17일, 창립총회를 개최하고 곧바로 설립 인가를 신청했다.

논골신용협동조합은 1997년 11월 27일에 설립 인가를 받았다. 행당동에서 신협을 만든 이유는 임대아파트 입주 시 필요한 보증금 등을 마련할 때 은행을 이용하기 어려운 저소득층 주민이 은행을 이용할 수 있도록 하기 위함이었다. 초기에는 송학마을 마을회관 내에 사무 공간을 얻어 활동하다가 1998년 8월에 인근 상권과 가까운 곳으로 사무실을 이전했고, 2002년 7월

사무실을 확장했으며, 2007년 12월 신협건물 매입 등의 과정을 거쳐 사무
환경을 개선했다. 1997년에는 337명으로 인가 신청을 했다. 철거 반대 투
쟁을 같이하고 신협 설립에 동의했던 초기 조합원 이외에도 인근의 주민과
상가 조합원이 지속적으로 증가해 2007년 8월 기준 조합원 수 2600여 명
(2014년 기준 4000여 명), 자산 규모 80억 원에 이르게 되었다. 모토는 "1인은
만인을 위하여, 만인은 1인을 위하여"였다.

신협에서는 일반적인 은행 업무 외에도 자체 공간(지하 2층 교육장)을 이
용해 생협운동(생명살림터)을 하고, 조합원과 지역 주민을 대상으로 교육
및 홍보 활동을 하는 등 다양한 활동을 전개하고 있다. 또한 자산의 성장
과 직원의 증가로 점차 지역과 지역공동체에 대한 관심이 증가해 직간접
적으로 주민을 활동에 참여시키고 있는데, 장학 사업, 단오 한마당, 조합
원 야유회, 어르신 국수 잔치, 우리 농촌 살리기 운동본부와 연계한 생명
살림터 운영 지원 등의 사업을 진행하고 있다.

의류생산공동체 '논골의류생산협동조합'과 '옷과사람들'

산동네 지역 주민들의 생계 수단은 다양했지만 대부분 일용 건설 노동
직과 영세 봉제업이었다. 일용 건설 노동직의 경우 불안정한 생계 수단이
므로, 소득의 불균형 때문에 계획적인 생활 계획을 세우지 못하는 형편이
었다. 또한 영세 봉제업의 경우도 복잡한 하도급 체계로 노동력이 많이 들
어가는 데 비해 소득이 적어 영세성을 면하지 못하고 있는 상황이었다. 이
에 2001년에 폐업한 논골의류생산협동조합의 경험을 디딤돌로 삼아 가난
한 사람들이 협동 노동을 통해 자립하고 함께 나눌 수 있도록 하기 위해
새로운 생산공동체가 설립되었다. 지역의 특성상 미싱 기술이 있는 주민
들이 많았기 때문에 의류생산공동체를 만들게 된 것이다.

생산협동분과는 1995년 7월부터 우선 시도해볼 수 있는 사업을 중심으
로 해서 현장을 방문하며 구체적인 사업을 구상하기 시작했다. 이렇게 산

동네가 재개발이 되고 나서 가난한 주민들이 자신의 권리를 찾기 위해 함께 모이고, 나아가 자신들의 불안정한 생활 구조를 스스로 개선하기 위해 생산협동조합을 준비한 것은 운동적으로 중요한 의미가 있다. 사회적으로 가난한 사람들의 삶이 제대로 보장되지 않는 가운데 주민 스스로 관리하고 만들어가는 협동체적 생산운동을 시도한 것이다.

금호·행당·하왕 재개발 지역에서는 먼저 하왕 2-1지구(송학마을)가 임시 거주 시설에 들어가게 되어 주민의 주거 안정을 보장하고 협동적 실험을 할 수 있는 공간을 마련하게 되었다. 그래서 생산협동분과는 송학마을의 임시 거주 시설 내에 설치된 공동 작업장을 운영하는 방향을 모색했고, 우선 이 작업장에서 함께해볼 수 있는 사업으로 봉제 공동 작업을 생각하게 되었다. 일반적으로 산동네 주민들이 쉽게 배울 수 있는 기술은 영세업이거나 또는 하청 공장에서 오랫동안 경험한 적이 있는 미싱, 재단 등의 기술이었다. 송학마을에 입주한 지 한 달이 지난 후인 1995년 11월, 주민 네 명이 집에서 사용하던 미싱을 가져와 공동 작업장을 가동했고, 지역에서 가까운 동대문시장의 제품을 생산하게 되었다. 사실 이때부터 약 1년간은 생산협동조합의 개념으로 일하기보다는 함께 일하면서 생기는 내부적·외부적 문제점들을 충분히 경험하고 자신들의 미래를 준비해가는 기간이었다. 시설, 일감, 자금, 기술 등 모든 것이 부족한 상태에서 현실을 극복하기는 쉽지 않았다. 극히 불안정한 시장 일감으로 여름과 겨울철 비수기를 인내와 끈기, 개개인의 희생으로 견뎌내야 했고, 장사 철에는 밤 11시 넘어서까지 노동해야 하는 어려움에 직면하기도 했다. 그러나 이는 누구도 해보지 않은 일이었다. 어려운 일이었지만, 서로 도우며 살아가는 가난한 주민 스스로가 한번 해볼 만한 좋은 기회라는 생각으로 극복해나 갈 수 있었다. 또한 서로의 생활 기술을 나누며 자기 일터를 만들어가는 것은 구성원에게 새로운 가치로 발견되는 일이었다.

처음에는 세 명으로 시작했는데 그때 뭐가 있어 아무것도 없죠. 그래서 우리 집에서 쓰던 미싱기 가져다 놓고 오바 가져다 놓고. 처음에는 사람들이 아무 것도 할 줄 몰랐어요. 미싱을 할 줄 알아요, 뭐를 해요. 그래서 총무하고 사 업부장하고 그 사람들도 그런 것을 모르니까 가르쳐가지고 시작했어요. 하 다 보니까 조금씩 하나둘씩 사람이 생긴 거예요. 미싱하는 사람 하나 들어오 고 하다가, 시장 거 가져다가 조금 하다가. 몇 개월 지나니까 조금 홍보가 되 었어요. 그리고 일 다니는 거 같이 한번 해보자고 우리 집사람을 한 두 달간 꼬셨을 거예요. 그래도 집사람이 미싱을 잘 하니까, 미싱사니까. 집사람 들 어오면서 미싱도 몇 대 더 구입했어요. 그러다 우연히 누구 소개로 개량 한 복을 하게 된 거예요. _문영기

1997년 2월부터는 의류생산협동조합협의회 모임을 통해 소개받은 생활 한복을 생산하게 되면서 일단 일거리 확보가 가능해졌다. 이에 따라 공동 작업장은 어느 정도 안정되었으며, 사람이 모이기 시작했다. 그러나 한편 으로 구성원들은 협동적인 생활과 생산양식을 요구받기 시작했다. 이에 따라 1997년 7월, 송학작업장의 구성원과 기획단 생산협동분과는 2차 공 동 평가를 진행하고 생산협동체의 나아갈 방향을 모색하기 위한 공동 작 업을 실시했다. 현재 의류 제조업이 국내에서는 사양 산업이 되고 있지만, 여기에서는 앞으로의 방향을 모색하고 기술을 살리기 위해 시장의 가능성

을 찾아 소규모·지역 차원에서 공동체로 경영 체계를 갖추고, 공동체 간 서로 협동·협력해 우리의 생존 권리와 고용 권리를 지키자는 데 합의했다. 생산 체계를 가다듬고 의류생산협동조합을 만들기 위한 구체적인 준비에 착수했다.

설립 초기에는 꽤 많은 물량을 수주받을 만큼 번창했었지만, 의류 제조업의 사양화라는 열악한 환경과 부족한 기술 문제를 극복하지 못했다. 이를 해소하고자 여러 방면으로 노력했지만, 결국 공동체 구성원 간의 갈등을 해결하지 못한 채 폐업하게 되었다.

> 식구들이 나중에 40몇 명 되었어요. …… 공동체가 사실상 처음에 시작할 때는 불이 붙어가지고 안 돼도 좋게 생각하고 다 시작을 해요. 그런데 조금 지나다 보면 돈, 운영을 어떻게 하나 이런 의심들이 많아져요. 사실상 그 정도 되니까 내부에 분란이 생기게 되는 거죠. 소소한 것 가지고도 서로 오해하고 상대를 믿지 못하고 그런 것들이 조금씩 나타나는 거예요. 여기 작업장에 한 스무 명 이 정도까지는 잘됐어. 그런데 이제 그 이상 쭉 가다 보니까 서로 간 조금씩 조금씩 틈이 벌어진 거죠. 사람과 사람 관계에 대한. 우리가 프로그램을 가지고 계속하는 데도 사실상 그게 잘 안 되는 거거든요. 한복을 하면서 우리 나름대로의 브랜드를 한번 가져보자. 돌실나이처럼 독자 브랜드를 가져보자고 생각하고 앞으로의 꿈을 가지고 시작했었는데 사실상 그게 잘 안 되었고요. …… 마침 또 개량 한복에 좀 침체기가 왔어요. …… 그러다 보니까 차츰차츰 일감이 떨어지고 하니까 내부적인 갈등도 심해지고 거기서 안 된 거죠. _문영기

생활협동주민공동체 '송학구판장'과 '생명살림사업단'

생활협동조합은 일반적으로 조합원들이 자신들의 '생활상의 필요'를 충족하기 위해 의식적·조직적으로 협동하는 운동체인 동시에 소비생활을

중심으로 공동 사업을 하는 경영체라는 이중적 성격을 지니고 있다. 우리 나라의 경우 소비 중심의 사회 변화에 따라 자연과 인간이 공존 가능하며 제품을 안전하게 먹을 수 있도록 투명성을 유지하려는 안전한 먹거리 운동 정신과 유통 구조의 합리화 등의 정신을 지향해왔다. 이러한 생협의 정신은 결국 지역자치 운동, 더불어 사는 공동체운동을 구현해가는 한 측면이 되었다. 따라서 금호·행당·하왕 지역에서 생활협동조합을 준비해 설립·운영하고자 했던 계획은 가난한 지역 주민의 소비생활을 협동화해 좀 더 안정적이고 적정한 가격으로 물품을 공급받을 수 있도록 하는 것이었다. 또한 이를 통해 소비적인 사회 풍토를 개선하고, 더불어 살아가는 주민 생활공동체를 형성하려는 시도였다.

재개발 철거 과정에서 모인 세입자 주민 중 하왕 2-1지구 주민이 임시 거주 시설에 입주하게 되었고, 이에 따라 1995년 12월부터 생협 활동을 추진하기 위한 공동 구판장을 운영하게 되었다. 기획단의 생협분과원의 일부는 1995년 5월부터 1996년 2월까지 생협중앙회의 실무자 공부 모임에 참여해 생협운동의 이론, 운영, 실무 전반에 대해 교육받았다. 그러나 생협분과의 경우 현장 견학, 물품 선정, 주민 홍보, 교육 등의 생협 사업을 추진해갈 수 있는 실무 구조가 마련되지 못해 2년여 동안 구판장 운영 이외의 활동을 전개하지 못했다. 송학마을 내의 구판장은 일반 생활 공산품을 중심으로 운영되고 있었는데, 소비·공급과 관련한 실제 경험을 겪는 것을 제외하면 직접적인 생협 준비와는 별도로 진행되었다. 구판장 운영에서는 외형적 조건상 임시 거주 시설 내의 주민들을 주요 소비자로 가정할 수밖에 없었기 때문에 주변 이웃들과 관계 맺는 것을 시도하기도 어려운 상황이었다. 그리고 구판장의 규모가 인근 슈퍼 등에 비해 협소했기 때문에 전반적으로 물품 가격을 하향 조절하는 데 한계가 있었다.

구판장 운영 경험으로 여러 한계점이 드러났다. 첫째, 구판장 운영에 대한 교육과 주민들의 인식이 부족했고 구판장을 이용하는 가구 수가 제한

적이었다. 둘째, 재고 파악, 금전출납부 작성, 계산서 작성 등의 회계 처리가 미흡했다. 셋째, 바자회나 다양한 판촉 활동 등을 통해 일반 지역으로 사업을 확장하려는 시도가 부족했다. 넷째, 판매자와 구매자 간의 의사소통이 없었고 생협을 준비하려는 구체적인 실행 계획이 없었다. 다섯째, 생협 준비 단계로 연결되지 못했고 취급 품목에 부적절한 점이 있었으며(가격 조절, 품목 선정 등에 있어서 소비자 의식을 고려하는 데 미흡했다) 생협 물품에 대한 홍보가 부족했다. 이에 따라 생명살림기획단의 활동은 다른 분과의 활동보다 더디게 진행되었다. 여러 차례 시도했었지만, 소비 중심으로 이루어지는 생협분과의 활동은 저소득층 주민운동으로 이어지기에는 다소 무리가 있었다.

제일 오래 걸렸어요. 왜냐하면 맨 처음에 기획단 만들기 직전에 모임을 할 때 신협, 생협 다 중앙에서 사람을 불러와서 듣고 그랬잖아요. 그랬을 때 그때 당시에 일본에서 생협 박사 학위를 막 마치고 와서 생협중앙회에서 활동을 하시는 박사님을 불렀어요. …… 생협에 대해서 얘기하시는데 그때 하신 말씀이 아직도 기억이 나요. 생협은 중산층 이상이 하는 운동이라고. 여기서는 할 수가 없다고. …… 현실적으로 얘기해준 거죠. 사실 그때 그랬으니까. 가난한 사람들은 정말 싸게 많은 양을 먹으려고 하지 의식을 가지고 몸에 좋은 것을 사 먹는 것은 너무 힘든 일이다, 그 말이 맞거든요. …… 그리고 신협은 내 돈이 모이는 거잖아요. 생협은 소비해야 되는 거잖아요. 소비를 할 수 없는 구조에서 만드는 게 어려운 일이었죠, 그때 당시에는. 그런데 끊임없이 생협을 놓지 않았다는 점, 우리 지역에 생활협동 운동이 필요하다는 관점을 놓지 않고 계속 가지고 있었다는 점은 굉장히 높이 평가할 만한 일인 것 같아요. _노인경

여러 좌절에도 포기하지 않고 꾸준히 노력한 결과, 2017년 현재 700여 명의 조합원을 가진 비교적 큰 규모의 생협으로 발전했다. 그러나 가이주단지에서의 활동은 그리 성공적이지 못했다. 1998년부터 1999년까지는 기획단이 생협분과 활동을 진행했었는데, 생협운동의 목표를 이루기 위한 최소한의 경제적 규모와 이를 위한 실무 인력을 확보하기가 여의치 않아 생협 설립이 미뤄졌다. 일본의 생협을 배우고자 연수 프로그램도 진행했다. 또한 1997년부터 1999년까지 3년에 걸쳐 친환경적 마을 만들기 사업을 진행했다. 서울시 녹색서울시민위원회 주최의 서울시정 참여 사업으로 진행된 사업이었다.

1997년에는 논골작은환경모임을 구성하고 청소년 벽화 그리기, 지역환경 설문조사 사업을 진행했다. 1998년에는 논골작은환경모임에서 작은환경교실을 열었고, '우리 마을 들여다보기' 차원에서 모형 제작, 유해 환경 조사, 어린이 환경 답사, 친환경적 공동체 문화 만들기, 사업 결과 발표회를 진행했다. 1999년에는 아파트 주민을 대상으로 환경교실을 열었고, 어린이 환경 활동으로 환경 캠프, 지역 내 이산화질소 농도 측정, '이런 마을에서 살고 싶어요' 콩쿠르 대회, 아파트 주민 생활환경 의식조사, 사업 평가회를 진행했으나 후속 프로그램을 진행하기 위한 단위가 부재했다. 이후 생명살림사업단은 오랫동안 침체를 겪었고, 2005년부터는 다른 활동을 시작했는데 주요 내용은 다음과 같다.

생명살림 분야의 활동 시기(2005년 5월부터 2006년 12월)에는 총 아홉 명

이 생명문화 먹거리마당을 진행했다. 매월 1회 어르신 국수 잔치를 열었고, 성동평화의집에서 하던 우리 농산물 주문·배송, 환경 분야 교육 등의 활동, 계절상품(매실, 굴비, 한과 등)의 직거래를 진행했다.

생명살림사업단 활동 시기(2006년 4월~현재) 중 2006년 4월, 논골신협에 우리 농산물 판매를 위한 진열장이 생겼다. 성동평화의집이 2003년 10월부터 시행한 우리 농촌 살리기 운동을 통해 생명살림 분야가 우리 농산물 공급 사업을 인계받아 진행하면서 진열장이 생긴 것이다. 우리 농산물 판매는 수면 아래에 있었던 생협 설립에 대한 관심을 불러일으켰다. 논골신협의 이주로 건물 한쪽에 우리 농산물을 판매하는 공간이 만들어졌고, 주민자치공동체 모임을 통해 '논골신협 생명살림사업단'이라는 명칭을 사용하게 되었다. 현재 세 명의 주민이 월요일부터 금요일까지 상근하며 매장을 운영하고 있다.

성동주민회의 발족

1999년부터 2007년까지 임대아파트에 이주한 이후로 주민자치회를 구성해 성동주민회를 운영했었지만, 초기에는 실질적인 역할을 수행하지 못하고 관리 사무소의 통제에서 벗어나지 못해 주민들의 불신, 무관심, 방관적 태도가 확산되는 한계를 보였다. 그러나 시기별로 꾸준하게 새로운 주민자치회를 재결성하고 주민 사업을 진행함에 따라 이후에는 비교적 많은 문제들이 완화되는 모습을 보였다. 이러한 과정에서 활동가들은 계속되는 모임을 통해 지역의 발전 방향을 고민했다. 기획단 해산 후 운동의 구심점과 비전을 확인하고자 지역 간담회라는 이름으로 2002년부터 2003년까지 간담회를 진행했으나 결론을 내리지는 못했다. 2004년 9월 주민자치공동체 준비 모임을 시작으로 23명의 주민·실무자들이 워크숍에 참여해 우리 지역의 가치와 비전은 무엇인지를 확인했다. 생명살림, 참교육, 일하는 공동체의 실천 활동으로 생명살림, 일자리 컨설팅, 생명문화 교육, 주민자치

하늘나무사랑방   생명 · 살림 · 자치 성동주민회

분야 등 네 가지의 활동 분야를 만들기로 결정했다. 또한 2007년 일본과의 해외교류회를 열고 '금호·행당·하왕지역 주민자치공동체' 모임을 30회 거듭하면서 활동을 재평가했다. 또 주민과 소통하는 거점 공간과 문화를 만들기 위한 구심력을 세우기 위해 2008년 '생명·살림·자치 성동주민회'를 발족했다.

> 나중에 기획단이 끝나고 나서 2~3년 정체기가 있었어요. 정체기 때는 아무것도 안 하고 노는 게 상수예요. 그렇지만 너무 놀면 안 되니까 분기별로 한 번씩 모여서 이야기를 했고요. 뭘 새롭게 하자고는 안 한 거죠. …… '금호·행당·하왕지역 주민공동체' 이런 이름으로 신만수 대표를 중심으로 모였는데, 앞으로 나가지는 않고요. 그러다가 자체 워크숍을 해서 '생명·살림·자치 성동주민회'라는 개념을 만들었고, "주민회로 가자"고 그래서 주민회를 만들어 가지고 지금까지 왔는데. 주민회는 기획단 전통을 가지고 있으니까 직접 사업을 하는 것보다는 조직 사업을 하죠. …… 성동주민회 같은 경우가 주민들이 움직이도록 활력을 주고, 계기를 주는 임무를 하는 게 맞다고 본 거죠. _박재천

성동주민회는 협동과 공생, 자활·자립, 복지·문화·교육, 자치·소통의 네 개 분과를 구성해 주민 참여의 활성화를 도모했고, 이 가치와 분야를

구체화해서 다양한 참여와 소통을 실현시키기 위한 방향과 비전을 새롭게 만들었다. 그리고 현재에도 주민들이 만나고 모여서 이야기를 나누며 함께 꿈꿀 수 있는 사랑방을 만들어 여러 사업을 진행하고 있다. 이 과정에서 활동가들은 지역에서 함께 살며 주민들과 끊임없이 공식적·비공식적으로 소통하고 의견을 모으며 새로운 시도를 하기 위해 활동하고 있다.

인천 부평

🏠

교육과 실천, 연대 활동으로 펼쳐온 주민운동

인천은 개항과 함께 근대 문물의 관문 역할을 수행하는 동시에 외세의 근거지이자 군사기지가 되는 아픈 역사를 가지게 된다. 제물포항[1]이 개항된 1883년 이후 각국의 상사와 주재원, 영사관 등이 조계 설정지에 입주했는데, 인천 중구가 이들의 조차지[2]로 역할하게 됨에 따라 여기에 살던 조선 사람들은 이 지역 밖으로 밀려나게 되었다. 이들이 정착하게 된 곳이 동구 지역(배다리, 송현동, 화평동 일대)이었으며, 이를 이주민 1세대의 배경으로 보기도 한다.

또한 일제가 을사늑약(1905년) 이후 식민화를 추진하는 과정에서 그들의 제조창이던 전환국의 건설을 위해 중구 전동, 신흥동 일대 주민들을 동구로 이주시켰으며, 일제 강점이 고착되던 초기(1915년)에는 일본에 의해 해

---

1 제물포항은 인천항의 옛 이름이다.
2 조차지는 다른 나라에 일시적으로 빌려준 영토를 뜻한다. 인천 중구 지역에 일본과 청나라의 조차지가 있었다.

안선이 매립되고 뒤늦게 진출한 일본의 자본가들에게 매립한 땅을 헐값에 분양하게 되면서 동구 인근에 대형 공장 시설이 들어오게 되었다. 해방 이후에도 이러한 시설에 의해 인천이 경인공업지대의 중심지가 되어 지역 주민들은 이농하거나 이주하면서 자연스레 노동자로서의 삶을 살아가게 되었다. 한국전쟁 이후에는 피난민들이 고향과 가까운 곳에 임시로 자리를 잡고 살기 시작하면서 중구·동구 일대에 실향민들의 거주지가 생겨났다.

인천 지역 빈민운동의 역사는 동구와 중구의 달동네에서부터 찾을 수 있다. 화수동에서 활동하던 인천도시산업선교회(이하 인천산선)는 1970년대부터 주위의 노동자를 중심으로 산우협동조합을 운영했다. 1980년 지역 주민 설문조사의 결과를 토대로 '민들레선교원'과 '민들레의료협동조합'을 만들어 운영하게 되었다. 인천산선이 있었던 일꾼교회, 산우신용협동조합, 선교원과 의료협동조합이 민들레공동체를 만들어 운영했다.

한국교회사회선교협의회 훈련위원회에서 CO 교육 훈련(사선 1기)을 받은 김정택 목사는 인천산선에서 활동하다가 1986년 5월 송현동에 산마루교회를 열어 공부방, 의료 활동, 노동 상담을 시작한다. 같은 시기, 미국에서 신학을 공부한 박종렬 목사도 1985년 10월 인천 동구 송림동에 사랑방교회를 열고 탁아소와 공부방을 만들었고, 이곳은 지역 노동자들의 활동 공간이 되었다. 1988년에는 조인영 목사가 송현동에 샘교회를 열었고, 1989년 6월에는 대한성공회 인천내동교회 박종기 신부가 김명자, 김미경 활동가와 함께 송림동에 나눔의집을 열어 빈민운동을 시작했다. 이렇게 1980년 후반에 화수·송림·송현동의 민중교회들이 달동네로 들어오며 노동자와 도시빈민이 함께하는 활동이 왕성하게 일어났다.

인천 중구 만석동에는 민중교회와는 다른 방식으로 빈민운동 공간이 생겨났다. 1983년에 '여성평우회'가 시작한 큰물공부방과, 1987년 가톨릭 인천교구청년회에서 활동하던 세 청년이 만석동에 들어가 아가방을 시작하면서 만든 '기찻길옆공부방'이 그곳이다. 『괭이부리말 아이들』이라는 책으로도 유명한 기찻길옆공부방은 공제회와 부모회를 운영하며 신앙공동체, 공연공동체로서 지금도 활발하게 활동하고 있다. 이렇듯 인천의 빈민운동에서는 중·동구 지역의 활동 내용을 빼놓을 수 없음에도 여러 가지 사정으로 이번에는 부평 지역의 활동 내용만 정리하게 되었다.

부평 지역은 항구에서 가깝고 안개가 많이 긴다는 지리적 특성 때문에 일제강점기 시절인 1939년, 하루 2만 자루의 소총과 중화기를 생산하는 100만 평 규모의 조병창[3]이 만들어졌고, 그러면서 마을의 규모도 커졌다. 당시 무기를 생산하던 일본의 방위산업체에서 한국인 노동자를 대대적으로 모집하고 이들이 생활할 '사택'을 부평 지역 곳곳에 지으면서 일제강점기에 수도권 최대의 노동자 밀집 지구가 건설된 것이다.

해방 이후에는 미 군정에 의해 조병창에 그대로 미 군수지원사령부(ASCOM)가 들어섰고, 지역은 '애스컴 시티(ASCOM CITY)'로 바뀌었다. 1960년부터 조금씩 반환되기 시작했던 미군 기지 터에 전남방직, 한국종합기계, 대우자동차 등의 큰 공장이 들어서고 부평 4공단이 들어서면서 부평은 군사기지와 공장으로 뒤덮인 생산 기지의 모습을 그대로 유지하게 된다.

부평의 노동자들은 일제강점기 때의 조병창의 노동자가 미군 기지의 노동자로, 대공장과 공단의 노동자로 변해온 것이다. 군사기지와 공장 때문에 일자리를 찾아 충청도와 전라도에서 배를 타고 많은 사람들이 이주해 왔다. 그렇게 산곡동, 청천동은 사택 지구[4]와 '뻘방'[5]에 4공단 노동자와 일용공들이 사는 가난한 동네가 되었다. 십정동은 서울 철거민들과 인천 이주민들이 달동네를 이루어 산 곳으로, 이곳 주민들은 근처의 주안 5공단에서 노동하며 살았다.

---

3   일제의 병기 제작창을 가리킨다. 해방 후 그 자리에 미군 기지가 들어섰다. 현재는 16만 평의 캠프마켓이 자리하고 있다.
4   일제강점기 때 조병창 내에 있던 조선인 노동자들의 숙소다. 미쓰비시 등 일본 중공업회사의 소속으로 지어졌다.
5   방 하나, 작은 부엌 하나로 만들어진 방이다. 변소는 공동으로 사용했다.

이렇게 인천은 항구도시의 특성과 지리적인 특성으로, 일제강점기와 해방 후의 군사 도시·공업 도시를 고스란히 거치게 되었다. 자연스레 일을 찾아 몰려든 노동자와 실향민 그리고 서울에서 밀려난 철거민이 모이게 되어 곳곳에 뻘방과 달동네를 만들어 모여 살았다.

십정동 해님방: 주민조직의 힘과 지역 정치

인천 최초의 공부방, 큰물공부방에서의 교훈

대학 1학년 때부터 서울 중랑천 뚝방촌에서 빈민 봉사활동을 하던 홍미영은 2학년 때부터 학내 민주화 학생 활동이 탄압을 받자 진보적 기독교운동인 한국기독학생회총연맹(KSCF) 활동을 했고, 서울역 앞 성남교회, 제일교회에서 주로 '한국 사회 어떻게 볼 것인가?' 등과 같은 현실 이해에 대한 교육을 받았다. 당시 철거민 이주 지역이던 성남시의 주민교회에서 빈민지역 실태 조사를 벌이는 등 실천 활동을 하며 빈민운동과 인연을 맺어가고 있었다.

대학 졸업 후 1982년, 구로동 여성유권자연맹에서 (구로 지역을 중심으로 한) '빈민 기혼 여성들의 취업과 육아 실태'에 대한 조사를 나가면서 빈민 여성의 열악한 주거 환경과 육아 상황에 충격을 받고 이 '사회 모순'을 극복하려면 직접적인 피해자인 빈민 여성들과 함께 살면서 고민하고 실천해야 한다는 생각을 갖게 되었다. 그래서 1983년 인천 만석동에 위치한 여성평우회가 만든 큰물공부방으로 내려오게 되었다.

만석동 큰물공부방은 공업 도시인 인천의 다른 지역과는 다르게 부둣가 어촌에 위치해 있었고, 이곳은 주민들도 피난 왔다가 바로 고향으로 돌아가려고 항구 근처 갯벌에 임시로 정착한 곳이었고, 이북 사람들이 토박이와 섞여 사는 지역이기도 했다. 그러다 보니 가난한 어촌의 모습에 주거 형태도 임시 거주지였던 '루핑' 집이 많았다.

1983년 만석동에 먼저 자리 잡았던 '주민약국'(평우회 회원 이선옥)과 함께 '만석동·북성동 지역 주민 실태 조사'를 8개월 동안 진행하며 지역 주민들의 생활 실태와 생계, 욕구를 파악했다. 이 조사에서 아동과 관련된 별도 조사와 문답을 통해 가정사를 파악했고, 이를 공부방 활동의 자료로 사용했다.

또 허병섭 목사를 초대해 빈곤 여성의 내적·외적 변화를 위한 교육을 실시하기도 했고, 1980년부터는 산업선교회(김정택)에서 노동자를 위한 어린이집으로 운영되던 민들레어린이집의 유효순 선생을 초대해 자모회를 구성하는 데 도움도 받았다. 이렇게 여러 가지 준비와 지원을 하며 자모회를 구성하고 주민 행사를 통해 빈민운동을 펼쳤지만, 1985년에 벌어진 생활 기반 전체를 뒤흔들었던 지역 철거에는 어찌해볼 수가 없었다.

큰물공부방 교사들은 빈민지역 전체를 뒤흔드는 생존의 문제, 즉 철거를 맞아 이 투쟁에 함께 싸울 '연대'를 필요로 했지만, 인천에는 아는 사람이 없어 서울의 허병섭 목사, 하월곡동 활동가들, 여성평우회의 도움을 받아 주로 서울에서 활동했던 사람들을 소개받았다. 관악의 김혜경, 하월곡동의 허병섭, 사당동의 강명순, 시흥의 김영준, 박재천 등을 만나 도움을 받았다. 그리고 그렇게 인천산선의 김정택 목사를 만났다.

그렇게 '인천 사람'들을 알게 된 것이 굉장히 속이 상했어요. 어렵게 활동할 때 당시 동네 주변에 있었는데, 서로 알지 못해서 도움도 되지 않았고 연대도 못했어요. 활동이 중앙 중심이었던 것이 '한'처럼 서운하게 여겨져서 이후 운동하면서부터는 강력한 '지역 연대'의 필요를 절감했죠. _홍미영

결국 1985년 만석동 철거를 순환재개발 방식으로 수용하게 만들고 나

서 첫 빈민 현장인 만석동 큰물공부방을 떠나게 되었다. 이후 큰물공부방은 '만석동 43번지'라는 별칭으로 YWCA 소속으로 운영되다가 김명자, 김미경 두 활동가가 맡아 운영을 이어갔다.

큰물공부방에서 홍미영은 두 가지 교훈을 얻었다. 하나는 같은 지역에서 같은 활동을 하는 사람들끼리의 '연대'할 필요성을 자각한 것이다. 이 자각은 이후 빈민지역 활동을 하는 데 '빈민지역활동가협의회', '인천지역주민회' 등과 같은 빈민지역 운동의 연대체를 만드는 활동에 적극적으로 뛰어들게 만들었다.

두 번째는 공부방 교사로 철거를 맞닥뜨리게 되면서 주민과 교사의 처지가 확연히 다르다는 걸 알게 된 것이다. 이해관계가 극명하게 드러나는 철거를 경험하는 동시에 지역 현장에 살면서 빈민운동을 이끌어나갈 '주민지도력'이 꼭 필요하다는 것을 분명히 느꼈다. 외부에서 출퇴근하거나 활동가로 들어온 자신들이 '삶을 송두리째 흔드는' 철거에 맞서 대안을 세우는 것이 얼마나 어려운지를 깨닫게 된 것이다. 만석동 큰물공부방에서의 이 두 가지 깨달음은 홍미영이 이후 빈민지역 운동을 해나가는 데 커다란 기준과 방향이 되었다.

십정동 해님방을 열다

인천 동구 만석동에서의 빈민운동과 철거를 함께 겪은 후배들은 새로운 빈민 현장을 찾아다니다가 부평구 십정동을 선택했다. 네 명의 활동가가 십정동으로 들어왔다.

정말 제대로 된 주민운동을 해보자고 했어요. 주민 속에서 지도력을 세우고 그 지도력을 중심으로 활동하고자 했죠. _홍미영 활동가들은 만석동의 경험에서 배운 대로 십정동에서 주민 지도자를 세우고 그들을 통해 주민운동을 하겠다는 생각을 실현하고자 했다. 활동가들이 십정동을 선택하고 공부방을 하게 된 이유를 밝힌 문서 자료가 있다.

십정동 산동네는 빈민 밀집 거주 지역이다. 우리 사회의 빈민은 사회경제 구조적 산물이다. 특히 십정동은 1960년대 산업화 이후 이농민들의 마지막 정착지(정부는 빈민지역 무허가 판잣집에 대한 여러 번의 철거 끝에 최종 이곳으로 내몰았다), 1970년대 말 조성된 주안 5공단 배후지다. 주민들은 대부분 이농민 출신의 일용 건설 노동자와 공단 일자리를 찾아 몰려든 젊은 노동자 가족으로 우리 사회의 생산 주역이면서도 배분에서 소외된 계층이다.

불안정 고용, 위험한 현장, 낮은 임금, 열악한 주거 환경(상하수도, 도로, 주택 등), 질과 양에서 부족한 문화 복지시설. 다시 말해 우리 사회(인천)에서 최하의 삶의 질을 사는 사람들이다. 그러나 노동 능력이 있는 한 부지런히 일하는 건강한 빈민이다.

그들은 교육 정도가 낮고 생계 꾸리기에도 급급해 자신들이 당연히 누려야 할 권리도 알지 못하고 찾을 엄두도 내지 못한다. 이것이 우리가 그들과 함께 해야 할 이유다. 그렇다고 우리가 그들의 권리를 대신 찾아주거나 그들을 불쌍히 여겨 도와주자는 것이 아니다. 우리에게 의존케 하는 것이 아니라 스스로 일어나게끔 도와주는 것이다.

어떤 방법이 그들을 주체적인 삶의 주인이 되도록 할 수 있는 방법인가? 우선 우리와 다른 환경에서 다른 교육으로 다른 삶의 방법으로 살아온 그들로부터 배워야 한다. 그리고 그들로부터 신뢰를 얻어야 한다. 또 '당연히 함께'라는 생각이 들 만큼 공동체화되어야 한다. 빈민지역에서 그런 것을 비교적 쉽고 빠르게 취할 수 있게 하는 고리 중의 하나가 공부방이다.[6]

---

6   해님방 평가회의 초기 제안자료(1996).

이러한 결심을 한 이혜화 등의 네 명의 활동가는 1986년 2월부터 2개월 동안 '십정동 지역조직 활동을 위한 지역 조사'를 실시했다. 이 지역 조사로 알게 된 주민들의 고민거리는 먹고사는 문제부터 쓰레기, 치안, 주차, 상수도 등의 생활환경 문제, 학교급식, 학원 폭력, 오락실, 자녀 성적 및 비행 등 교육 문제에 이르기까지 무수히 많았다. 그중에서도 공통 관심사로 나타났던 문제는 주거환경개선사업에 관한 것이었다. 또 결혼한 여성의 경우 대부분 공장에 다니거나 가내 부업을 하고 있어서 아이들의 탁아와 교육 문제에 관심이 많다는 것을 알게 되었다. 이러한 결과를 바탕으로 해님방을 열어 공부방, 놀이방을 운영하면서 지역 속으로 들어갔다.

　네 명의 활동가는 각각 역할을 나누어 활동을 시작했다. 한 명은 우유 배달을 하면서 해님방 운영비를 대고, 두 명은 놀이방과 공부방을 맡아 운영하고, 홍미영은 학습지 배달을 하며 생활비와 일부 운영비를 담당하면서 해님방을 운영해갔다. 이 또한 만석동의 경험에서 비롯된 것이었다. 공부방 선생님 자격으로는 만나는 주민도, 함께 나누는 지역의 문제도 제한적일 수밖에 없었다. 그래서 홍미영은 공부방 선생이 아닌 학습지 배달 주부로 지역 주민을 만났다. 지금도 그때 함께했던 주민들은 '학습지 배달 아줌마' 홍미영을 기억한다.

　1986년 6월 24일, 방 두 칸짜리 전셋집을 얻어 해님공부방과 놀이방을 시작했다. 놀이방은 1990년 4월까지 운영되다가 문을 닫았다. 공부방에서는 숙제 지도와 글쓰기, 연극, 노래, 미술, 놀이 등 공동체 의식을 키워낼 수 있는 교육 프로그램을 진행했다. 현재는 중학생 공부방까지 운영하며 활동을 이어가고 있다.

자모회에서 해님여성회로

처음 해님방에 아이들을 받았던 당시에는 어머니들이 월 1회는 자모회에 꼭 참석하도록 했다. 자모회에서는 해님방을 운영하며 생긴 문제뿐 아니라 동네 안팎의 여러 문제를 의논했고, 자모 스스로 여성으로서의 삶을 나누는 자리가 되어갔다. 물론 자모회 조직의 역량을 강화하기 위해 야유회, 교육 등의 다양한 프로그램도 배치했다.

에피소드

동네에 DDD 공중전화 설치하기

"산동네 달동네이지만 셋방살이가 많았어. 그런데 공중전화가 슈퍼 앞에 하나밖에 없어서 전화할 일이 있으면 주인집 눈치 보고 전화를 빌려 쓰거나 공중전화를 써야 했는데 공중전화가 고장이거나 부서져 있기 일쑤였지." 그래서 자모회에서 잘 고장이 나지 않는 쇠로 된 DDD 공중전화가 동네에 있으면 좋겠다는 이야기를 하다가 "주민 서명을 받아서 전화국에다 요청"해보자고 의견을 모았다. "이야기해보면 다들 좋아라 했지만 막상 서명은 잘 안 하고 이유 없이 차일피일 미루는 거야. 며칠 지나서야 한글을 몰라서 그런다는 걸 알게 되었어. 그리고 여자가 서명한다는 것 때문에 남편 눈치를 많이 봤기 때문인 것도 나중에야 알게 되었지." 자모 회원들이 돌아다니며 설득하고 서명을 받아서 전화국에 요청하니 얼마 있다가 동네에 DDD 전화가 설치되었다. "주민들이 너무 좋아라 했어. 그리고 그때 알게 되었지. 가난한 여성은 이렇게 자기 이름을 앞세우는 서명을 해본 적이 없다는 걸. 이 아무것도 아닌 '서명' 하나가 바로 자기 자신을 세우는 일이었다는 걸 말이야. 그래서 그 일 때문에 '한글교실'을 열게 되었어." ―홍미영

자모회가 해님방 운영비를 마련하기 위해서 헌 옷 바자회를 열고 일일 주점을 하며 스스로 운영비를 보태기 시작했다. 또 동네 주민의 의견이 필요했던 '동네 안 DDD 공중전화 설치 서명', '초등학교 앞길 신호등 설치를 위한 서명' 운동 등을 자모회가 담당하면서 자연스레 해님방을 위한 자모회가 아닌 지역의 여성 모임으로 성장해가기 시작했다.

반강제 복강경 수술, 가난한 주민에 대한 국가의 폭력

"봄이 엄마! 나 좀 숨겨줘요, 살려줘요."

아침 댓바람에 동네 아주머니가 뛰어들어왔다. 병원에 가서 수술하기로 약속했는데, 막상 병원 앰뷸런스가 와서 데려가려고 하니까 무섭고 겁이 나서 도망 왔다는 것이다. 어안이 벙벙해져서 무슨 일인지 이야기를 들었더니 정말 어이없는 일이 동네에서 벌어지고 있었다.

당시 정부는 아이를 적게 낳도록 하는 산아제한 정책을 시행하고 있었는데, 병원이 여성에게 피임 수술을 해주면 그 비용을 국가가 지원해주고 있었다. 그런데 그 피임 수술이 위험한 복강경 수술이었던 것이다.

병원 사람이 동네에 나와 기저귀가 널려 있는 집마다 들러서 무료로 간단하게 피임 수술을 해준다며 아기 엄마들을 꼬드겼다. 아기 엄마들은 피임을 제대로 못해 늘 낙태 위험 속에 살고 있어서 무료이고 간단하다는 꼬임에 쉽게 넘어갔다. 그러면 다음 날 앰뷸런스가 태워가서 성남이나 다른 동네 병원에서 자궁을 들어내는 복강경 수술을 받는 것이다. 그런데 수술받은 엄마 중 몇몇이 몸이 아프다며 일을 못 나가고 있었고, 또 영원히 임신을 못한다는 생각에 더럭 겁이 났던 것이다. 물론 이 와중에도 병원은 여성 한 명당 5만 원 정도의 수술비를 지원받았다.

복강경 수술은 굉장히 위험하고 여성의 몸에도 좋지 않기 때문에 프랑스 등 선진국에서는 더 이상 임신을 못하게 될 본인에게 몇 번씩 확인한 뒤에야 시행하는 수술이었다. 그런 내용을 알려주지도 않았고, 또 잘 모르는 가난한 동네 주민을 대상으로 반강제식의 수술을 하고 있었던 것이다. 부자 동네라면, 이른바 힘 있는 사람들이 대상이라면 감히 그럴 수 있었을까? 너무 화가 났다.

일단 자모회 회원들과 함께 사람들에게 알리고 항의도 해서 병원 차를 동네에서 몰아냈다. 그러고 나서 사람들을 찾아 복강경 수술 후유증을 주제로 간담회를 열었다. 인천 지역 의료진과 지역 활동가, 여성 단체가 모여 두 차례 실태 조사를 벌였고, 1988년 12월에는 복강경 수술 후유증 대책설명회도 열었다. 이러한 과정을 통해 복강경 수술 문제와 대책에 관한 논의가 십정동에서 시작되어 인천 지역, 전국 여성 문제를 대상으로 하는 운동의 과제로 채택되었다. 결국 주로 십정동 같은 저학력·저소득 여성이 많이 사는 지역에서 반여성적으로, 실적 위주로 무분별하게 시행되던 사업을 막아냈고, 후유증이 있는 여성들을 대상으로 국가가 임시 치료를 하도록 했다. 일이 끝나고 생각해보니 한편으로는 어이없기도 하고, 또 한편으로는 동네에 함께 있지 않았다면 한참 뒤에나 알 수 있었겠구나 하는 생각이 들었다(홍미영의 인터뷰 정리). 이러한 실천 활동은 이제 아동 위주의 프로그램에서 여성·주민 위주의 사업으로, 해님방 중심에서 지역 연대 중심으로, 그리고 십정동 여성 중심에서 인천 지역 빈민 여성을 중심으로 확대되어 해님방 자모회의 방향을 바꾸게 만드는 중요한 계기가 되었다.

1989년에는 지역 주민 운동 단체들을 연대시키고 활성화하기 위해 '인천지역주민회'를 만들었다. 해님방은 인천지역주민회의 주요 센터로 참여했고, 활동가와 임원들은 주민회 회원으로 참여하는 등 연대 활동 그 이상으로 적극 활동했다. 또 인천 지역 여러 곳에서 운영되던 진료소 중 한 곳인 열우물진료소가 십정동에 있었다. 인천 5·6 공단의 노동자 진료를 목적으로 십정성당에서 진료를 해오다가 1989년, 해님방으로 진료소를 옮겨와 일요 진료를 하게 되었다.

지역에서도 해님방과 열우물진료소, 인천지역사회운동연합 북부지부, 소성교회, 샘터교회, 인천교직원협의회 교사 등을 중심으로 '열우물단체 연대모임'을 만들어 대보름 지신밟기를 하는 등 2년여 동안 공동 행사를 개최하다가 1992년 11월 '열우물주민회'(대표 소성교회 담임목사 김상목)를 창립해 지역 내의 공동체운동을 확대하는 기반을 만들었다. 열우물주민회 는 다섯 개 단체와 개인 회원으로 구성되어 있으며, 이사회 성격의 두레박 모임(김상목 목사, 홍미영, 엄종희 한의원 원장, 이필한 병원장, 김성복 목사, 십 정성당 주임신부, 김성태 지역 활동가)을 중심으로 삼아 운영되고 있다.

지역 주민조직 해님여성회

이렇게 자모회를 중심으로 해님방 운영, 지역 실천 활동, 교육 등을 벌 이면서 해님방은 공부방 기능에 그치지 않고 지역운동 조직으로의 전환을 맞게 되었다. 해님방의 주축이 된 자모회도 지역 여성 누구나 참여할 수 있는 '해님여성회'를 창립했다(1990년 4월). 해님여성회는 임원 외에도 지 역을 세 개 구역으로 나누고 각 구역마다 구역장을 세웠다. 그리고 회원들 의 생계를 지원하는 활동으로 공동 부업을 시작했고, 공동 부업장도 임원 이 되었다.

월 1회 임원 회의를 할 때는 회의 전에 교육 시간을 가졌고, 돌아가며 회의를 진행하기도 했다. 교육도 자모회 자체의 역량 강화를 위한 교육에 서 지역 주민을 위한 교육으로 확대되었다. 2월에는 아동 성격 상담, 3월 에는 올바른 학부모의 역할, 4월에는 주부 지도력 훈련, 6월에는 콩나물과 정치, 바람직한 가장의 역할 등을 주제로 해서 교육을 진행했고, 이 교육 은 해님방 자모 중심이 아닌 지역 여성, 지역 주민을 위한 교육으로 확대 되었다. 또 열우물주민교실을 열어 우리 동네 생활 쓰레기, 우리나라 경제 의 어려움과 임금 인상, 건강과 우리 밥상 등과 같은 일상적인 주제로 주민 교육을 실시했다. 이처럼 주민 교육의 장이 된 어머니교실과 열우물주민교실을 인천지역주민회와 해님여성회가 함께 열었다. 강사를 섭외하고 주민들에게 홍보하고 교육장을 준비했고, 교육 후에는 참여 주민과 뒤풀이까지 하는 게 일상이었다.

해님여성회는 회의 진행법을 배우고 지도력 훈련 등을 받아가며 내부 역량을 키우고 회원들을 위한 자체 사업도 실시했다. 바로 공동 부업장이다. 해님방의 공동 부업은 1989년부터 1995년까지 이어졌다. 미숫가루, 유자차, 귤잼, 딸기잼, 간장, 고추장, 된장, 고춧가루 등을 생산했다. 회원들의 경제활동과 해님방 운영을 지원하기 위해 실시했던 공동 부업은 회원을 결속시키는 좋은 사업이었다. 공동 부업의 생산품들은 주로 여성민우회 생협에 납품되었는데, 지역 여성 주민들이 하고 있던 가내 부업보다도 월등히 높은 수입(일당 1만 5000원~2만 원)이 생겼고 여성회 기금도 적잖게 모을 수 있었다. 하지만 옥상에서 작업을 해야 했고 수량도 많지 않아 지역 여성들의 참여를 높이는 데 한계가 있었다. 그 외에도 천 자르기 부업, 방앗간 사업, 반찬 가게 등 다양한 공동 부업을 시도했었지만, 그나마 공동 부업이 일정하게 유지되지 않아 한 명씩 취업을 하게 되면서 공동 부업 사업을 중단하게 되었다.

지역신문으로 ≪해님≫을 발간했다. 1986년 8월에 1호를 발간하고 1992년 ≪열우물소식지≫로 통합될 때까지 통권 46호를 발행했다. ≪열우물소식지≫는 해님방 소식지의 성격을 지니는 기관지로 현재까지도 발행 중이다.

대보름맞이 지신밟기, 가을 체육대회도 해님여성회의 사업으로 진행되었다. 1990년에 시작된 단오잔치는 1994년까지 열리고 중단되었다가 현재는 십정동 열우물축제로 이어지고 있다. 이 외에도 동네 도서대여실 쉼터 운영도 맡게 되었고, 열우물진료소와 단체들과의 연대 활동도 담당해 진행했다.

전봇대로 만든 그네

1992년 3회 단오잔치를 준비하던 중이었다. 골목 안에 위치한 해님방에서 문을 열어놓고 준비회의를 하던 중이었는데, 지나가던 동네 사람들이 '무슨 일인가' 하며 문가에 둘러앉거나 서서 구경을 했다. "단오니까 그네가 있으면 좋을 텐데", "야, 그네를 어떻게 만드냐?", "그렇지? 어렵겠지?" 준비 팀에서 이런저런 의논이 오가는 중 구경하던 동네 아저씨가 한마디 한다. "아, 그네를 왜 못만들어? 전봇대를 두 개 박아서 기둥을 세우면 되잖아?" 알고 보니 전봇대를 세우는 일을 하시는 분이었다. 이렇게 해서 3회 단오잔치 때는 상정초등학교 운동장 한쪽에 11미터짜리 전봇대 두 개로 기둥을 올린 커다란 그네가 세워졌다. 당연히 마을 주민들에게 인기 만점이었다! 동네 사람 누구나 기웃거릴 수 있는 해님방이었기에 이런 그네를 만들 수 있었다. 이 그네는 행사가 끝난 후에도 한 달가량 동네의 명물이 되었다(아이들보다 교장 선생님이 더 좋아하셔서 단오잔치 후에도 철거하지 못하고 있다가 전봇대 아저씨가 전봇대를 써야 한다고 말씀하셔서 그제야 뽑을 수 있었다).

주민의 힘으로 만든 구의원

이렇게 지역 주민의 조직으로 성장한 해님여성회는 해님방 대표인 홍미영을 1991년 지방자치 선거에 내보냈고, 선거운동에 적극적으로 참여해 압도적인 득표로 홍미영을 당선시켰다. 1986년에 십정동에 들어와 학습지 배달 주부로, 동네일에 적극 나서는 야무진 이웃으로, 해님여성회의 대표로 활동하던 홍미영은 해님여성회와 동네 주민, 특히 아주머니들의 큰 지지를 받으며 1991년 첫 구의원 선거에 출마한 것이다.

처음에는 깜짝 놀랐어요. 학습지 배달 아줌마, 보미 엄마가 그렇게 어마어마한 대학을 나온 줄 몰랐거든요. 알고 나서는 자랑스럽고 든든했어요. 내 옆집에, 나랑 친한 대단한 사람이 있는 거잖아요. 그래서 신나게 선거운동을 했어요. _박순분 원래는 동네 주민 속에서, 지도력 있는 주민을 후보로 세우고 싶어서 많이 논의하고 고민했어요. 그런데 아직 그런 준비가 안 된 거예요. 고민고민하다 모처럼 부활한 지방자치제에 참여해야겠다고 결정했어요. 그래서 구의원 선거에 나갈 결심을 했어요. _홍미영

여성 노동자 최순영과의 만남과 인연

홍미영은 이화여자대학 2학년 때 학생 운동가·여성노동 운동가의 신분으로 YH 노동조합의 최순영 위원장을 만났다. 이렇게 인연을 맺게 된 두 사람은 1991년 첫 지방자치의원 선거에 출마했다. 부평과 부천에서 한 명은 주민조직의 힘으로, 한 명은 시민사회와 생협 조직의 힘으로 당선되어 지방의회에 진출하게 되었다. 그렇게 두 사람은 정치에 입문해 풀뿌리 여성 정치를 함께하게 되었다. 이후 홍미영은 구의원과 두 번의 인천 시의원을 거쳐 민주당의 비례대표로 17대 국회의원이 되었고, 최순영은 노동당 활동을 하다가 민주노동당의 비례대표로 17대 국회의원이 되어 두 사람은 국회에서 다시 만나게 되었다. 지금도 홍미영 구청장과 최순영 전 의원은 좋은 선후배로, 정치적 동지로 인연을 이어가고 있다.

밖에서는 인천지역주민회의 청년 일꾼들이 활동하고, 안에서는 동네 아주머니들이 청년 일꾼들의 밥을 해주며 돕고, 일 다니는 엄마들은 일터와 집 근처에서 열심히 선거운동을 했다. 결국 홍미영은 큰 득표 차로 1기 부평구 의원에 당당히 당선되었다. 홍미영의 당선은 동네 자모회에서 출발해 지역의 여성 모임으로 성장한 해님여성회의 성과였다. 끊임없이 가난한 지역의 여성들을 교육하고 함께 공동체를 실천하고 공동 부업을 하면서 성장한 의식과 동지애가 "젊은 여자가"라며 안티 선거를 했던 지역 유지를 따돌리고 홍미영을 당선시킨 지역 여성의 힘이었다. 이 일은 빈곤한 삶을 살아온 가난한 여성이던 해님여성회 회원들에게 놀라운 경험인 동시에 자긍심과 지역운동의 새로운 방향을 세워준 사건이었다.

4년의 구의원 활동을 마친 이후 홍미영은 두 번의 시의원, 국회의원, 구

청장을 역임하며 여전히 부평 지역에서, 풀뿌리민주주의를 통해 주민운동
으로 완전한 지방자치의 실현을 꿈꾸고 있다.

오르막과 내리막, 그리고 다시

십정동 달동네 해님방에 흥이 났다. 동네도 들썩이고 교육도 잘되었고
구의원도 당선시켰다. 하지만 오르막이 있으면 내리막도 있다.

1993년 들어 해님방 임원 서너 명이 이사를 가게 되었다. 아이들이 크
면서 아이들 중학교 근처로 이사 가거나 돈을 모아 조금 더 좋은 동네, 아
파트로 이사 가게 된 것이다. 그러자 임원 회의도 잘되지 않았고, 공부방
선생인 활동가에게도 변화가 생겨 자원 교사가 없으면 수업에 지장이 생
기기도 했다. 무엇보다 활동 역량의 중심이었던 홍미영의 빈자리가 컸다.
결국 1993년 9월에 잠시 공부방 문을 닫기도 했다.

1994년에 다시 공부방을 열었고 여성회에도 새로운 회원들이 들어와
운영을 재개했지만 기존 회원들과의 간극이 생겼다. 새로 들어온 회원들
은 자녀의 교육 문제를 제외하고는 여성회 활동에 참여하기를 꺼렸다. 공
동 부업을 하던 회원들도 하나둘 직장에 나가게 되면서 여성회의 활동이
위축되었다.

결국 1995년 2월, 해님여성회는 공부방 자모회와 해님 자모회로 갈라졌다. 그나마 다행인 점은 1995년 지방자치제 선거에서 힘을 모아 기초의원이던 홍미영을 광역시의원에 당선시킨 것이었다. 하지만 홍미영의 정치 영역으로의 진출은 지역 주민의 힘으로 정치 진출을 이루어내고 생활 정치를 열었던 긍정적인 성과인 동시에 지역에서는 역량의 크나큰 손실을 의미하기도 했다.

자모회에서 여성회로 변화·발전하고 다시 주저앉은 10년 남짓의 해님방 역사에서 항상 고민이 되었던 것은 지역 여성이 조직을 통해 어떻게 자기 문제와 지역 문제의 해결에 주인으로 당당하게 나설 수 있는가 하는 문제였어요. 여성회 회원들은 오랜 만남과 반복된 교육, 실천 활동을 통해 꾸준히 성장했어요. 자기의식 성장은 물론 자녀, 남편과의 관계도 좋아지고 지역 문제 해결, 공동 부업, 주민회 활동, 지자체 선거운동 참여를 통해 지역 일을 해냈다는 성취감과 자신감, 공동체 의식을 배웠다고들 해요. 하지만 조직의 활성화는 여전히 활동가 문제하고 맞물리는 것 같아요. 활동가가 지역에 뿌리박고 지역과 여성들에게 밀착되어 활동을 벌일 때에는 조직도 활기를 띠었는데, 활동가가 모자랄 때는 운영도 급급했어요. 지도력의 부재와 성장이 오래 걸리는 것도 문제예요. 여성 회원들의 저학력과 경험 부족에서 오는 열등감을 극복하는 데 한참 시간이 걸렸어요. 경제 문제나 남편 문제 등 현실적인 어려움에 부딪히면 활동이 중단되기도 하고요. 여성이 처한 사회 현실이 함께 변화되지 않고서는 여성이 바로 서기도 힘들고요. _신소영[7]

소성교회, 샘터교회, 인사연 북부지부, 해님방이 함께 시작했던 열우물 주민회도 자연스레 해산된 상태다. 지역 소식지였던 ≪열우물소식지≫도

---

[7] 신소영은 1980년대에 해님공부방의 활동가였으며, 현재는 해님방 대표로 있다.

2000년부터는 해님방의 기관지로 나가고 있다. 열우물단오제는 이제 다른 단체와 함께하는 열우물축제라는 이름 아래로 녹아들었다. 오랫동안 함께 했던 사람들은 사안별로 모이는 모임을 유지하고 있다.

1997년부터 지역 주거환경개선사업이 전면화되자 해님방은 앞으로의 전망에 대해 토론하기 시작했다. 그런데 주거환경개선사업이 1998년 IMF 경제위기 속에서 전면 중단되면서 해님방의 활동은 지역 활동이 아닌 문화와 교육 중심으로 변화하기 시작했다.

빈민지역 여성운동으로 시작했던 해님방의 역량도 변해가기 시작했다. 활동의 중심이었던 홍미영은 정치 영역으로 더 나아갔고, 신소영이 결혼과 출산으로 해님방에서 빠지게 되면서 활동 역량이 부족해졌다. 그리고 어린이 공부방을 청소년 공부방으로 확대하자 온통 청소년 중심의 활동이 되었다. 그런 상황에서 공부방 선생님과 자원 활동가 중심으로는 지역 주민조직 활동을 하기가 어려워졌다. 영어교실, 한문교실, 한글교실 등이 교실과 친목 모임의 형태로는 유지되었지만, 지역 모임으로는 정착되지 못했다. 강습을 하는 교실로는 조직화가 되지 않았다.

그렇게 조직과 문화 활동 속에서 갈등하면서 전망을 찾다가 남은 활동가마저 결혼과 출산으로 떠나가게 되자 자연스레 후배들만으로는 전망을 찾기가 어려워졌다. 동네 자모들을 중심으로 해서 가난한 살림에 출자금도 내고 새로이 조직도 만들면서 희망을 꿈꾸기도 했지만 유지하기가 힘들었다(지역 활동가 김상목, 신소영, 송기찬, 이소희의 인터뷰 정리).

다시 일어서는 지역 조직, 해님방

해님방은 여전히 그곳에 있다. 이제 달동네 곳곳에는 빈집이 늘었고 동네 한복판에는 고층 아파트가 들어섰지만, 이 점만 빼고는 30여 년 전과 다를 바 없다. 현재는 20여 명의 아이들이 다니고 있는 해님 지역아동센터

와 몇 개의 주민 모임, 그리고 새로이 지역 단체들과 함께하는 모임 '두레박'이 있다. 열우물단오제의 맥을 이은 열우물축제도 다시 열고 있다. 해님 소식지와 같은 성격으로 축소되었지만 ≪열우물소식지≫도 계속 발행해오고 있다. 이 바탕 위에서 조금씩이지만 해님방과 지역 연대를 통해 지역조직화를 다시 시작하고 있다.

대학을 졸업하고 법무사가 되어 동네에 사무실을 차리고 들어온 오래된 자원 활동가 송기찬 씨, 동네에 가게를 열고 다시 들어온 자수정 회원 박순분 씨, 그리고 여전히 동네에 자리 잡고 있는 오래된 해님방의 역전의 용사들이 새로이 마을공동체를 꿈꾸고 있다.

청천동 햇살: 자모의 성장, 자모 조직의 힘

대규모 산업 공단이 위치한 인천에서는 다른 빈민지역과는 조금 다른 양상으로 빈민운동이 전개되었다. 가난한 주민들이 공단 주변 동네에 모여 살며 남편은 공장을, 아내는 작은 공장과 부업 등을 다니며 맞벌이를 해야만 생계를 겨우 꾸려갈 수 있었다.

빈민 역시 자연스레 노동자 의식을 바탕으로 조직되었고, 조직화의 목적이 지역 노조를 만드는 것이었기에 노조원들의 자녀를 돌보는 탁아소를 열기도 했다. 회원들도 3·8 여성대회 같은 집회를 통해 조직되고 성장하는 경우가 많았다.

햇살어린이집이 위치하고 있는 청천동은 1970년대부터 부평 4공단이 자리를 잡은 지역이다. 주민의 80퍼센트가 노동자이고 나머지 20퍼센트는 이들을 대상으로 장사하는 영세 상인들이었다. 이 지역은 대기업부터 중소기업, 하청업체에 이르기까지 다양한 규모, 다양한 업종이 산재되어 있는 곳이다. 맞벌이 부부인 주민이 대부분이며, 나머지는 공장노동자, 막노동자, 영세 상인으로 구성되어 있다. 여성들도 공장노동자로 일하고 있거나 아이 때문에 취업이 어려운 경우에는 미싱, 실밥 뜯기, 인형 만들기, 꽃 만들기 등의 부업을 한다. 공장을 낀 낮고 오래된 주택이 대부분이고, 방한 칸이나 지하실을 얻어 소규모 하청 공장을 운영하고 있는 곳이 많으며, 봉제 하청이 이 지역에 밀집되어 있는 상황이다.

또 공단 때문에 환경오염이 심각해 주민이 기관지염, 천식 등의 호흡기 질환에 많이 걸리며, 눈이 따가울 정도로 공해 문제가 심각한 상황이다. 일자리가 많아 수입의 40퍼센트를 주거비로 써야 할 정도로 집값이 비싼 편이며 물가 역시 다른 지역보다 높다. 지금도 공장 일부가 남아 있지만 IMF 이후로 공장 규모가 크게 줄어들었고, 주민이 일하는 곳 역시 소규모 공장이거나 일용직을 쓰는 곳이 많다. 그나마 해오던 일과 관련된 일자리를 구하기가 쉬워 여전히 젊은층이 많이 거주하고 있다.

지역 주민의 공간으로 출발한 햇살

현재까지 햇살어린이집의 대표를 맡고 있는 이명숙 씨는 동생 이미숙 씨와 함께 1988년에 청천동으로 들어왔다. 당시에는 노동자들이 지역으로 들어오면 지역 주민이라는 생각하에서 지역 주민 운동에 대한 논의가 활발하게 진행되고 있었다.

노동운동을 하던 이미숙 씨는 청천동 지역에 밀집되어 있는 미싱사들을 모아 지역 노조를 조직할 계획을 잡고 있었고, 이명숙 씨는 이 미싱사들의 아이들을 탁아소에서 돌보며 자모회를 통해 지역운동을 하고자 했다. 이 명숙 씨는 보육교사 자격증을 가진 데다가 이미 사랑방교회(박종렬 목사)에서 탁아 교사를 하기도 했었고, 그곳에서 부업방을 운영해보기도 했다. 청천동으로 들어온 이명숙 씨는 지역의 미싱사들을 소개받았고, 이들 다섯 명이 공동으로 부업방을 운영하며 탁아소를 준비했다. 그러나 탁아소 공간을 마련하는 일은 쉽지 않았다.

마침 청천동 백마교회에서 1981년부터 진료소를 운영해오던 무료 진료 팀을 만나게 되었다. 교회의 진료소도 그 시기 비슷한 고민을 안고 있었다. 백마교회는 주민 속에서 노동운동을 지원하며 진료소, 어린이 선교원 등으로 지역 주민과 함께해왔지만, 교인이 아닌 사람이 교회 안의 활동에 참여하기에는 어려웠다. 또 노동운동을 지원하고 있었기 때문에 "노동운동 하는 교회"라는 소문이 퍼져 일반 주민이 드나들기가 어려워졌다. 의과, 간호학과, 약학과 학생들이 주말 진료를 하며 시작되었던 진료소 역시 주민에게 꼭 필요한 부분이었으나, 교회를 기반으로 한 것에 대해 한계를 느껴 모든 주민이 편하게 드나들 수 있는 진료의 장을 필요로 했던 것이다.

비슷한 고민을 나누던 백마교회 진료소 팀과 탁아소 준비 팀은 지역에 주민공동체의 공간을 만들기 위해 1989년 3월부터 준비하기 시작했다. 지역에서 서로 어떠한 역할로 주민을 만날 것인지, 지역 주민을 어떻게 조직할 것인지를 본격적으로 논의했다. 그 과정에 난곡지역협의회, 똘배의집 등의 사례도 수집해 공부하기도 했다.

가장 큰 고민인 재정 문제가 의외로 잘 풀렸다. 당시 한독금속노조 회원들의 아내들이 만들어 운영하던 주변의 탁아소가 정리되면서 탁아소 일을 계속하고 싶어 하시던 분이 집의 보증금을 들고 들어왔다. 그리하여 진료소의 보증금까지 합쳐 1800만 원의 재정으로 공간을 마련하게 되었다. 지금 생각해봐도 우연치고는 참 대단한 인연이었다.

집 보증금을 빼서 탁아소에 들어오다: 한독금속부인회 회장 임명희 씨 이야기

한독금속노동조합 조합원들의 아내들이 모임을 조직해 노동운동을 하며 가족 지원 투쟁을 했다. 지원 투쟁 외에도 일상적인 실천 활동으로 맞벌이 노동자 부부를 지원하기 위해 집에서 탁아소를 운영했으나 잘되지 않았다. 이때 햇살탁아소의 이야기를 듣고 가족과 의논한 끝에 탁아소 활동을 접고 집을 빼서 햇살어린이집에 보증금을 빌려주었다. 햇살탁아소 안에 방 하나를 쓰며 생활하기로 하고 임명희 씨는 탁아소의 재정 일과 아이들 밥 해주는 일을 맡았다. 하지만 얼마 후 한독금속 투쟁이 장기화되자 탁아소 일을 함께할 수 없어 탁아소를 정리하게 되었다.

여러 차례 논의한 결과 '햇살의집'이라는 하나의 센터를 세우고 탁아소와 공부방, 건강의방을 만들어 각각의 자모회를 운영하기로 했다. 각 자모회를 하나의 햇살어머니회로 묶어 주민자치 조직을 만들자는 큰 틀의 전망도 세웠다. 이러한 계획을 실행하기에 앞서 주민 설문조사를 실시했다. 주민의 욕구를 파악하기 위한 것이기도 했지만, 햇살어린이집을 홍보하기 위함이기도 해서 질문 내용으로 어린이집과 건강의방의 활동 내용과 운영 시간을 안내하는 내용 등이 들어갔다.

1989년 5월 드디어 햇살의집(탁아소와 건강의방)이 시작되었다. 준비 팀이 꾸려진 지 불과 3개월 만이었지만, 각각의 준비 기간과 고민이 깊던 터라 짧은 기간 내에 센터를 만들 수 있었다.

탁아소와 건강의방을 운영하면서 바로 공부방 준비에 들어갔다. 자모들과 주민들의 요구가 많았던 사업인지라 준비 과정에서 어린이집, 건강의방의 어머니들이 추진위원회를 만들어 주민들의 참여를 유도했고, 이내 주민이 참여한 '공부방추진위원회'가 금방 구성되었다. 추진위에서는 두 차례에 걸쳐 주민 간담회를 열었고, 30명이 만 원씩 출자해 1989년 10월,

햇살공부방이 문을 열었다. 이로써 애초에 계획했던 세 개 주체, 햇살탁아소, 건강의방, 햇살공부방이 모두 만들어졌다. 바로 이어서 탁아소 자모회, 공부방 자모회, 건강의방 어머니회가 모여 햇살어머니회를 만들어 활동하기 시작했다. 주변에 살고 있는 아주머니들과 계를 만들어 한 달에 한 번씩 모여 자신이 살아온 이야기를 나누고 우리 동네의 역사, 교육·문화 시설에 대한 이야기도 나누었다.

전국민의료보험이 확대되면서 1991년 이후 진료 팀이 지역에서 철수했고 건강의방이 없어졌다. 어린이집 자모회의 탁아법 제정 활동에 집중하게 되면서 하월곡동의 '우리마을발전추진위원회'를 모델로 만들었던 이 모임은 활성화되지 못했다.

햇살어린이집은 초기에 자모공동체로 운영되었다. 탁아소, 건강의방, 공부방의 자모회가 햇살어린이집 자모회를 결성해서 어린이집의 운영과 재정을 책임졌다. 재정이 모자라면 양말을 팔고 후원금도 걷고 일일 주점도 열었다. 사실상 햇살어린이집의 실질적인 운영 주체였다. 특히 탁아소 자모회는 전원이 미싱사로 구성되어 있었고, 청계피복노조 등의 노조 활동을 경험했던 자모들이 있어 자연스레 자모회의 구심 역할을 했다. 이 시기에 실무자 이명숙 씨 등은 오히려 햇살어린이집에 고용된 일꾼이었다. 자모회가 운영 주체였던 것이다.

이러한 자모공동체를 운영했던 경험은 자모들의 성장에 직접적으로 많은 영향을 끼쳤다. 그리고 그 경험을 했던 자모들은 1·2·3기 친목회를 만들어 20여 년이 훌쩍 넘은 현재까지도 모이고 있고 각자가 나름의 지역운동을 펼치고 있기도 하다.

자모공동체, 우리는 모두 미싱사

탁아소·건강의방·공부방의 자모회를 연합해 햇살어린이집 자모회를

만들어 운영하려는 계획은 잘 이루어졌다. 그러나 1991년 이후 건강의방이 없어지면서 공동적인 자모회의 내용이 많이 없어졌다.

탁아소 자모의 경우 탁아소에 아이를 맡기려는 사람이 많았고, 자모회 참여를 가입 조건과 의무로 내세웠기에 대부분의 자모들이 자모회에 가입했다. 자모회의를 통해 자모회가 햇살어린이집의 운영 주체임을 매번 인식시켰고, 자모회의 결정 권한도 높았다. 또 자모 회원에 대한 다양한 교육 프로그램이 자모들의 의식을 빠르게 성장시키며 자모공동체의 결속을 강화했다. 부업 정보와 이직에 대한 정보 역시 실무자를 통해서 들었다. 자모들이 모두 미싱사여서 자모들의 참여율은 높아져 갔다.

자모회는 자모 모임과 임원 회의, 편집 모임, 아빠 모임으로 운영되었다. 자모 모임은 실질적인 운영 기구가 되어갔다. 돌아가면서 사회를 보았고, 홀수 달에는 탁아소 전체 운영에 대한 회의를 하고 짝수 달에는 주제에 맞는 교육을 진행했다. 자모들이 운영하는 탁아소를 내세우며 후원금 내역까지 포함해 모든 재정을 공개했고, 재정은 자모 모임에서 결정하게 했다. 실무자들의 월급도 자모 모임에서 결정했다. 실무자의 일이 하루 12시간 이상으로 늘어나자 자모 모임에서 세 명의 실무자들이 10시간을 기준으로 일할 것을 결정했고, 월급 역시 미싱사인 자신들의 평균 월급 수준으로 올리도록 했다. 모자란 재정은 재정 사업과 후원 사업으로 충당하기로 했다.

이렇게 아이만 맡기는 것이 아니라 재정부터 운영 방안에 이르기까지 자신이 직접 단체에 참여해 운영해보면서 자모들은 스스로 탁아소를 운영할 수 있다고 믿게 되었고, 자발성이 점점 높아져갔다. 이런 자발성은 1990년에 불붙은 탁아입법 투쟁에 적극적으로 참여하게 만들었고, 가두서명과 청원서 제출 등과 같은 활발한 활동을 벌이게 했다. 이 과정에서 자모와 교사, 자모와 자모 간의 결속력 또한 강하게 다져졌다. 다양하게 열렸던 교육 활동에도 적극적으로 참여했다.

임원 회의는 자모 모임을 앞뒤해서 열렸다. 사전 회의에서는 안건을 조정하고 사후 회의에서는 자모 모임을 평가하고 확정 안건에 대한 실천 내용을 점검했다. 자모들이 준비한 안건과 교사들이 교사회의에서 제안한 안건을 조정하기도 했다. 연 2회 ≪햇살아이들≫을 발행하기 위해 꾸준하게 모여 편집회의를 진행했으며, 아빠 모임에서는 초기에 일부 회원이 중심이 되어 탁아소 수리와 회원들의 이사를 도왔고 가족 캠프 등을 운영했다. 현재는 자모회와 함께 친목회로 운영되고 있다.

햇살어린이집은 이렇게 공동 자모회를 만들어 재정과 운영을 책임지는 자모공동체로 운영되었다. 이는 1994년 교사들이 재정을 담당하게 될 때까지 지속되었고 운영을 위한 공동 자모회는 지금도 운영되고 있다.

교육과 주요 활동

자모들의 의식은 하나의 교육 프로그램이 아닌 전체 프로그램에 참여하는 과정에서 점차 변화해갔다. 모임에 참석하는 것뿐만 아니라 아이의 손을 잡고 탁아소 문을 들어서는 순간부터 변화가 시작되는 것이다. 그래서 교육에 그치지 않고 행사, 회의, 모임 등의 모든 프로그램을 거쳐 참여자의 의식을 성장시킨다는 생각으로 활동을 진행했다.

전체 교육은 격월 자모회의 때 미리 조사했던 주제로 진행했다. 햇살의

탁아소 설립 과정을 통한 탁아 정책, 자녀 교육, 공동체 놀이, 정부의 주택 정책과 전월세 문제, 임금 인상 등 자모들이 알고 싶어 하던 주제를 교육했다. 특히 아동복지법 시행령의 강제 조치와 부당함에 대해 교육한 후에는 자모 대부분이 정책의 부당함에 분개하며 오히려 강력히 행동할 것을 주문하기도 했다. "신고하지 않아서 구속된다면 들어가라! 이후 싸움은 우리가 더 강력하게 하겠다"며 실무자들에게 행동을 요구하기도 했다.

임원들과 오래 활동한 자모들을 중심으로 해서 연 3회 인천지역주민회에서 주관한 연대 교육을 받았다. 지도력 훈련으로 인간관계 훈련, 회의 진행법, 공동체 놀이 진행법 등을 교육받았고, 주민회의 수련회에 참가해 정세 강연을 들었다. 이 교육과정에 참여하면서 자연스레 인천지역주민회의 회원으로 활동하게 되었고, 활동가로 성장한 자모들이 생겨났다. 이후 지속적으로 인천지역주민회의 교육과 활동에 자모회 임원들을 안내해 성장하도록 했다.

가족 캠프와 3·8 여성대회 참여 등으로 행사를 통한 교육이 진행되었는데, 3·8 여성대회는 예상치 못한 특별한 경험이었다. 여성인 데다 노동자인 자모들이 여성대회에 참여하면서 노동자 의식을 확실히 드러내며 변화하거나, 그만큼은 아니더라도 전반적으로 상당한 변화를 경험했다. 미싱사이면서 노동자 의식은 별로 없었던, 조용하고 가정적이었던 한 자모는 여성대회에서 외친 성명서와 구호에 큰 충격을 받았다. 그동안 가슴에 맺혔던 것들이 풀어지는 느낌이었다. '이제는 내게 억눌려 있었던 모든 걸 토해내야겠다'며 의식과 행동이 변하기 시작했다. 행사에 적극적으로 다니고 교육에도 참가하다가 나중에 취업한 회사에서 노조 위원장이 되기도 했다. 이분이 자모 회장이었는데, 후에 "자모 회장을 하면 회사 노조 위원장이 된다"라는 말이 생기기도 했다. 다른 자모들도 여성대회에 참여하면서 여성 노동자 의식이 싹트고 강화되었다.

에피소드

구사대와 싸운 투쟁하는 자모들

전 자모 회장이 다니던 회사에서 노사분규가 생겼다. 전 자모 회장은 햇살어린이집 게시판에 노조에서 펴낸 홍보물을 붙여놓았는데, 회사에서 이를 알고 몰래 게시판에 붙어 있는 홍보물의 사진을 찍어갔다. 햇살이 노사분규의 배후 세력이라고 음해하려 한 것이다. 이 사실을 알게 된 햇살어린이집의 실무자가 회사에 공식 사과를 요구하는 공문을 보냈는데, 회사에서 사과하기를 거부하자 자모들의 서명을 받아 다시 항의 공문을 발송했다. 회사가 또 거부하자 자모들이 항의 방문을 결의하고 찾아갔는데, 사장은 도망가고 구사대들과 심한 몸싸움이 벌어져 전원 경찰서로 연행되었다. 일할 시간에 12명이나 되는 자모들이 다니던 회사에 '항의 방문' 간다고 조퇴하고 나온 것도 대단했다. 집회나 대회에는 참석해봤지만, 실제 회사를 상대로 구사대와 몸싸움도 마다하지 않는 자모들의 모습을 보고 실무자들도 놀랐다.

당시 빈민운동을 함께했던 탁아소나 공부방은 단순한 탁아소 기능만 한 것이 아니라 빈민지역 운동에 있어서 지역 센터로서의 역할을 수행한 것이다. 이런 의미에서 햇살어린이집이 자모공동체로 운영되었던 사실에는 큰 의미가 있다. 당사자인 주민들이 자신의 문제를 주체적이고 조직적으로 해결해왔기 때문이다. 자신들의 탁아 문제에서 지역 문제와 여성·노동 문제에 이르기까지 다양한 영역에서 활동하며 성장한 것도 주민이 자신의 이해관계에서 출발해 지역의 문제로, 사회의 문제로 의식을 달리해 이를 해결해나가는 과정을 보여준 것이다. 이런 과정을 함께하면서 활동가로 성장해나갔다.

1991년 햇살어린이집은 대변혁기를 맞이한다. 1991년 1월 영유아보육법이 제정되면서 "탁아소들은 경과 기간을 거쳐 시설과 자격을 갖추어야" 했다. 논의를 거쳐 제도권으로 들어가게 되면서 지역 주민 운동을 위해 들어왔던 실무자들이 지역을 떠났다. 1991년 10월에는 전국민의료보험이 확대되면서 건강의방이 없어졌다. 조직의 변화가 불가피했다.

햇살어린이집은 1994년 교사공동체로 전환되었다. 물론 운영에 관련된 결정은 자모회 운영위원회에서 내리지만, "시설을 갖추기 위해" 목돈을 모으는 과정에서는 교사들이 운영자금을 분담하게 되었다. 마침내 교사회의를 통해 재정 주도권과 실질적인 재정 운영권이 교사들에게 넘어가는 것으로 결정되었다. 1997년에는 어린이집을 확대 이전하면서 지금의 원장 중심 체제로 자리 잡게 되었다. 일반적인 어린이집과 같은 형태가 된 것이다. 공동자모회는 지금도 운영되고 있다.

이명숙은 햇살어린이집을 준비하면서 빈민지역활동가협의회(빈활협)의 활동도 게을리하지 않았다. 당시 인천 곳곳에서는 철거 투쟁과 노점상 투쟁이 일어나고 있었기 때문에 어린이집을 준비하면서도 빈민 활동을 계속해야 했다. 그리고 좀 더 강력한 지역 연대 활동을 하기 위해 통합 작업에도 주도적으로 참여했다. 1989년 2월 빈활협과 민주쟁취국민운동 부평국본이 통합해 인천지역주민회를 창립했다.

햇살어린이집을 통해 자모들과 조직이 성장하는 모습을 보면서 자모회의 한계를 뛰어넘고자 자모 회원에게 인천지역주민회를 안내했다. 회원들이 더 큰 대중조직에서 조직 활동가로 성장하기를 바랐기 때문이다. 회원뿐만 아니라 본인도 인천지역주민회에서 핵심 간부로 활동했다. 햇살어린이집은 인천지역주민회의 주요 지역 센터의 역할을 했다. 이명숙 대표의 그러한 생각은 현재까지 이어지고 있다. 자모회의 많은 회원들은 지역 조직인 여럿이함께하는동네야놀자의 창립 회원이자 후원 회원으로 활동하고 있고, 지금도 햇살어린이집의 자모 출신들이 동네야놀자의 회원이 되어 활동하고 있다. "어디에 가든, 어떤 형태의 조직에서든 햇살자모회에서의 경험이 공동체에 도움이 되는 방향으로 발휘될 거예요." 이명숙 대표의 생각이 고스란히 드러나 있는 말이다.

무엇보다 그렇게 성장한 자모들과 공동 자모회의 역사가 '지역의 힘'으로 존재하고 있다. 2001년 마을축제인 '청천산곡마을단오제 동네야놀자' 첫 회를 열 때, 마을축제를 준비하고 진행했던 자원 활동가 100여 명 가운데 대부분이 그 속에서 나왔다. 햇살어린이집과 햇살공부방의 자모 회원들, 교사들, 1·2·3기 친목회 회원들이 축제 준비와 진행을 맡았다. 현재는 200여 명의 자원 활동가 중 100여 명이 지금도 자모 회원이거나 교사이거나 친목 회원이다. 그때 주체적인 주민으로 성장했던 사람들과 공동 자모회의 역사가 있어 현재 자모들이 자연스레 지역공동체 운동에 참여할 수 있는 것이다. 25년 전 햇살어린이집에서 실시한 빈민지역 주민운동이 오늘날의 마을공동체 운동으로 이어지고 있는 부분이다.

단순한 연대 활동을 한 것이 아니라 자모의 성장에 맞춰 활동했던 점도 인상 깊다. 자모회가 주체적으로 센터를 운영하고 책임지면서 생긴 자발성이 자모 회원과 조직을 빠르게 성장시켜갔지만 자모회라는 한계가 있을 수밖에 없었다. 그런 점을 확인하고 의식화된 회원들이 성장할 수 있도록 다른 조직의 교육에 참여하도록 안내하고, 결국에는 그 단체에서 활동가로 성장하도록 도운 것이다. 이러한 지역적 연계 활동은 현재의 지역단체들이 귀감으로 삼고 받아들여야 한다. 오늘날 마을공동체 운동은 각각의 개성과 성과가 뚜렷한데도 지역적인 틀에서 개방하고 연대하는 일에 머뭇거리고 있기 때문이다. 마을공동체 운동을 지역운동으로 확대시키기 위해서는 여러 단체가 서로를 지지할 수 있도록 개방과 연대가 꼭 필요하다.

지난 시절 빈민지역 주민운동의 센터와 같은 기능은 많이 줄었지만 햇

26년을 한자리에 서서: 햇살어린이집 대표 이명숙 씨 이야기

1985년 대학을 졸업한 이명숙 씨는 인천에 취업해 있었던 동생을 따라 인천에 들어와 유치원에 취업했다. 노동운동을 하는 동생과 살면서 자연스레 『전태일 평전』과 동생이 읽던 노동운동과 관련된 책을 읽었고, 답동성당에 열린 '민중대학'을 다니게 되면서부터는 평온한 삶에서 가난한 주민이 사는 현장 속으로 들어가게 되었다. 1986년에는 유치원을 그만두고 영등포 인천도시산업선교회에서 미싱을 배운 뒤 부평에서 취업했다. 처음 노동한 현장이었지만 금요일에 출근해 일요일 오후에 퇴근하는 고된 노동에 지쳐갔다. 그때 홍미영 씨를 소개로 만나 함께 지역 주민 운동을 공부하면서 '훈련'도 했다(지금까지도 지역 주민 운동을 하자면서 왜 도봉산 등반 훈련을 했는지 모르겠다고 한다. 매번 시간을 단축해가며 3시간 내에 도봉산 정상까지 올라가는 힘든 훈련을 했다. 홍미영 씨도 이유를 모르긴 마찬가지였다).

1986년 10월부터 사랑방교회(박종렬 목사)의 탁아 교사로 일했다. 이때 자모들이 하는 부업이 하도급이어서 수입이 안 되는 것을 보고 하청의 고리를 끊기 위해 자신의 자취방을 동네 주민들에게 공동 부업방으로 내주어 함께 운영했다. 이후 청천동으로 지역을 옮겨가면서 청천동 가게에 딸린 자취방에 다시 공동 부업방을 열어 탁아소를 준비했다. 탁아 교사, 주일학교 교사, 빈민활동가협의회 간사 역할까지 겸하다가 그만두고, 산마루교회(김정택 목사)에 있던 철거민협의회의 간사로 일했다. 이때의 빈민운동은 철거 투쟁과 노점상 투쟁이 일상이었고, 아이들 문제 때문에 빈민지역을 중심으로 해서 탁아소가 만들어지고 있었다.

1988년, 노동운동을 하던 동생은 미싱사들의 지역 노조를 만들었다. 이후 미싱사들의 아이를 맡아 돌보며 지역운동을 같이 하자고 동생과 의견을 모았다. 미싱사들이 많이 모여 살고 있었던 부평 청천동으로 들어가게 되었다. 햇살어린이집의 태동이 되는 결정이었다. 청계피복노조 출신 미싱사들을 소개받고 곧바로 부업방과 탁아소를 시작했고, 1989년 백마교회진료소와 함께 햇살어린이집을 만들었다. 햇살어린이집의 교사로 지역운동을 다시 시작하게 된 것이다. 탁아소 활동을 열심히 하면서 1989년에 창립된 인천지역탁아위원회의 초대 회장이 되었다. 또 인천지역주민회의 주요 센터로 기능하면서 주민회 활동을 통해 햇살 자모들의 성장을 지원했다. 그렇게 청천동에서 시작해 인천지역주민회를 거쳐 현재는 청천동 마을공동체 '여럿이함께하는동네야놀자'의 대표를 맡아 15년째 활동하고 있다.

살어린이집의 주민운동은 여전히 진행 중이다. 햇살공부방과 공동 자모회를 운영하면서 지역에서 다양한 활동을 모색하고 있고, 마을공동체를 지향하는 지역 축제, 청천산곡마을단오제 동네야놀자에 주관 단체로 참여하면서 자모들은 지역사회와 공동체운동에 참여하고 있다.

> 빈민운동이나 마을공동체 운동에 정형은 없는 것 같아요. 지역이 다르고 문제가 다르기 때문에. 하지만 시작은 같아요. 그 지역의 이해, 주민의 이해를 해결하는 과정에 함께하면서 같이 알아가야 하는 거니까요. _이명숙

"예전의 빈민지역 주민운동과 오늘의 마을공동체 운동은 어떤 관계가 있을까요?"라는 질문에 대한 이명숙 대표의 대답이다.

인천 빈민지역 운동의 연대와 통합

인천 도시빈민지역활동가협의회: 활동가들의 협의회를 만들다

1980년 초 수도권도시선교위원회의 한국교회사회선교협의회(사선) 훈련위원회에서 1기로 훈련받은 김정택은 인천도시산업선교회(산선)로 파견되었다. 인천에서는 노동자 밀집 지역의 노동운동을 지원하면서 빈민운동이 일어났다. 노동자가 밀집해 있었던 화수동에 산선이 들어간 것도 같은 이유에서였다. 1980년에 9월에 산선의 김동완·조화순 목사와 유효순 선생이 민들레어린이집과 민들레(의료)협동조합을 만들어 지역운동을 시작했다. 1983년 산선 총무가 된 김정택 목사가 그 뒤를 이어 활동하다가 1986년, 송현동으로 들어갔다.

노동운동 지원 차원이 아닌 본격적인 빈민운동은 1983년 11월 만석동 큰

물공부방이 생겨나면서부터 시작되었다. 이후 송현동 사랑방교회(1985년, 박종렬), 산마루교회(1986년, 김정택), 해님방(1986년, 홍미영), 기찻길옆(1987년), 송림나눔의집(1988년, 박종기·김명자·김미경), 송현샘(1988년, 조인영), 그리고 햇살어린이집(1989년, 이명숙)으로 빈민운동이 이어졌다. 이렇게 지역 센터를 중심으로 삼아 빈민운동을 하면서 활동가들은 반복적으로 지역 속에 간히는 상황이 된다. 그래서 자연스레 활동가들이 활동에 대한 고민을 나누고 함께 방향을 논의할 협의회가 필요하다고 느꼈다. "도시빈민 지역 활동가들의 나눔과 연대를 통하여 인천 지역 도시빈민 운동의 방향과 각 지역의 활동에 발전의 길을 모색하고자 협의체인 도시빈민지역활동가협의회를 결성하게"[8] 된 것이다.

1987년 6월부터 협의회의 필요성을 느끼고 모임을 가지며 준비위원회를 구성해 두 차례 토론을 진행했다. 1차 준비위원회에서는 인천 지역 도시빈민 운동의 방향 모색을, 2차 준비위원회에서는 인천 도시빈민 운동의 과제와 연대의 필요성을 심도 있게 의논했다. 이러한 토론을 통해 1987년 11월 20일 교회, 의료, 공부방, 탁아소 등의 공간에서 활동하던 실무자 30여 명이 백마교회에서 총회를 열어 빈민지역 대중조직체로서의 지향점을 밝힌 '빈민지역활동가협의회'(대표 김정택)를 결성했다.

본회는 인천 빈민지역에서 활동하고 있는 활동가들의 단체로서 자주적이고 민주적인 민중의 사회구현을 목적으로 한다.[9]

빈활협은 주 사업으로 ① 인천 빈민지역 대중조직 건설, 선전과 교육 활동, ② 빈민지역의 과제와 연구, ③ 활동가 훈련, ④ 철거와 노점상 등 빈민

---

8   빈민지역활동가협의회, 「빈민지역활동가협의회 상반기 평가서」(1988).
9   인천 도시빈민지역활동가협의회 회칙 시안.

문제에 대한 공동 실천을 결정했다. 당시 빈활협에 참여했던 센터는 동구의 만석동 9번지 기찻길옆(아가방)공부방, 만석동 43번지 만석어린이방, 송현산마루교회, 송림사랑방교회, 송현샘교회, 북구의 십정동 해님방(어머니방·어린이방), 청천동의 백마교회, 부천의 새롬교회, 복음자리다.[10]

일상 활동 이상이었던 월례회

빈활협은 창립 이후 활동가들의 훈련과 빈민운동의 강화, 연대 활동을 위해 매월 월례회를 열기로 했다. 1988년 1월 월례회에서는 상반기의 활동 방향, 사업 계획, 월례회 일정을 수립하고 매월 둘째 주 금요일 오후 8시에 월례회를 열기로 했다. 월례회는 7월까지 매월 계획대로 진행되었다. 매회 참석하는 지역이 들쑥날쑥하기도 했고, 참여 센터가 아닌 경우에도 참석이 가능했다(민중의당 빈민분과, 경인교사협 3인 등이 참여).

5월에는 빈활협이 조직의 강화를 위해 '회원제'를 도입하자는 논의를 진행해 개인당 1000원의 회비를 내도록 제안하기도 했다. 7월 월례회에서는 "인철협에 대한 빈활협의 대응"에 관한 논의에서 "실제적으로 상근할 역량이 없다는 이유로 방치되어왔다. 적극적으로 인천 주민운동의 방향성 속에서 철거 문제에 접근해야 한다"라는 의견이 나왔고, 상근 간사로 이명숙 씨를 결정하기도 했다.[11]

이렇게 자기 지역의 활동을 벌이면서 활동가 교육과 발제 토론, 인천 지역 연대 활동에 대해 매번 논의했지만 월례회에 대한 평가는 낮았다. "빈활협의 위상과 방향 정립, 공동 실천을 할 수 있는 모색 논의 등이 실제적으로 월례회에서 가능했으나, 충분한 내용이 채워지지 않으면서 빈활협이 1988년 상

---

10 빈민지역활동가협의회, 「인천빈민지역 활동 보고서」(1988)를 토대로 작성했다. 이하의 빈민지역활동가협의회와 관련된 보고서는 모두 김미경이 자료로 제공해주었다.
11 빈민지역활동가협의회, 「1988년 상반기 빈활협 월례회 진행 평가문서」(1988).

1월 월례회

모임 장소 송림사랑방교회
참석 지역 송현산마루교회, 송림사랑방교회, 백마교회, 만석동 기찻길옆공부방, 보금자리,
　　　　　　해님공부방, 신천연합의원, 해인교회 탁아소 준비 팀
1월 월례회 모임에서는 ① 활동가 훈련, ② 주민 교육, ③ 지역 문제 연구로 분과 토의를 진행
해 상반기 활동 계획을 수립한다.

1. 활동가 훈련

1) ≪한겨레≫ 배달
2) 정기 월례회
　　· 일시: 매월 둘째 주 금요일 오후 8시
　　· 순서: 노래 부르기, 지역 소식 나누기(정세 분석), 사례 발표, 안건 토의
　　· 내용:

월	준비 팀	내용	발제·강연
2	송림동 사랑방교회	지역 소모임 사례	
3	복음자리	주민 행사 실행	임대차보호법
4	백마교회	빈민 의료와 타 분과와의 관계	
5	만석동 기찻길옆	탁아소, 공부방 자모회	임대주택
6	십정동 해님공부방	빈민 문화	지방자치제
7	송현동 산마루교회	빈민 유통구조	

3) 수련회
　　· 날짜: 1988년 8월 8~10일　　　· 장소: 영종
　　· 내용: 빈활협 운동 평가, 하반기 방향 점검

2. 주민 교육

1) 빈민교실: 지역적 요구가 있을 때 실시하고 주로 비디오, 슬라이드 등의 시청각 자료를 활
　　용해 의료·실업·공해 등을 내용으로 한다.
2) 알뜰시장: 중간 착취를 배제해 가능성·주체성을 찾는다(개설을 위한 준비 모임, 지역 단위
　　로의 모임 필요).
3) ≪한겨레≫: 국민 신문으로 육성, 구·동 단위의 대중 조직, 배달자·구독자 조직

3. 지역 문제 연구

1) 재개발 정책 대응
2) 지방자치제 연구 준비·대응
3) 활동가 재생산(주민 활동가, 기구 활동가 재생산)

자료: 빈민지역활동가협의회, 같은 글.

반기를 지내왔지만 그다지 활성화되지 못한 원인이 되고 있다."[12]

빈활협을 넘어 인천 지역 주민의 대중조직으로

빈활협은 5월부터 다른 단체와의 연대와 조직 재정비를 두고 고민하다가 7월 월례회 때 '주민 활동 공동 실천 및 빈활협 재정비에 관하여'를 발표하고, 다른 단체와의 연대와 공동 실천 방향에 대해 토론을 벌였다. 이 토론의 내용은 조직 재정비를 주요 내용으로 해서 발전되어 여름 수련회로 넘겨졌다.

1988년 8월 8~9일에 열린 여름 수련회에서 조직의 통합을 전제한 발제가 있었다. 이 자리에는 인천민주시민공동회 회원도 참여했다. 제출된 '조직 재정비에 대한 세 가지 의견'은 ① 빈활협 내부 강화 이후 연대, ② 빈활협과 타 단체(비슷한 단체)와 통합해 인천 지역의 광범위한 구·동 단위의 주민자치 조직을 건설하기 위한 활동, ③ 활동가 단체는 해체되어야 하나 기층 계급의 입장을 관철하고 주체의 역량을 강화시키며 철거, 노점상, 일용노조 등 기층 민중의 생존권을 위한 대중 단체를 모색하자는 것이었다.

이후의 토론에서 두 번째 안과 세 번째 안으로 의견이 나뉘었다. 토론 후 시민공동회와 서로의 입장을 확인하며 공동 실천에 대한 합의를 이루고, 실천 방안에 대해 의논하기 위해 준비 모임을 열기로 했다. 빈활협은 이 준비 모임을 연 이후에 인천민주시민회 등의 단체들과의 통합을 위해 준비소위원회(위원 김정택·홍미영·김미경)를 구성했다.

이 준비위원회의 활동으로 여러 단체와의 통합 방안을 모색하다가 우선 통합이 가능했던 부평국본과 통합하기로 합의해 1989년 2월 25일 '인천지역주민회'를 창립했고, 준비위원회는 자연스레 해산하게 된다. 이후 인천

---

12 빈민지역활동가협의회, 같은 글.

인천 지역 주민 대중조직 건설 과정

1. 1988년 5월 지역 주민 운동의 위상이 비슷한 단체(시민공동회, 민주화시민실천협의회, 빈민
   활동가협의회, 한겨레부평후원회, 민중의당 지역분과)가 모여 지역 주민 운동의 연대를 모색.

2. **주민조직 건설을 위한 연대협의 대표 모임(1988년 6월 3일 2시 시민공동회 사무실)**

- 빈활협, 민주화시민실천협의회, 시민공동회는 ① 민주화시민실천협의회와 시민공동회의
  내용적 통합을 추진, ② 빈활협과는 내부 의견이 통일되는 대로 연대, ③ 철거 문제에 공동
  대응하며 연대와 상호 이해의 깊이를 심화, ④ 철거 문제 홍보 팀이 공동 수행하며 연대의
  힘으로 발전시킴.

3. **빈활협 여름 수련회(1988년 8월 9일)**

- 공동 토론을 통해 '준비소위원회' 구성을 위한 준비 모임을 만들고 활동 결과를 합동 토론
  회에 제안키로 함.

4. **1차 합동 전체 회의(1988년 9월 1일 문화공간 쑥골마루)**

- 인천 지역 주민 대중조직 건설을 위한 토론회(인천민주시민공동회, 빈민지역활동가협의회).
- 빈활협(김정택 외 7명), 인천민회(김영규 외 13명)의 회원 22명 참가.
- 인천 주민 대중조직 건설을 위한 준비소위원회를 구성하기로 하고 ① 민중 생존권 문제에
  대한 적극적 대응 ② 민중생활권 지역에서의 활동 강화 방안 마련 및 실천 ③ 실천상의 필
  요에 따른 타 단체와의 협의·연대 ④ 주민운동론과 주민 대중조직 건설 방도에 관한 제안
  문 작성·교섭 ⑤ 조직의 목표, 규약, 명칭, 조직 구성 등의 회칙 마련을 준비소위원회의 역
  할로 결정.
- 준비소위원회는 1개월을 원칙으로 9월 29일 오후 8시 2차 합동회의까지 활동 내용을 보고
  하기로 하고 양 단체에서 대표성과 실무 역량이 있는 3인으로 구성하기로 함.
  - 1차 준비소위원회(1988년 9월 6일 2시): 결정사항 검토 및 지역 선정문제(민회 활동 지
    역) 등 논의.
  - 2차 준비소위원회(1988년 9월 13일, 십정동): 빈활협 활동 지역 평가(13개 지역), 지역
    구분에 대한 문제 제기, 제안문 검토 등, 명칭규약 소위(4인), 대외교섭 소위(3인) 결정.
  - 3차 준비소위원회(1988년 9월 21일 7시, 십정동): 대외교섭분과 보고(인사연, 부평국본
    접촉결과 보고), 명칭규약분과와 민회의 내부 이견으로 정리하지 못함(부평국본의 공식
    의견 수렴 후 검토).
  - 4차 준비소위원회(1988년 9월 27일): 지역 구분의 근거 및 주민운동론, 주민운동 방법
    론, 주민운동의 당위성 발제(교섭분과).
  - 5차 준비소위원회(1988년 9월 28일): 2차 합동전체회의 준비 등.

자료: 빈민지역활동가협의회, 「1988년 1차 합동전체회의 결과보고서 및 준비소위원회 보고서」(1988).

지역 주민 대중조직을 건설하면서는 5차에 걸친 준비소위원회 활동을 거치면서 초기 제안 주체 중 하나인 인천민주시민회와의 이견을 끝내 좁히지 못하기도 했다. 또 끝까지 논의에 참여했던 네 개 단체의 통합을 위한 연대 활동은 지속하기로 했다.

이웃의 어려움을 함께 나누는 인천지역주민회

인천 지역에서 지역 센터 중심으로, 나아가 부문 운동으로 벌어지던 지역 주민 운동은 1989년 2월 25일, '인천빈민지역 활동가협의회'(이하 빈활협)와 '민주쟁취국민운동 부평지부'(이하 부평국본)가 통합해 '인천지역주민회'(공동 대표 김정택·홍미영)가 창립되면서 주민 대중조직 운동이라는 새로운 주민조직 운동으로 이어졌다.

1989년에 만들어진 빈활협은 빈민지역의 교회, 의료 시설, 공부방, 탁아소 등에서 일하는 활동가들이 빈민지역의 대중조직 건설을 목표로 만든 조직으로 주민 활동가 훈련, 주민 교육, 마을 잔치, 주민 신문 발행, 지역 문제 연구(지방자치제, 임대차보호법) 등을 벌이며 지역의 철거 투쟁과 노점상투쟁을 지원해왔다.

부평국본은 1987년 노동자대투쟁 이후 민주쟁취국민운동 인천본부, 한겨레 신문 주주, 공정선거감시단 등에서 활동한 사람들이 모인 단체로, 구 단위의 지역운동을 지향하며 부평 지역에서 지역운동을 시작했다. 주민 도서실, 동네 책방, 풍물패를 조직하고 마을 잔치와 시청료 거부운동, 5·18 민주화운동 비디오 상영회를 열며 활발하게 지역 활동을 벌여나갔다.

두 단체의 통합은 지역 주민 운동의 개별·분산·고립화를 극복하고 지역 대중조직을 세우기 위한 지역 차원의 노력으로 이루어졌다. 개별 활동가들의 연합에서 체계적인 연대운동으로 발전하게 된 것이다. 두 단체는 통합하면서 세 가지를 합의했다. ① 주민들이 살고 있는 주거지는 우리 사회의 모순을 내포하고 있는 현장이며, ② 주민들의 절실한 이해와 요구에 기초해서 활동을 전개해야 한다는 것, ③ 주민들이 실질적인 힘으로 주체로 떠오르게 하기 위한 조직이라는 점이다.[13]

교육으로 시작한 주민운동

통합을 합의한 두 단체는 창립 전 주민운동에 대한 전체적인 이해를 높이기 위해 허병섭 목사님을 모시고 '주민운동 교육 시리즈'를 진행했다. 주민운동, 주민관계론, 주민 조직화 방법론에 대해 토론하고 월곡동의 '우리 마을발전추진위원회'를 방문하기도 했다. 6개월간 진행된 교육과 토론으로 주민운동의 방향과 조직 방법을 구체화하고 나서 주민회를 창립했다.

창립 후 4개월간 지역 조사를 하고 시사 강연, 주민 교양교실(생활 법률, 노동임금, 주민자치)과 주민교실(소비·주택·자녀 교육·공해·수지침·문화에 대한 강연)을 통해 지역 활동을 시작했다. 주민회는 교육 사업을 주민 조직화의 중요한 매개체로 이해했다. 처음에는 주민 교양교실로 운영하다가 운영이 어려워지자 정세 강연, 주택 문제 강연, 여성 문제 세미나를 6개월간 진행했고, 지역 순회 교육으로 '지방자치제란 무엇인가?' 등의 주제별 교육으로 방식을 전환하기도 했다.

인천지역주민회는 지역 주민들이 단결된 힘으로 산적한 지역 문제를 해결하기 위해 싸워나가며 사회의 모순을 깨닫고 자신이 사회 역사 발전의 주체라는 것을 자각해 주체적 인간으로 살아가게 하는 데 활동의 주안점을 두고 있다. 주민생활 나눔, 어머니교실, 마을 잔치, 주민 신문, 지역 문제 연구, 주민

13　인천지역주민회, ≪주민회 소식≫, 창간호(1990).

도서실, 주민 독서회, 시청료 거부운동 등을 통해 주민의 생활적 이해와 요구를 발굴·해결하며, 주민들을 의식화·조직화하는 속에서 단결된 주민조직 역량을 꾸리고, 장기적으로는 주민자치 조직을 건설하는 것을 목표로 하고 있다.[14]

동 모임과 지역 센터

창립 초기에 주민회는 동 모임과 지역 센터를 중심으로 활동했다. 지역 주민의 생활상의 이해와 요구를 수렴하고 조직하기 위한 기본 공간을 '동'으로 보았다. 동 모임에는 탁아소, 공부방, 도서대여실, 독서회 등에서 지역 센터 활동을 하는 회원과 직장인, 친목 회원, 동네 상인 등이 모였다. 지역 센터에서도 자모회, 지역여성회, 청년회, 친목회, 공동 구매 사업 등을 통해 주민 모임을 조직했다. 동 모임과 지역 센터가 함께 주민교실을 열고 주민회의 주민 교양교실에 주민들을 참여시키기 시작했다.

초기에 주민회는 주민운동 현장을 대상으로 하는 동 사업과 이를 지원하기 위한 사무국으로 나뉘어 활동을 시작했다. 사무국은 교육 사업과 주민운동 사례연구, 회지 발간, 생활문화 운동 보급(열우물 단오잔치, 효성동 단오잔치) 등의 활동을 벌였다. 풍물 강습을 하다가 '우리문화사랑회'라는 풍물 공간을 내기도 했고, 청년회를 꾸리기 위해 책방을 중심으로 독서회를 만들고 도서대여실 책사랑을 운영했다. 또한 전교조공대위, 송림동집단매몰대책위, 만수동철거대책위, 명신여고대책위, 세쌍둥이추모사업회 등의 단체들과 함께 지역의 투쟁 사안마다 연대 활동을 펴나갔다.

동 사업은 네 개 지역에서 진행되었다. 십정동에서는 해님방 실무자, 자모회, 부업 조직 해모회, 십정동 연대 모임에서 교육과 마을 잔치를 중심

14 박영희, 「인천지역주민회」, 숭실대학교 엮음, ≪도시·주민·지역운동≫(한울, 1990).

으로 동 사업을 진행했다. 청천·산곡동에서는 햇살과 백마교회, 샘터독서회, 도서대여실 책사랑을 중심으로 해서 활동하며 청년 모임을 꾸려나갔다. 효성동모임에서는 은하독서회와 새봄교회(목사 이원희)를 중심으로 독서회와 단오잔치를 하며 조직화를 시도했다. 동구 모임에서는 나눔의집, 산마루교회를 중심으로 활동하며 다른 센터로의 모임 확대를 꾀했다.

에피소드

≪한겨레≫ 배달로 만든 '동네책방'

마침 ≪한겨레≫가 창간되었다. 회원 두 명이 신문 배달을 시작했다. "몇 달 배달하다 보니 새벽 골목에서 다양한 배달 청년들을 만나게 돼요. 우유 배달부터 다른 신문 배달까지. 조선일보를 배달하던 친구를 만났는데, 저보다 네 배나 많은 신문을 배달하고 있었어요. 그런데 돌리는 구역은 내가 그 친구의 네 배나 되더라고요." 배달 일이 힘들었지만 한겨레를 배달한다는 자부심도 있었고, 아침마다 수고한다며 주민들이 우유와 빵을 건네기도 했다. 다른 배달부들은 경험하지 못했을 신기한 일이었다. 그렇게 한 달을 배달하면 8만 몇천 원이 모였다. 생활비 조금 떼고 4만 원이면 철제 앵글로 만든 여섯 칸짜리 책장 하나가 생겼다. 한 달이면 두 개였다. 주민들에게 기증받은 300여 권의 책으로 시작한 동네책방의 책장이 그렇게 만들어졌다(허심·이충현의 인터뷰 정리).

주민회는 활발한 활동 속에서도 주민운동의 역량을 모으기 위해 계속 통합을 시도했다. 개별 단체의 역량의 한계를 넘어서 주민 자치적인 조직을 빠르게 건설하기 위해 지역운동 단체에 통합을 제안했다. 인천지역진료소연합회, 인천지역탁아위원회, 공부방연합준비모임, 인천지역학부모회, 거용·유통(지역생협 초기 조직) 등이 모여 1990년 3월 2일과 15일, 대표회의에서 통합을 논의했다. 긴 토론 끝에 당장 통합하기는 어렵더라도 단체들의 대동을 위한 통합 지향적인 모임을 지속하기로 결정했다.

위원회 활동으로의 전환

동 사업의 특성상 여성 사업이 많아지다 보니 자연스럽게 여성위원회가 만들어졌다. 저소득층 여성들이 같은 처지의 여성들과 여성 문제를 공유하고 활동을 실천하기 위해 만든 위원회는 기초교육반, 일반여성교실(리더쉽교실, 어머니교실, 문화 잔치), 여성 활동가의 교육 자리 등을 마련했다. 동별 사업이 확장되지 못하던 와중에 청년회가 만들어지자 자연스레 위원회 활동으로 조직을 개편하게 되었다.[15]

여성위원회는 1990년의 활동 평가에 따라 사업을 확장했다. 일반 여성을 대상으로 하는 교육 중 주부기초교육반(닷옴교실, 김명혜·윤지현)은 외부 강사가 아닌 주민회 회원이 강사가 되어 진행했으며, 참가자들과의 친화력을 높일 수 있었고 교육 참여도가 높았다. 주부취미반(문미리)은 여성들의 요구에 맞추어 마련된 것으로 동네 순회 교육을 진행하며 그 지역 여성들의 의견을 수렴해 과목을 설정했다. 글쓰기, 지공예, 지점토 공예 등을 했다. 또 계산동 까치골의 주부 모임을 강화시키기 위해 프로그램을 마련했는데, 이 프로그램은 '모임'을 알리는 계기가 되었으며, 만든 작품이 판매되어 자체 활동 기금이 마련되는 보람이 있었다. 주부 지도력 훈련교실에서는 교육 시간을 일요일과 평일 각 1회씩 가져 취업 주부·비취업 주부모두 참여할 수 있는 기회를 갖도록 했다. 어머니교실에서는 사회 정세 변화에 맞춘 과목을 신설했고, 순회 교육을 실시했다. 지자체, 소비자 문제, 여성, 자녀 교육을 중심으로 두고 신문에 여성 교양 강좌 및 상담란을 개설했다. ≪더불어 사는 이웃≫에서는 매월 1회, 여성과 지방자치제, 가사 노동, 여성과 이름 등으로 8면 중 1면을 할애했다. 여성과 관련된 주제들을 알기 쉽게 써놓아서 호응이 높았다(총 2000부 발행). 주민회 부녀 모임

15　여성위원회, 『1991년 총회 자료집·여름수련회 자료집(활동 평가·수련회 평가)』(1991).

에서는 매월 1회, 관심 있는 주제에 대해 강의·토론했고, 생활 나눔을 통해 부녀 회원의 의식을 높이고 유대감을 나누었다.

활동가를 대상으로 하는 교실 중 상담교실에서는 활동가들이 부부 문제를 상담한 사례를 놓고 분석·평가해 상담자의 자질을 높이는 한편, 활동가 스스로 개방적인 인간관계를 갖추도록 했다. 여성 문제 세미나교실은 사업을 담당하고 이끌어나갈 주민회 여성 회원들의 자질을 향상시켜야 할 필요성에서 마련되었다. 또 여성 활동가의 결속을 다지기 위한 잔치를 열어 격무에 시달리는 여성 활동가들을 위로하고 서로의 고민을 나누며 단결할 수 있는 만남의 자리를 마련했다.

이 외에도 연대 정책 회의 자리를 마련하고, 여성 문제와 관련된 특별 사업으로 지자체 실천을 위한 간담회를 열고, 지역 주민 여성을 위한 지자체 교육을 실시했으며, 공정선거 캠페인·올바른 탁아입법 쟁취를 위한 캠페인을 벌였다(6월 25일). 이처럼 제반 활동의 연대를 통해 지역 내 여러 단체(주민회, 여성노동자회, 공부방연합회, 민중당, 인천지역탁아위원회, 인천교직원노동조합)와의 연대성을 높였다.

또한 3·8 여성대회(3월 10일, 인천대 인문관)는 인천 지역 여성사업 관련 단체들이 공동 주최함으로써 단체들 간의 교류의 자리가 되었을 뿐만 아니라 인천 지역 여성들의 문화 한마당을 집단적으로 펼침으로써 여성들의 활동 기세를 드높이는 자리가 되었다. 공해추방 걷기대회(4월 20일, 송도 수봉 공원에서 공동 주최)는 가족들과 함께 참가한 여성들의 의식을 높이고 가정에서의 실천을 촉진하는 계기가 되었으며, 세쌍둥이 추모사업(4월 1~5일, 공동 주최)은 탁아에 대한 사회적 책임과 필요성을 높이고 부모들을 위로하는 자리가 되었으며, 현 탁아 정책의 문제점을 폭로하는 역할을 했다.

청년위원회(위원장 박상배, 간사 허심·이용철)에서는 청년 회원들의 정치 연대 활동을 활성화하기 위해 월 1회 청년 교육과 지역 연대 활동을 기본적으로 실시했다. 세미나반을 운영했고 노래패를 구성하기 위해 기타반을

운영했다. 청년위원회에서는 지역 센터의 청년들과 각 동 모임의 독서 회원이 중심이었는데, 활발하게 활동을 벌이지는 못했다.

동사업위원회에서는 공동 프로그램을 통해 각 지역 센터의 주민들까지 회원으로 만드는 것을 목표로 했다. 여성위원회와 함께 각 동 모임에서 필요한 사업·강좌를 지원하고 각종 모임(실무자·자모회·임원)의 운영을 지원했다.

동구 모임에서는 화수동 민들레와 송림 나눔의집을 중심으로 활동했고, 부평 지역에서는 청천동 햇살과 십정동 해님방을 중심으로 활동했다. 십정동모임은 이후 모임들이 연대·발전해 '열우물주민회'를 만들기 위한 초기 모임이었다.

지역 센터를 연결한 ≪더불어 사는 이웃≫

지역 센터와 동 모임의 사업을 지원하고 지역 주민을 조직하기 위해 지역신문 ≪더불어 사는 이웃≫을 발행했다. 편집위원회는 편집부(곽은주, 이충현)와 칼럼진, 편집위원회, 상담진으로 구성되었다. ≪더불어 사는 이웃≫은 지역운동을 하던 모든 센터에 배포되었다. 2000부를 발행해 만석동 기찻길옆공부방, 화수동 민들레, 송현동 샘공부방, 송림동 나눔의집,

십정동 해님방, 청천동 햇살, 그리고 시흥 어깨동무공부방에까지 배포했다. 실질적으로 인천 지역 거의 모든 센터의 소식을 담아 배포한 것이다. 그러나 두 명의 전담 인력만으로 거액의 발행비를 들여 매달 발행해야 하는 상황이어서 신문은 1년 동안 발행되다가 발행을 멈추게 되었다. 당시 지역운동을 하는 대부분의 지역 센터의 소식을 담아냈던 유일한 매개체였다.

에피소드

만석동에서 신천리까지

인천 앞바다와 만나는 만석동 기찻길옆공부방에서 시작해 제철공장 동네 화수동 민들레공부방, 언덕 달동네에 마주하고 있던 송현동 샘공부방, 송림동 나눔의집을 돌아 부평으로 들어온다. 십정동 해님방, 청천동 햇살을 거쳐 신천리 어깨동무공부방까지 돌면 대략 1500부 정도의 신문 배포가 끝난다. 각 공부방을 돌면서 취재도 하고 소식도 들어본다. 그렇게 배포와 동시에 다음 호를 구상하기 시작하면 한 달이 어떻게 가는지 모르게 지나간다. "처음엔 4절 모눈 대지 위에 타자로 한 줄씩 쳐서 2단, 3단짜리 기사를 정리했다. 큰 제목은 확대 복사해서 붙이고. 그러다 원고 수정을 하면 다시 타자로 한 자씩 쳐서 칼로 오려 붙이니 밤새 작업하기가 일쑤였다. 원고 수정하는 날이면 한숨이 절로 나왔다. 그러다 전동 타자기가 생겨났다. 회원 한 분이 사서 기증했다. 자동으로 지워지는 타자기, 얼마나 신기하던지 ……." 어려운 작업이었지만 인천 전역의 소식과 함께 주민을 위한 생활 법률, 정책 교양, 의회 소식과 동네 전설, 이름 유래 알기 등을 편집위원회와 현장 취재를 거쳐 채워내며 주민 신문의 역할을 충실히 수행했다(곽은주·이충현 인터뷰 정리).

인천지역주민회 활동의 의미와 연혁

인천 전체를 놓고 지역운동을 펼치던 주민회는 1991년 뜻밖의 상황을 맞이하게 된다. 다시 부활한 지방자치제가 그것이다.

오랫동안 제도 바깥에서 활동하던 활동가들은 주민의 생각을 제도 내에서 반영시킬 수 있는 지방자치제의 참여 방식을 놓고 고민하고, 또 고민했다. 결국 홍미영 대표가 지방자치 선거에 출마했다. 홍미영은 십정동에서 해

청년 문화공간 책사랑

님방 자모들과 주민들의 열정적인 지지를 받으며 압도적인 표 차로 당선되었고, 이후 구의회에 진출했다. 주민회의 회원과 활동가들도 결합해 선거 기획과 홍보, 운동까지 함께했다. 제대로 된 주민선거 운동을 경험한 것이다.

하지만 주민회의 대표로 활동 방향을 세우는 등 핵심 역할을 하던 홍미영의 의회 진출로 주민회는 중심을 세우지 못하고 쇠락해갔다. 1년여 동안 더 활동했지만 결국 활로를 찾지 못하고 해산되었고, 자연스레 각자 센터 중심의 활동으로 돌아갔다. 십정동은 해님방과 열우물주민회, 그리고 홍미영의 의회 활동으로 조금 더 활기를 띠게 되었다. 다른 지역은 기존의 자기 활동으로 쉽게 되돌아갔다. 주민회의 청년위원회의 일부는 작화 공방으로, 일부는 지역 청년회로 돌아가 활동을 정리해나갔다.

인천지역주민회의 활동 기간은 짧았지만 지역 주민 운동에 몇 가지 시사점을 던져주었다. 먼저 지역 주민 운동의 세력화를 위해 개별 단체의 한계를 넘을 수 있는 통합운동을 끊임없이 시도했다. 각 센터별·부문별로 지역운동이 산발적으로 진행되던 시기에 주민의 힘을 제대로 모으기 위해 통합 조직을 제안하고 통합을 실천했다.

둘째, 교육을 통해 조직화를 시도하려 했다. 주민 교양교실, 활동가교실, 여성학교, 주민학교 등의 끊임없는 교육을 통해 주민의 임파워먼트(empowerment)를 강화하고 활동력을 높이기 위해 활동했다. 주민회 여성위원회에서는 여성이 각종 교육을 통해 하나로 뭉쳐 핵심 세력이 되어갔다.

셋째, 정말 다양한 방법으로 조직화를 시도했다. 동별 조직, 위원회 조직은 물론 동별 마을 잔치를 만드는 생활문화 운동, 거영유통과 함께 직거래를 중심으로 활동하는 소비자생활협동조합을 꾸리기도 했다. 지역신문을 발행하고 지역별로 독서회 모임 등의 교육을 하는 등 다양한 형태의 주민 조직을 세웠다. 부녀자 측에 치우쳐 있었던 지역운동을 청장년의 참여로 확장시켰다. 또한 주민의 힘으로 정치 진출에 성공해 주민운동의 정치력을 확인했으며, 일정 기간 지역 정치를 실현하기도 했다.

주민회 해산 이후 부문 운동은 자기 영역으로 돌아갔지만, 지역 센터와 마을공동체를 통해 여전히 인천 지역에서는 주민운동이 이어지고 있다.

에피소드

주민회의 맥을 이은 청년 문화공간 책사랑 그리고 터사랑

주민회를 해산하면서 운영하던 도서대여실 책사랑을 지역 활동을 해야 한다는 조건을 붙여서 책사랑독서회에 넘겨주었다. 200만 원의 보증금과 책 5000여 권, 그리고 활동가와 일부 회원들이 옮겨갔다. 책사랑독서회는 공간을 마련해 주점을 열고 회원들의 출자를 받아서 산곡동에 도서대여실 책사랑을 열었고, 이곳에서 청년 문화공간 책사랑 활동을 시작했다. 한국종합기계, 고니정밀, 샤프 등의 공장에 다니는 청년들을 중심으로 삼아 독서토론반, 풍물반, 시사반을 운영하며 지역 활동을 펼쳤다. 회원들은 정세 강연, 노동교실, 역사교실에 참여했고, 산곡 청천 지역의 지역 선거와 선전전을 도맡아 했다. 회원들의 노조 활동을 지원하고 통일노래한마당에 나가기도 했다. 1992년에는 우루과이라운드 반대 서명을 가장 많이 받아 인천 시민 단체로부터 상을 받기도 했다. 1995년에는 옆 동네 청천동에서 도서대여실을 열었다. 산악회, 풍물패를 하며 비슷한 활동을 해오던 '책터'와 통합해 '터사랑'을 만들어 청년 활동의 폭을 넓혀갔다.

많은 청년 회원들이 결혼하고 이직하면서 터사랑 청년회의 활동은 많이 줄었다. 남은 회원들은 토론 끝에 일부 회원이 참여하고 있던 마을공동체 동네야놀자에 보증금과 책을 기증하고 활동을 중단하기로 했다. 결국 1992년 주민회에서 지역 활동을 할 것을 조건으로 넘겨준 돈과 책이 2007년에 동네야놀자라는 새로운 지역 활동으로 이어진 것이다.

지역연표

경기도 성남 | 빈민지역 운동이 뿌린 씨앗이 자라

연도	사건·활동 내용
1973	· 성남주민교회 설립(3.1) · 주민교회 성탄절 연합예배(김포공항에서 전원 연행, 12월)
1974	· 대통령 긴급조치 1호 위반으로 이해학 구속·실형(1.18)
1975	· 이해학 집행정지로 석방(2.15) · 직업상담실 발족(4.6) · 실업자대책위원회(취로사업 참여) 조직(4.10) · 주민교회 의료협동회 결성(5월) · 노동자 야간학교 개강(7월)/ 주민교회
1976	· 명동성당 '민주구국선언문 사건'으로 주민교회 김금용 구속 · 이해학 도피 생활 시작(3.17, 자수 9.7) · 주민교회 의료협동회, 야간학교 강제 폐쇄(3.20)
1978	· 성남 만남의집 설립(3월)/ 성베네딕도수녀회 · 이해학 집행정지로 석방(8.15)
1979	· 주민교회신용협동조합 창립(12.2)/ 주민교회
1981	· 성남YMCA 창립(2.22) · 메리놀의집 설립(10.6)/ 메리놀 외방전교회
1984	· 어린이선교원(탁아소) 설립(3.7)/ 주민교회 · 성남 지역 노점상 실태 조사 실시(9월)/ 성남 YMCA
1985	· 분도탁아소 설립(3.5)/ 만남의집 · 하늘어린이집 설립(3.25)/ 메리놀 외방전교회 · 성남지역민주발전연구회 결성
1986	· 성남지역민주발전연구회 주민분과위원회 조직(이상락, 일루미나 수녀, 정다미아나 수녀, 장현자, 정채진, 정테레사, 이현배 등) · 노점상 치과 진료, 한방 진료 활동 시작(5월)
1987	· 성남인력센터 운영(3월~1988년 2월) · 성남노점상연합회 결성(4.7) · 민주헌법쟁취국민운동 성남지역본부 결성(5월)

1988	· 성남일용노동조합추진위원회 결성(2월) · 은행골지역모임(김광수, 정채진, 임승철, 지관근, 최영호, 정연수, 곽삼화, 모동희, 김광란 등) 결성 (3월) · 새순공부방 설립(4월)/ 새순교회 · 하대원동 철거반대대책위원회 결성(4월) · 은행골지역모임 마을 신문 ≪은행골사람들≫ 발간(6월)
1989	· 성남복정일용노동조합 창립(2월) · 은행골공부방 설립 준비 팀 구성(3.24)/ 은행골교회 · 건설부의 분당신도시 계획 발표에 따라 신도시건설반대대책위원회 결성(5월) · 새날아기마을(탁아소) 설립(5.17) · 푸른솔아기방(탁아소) 설립(12.4)/ 성남여성노동자회
1990	· 은행골공부방 개원(2.4)/ 은행골교회 · 의료보장쟁취 성남대책위원회(하성주, 고순언, 김광수, 윤경 등) 구성(8월) · 성남노점상연합회 재건 및 철거반대대책위원회 결성대회(8.26) · 성남탁아소협의회(주민선교원, 분도탁아소, 하늘어린이집, 새날아기마을, 푸른솔아기방) 구성(10월)
1991	· 은행 2동 지방자치대책위원회 결성, 지방선거 대응(주민 후보 이상락 당선, 2월) · 성남공부방협의회(새순공부방, 샘공부방, 열린공부방, 굴렁쇠공부방, 하나공부방) 발족(3월) · 은행동 민주시민회추진위원회(지방선거 후속) 결성(4월)/ 은행골지역모임 · 주민공부방 개설(6.1)/ 주민교회 · 성남빈민복지상담소(이상락, 지관근 등) 설립(8.31) · 이상락 제명 철회를 위한 시민대책위원회 결성(10월)
1992	· 함께사는은행골여성모임 조직(3월)/ 하늘어린이집 자모
1993	· 주민생활협동조합 창립(1.13)/ 주민교회 · 은행골우리집(가출 청소년 그룹홈) 설립(1.15) · 성남빈민복지상담소가 성남주민복지회로 명칭 개정(2월) · 은행골여성모임 제1회 마을축제 개최(10월)
1994	· 성남 외국인노동자의집 개소(4.3)
1995	· 은행골마을도서관 설립(1월) · 어린이작은도서실 개설(5월)/ 만남의집 · 주민신용협동조합 발족(11월)
1996	· 성남 함께하는주부모임 결성(4월)/ 만남의집 · 사단법인 한국참사랑복지회 설립(8.31)/ 성남주민복지회
1997	· 은행동 동화읽는어른모임 '도란도란' 결성(4월)
1998	· 노숙자 보호 쉼터 '내일을여는집' 개소(7.16) · 성남자활지원센터추진위원회(김광수, 지관근, 임승철 등) 결성(8월)

1999	· 성남 실업극복국민운동본부 결성(1.22) · 책이랑 작은도서관 설립(3월) · 성남지역자활센터 설립(9월, 주민교회 위탁) · 더불어사는 은행·양지마을축제(남한산성 유원지 입구에서 행사) 개최(10.2)
2000	· 성남 동화읽는어른모임 결성(4월)
2001	· 성남만남지역자활센터 설립(5월)/ 성남 만남의집 위탁
2002	· 남한산성초등학교 전·입학추진위원회 구성(9월)

서울 관악 | 주민의 힘, 공동체와 연대로 피어나다

신림 7동

연도	사건·활동 내용
1973	· 김혜경 난곡에서 활동 시작(국수모임 결성) · 관악청소년실업학교 시작(훗날 남부고등공민학교)
1974	· 무료 진료 사업 시작
1976	· 난곡의료협동조합 창립
1977	· 난곡의료협동조합 여름학교 시작
1978	· 낙골야학 시작 · 남부고등공민학교 토지분쟁 시작
1980	· 낙골야학 중단
1981	· 신림복지관 개관 · 난곡의료협동조합 신림복지관 내에서 활동 신협 조직 · 낙골 주민도서실 설립
1982	· 낙골교회 시작
1983	· '신림복지관 사건' 발생
1986	· 난곡의료협동조합 10주년 기념 총회 개최
1987	· 요셉의원 개원
1988	· 낙골어린이공부방 시작 · 난곡지역협의회 결성
1989	· 난곡주민도서실 개관

1990	· 난곡주민도서실 새숲회 결성
1991	· 김혜경 신림 7동 구의원 당선 · 난곡주민회관, 꿈나무공부방 시작 · 낙골교회 나눔운동 시작
1994	· 난곡지역협의회 해소
1996	· 남부야학과 난곡주민도서실 화재 사건 발생
1997	· 낙골교회 사회선교센터 시작 · 난곡지역단체협의회 결성
2000	· 남부고등공민학교 폐교 후 '남부야학'으로 활동 시작 · 난곡사랑의밥집, 난곡사랑방 시작
2001	· 남부야학이 '남부교육센터'로 개칭하고 활동 시작

봉천 3·6동, 5·9동

연도	사건·활동 내용
1984	· 9동 희망교회 시작
1986	· 9동 봉천동애기방 시작
1987	· 6동 친구교회 시작
1989	· 3동 꽃망울글방 시작 · 9동 희망한아름공부방 시작
1990	· 3동 씩씩이놀이방 시작 · 3동 낮은울타리 시작 · 3·6동 주민회준비모임 시작 · 5동 나눔의집 시작 · 5동 작은누리공부방 시작
1991	· 소공동체 활성화를 위한 어머니성서모임 시작 · 3·6동 어머니학교 시작 · 지역의료보험 거부 활동 · 5·9동 지역발전추진위원회 시작 · ≪봉천마을소식≫ 발간
1992	· 3·6동 연대 기금 마련 장터 시작 · ≪봉천주민신문≫ 발간 시작(월간) · 공정선거감시단 활동 · 5·9동 주민노래자랑 개최

1993	· 봉천 6동 재개발사업 승인 · 9동 평화의집 개원 · 생산공동체 나섬건설 설립
1994	· 6동 세입자대책위원회 설립 · 3동 꽃망울유아원 개원 · 5·9동 마을버스 요금 인하 투쟁 · 9동 아름나라아기방 개원 · 5동 재개발사업 시행 인가
1995	· 3동 열린공부방 개원 · ≪봉천주민신문≫이 ≪관악주민신문≫으로 제목 변경 · 9동 재개발사업 시행 인가
1996	· 봉천 3동 재개발 대응을 위한 1차 모임 시작 · 9동 주거대책위원회 시작 · 5동 한마음주거대책위원회 시작
1997	· 3동 천주교선교본당 하늘자리공동체 설치 · 3동 다솜공부방 시작 · 5·9동 공동체기획단 시작 · 9동 주대위 천막 농성(4월) · 5동 한마음주거대책위원회 임시 거주 시설 입주(101세대) · 두리하나공부방 통합 개원 · 관악녹색가게 시작 · 살기좋은봉천9동만들기모임 시작(이하 살구모임)
1998	· 3동 마을지킴이 활동 시작 · 3동 재개발사업 시행 인가
1999	· 3동 실업극복 생활안정지원센터 시작 · 3동 세입자대책위원회 시작
2000	· 3동 세입자대책위원회 해산
2001	· 3동 철거민대책위원회 가이주단지 입주(3가구, 4월)

관악구 기타

연도	사건·활동 내용
1994	· 관악주민연대 설립을 위해 네 개의 동이 모임

1995	· 관악주민연대 설립 · 재개발 문제 개선을 위한 주민청원 발의 1만 인 서명운동 발대식 · 관악구청 점거 농성(재개발 문제 해결을 위한 구청장 면담 요구) · 관악사회복지 설립
1996	· 봉천 2동 천막 농성 · 관악지역자활센터 시작
1997	· ≪관악주민신문≫ 발간
1998	· 98 지방선거 공동기획단 구성(신림 7동 김혜경, 신림 9동 유정희 구의원 당선) · 관악 푸드뱅크운동본부 설립(봉천동 나눔의집, 관악사회복지) · 관악 실업극복운동본부 결성(관악주민연대, 난곡일터나눔운동, 노숙자쉼터 살림터, 봉천 3동 생활안정센터, 봉천 9동 생활안정센터) · 관악 지역 화폐 제작(관악사회복지, 관악주민연대, 관악녹색가게)
1999	· 관악주민연대 정책토론회 시작(4~12월, 6차) · 구립 어린이집 정상화를 위한 공동대책위원회 결성, 이후 구립 어린이집 위탁체 변경(7개) · 관악사회복지 '공공시설 위탁 운영 조례 제정'

서울 노원·도봉 | 가난한 주민과 함께 일군 지역공동체

상계동 지역

연도	사건·활동 내용
1986	· 상계동 나눔의집 개원
1987	· 나눔의집 야학, 마을문고, 탁아소 개원
1988	· 소망공부방 개원
1989	· 나눔의집 청소년공부방 시작, 결연 사업 시작
1990	· 상계 어머니학교 개교
1991	· 제1회 마을단오큰잔치 개최 · 새날청년교실 시작 · ≪상계마을신문≫ 창간호 발행 · 지역청년회 발족
1992	· 상계마을신문사 현판식 · 상계마을공정선거감시단 발대식 · 마음터공부방 개원 · 제2회 마을단오큰잔치 개최 · 상계지역주민단체협의회 창립총회

연도	사건·활동 내용
1993	· 상계어머니학교 독립 공간 마련 · 봉제생산자협동조합 '실과바늘' 개업 · 제3회 마을단오큰잔치 개최
1994	· ≪상계마을신문≫ 공식 등록 · 나눔의집 '늘푸른학교' 개설 · 나눔의집 양·한방 무료 진료 사업 실시
1995	· 상계마을소식 바자회(5월)
1996	· 나눔의집 신축 완공 · 꿈나무놀이방 개소 · 노원자활지원센터 개소 · 실과바늘 재창업 · 상계동 나눔의집 10주년 · 늘푸른 청소년문화학교 진행
1997	· 노원구 지역사회 복지포럼 진행 · 생산협동조합 우리품새 창업 · 북한어린이돕기운동본부 결성 · 살기좋은임대아파트만들기학교 시작 · 노원 청소년교실 시작 · 노원 복지포럼 진행 · 노원시민모임 결성
1998	· 노원시민모임 창립 · 노원고용지원센터 개소 · 우리옷살리기운동본부 발기인대회 · 서울북부실업자사업단 창립
1999	· 마들창조학교 시작

하계동 지역

연도	사건·활동 내용
1987	· 영은교회 예배 시작 · 오용식 목사 부임 · 영은공부방 시작
1988	· 경희대 예인진료 팀 주말 진료 시작 · 영은어린이집(탁아소) 개원

1992	· 열린책방 개원
	· 평안한집 개원
1995	· 영은어린이집 운영 중단
1997	· 평안한집 운영 중단
	· 철거

도봉동 지역

연도	사건·활동 내용
1985	· 방학동 뚝방아이네(탁아소) 시작
	· 방학동 뚝방공부방 시작
1987	· 도봉동애기방 시작
	· 도봉 2동 나란히글방 시작
1989	· 도봉동 한마음공부방 시작
1992	· 한마음공부방 운영 중단
1996	· 나란히글방 운영 중단

서울 성북·강북 | 공동체운동의 새로운 실험지

성북 지역

연도	사건·활동 내용
1976	· 동월교회(허병섭 목사) 창립(12월)
1981	· 똘배의집(탁아소) 시작
1984	· 유미란 하월곡동 현장 조사, 주민 만남과 활동 내용 모색
	· 산돌여성모임(산돌 활동 후원 모임) 시작(손덕수·이삼열·강혜숙·박순자 외)
1985	· 산돌공부방 시작(2월)
	· 산돌공부방 어린이들이 경로당을 방문해 경로잔치 시작(연중행사)
1986	· 유미옥 하월곡동 활동 시작: 문맹 여성을 위한 한글 교육 시작
	· 소망교회 구제부와 연계해 무료 진료 시작(산돌)
	· 서울대기독학생회 무료 진료 시작(산돌·동월)

1987	· 산돌이네 7세 전용 탁아소 개원(3월) · 치과 무료 진료 활동 · 어머니교실 시작 · 돌산장날(산돌·동월·똘배 주최 연중행사) 시작(12월) · 대선공정선거감시단(동월교회와 산돌, 북부 빈민운동 활동가 그룹과 연대) 활동(12월) - 월곡 4동 투표함 운송 도중 바꿔치기 사건 발생(공감단에 의해 적발, 공감단이 주민들에게 이 사실을 알려 월곡 4동 주민 1000여 명이 개표 장소인 서울사대부고로 몰려가 밤샘 철야 농성, 12월) - 대선 이후 산돌공부방에 새벽 2시에 스포츠 머리의 괴한이 산돌공부방의 유리창을 깨고 침입해 여성 활동가 유미란 위협. 파출소에 신고하려 했으나 전화를 안 받았으며 다음 날 신고했으나 사건을 조사하지 않음
1988	· 월곡동어머니학교 개교, 북부 지역 빈곤 여성들로 대상 확대(3월) - 산돌 공간 이전 및 개보수로 인해 경로당 건물 사용(관변 단체만의 전용물인 공공건물을 관변 단체장이 빌려주지 않아 어머니 회원들이 항의 방문 및 농성으로 사용하게 됨(최초의 공공건물 사용, 지역 자원 활용 사례) · 산돌공부방 어머니회 시작 · 우리마을발전추진회 시작(9월)
1989	· 지역 여성들과의 공동 생산 활동 모색(실크 스카프 마무리: 헤밍, 봉제 공장, 한과 공장 식당 체험) · 마을 단오잔치 시작(산돌·동월 연중행사)
1990	· 월곡동어머니학교 한글반에서 『밝은 내 모습을 찾아서』 출간 · 월곡여성생산공동체 준비 모임: 아이템 개발과 시장조사, 기술 교육 참여 · 월곡동 마을청년회 창립(월곡 4동 화장실 소독 활동 시작) · 건축일꾼두레 창립
1991	· 주민추대 후보 조기찬 구의원 당선(산돌어머니회·동월·마을청년회 공동 선거 지원 활동) · 월곡여성생산공동체 사업자 등록 후 판매 시작(개인·단체 대상) · 월곡동주민단체협의회(주단협) 창립(6월)
1992	· 월곡 4동 재개발 추진 움직임에 따른 주단협의 대응 시작(주단협 주최, 도시빈민연구소 후원: 개발과 주민 참여 공청회 시작으로 주민 논의 시작, 11월) · 대선 공정선거감시단 활동을 위한 북부지역시민사회·월곡동지역교회와 연대 활동 시작, 월곡 1·2·3·4동 공감단 활동을 위한 '월곡시민회의' 창립(주단협·월곡교회·고려대 총학생회) · 대선 공감단 발대식 및 주민 선전전 시작(대선 기간 중 월곡동에서 경찰에게 구타당해 중상을 입은 고대생에 대한 종암경찰서장의 사과를 요구하는 항의 시위를 벌여 월곡시민회의 회원과 고대생 200명이 종암경찰서에 전원 연행당해 종암경찰서 내에서 농성, 12월) · 도시빈민북부지역협의회 활동 시작(주단협 참여)
1993	· 월곡여성생산공동체 대량생산 및 두 개 품목 개발, 화학 화장품에 대한 번역서 발간
1994	· 월곡여성생산공동체 시장 확대 · 하월곡 4동 재개발 추진 시작

1995	・하월곡 3동 산돌이네 놀이방 개원(산돌졸업생 지은희와 이상희) ・주단협 소속 조기찬 구의원 재선 당선 ・하월곡 4동 재개발 대책위 활동 시작: 주단협에서 동월남신도회 임모 씨를 재개발 조합에 파견해 주민 참여 중심의 재개발 과정을 이끌려고 했으나 임씨가 개인적인 이익을 위해 조합의 브로커로 변질되면서 이후 동월교회를 조합에 매도하고 다른 지역 재개발 브로커로 전락하게 되는 상황 발생(주단협 활동 최대의 실패로 주단협이 재개발조합을 움직일 수 있다는 오판에서 비롯된 최악의 사건) ・언덕배기(산돌 졸업생 모임, 산돌공부방 활동과 재정 후원) 결성
1996	・산돌 월곡 3동에 '크는 이 배움터' 개설(해오름 논술 교사들이 참여해 어린이·청소년의 멘토로 활동)
1997	・산돌 하월곡 3·4동에서 '사랑의 우유 나누기' 활동 시작(생산공동체 수익금으로 IMF로 어려운 빈곤 가정을 대상으로 함)
1998	・주단협 소속 강설원 구의원 출마 ・동월교회 재개발 조합에 매도
1999	・(재개발에 따른 지역 해체로) 주단협 활동 마감(12월)
2000	・산돌 하월곡동(3·4동) 활동 종료
2001	・월곡여성생산공동체 도봉여성의집(방학동)으로 이전 ・도봉구 방학1동 공간 구입 및 증개축 공사(3월) ・도봉여성의집 개관(12.5)
2002	・산돌, 서울시 비영리 민간단체 등록(1.30) ・산돌 어린이상담실·산돌 여성상담실·산돌 여성교실·월곡여성생산공동체 사랑의 징검다리(멘토 맺기)활동 시작 ・산돌 방과후교실 시작(5월)
2003	・월곡여성생산공동체를 '산돌여성모임' 법인 사업자로 등록
2011	・생산공동체를 한살림연합에 기증

강북 지역

연도	사건·활동 내용
1985	・어린이사랑방(탁아소) 시작(7월) ・새뜻공부방 시작
1987	・솔샘애기방 시작
1988	・삼양동나눔의집 문 엶
1989	・삼양정릉지역모임 결성 ・제1회 불우이웃돕기를 위한 우리동네 노래자랑 개최(10.22)

1990	· 한걸음일자리방 시작 · 제1회 일하는 어머니들을 위한 주부교실 개최 · 제2회 불우이웃돕기를 위한 우리동네 노래자랑 개최(10.14)
1991	· 천주교 솔샘공동체(솔샘공소) 문 엶 · 제3회 불우이웃돕기를 위한 우리동네 노래자랑 개최(10.20)
1992	· 삼양정릉지역 공정선거감시단 출범 · 삼양건축(대표 정구호) 창립(협동조합 방식) · 제4회 불우이웃돕기를 위한 우리동네 노래자랑 개최(10.18)
1993	· 솔샘일터(봉제 생산공동체) 시작
1994	· 우리건축(회장 김성훈, 대표 김진택) 창립(협동조합 방식) · 하나둘셋유아원 개원(3.6) · 다솔공부방 개원(3.14) · 지역신문 ≪평화촌≫ 발간(8면), 이후 총 5회 발행(4월)
1995	· 제5회 불우이웃돕기를 위한 우리동네 노래자랑 개최(미양초등학교 운동장, 10.8)
1997	· 삼양·정릉 지역 희망 만들기 구상교육(총 4회, 활동가 20여 명 참여) 시작(3월) · 삼양·정릉 지역 마을 만들기 공동교육(총 6회) 시작(6월) · '삼양정릉지역 주민자치협동공동체 실현을위한기획단' 발기인대회(9월)
1998	· 미아 6동 가이주단지(돌산마을) 입주(3월) · 천주교 삼양동선교본당, 강북평화의집 개원(9월)
1999	· 서울북부실업자사업단 강북지부 창립(1.30) · 미아 7동 가이주단지(미양마을) 입주(5월) · 솔뫼협동조합 창립(10월)
2000	· 강북 자활후견기관 개관(8월)

서울 성동 | 못다 이룬 꿈, 다시 공동체를 향하여

연도	사건·활동 내용
1987	· 천도빈 동부지역위원회 활동 시작(11월) · 오순도순공부방이 뚝섬에 개원(3월)
1988	· 활동가 모임인 이모임(This meeting) 구성 · 오순도순공부방 행당 2동으로 이전(9월) · 희망의집공부방이 행당 2동에 개원(10월)

1989	· 천도빈 동부지역위원회에서 한겨레 금호 지국 운영
	· 행당배움터가 행당 2동에 개원(3월)
	· 푸른하늘공부방이 금호 1가동에 개원(9월)
1990	· 천도빈 동부지역위원회에서 우리쌀집 운영
	· 이모임이 '지역활동가협의회'로 재편
	· 제1회 단오제 개최(7월)
	· 제1기 어머니학교(10월)
1991	· 지역활동가협의회 활동가 조직 구성
	· 제2기 어머니학교(3월)
	· 제2회 단오제 개최(6월)
1992	· 제3기 어머니학교(3월), 제4기 어머니학교(9월)
	· 제3회 단오제 개최(6월)
	· 14대 대선 공감단 활동(12월)
1993	· 제5기 어머니학교(3월)
	· 하왕 2-1구역 재개발사업 시행 인가(3월)
	· 금호 1-6구역 재개발사업 시행 인가(3월)
	· 금호 6구역 재개발사업 시행 인가(6월)
	· 제4회 단오제 개최(6월)
1994	· 천도빈 동부지역위원회 동부 공소 설립
	· 하왕 2-1구역에서 송학놀이방 개원
	· 제5회 단오제 개최(6월)
	· 하왕 1-2구역 재개발사업 시행 인가(4월)
	· 하왕 1-3구역 재개발사업 시행 인가(12월)
1995	· 지역활동가협의회가 '기획단'으로 재편
	· 희망의집공부방이 민들레공부방으로 전환
	· 행당배움터가 송학마을에서 운영 계속
	· 송학놀이방이 송학마을에서 운영 계속
	· 제6회 단오제 개최(6월)
	· 하왕 2-1구역 주민 송학마을 입주(10월)
	· 금호 1-6구역 주민 대현마을 입주(3월)
	· 하왕 5구역 재개발사업 시행 인가(3월)
	· 행당 1-2구역 재개발사업 시행 인가(11월)
	· 주민협동기획단 발족(4월)
	· 논골신협 준비
	· 논골의류생산협 준비
	· 사회복지분과 활동 시작
	· 송학구판장 운영
	· 성동구민 연대회의 결성(5월)

1996	· 오순도순공부방 폐원(2월)
	· 푸른하늘공부방 폐원(5월)
	· 제7회 단오제 개최(6월)
	· 금호 6구역 주민 바탕고로 입주(9월)
	· 주민협동기획단 1차 총회
	· 주민운동연대 제1회 한일교류회(4월)
	· 주민운동연대 환경 시민토론회(12월)
1997	· 푸른하늘공부방이 바탕그림방으로 전환
	· 제8회 단오제 개최(6월)
	· 하왕 1-2구역 주민 임시가옥 거주(6월)
	· 하왕 1-3구역 주민 무학마을 입주(10월)
	· 하왕 5구역 주민 푸른마을 입주(1월)
	· 주민협동기획단 2차 총회
	· 논골신협 인가(11월)
	· 주민운동연대 제2회 한일교류회(5월)
	· 주민운동연대 친환경적 우리 마을 만들기 사업 전개
1998	· 송학놀이방 폐원(2월)
	· 행당 1-2구역 주거권 운동 전개
	· 주민협동기획단 3차 총회
	· 논골의류생산협 창립(2월)
	· 논골생협 준비

인천 부평 Ⅰ 교육과 실천, 연대 활동으로 펼쳐온 주민운동

연도	사건·활동 내용
1980	· 민들레어린이집 개원(9월)
	· 민들레(의료)협동조합 개원
1981	· 백마(교회)진료소 개소
1982	· 주민약국, 만석동·북성동 지역 주민 실태 조사(10월)
1983	· 만석동 큰물공부방(김정한) 개원(5월)/ 여성평우회
1985	· 사랑방교회(박종렬) (12월)
1986	· 십정동 지역조직 활동을 위한 지역 조사(2월)
	· 산마루교회(김정택) (5월)
	· 십정동 해님공부방·놀이방 개소(홍미영) (6.24)
	· 소성교회(김상목) (8월)

1987	· 만석동 기찻길옆 개소(김중미) (5월) · 사랑방진료소 개소(5월) · 인천도시빈민지역활동가협의회(김정택) 결성(11월)
1988	· 송림동 나눔의집 개소(6월) · 송현동 샘공부방(조인영) 개소(7월) · 인천 철거 지역 투쟁에 관한 보고서 발간(빈활협) (8월) · 철거 지역 주민 실태 조사 실시(인철협, 빈활협, 시민공동회) (9월)
1989	· 인천지역탁아위원회 창립(이명숙) (2월) · 인천지역주민회 창립(김정택,홍미영) (2월) · 청천동 햇살의집 개소(이명숙) (5월)
1990	· 인천지역공부방연합회 결성(2월) · 인천진료소연합 발족(2월) · 해님여성회 창립(4월) · 인천주거문제협의모임(주민회) (6월)
1991	· 홍미영 기초의원 당선(3월) · 세쌍둥이 넋을 기리는 인천 시민의 자리 행사(4월) · 도서대여실 책사랑 개소(7월) · 주거권실현을위한인천시민연합 개소(8월) · 청솔의집 개소(11월)
1992	· 우루과이라운드 반대 서명운동(2월) · 도서대여실 책터 개소(3월) · 열우물주민회 창립(김상목) (11월)

주: 이 연표는 1990년대 중반까지의 인천 지역 빈민운동 내용 중 지역 주민 운동 부분만 정리한 것으로, 철거·노점상 투쟁 내용은 담겨 있지 않음.

참고문헌

와우아파트 붕괴와 광주대단지 사건

김동춘. 2011. 「1971년 8·10 광주대단지 주민항거의 배경과 성격」. ≪공간과 사회≫, 통권
　　38호, 10쪽.

김준기. 2001. 「8·10 민중항쟁과 성남의 정체」. 8·10 30주년기념사업추진위원회 주최 8·10
　　사건(광주대단지 사건) 30주년 기념 심포지엄 발표 논문.

≪동아일보≫. 1970.12.26. "재벌들에 뚫어준 투망 부동산투기억제세법."

≪매일경제≫. 1970.4.8. "와우시민아파트 1동 도괴."

서중석. 2005. 『사진과 그림으로 보는 한국 현대사』. 웅진지식하우스.

손정목. 2003. 『서울 도시계획 이야기 2』. 한울.

심재택. 1983. 「4월 혁명의 전개 과정」. 한완상·이우재·심재택 외. 『4·19 혁명론』. 일월서각.

이우영. 1990. 「박정희 민족주의의 반민족성」. ≪역사비평≫, 제12호.

장세훈. 1988. 「도시화, 국가 그리고 도시빈민: 서울시의 무허가 정착지 철거 정비 정책을 중
　　심으로」. 한국사회학회 엮음. ≪사회와 역사≫, 제14권, 125쪽.

최진호. 1986. 「한국 도시화의 전개와 정책 대응」. 현대사회연구소 엮음. ≪현대사회≫, 제6권
　　제3호, 158쪽.

한국기독교사회문제연구원. 1987. 『민중의 힘, 민중의 교회』. 민중사.

민중 담론의 등장

≪동아일보≫. 1923.1.22. "지도자의 필요, 민중시대의 일경향".

백낙청. 1985. 「민족문학과 민중문학」. 백낙청. 『민족문학과 세계문학 2』. 창비.

성래운·이오덕·김인회·이시영·김윤수. 1978. 「분단 현실과 민족 교육」. ≪창작과 비평≫, 제48호.

이남희. 2015. 『민중 만들기: 한국의 민주화운동과 재현의 정치학』. 후마니타스.

이진영. 1966. 「지식인과 역사의식」. ≪청맥≫, 3월 호, 38~39쪽.

장상철. 2007. 「1970년대 '민중' 개념의 재등장: 사회과학계와 민중문학, 민중신학에서의 논의」.
　　≪경제와 사회≫, 통권 제74호(여름 호), 125, 129쪽.

황병주. 2010. 「1960년대 비판적 지식인 사회의 민중인식」. ≪기억과 전망≫, 제21호.

수도권도시선교회 이야기

권호경. 2001. 『가난한 사람들의 함성: 주민조직운동을 통한 선교』. 한국주민운동정보교육원

　　기독교도시빈민선교협의회.

민주화운동기념사업회 연구소 엮음. 2009. 『한국민주화운동사 2: 유신체제기』. 돌베개.

박정세. 1996. 「1970년대 도시빈민 선교의 유형과 특성」. 연세대학교 엮음. ≪신학논단≫, 제24호,
　　206쪽.

슈아. 2012. 「빈민지역 주민운동의 역사와 쟁점들」. ≪도시와 빈곤≫, 97호.

신홍범. 2010. 『나의 믿음은 길 위에 있다: 박형규 회고록』. 창비.

유영재. 1988. 「한국 사회변혁을 지향하는 도시빈민선교에 관한 연구」. 한신대 신학대학원 석
　　사 학위논문.

이경자. 2000. 「한국적 지역사회조직의 사회행동 모델 사례연구: 수도권도시선교위원회를 중
　　심으로」. 신라대학교 석사 학위논문.

최인기. 2012. 『가난의 시대』. 동녘.

한국기독교사회문제연구원. 1987. 『민중의 힘, 민중의 교회: 도시빈민의 인간다운 삶을 위하
　　여』. 민중사.

한국기독교교회협의회 인권위원회 엮음. 1987. 『1970년대 민주화운동: 기독교 인권운동을 중
　　심으로』, 1권. 한국기독교교회협의회.

알린스키와 프레이리

가도치, 모아시르(Moacir Gadotti). 2012. 『파울루 프레이리 읽기: 그의 삶과 사상』. 백경숙·
　　박내현 옮김. 우리교육.

쇼어, 아이러(Ira Shor) 엮음. 2015. 『교실을 위한 프레이리: 현장 교육을 위한 프레이리와 비
　　고츠키의 만남』. 사람대사람 옮김. 살림터.

알린스키, 솔(Saul Alinsky). 1983. 『S.D. 알린스키 생애와 사상』. 조승혁 옮김. 현대사상사.

_____. 2008. 『급진주의자를 위한 규칙: 현실적 급진주의자를 위한 실천적 입문서』. 박순성·
　　박지우 옮김. 아르케.

프레이리, 파울루(Paulo Freire). 2000. 『프레이리의 교사론』. 교육문화연구회 옮김. 아침이슬.

_____. 2002. 『페다고지』. 남경태 옮김. 그린비.

_____. 2002. 『희망의 교육학』. 교육문화연구회 옮김. 아침이슬.

홍은광. 2010. 『파울로 프레이리, 한국교육을 만나다』. 학이시습.

Rohter, Larry. 1986. "Education; Radical theorist takes his message to the world." *New
　　York Times*, August 19.

The Progress Report. 2008. Playboy Magazine Interview with Saul Alinsky(1972).
　　Retrieved January 4.

경기도 시흥 | 철거민 정착마을 복음자리

≪복음신협≫. 제30호, 1992.12.12. 10면.

_____. 제26호, 1991.7.22. 4면.

시흥시사편찬위원회. 2007. 『시흥시사 8: 시흥의 도시공간, 도시민의 체험과 기억』. 시흥시사
　　　편찬위원회.

제정구. 1982. 「'복음자리' 일군 청계천 사람들: 시흥군 소래읍 신천리 집단이주기」. ≪정경문
　　　화≫, 5월 호.

경기도 성남 | 빈민지역 운동이 뿌린 씨앗이 자라

권복기. 2005.7.19. "서로 돕는 푼돈의 힘". ≪한겨레≫.

서울 관악 | 주민의 힘, 공동체와 연대로 피어나다

≪경향신문≫. 1977.7.9. "삽시간에 숱한 인명 삼킨 공포의 물벼락 서울·경기 일원 집중호우
　　　피해 상보". 7면.

관악주민연대. 1997. 「봉천 9동 공동체기획단 활동보고서」.

김기돈. 2002. 「낙골연가: 낙골교회 이십년 역사읽기」. ≪시대와 민중신학≫, Vol.7.

김홍겸. 1997. 『낙골연가』. 바다출판사.

난곡주민도서실. 1994. 「난곡주민도서실 5년사」.

_____. 1999. 「난곡주민도서실 그후로 5년」.

남부고등공민학교 교사·학생. 1999. 『남부 고등공민학교 폐교 관련 자료집』.

도시빈민연구소. 1991. 『굴레를 깨고 일어서는 사람들: (빈민)지역운동 사례집』.

서울가톨릭사회복지회 분야별대표자협의회. 2011. 『우리의 사랑, 그 온전한 실천』.

송경용. 2007. 『사람과 사람: 송경용 신부의 나눔 그 아름다운 사랑의 이야기』. 생각의나무.

조문영. 2001. 「'가난의 문화' 만들기: 빈민지역에서 '가난'과 '복지'의 관계에 대한 연구」. 서울
　　　대학교 인류학과 석사 학위논문.

≪참여사회≫. 2007. 「회원 인터뷰: 고(故) 허세욱」, 2월 호.

최인기. 2012. 『가난의 시대: 대한민국 도시빈민은 어떻게 살았는가?』. 동녘.

친구교회25년사편찬위원회. 2012. 『작지만 아름다운 교회: 친구교회 25년사』. 친구교회25년
　　　사편찬위원회.

한국기독교사회문제연구원. 1987. 『민중의 힘, 민중의 교회: 도시빈민의 인간다운 삶을 위하여』.
　　　민중사.

한국도시연구소. 1999. 『지역주민운동 리포트』. 한국도시연구소.

서울 노원·도봉 | 가난한 주민과 함께 일군 지역공동체

김선옥. 2001. 『나눔 함께 만드는 행복 노원나눔의집 15주년 기념 자료집』. 성공회 노원나눔의집.

대한성공회 서울교구 나눔의집. 1996. 「가난한 이들에게 복음을 나눔의집 선교 10년」.

_____. 2001. 『나눔 함께 만드는 행복』. 노원나눔의집 15주년 기념 자료집.

마들주민회. 2010. 『창립20주년기념집 마들 스무살이야기 그리고』.

서울가톨릭사회복지회 분야별대표자협의회. 2011. 『우리의 사랑, 그 온전한 실천』.

송경용. 2007. 『사람과 사람: 송경용 신부의 나눔 그 아름다운 사랑의 이야기』. 생각의나무.

영은교회. 1997. 『물가에 심기운 나무처럼: 양돈마을에서의 10년』, 영은교회 10주년 자료집.

이호. 1994. 「기획연재: 빈민지역운동 평가」. ≪도시와 빈곤≫, 제3호.

정종윤. 2006. 『노원나눔의집 20주년 기념 자료집』.

한국도시연구소. 1996. 『도시서민의 삶과 주민운동』.

서울 성북·강북 | 공동체운동의 새로운 실험지

강경규. 1991. 「한걸음일자리방 1주년을 맞으며」. ≪쪽가위≫, 제5호(7.28).

도시빈민연구소. 1991. 『굴레를 깨고 일어서는 사람들: (빈민)지역운동 사례집』.

박찬수. 1990.8.12. "건축 품팔이 직거래합시다". ≪한겨레≫, 15면.

신명호. 2001. 「시장진입형 생산공동체의 경쟁력과 그 요인에 관한 연구」. 2001년 한국도시
연구소 연례 심포지엄(11.29).

_____. 2004. 「사회적기업: 한국적 실험의 역사와 교훈」. ≪도시와 빈곤≫, 제70호.

오혁진. 2013. 「허병섭의 사회교육사상에 관한 연구」, ≪평생교육학연구≫, 제19호.

우성구. 2007. 「지구화시대의 가난문제와 '주민조직운동'에 관한 연구」. 한신대학교 석사 학위논문.

월곡동 어머니학교. 1990. 『밝은 내 모습을 찾아서』. 도시빈민연구소 자료집 4.

유미옥. 2000. 「도시저소득 여성의 임파워먼트 실천에 관한 사례 연구」. 숭실대학교 석사 학
위논문.

_____. 2003. 「생활공동체 운동」. 고 제정구 선생 4주기 추모 심포지엄(2.7).

장경혜. 2010. 「삼양지역의 어제와 오늘 그리고 내일」. 안광훈 신부 고희연 자료집.

_____. 2013. 「삼양동 경제협동공동체 '솔뫼협동조합'의 경험, 강북사회적금융 자조금융의
경험과 사례를 말한다」. 사회적금융 심포지엄 자료집.

≪평화촌≫. 1994. 삼양동 마을 신문 창간호(4.20).

한걸음 일자리방 편집부. 1990~1991. ≪쪽가위≫, 1~6호.

허병섭. 1992. 『일판 사랑판』. 현존사.

허병섭·이정진. 2001. 『넘치는 생명세상 이야기』. 함께읽는책.

황미영. 1989. 「도시빈민의 지역사회조직 활동에 관한 사례 연구」. 이화여자대학교 석사 학위논문.

KBS1. 2004.12.24. 〈인물현대사: 꼬방동네 허병섭 목사〉.

서울 성동 | 못다 이룬 꿈, 다시 공동체를 향하여

김수현·전홍규·장준혁 외. 1998. 『철거민이 본 철거: 서울시 철거민운동사』. 한국도시연구소.

박재천. 1998. 「금호·행당·하왕 지역 주민 운동 10년의 회고와 과제」. 주민협동공동체 실현을 위한 금호·행당·하왕지역 기획단. 『금호·행당·하왕 지역 주민 운동의 10년과 미래』. 기획단 3주년·지역운동 10주년 기념 자료집.

박정애. 1998. 「달동네의 웃음꽃 피우던 터 '오손도손애기방'의 10년」. 주민협동공동체 실현을 위한 금호·행당·하왕지역 기획단. 『금호·행당·하왕 지역 주민 운동의 10년과 미래』. 기획단 3주년·지역운동 10주년 기념 자료집.

성동주민회. 2010. 『금호·행당·하왕 지역 주민 운동 20년: 회고와 전망 30프로젝트』. 지역주민운동 20년 자료집.

송학마을 하왕 2-1지구 세입자대책위원회. 1995. 『함께 어우러지는 공동체를 향하여』. 세입자 권리 찾기 2주년·송학마을 집들이 기념자료집.

신만수. 1998. 「자치구 주민운동 활성화 전략: 금호·행당·하왕권 단위 지역 사례를 중심으로」. 한국주민운동정보교육원 엮음. ≪주민운동≫, 제1호.

_____. 2012. 「성동 지역 주민운동 이야기, 비전은 계속된다: 금호·행당·하왕십리를 중심으로」. ≪도시와 빈곤≫, 제100호, 80~98쪽.

_____. 2012. 「행당동 사람들 Ⅰ·Ⅱ·Ⅲ」. ≪도시와 빈곤≫, 제99호, 5~7쪽.

유아영. 2011. 「생존권투쟁에서 주민공동체 운동으로: 금호·행당·하왕지역의 주민운동 사례 연구」. 성공회대학교 NGO대학원 석사 학위논문.

정철하. 2002. 「지역사회조직 발전 방안에 관한 연구」. 한남대학교 지역개발대학원 석사 학위논문.

주민협동공동체 실현을 위한 금호·행당·하왕지역 기획단. 1996. 『더불어 사는 주민공동협동체를 향하여』. 기획단 1주년 자료집.

_____. 1997. 『더불어 사는 주민공동협동체를 향하여』. 기획단 2주년 자료집.

_____. 1998. 『금호·행당·하왕 지역 주민 운동의 10년과 미래』. 기획단 3주년·지역운동 10주년 기념 자료집.

하왕 2-1지구 세입자대책위원회. 1994. 『함께 어우러지는 공동체를 향하여』. 세입자 권리 찾기 1주년 기념자료집.

한국도시연구소. 1999. 『지역주민운동 리포트』.

인천 부평 | 교육과 실천, 연대 활동으로 펼쳐온 주민운동

도시빈민연구소. 1991. 『굴레를 깨고 일어서는 사람들: (빈민)지역운동 사례집』.

민들레후원회. 1997. 『민들레후원회 10주년 기념자료집』.

박영희. 1990. 「인천지역주민회」. 숭실대학교 엮음. ≪도시·주민·지역운동≫. 한울.

빈민지역활동가협의회. 1988. 「빈민지역활동가협의회 상반기 평가서」.

_____. 1988. 「인천빈민지역 활동 보고서」.

_____. 1988. 「1988년 상반기 빈활협 월례회 진행 평가문서」.

_____. 1988. 「1988년 1차 합동전체회의 결과보고서 및 준비소위원회 보고서」.

여성위원회. 1991. 『1991년 총회 자료집·여름수련회 자료집(활동 평가·수련회 평가)』.

인천지역주민회. 1990. ≪주민회 소식≫, 창간호.

엮은곳

빈민지역운동사 발간위원회

빈민지역운동사 발간위원회는 1970년대부터 2000년까지 빈민지역에서 일어났던 주민운동의
역사를 기록으로 남기자는 데 뜻을 같이하는 사람들이 모여 2013년 7월에 조직되었다. 더 나
은 삶을 위해 스스로 노력했던 주민들, 지역사회의 변화를 소망하면서 공동체운동에 헌신했던
이들을 기리는 활동을 이어오고 있다. 조직 구성은 다음과 같다.

박재천 ㅣ 집행위원장
신명호 ㅣ 집필위원장

발간위원(개인)

권춘택, 김경태, 김광수, 김기석, 김미경, 김선옥, 김성훈, 김수현, 김준희, 김홍일, 나효우,
민경자, 박기홍, 박재천, 박종렬, 송경용, 신만수, 신명호, 오용식, 우순영, 유미란, 유미옥,
이문국, 이미화, 이상락, 이상선, 이수상, 이재복, 이진수, 이충현, 임재연, 이해학, 최종덕,
한재랑, 홍미영, 황미영

발간위원(단체)

경기시흥신용협동조합, 관악사회복지, 관악주민연대, 논골신용협동조합, 사회복지법인 복음자
리, 삼양주민연대, 성공회 나눔의집협의회, 성남주민교회, 성남주민신용협동조합, 성동주민회,
시흥여성인력개발센터, 작은자리종합사회복지관, 작은자리지역자활센터, 정왕종합사회복지
관, 제정구기념사업회, 천주교서울대교구 빈민사목위원회, 천주교도시빈민회, 한국교회사회선
교협의회 4기 훈련생, 한국도시연구소, 한국주민운동교육원, 희망교회

지은이

신명호 ㅣ 사회투자지원재단 사회적경제연구센터 소장
이원호 ㅣ 한국도시연구소 연구원
최종덕 ㅣ 한국주민운동교육원 트레이너
최영선 ㅣ 비례민주주의연대 사무국장
이명애 ㅣ 난곡주민도서관 새숲 관장
한재랑 ㅣ 관악사회복지 협동활동가
박기홍 ㅣ 경기자활기업협회 전무이사
우순영 ㅣ 노원사회적경제지원센터 센터장
임재연 ㅣ 벽산작은도서관 대표
김준희 ㅣ 성공회대학교 노동사연구소 연구원
이충현 ㅣ 인천부평구 마을공동체만들기지원센터 센터장

마을공동체 운동의 원형을 찾아서
1970~1990년대 민중의 마을 만들기

ⓒ 빈민지역운동사 발간위원회, 2017

엮은곳 빈민지역운동사 발간위원회 ㅣ **펴낸이** 김종수 ㅣ **펴낸곳** 한울엠플러스(주)

초판 1쇄 발행 2017년 5월 25일 ㅣ **초판 2쇄 발행** 2018년 12월 5일

주소 10881 경기도 파주시 광인사길 153 한울시소빌딩 3층
전화 031-955-0655 ㅣ **팩스** 031-955-0656 ㅣ **홈페이지** www.hanulmplus.kr
등록번호 제406-2015-000143호

Printed in Korea.
ISBN 978-89-460-6570-3 03330

* 책값은 겉표지에 표시되어 있습니다.
* 이 책은 강의를 위한 학생판 교재를 따로 준비했습니다.
  강의 교재로 사용하실 때에는 본사로 연락해주십시오.